Segredos da alma

Revisão:
Maria Aparecida Amaral

Editoração Eletrônica:
Elifas Alves

Direção de Arte:
Luiz Antonio Gasparetto

Capa:
Kátia Cabello

6ª *edição*
Março • 2007
10.000 exemplares

Publicação, Distribuição
Impressão e Acabamento:
CENTRO DE ESTUDOS
VIDA & CONSCIÊNCIA EDITORA LTDA.

Rua Agostinho Gomes, 2312
Ipiranga • CEP 04206-001
São Paulo • SP • Brasil
Fone / Fax: (11) 6161-2739 / 6161-2670
E-mail: grafica@vidaeconsciencia.com.br
Site: www.vidaeconsciencia.com.br

Mônica de Castro
ditado por Leonel

Segredos da alma

EDITORA
VIDA & CONSCIÊNCIA
GRÁFICA

Para meu filho Luiz Matheus,
a melhor parte de tudo isso.

capítulo 1

A gruta estava escura como sempre, e ouviam-se gemidos angustiados partindo de todos os cantos. Aqui e ali, alguns espíritos vagavam a esmo, procurando parentes, amigos, qualquer um que pudesse ajudá-los a sair. Mas não havia saída. O único lugar para onde se podia ir era para o interior da gruta, afundando mais e mais naquele mundo de trevas.

Althea levantou a cabeça e espiou. Suspirou profundamente, ergueu-se da pedra onde estava recostada e pôs-se a caminhar. Do lado de fora da gruta havia uma espécie de vale em que corria um rio fétido, onde caía pequena cachoeira de água suja e malcheirosa. Ela estava com sede, e aquela era a única água que se podia beber por ali. Em silêncio, abaixou-se e apanhou um bocado de água nas mãos, levando-a aos lábios com avidez. Sorveu o líquido amargo e cerrou os olhos, tentando se lembrar da última vez em que bebera água límpida e fresca.

Ouviu passos atrás de si, mas não se interessou em olhar. Permaneceu agachada, bebendo a água em pequenos goles, até que o visitante falou com voz áspera e rouca:

— Althea! O chefe quer vê-la novamente! Agora!

Althea voltou-se lentamente e o encarou. Era um tipo alto e forte, olhos vermelhos, chispando fogo. Inspirou profundamente, soltou o resto da água que ainda se encontrava em suas mãos e respondeu de má vontade:

— Para quê? O que quer dessa vez?

Ele a encarou com cobiça e passou a língua nos lábios. Althea trajava apenas uma túnica preta, já esfarrapada, deixando à mostra seus joelhos e parte das coxas. Sem dizer nada, passou por ele sem nem encará-lo, mas ele a segurou pelo braço e virou-a para si, falando bem pertinho de seu rosto:

— Althea, por que não volta para mim? Sabe que podia fazê-la feliz, não sabe?

Ela olhou para ele com nojo e puxou o braço, cuspindo no chão e retrucando com desdém:

— Nem que tivesse que morrer mil vezes!

Virou-lhe as costas e voltou para dentro da gruta, ainda escutando os gritos do outro, que sacudia os punhos e esbravejava:

— Vai se arrepender, Althea, juro que vai! Irei atrás de você, não importa aonde vá!

Sem lhe prestar atenção, Althea entrou pela gruta e tomou uma trilha que descia ladeando as encostas escarpadas, beirando um precipício. Pouco depois, alcançava uma espécie de cidade rústica e sem qualquer ornamentação, envolta em brumas e extremamente quente. Foi caminhando pelas ruas irregulares, por onde passava toda sorte de espíritos sofredores, até que alcançou uma espécie de castelo feito de uma pedra negra e áspera. Imediatamente, os portões se abriram, e ela passou. Do lado de dentro, alguns soldados montavam guarda, impedindo que visitantes indesejados ultrapassassem os seus limites.

Althea já era bastante conhecida ali e, por isso, foi andando sem ser interpelada ou detida. Logo chegou a um imenso salão, onde se encontrava uma cadeira de espaldar alto, e se dirigiu para lá. O salão estava vazio, e ela ficou esperando que alguém aparecesse. Em pouco tempo, uma porta lateral se abriu e um homem entrou. Tinha uma aparência aterradora. Não era feio. Ao contrário, era até bonito. Mas seus olhos possuíam o fulgor da crueldade, e Althea sentiu um calafrio. Era sempre assim quando se encontrava na presença de Rupert, e ela estremeceu.

— Mandou me chamar, mestre? — indagou ela, fazendo uma reverência.

Rupert a estudou divertido, sentou-se no trono e fez sinal para que ela se aproximasse.

— Há quanto tempo está aqui, Althea? — indagou, encarando-a bem fundo nos olhos.

Ela pensou durante alguns segundos antes de responder:

— Hum... creio que uns duzentos anos, talvez um pouco menos. Por quê?

— É bastante tempo, não acha? — ela aquiesceu em dúvida, e ele prosseguiu: — Pois é, Althea, eu ficaria muito infeliz se soubesse que você anda pensando em passar para o lado de lá...

— Lado de lá?

— É. O lado da luz. Você não pensa nisso, não é mesmo?

Althea gelou. Como ele adivinhara? Fazia já algum tempo que andava cansada de tudo aquilo e bem pensara em pedir auxílio aos servos da luz. No entanto, não tivera coragem e o máximo que se atrevera a fazer fora uma prece muito simples e rápida que, provavelmente, ninguém havia escutado. Mas se Rupert soubesse, ficaria furioso e mandaria acorrentá-la novamente. Tentando ocultar o nervosismo, considerou:

— Mestre, não sei do que está falando.

— Não sabe? Tem certeza?

Seu olhar era extremamente intimidador, e ela viu-se sem forças e sem ânimo para contestá-lo. Estava apavorada e queria fugir correndo dali, mas sabia que não podia. Enchendo-se de coragem, respondeu:

— Bem, mestre, eu não estava propriamente pensando em sair. Apenas fiquei curiosa...

— Curiosa? Ora vamos, Althea, mas que curiosidade é essa? Então não vê que isso já é o princípio de uma traição?

— Não... em absoluto. Foi apenas curiosidade mesmo. É que já estou aqui há tanto tempo...

Ouviu o estalar de um chicote e sentiu uma dor aguda no ombro esquerdo. Sem que percebesse, Rupert havia se levantado e lhe desferido violenta chibatada, e ela uivou de dor.

— Mentirosa! — vociferou ele. — O que pensa que sou? Algum imbecil?

Althea começou a chorar. Estava apavorada, com medo do que pudesse lhe acontecer. Rupert chegou bem perto dela e desembainhou a espada que trazia presa à cintura, encostando-a bem rente ao seu pescoço. Althea suava frio e tremia, completamente apavorada.

— Sabe que podia aniquilá-la de vez, não sabe? — ela fez que sim. — E sabe em que você se transformaria, não é mesmo?

— Si... sim...

— Quer perder essas belas formas de mulher? Quer?

— Não, mestre, por favor...

— Ouça, Althea, já vi muitas como você. Muitas pensaram que podiam me enganar, passando-se para o lado da luz. Mas sabe o que aconteceu a elas? Eu as aniquilei. Dei-lhes uma segunda morte. E sabe em que se transformaram? Em nada. Em formas ovóides, sem vontade e sem consciência, instrumentos perfeitos de obsessão e tormento.

— Por favor, meu senhor, não faça isso comigo. Eu não fiz nada...

— Por enquanto. Mas quanto tempo levará até que tente me trair de verdade?

Ela não respondeu. Estava apavorada, com medo até de pensar. Sabia que ele podia ler-lhe os pensamentos e nem queria imaginar o que poderia lhe acontecer se descobrisse que ela já estava farta daquela vida.

— Eu devia mesmo era tê-la deixado para Decius — continuou.

— Não! — gritou ela — Decius não, por favor!

Rupert soltou estrondosa gargalhada e segurou-a pelos punhos.

— Tem medo de Decius, não é? Tem mais medo dele do que de mim. No fundo, sabe que eu sou bom para você. Posso castigá-la de vez em quando, mas é para o seu bem. Contudo, quem lhe dá proteção? Sou eu. Quem cuida de você? Eu também. Quem impediu que a destroçassem, logo que veio para cá? Eu.

— Eu sei, mestre, e lhe sou muito grata.

— Pois não parece. Devia ter mais consideração. Se não fosse eu, Decius já a teria apanhado. Sabe o que ele sente por você, não sabe?

Althea encolheu-se toda. Lembrou-se dos poucos minutos atrás, em que Decius fora chamá-la na beira do rio e quase a agarrara. Decius havia sido seu marido em sua última encarnação. Um homem rico e poderoso, extremamente cruel e impiedoso. Althea, por sua vez, era uma jovem linda e exuberante, inteligente e mestra na arte de manipular espíritos ignorantes, colocando-os a seu serviço em troca de pequenos agrados, em geral, moedas e sangue fresco de animais. Não amava o marido. Casara-se com ele porque era rico e influente, viúvo, com uma filha um pouco mais jovem do que ela, de nome Severn.

Durante suas várias existências, Althea sempre se demonstrou uma pessoa orgulhosa, fria, dissimulada, cruel, imoral... Gostava de sexo e trocava de parceiros sem o menor constrangimento, sem se importar se eram homens ou mulheres. Desde que lhe dessem prazer, eram bem-vindos em sua cama. Tinha apenas dois interesses na vida: sexo e poder, e era-lhe até mesmo difícil precisar qual dos dois alimentava mais o seu ego.

Logo se interessou pela jovem e linda filha de Decius. Utilizando-se de sua magia, fez um trato com espíritos trevosos, prometendo-lhes inúmeros sacrifícios, caso levassem para seu leito a jovem Severn. O resultado custou, mas chegou. Severn, moça imprudente e sensual, acedia às sugestões de seus obsessores e, sem nem entender por quê, viu-se, de uma hora para outra, desejando o corpo esbelto de Althea. As duas tornaram-se amantes. Severn, com o tempo, foi realmente se apaixonando por Althea, mas esta não estava interessada em amor. Só o que queria era prazer.

Um dia, o inevitável aconteceu. Decius descobriu tudo e encheu-se de cólera. Sentia pela filha e lamentava por sua Althea. Sentiu-se traído, humilhado, escarnecido. Althea lançou-lhe em face os piores impropérios, acusando-o de ser mal amante e de não chegar aos pés de Severn. Não conseguindo conter a fúria, Decius partiu para cima dela e começou a apertar o seu pescoço, e Althea sentiu-se violentamente arrancada do corpo, tendo sido levada por seus *escravos* para as profundezas do umbral.

Ao adentrar o castelo de Rupert, Althea se assustou com o seu ar lúgubre e gélido. Embora a cidade ao seu redor fosse quente qual uma fornalha, o ar ali era frio como de uma geleira. Rupert se apresentou logo que ela chegou. Dissera-lhe que já eram antigos conhecidos, pois que era com ele que tratava os seus *serviços*. Mas agora era hora de pagar-lhe o justo preço. Os sacrifícios que ela lhe oferecia representavam apenas a cota do mundo carnal, mas era chegada a hora de pagar também as parcelas do astral.

Althea assustou-se e quis protestar, mas foi logo acorrentada e submetida a toda sorte de torturas. Aos poucos, Rupert a foi dominando e domando, e logo ela se transformou em sua escrava mais fiel. Anos depois, quando Decius desencarnou, foi recolhido por Rupert, e qual não foi o espanto de Althea ao descobrir que eles haviam sido amigos em uma vida anterior, e que essa amizade continuava no mundo das trevas.

Quanto a Severn, casou-se e teve filhos, e passou pouco tempo no umbral quando desencarnou. Logo clamou pelo auxílio de Deus e partiu em direção à luz, e Althea nunca mais soube de seu paradeiro.

Althea voltou seus pensamentos para a realidade e fixou Rupert com angústia. Se Decius a pegasse, seria mesmo o seu fim. Ele a escravizaria e aproveitaria para ultimar a vingança que não conseguira realizar durante aqueles quase dois séculos. Tentando manter-se calma e confiante, ponderou:

— Ouça, Rupert, sei que errei, mas gostaria de mais uma chance.

— Hum... não sei se você está merecendo. Talvez Decius consiga colocá-la de volta em seu devido lugar.

— Por favor, mestre, perdoe-me. Prometo nunca mais pensar nos espíritos de luz. Foi apenas uma curiosidade, imprudência, eu sei, mas não fiz por mal.

Rupert permaneceu alguns minutos calado, estudando-a. Quando afinal falou, foi com voz ameaçadora e incisiva:

— Está bem, Althea. Vou lhe dar mais uma chance. Mas, se falhar, já sabe. Se não acabar com você, eu mesmo, entrego-a nas mãos de Decius e não quero mais saber de você.

— Oh! obrigada, Rupert. Não vai se arrepender, você verá.

— Tenho uma tarefa para você. Coisa simples, espero.

— De que se trata?

— De uma senhora. Fizeram-me generosa oferta para trazê-la para cá. A família está de olho na herança, e o que você tem a fazer é sugar-lhe as energias, até que ela não resista e desencarne. Acha que pode dar conta?

— Sim, mestre, estou certa de que sim. Sei perfeitamente como sugar as energias dos encarnados e não será difícil trazê-la para cá.

— Ótimo. Mas lembre-se. Não falhe. Caso contrário, não serei mais responsável pelo que lhe irá acontecer.

Althea saiu dali mais tranqüila. A tarefa não era das mais difíceis, e ela se desincumbiria dela com maestria. Precisava reconquistar a confiança de Rupert, ou Decius acabaria com ela.

Althea entrou na alcova onde estava acamada a senhora de que Rupert lhe falara. Era já idosa, com cerca de setenta anos, e ela percebeu uma aura cinzenta ao seu redor. Ótimo, pensou, ela parecia uma pessoa altamente comprometida.

Depois de estudar o ambiente, Althea se posicionou ao lado do corpo da enferma, curvou-se sobre ela e pôs as mãos sob o seu corpo, buscando-lhe a nuca, por onde começaria a *vampirização*. Ficou ali durante alguns minutos, sugando-lhe as energias vitais, até que a senhora começou a tremer e a chorar, chamando pelo nome do filho. Um senhor de seus cinqüenta anos apareceu, seguido de um espírito trevoso, examinou-a e disse com fingida preocupação:

— Tenha calma, mamãe. A senhora logo ficará boa.

Althea desatou a rir. Como era cínico! Lera em seus pensamentos o quanto desejava que ela morresse. A seu lado, o espírito ria também. Vendo Althea ali parada, sorriu para ela e perguntou:

— Foi você que Rupert mandou?

— Foi.

— Você é Althea?

— Sim, sou.

— Seja bem-vinda, Althea, e sirva-se à vontade — concluiu, apontando para a mulher.

Deu uma gargalhada e partiu atrás do homem. Depois que eles saíram, Althea pensou em descansar. Já sugara bastante por ora. Esperaria um pouco e então recomeçaria. Buscou uma poltrona perto da janela e sentou-se, pensando em sua vida. Fazia tanto tempo que desencarnara! Pelos seus cálculos, deviam estar por volta de mil setecentos e qualquer coisa. Quase dois séculos já haviam transcorrido desde que habitara um corpo de carne. E o que fora a sua vida até ali?

Um nada. Uma sucessão de desencontros e desenganos, que só serviram para atirá-la num mundo de dor e desilusão. Ela estava cansada e queria partir, mas tinha medo até de pensar nos servos da luz.

De repente, sentiu que uma brisa suave a envolvia e arregalou os olhos. Do teto, desciam inúmeras gotas de uma luz branca, como flocos de neve suaves e brilhantes. Aquela luz se espargiu sobre ela, e ela sentiu-lhe o frescor e a maciez. Como era gostosa! Aos poucos, a luz foi tomando forma, e um homem vestido de branco se materializou à sua frente. Althea deu um salto da poltrona e se encolheu perto da parede. Fitou o espírito com espanto, tentando se lembrar de onde é que o conhecia.

— Quem é você? — indagou por fim. — O que quer aqui?

O homem olhou para ela com imensa bondade e considerou:

— O que faz você aqui, minha filha?

— Eu?! Bem, estou tomando conta da doente...

— Ah! é mesmo? E com que intenção?

— Intenção? Não sei. Ouça, moço, estou apenas cumprindo ordens. Não sei de nada.

Apesar do tom agressivo em sua voz, Althea estava apavorada. Se Rupert descobrisse aquele espírito ali, na certa, colocaria a culpa nela, e ela estaria perdida.

— Está bem, minha filha — falou bondosamente o espírito. — Não quero atrapalhar o seu... serviço.

Althea olhou-o desconfiada e indagou hesitante:

— O... o que veio fazer aqui?

— Vim porque alguém aqui chamou por Deus.

— É?

Será que se enganara? Ao entrar ali, podia jurar que aquela mulher não era lá nenhuma santinha. Sua aura estava impregnada de pontos negros, e havia uma espécie de nuvem ao redor de seu coração. Tudo indicava que ela não era daquelas que se voltassem para Deus ou para Jesus, mas enfim... Nunca se sabe.

— Permite-me concluir também o meu trabalho? — perguntou o espírito.

— Sim... — concordou ela, sem ter como recusar. — Já que veio... Isto é, para que veio?

— Vim aqui para buscá-la.

Althea quase se desesperou. Mas então aquele espírito iluminado havia ido até ali para levar a enferma? Levá-la para o lado da luz? O resultado, para a família, seria o esperado, mas Rupert ficaria furioso. Não receberia a paga e trataria logo de arranjar alguém para culpar. E quem seria? Ela.

Ainda que não tivesse muito o que fazer, ela ainda tentou contemporizar:

— Ouça, não quero atrapalhá-lo, mas tem certeza de que veio ao lugar certo?

— Sim, certeza absoluta.

— Será que não se enganou? Olhe bem. Essa senhora não me parece estar esperando por você.

— E quem foi que disse que vim aqui por causa dela?

— E não foi? Mas você disse...

— Disse que vim buscá-la, Althea. Vim aqui para levar você.

Althea recuou aterrada.

— Não! — gritou. — Não pode ser! Eu não o chamei.

— Chamou sim, minha criança. Deus ouviu a sua prece e me enviou para ajudá-la.

— Mas... mas... não fiz prece alguma!

— Não fez? Não se lembra? Clamou a Deus por auxílio.

— Eu? Mas foi tão rápido... e com tanto medo... Como alguém pôde escutar?

— Minha filha, bem se vê que ainda tem muito o que aprender. Não há um só pensamento que não seja visto por Deus. Não há uma só prece, por mais singela e pequenina que seja, que não chegue ao coração de nosso Pai. E a sua, Althea, foi tão sincera, tão verdadeira, com tanta fé, que o Senhor me incumbiu de orientá-la.

— Mas como? Aqui?

— Sim, aqui. Foi o único lugar em que pude encontrá-la sozinha.

— Mas Rupert... vai ficar furioso. Vai mandar sua horda de assassinos atrás de nós e, com certeza, me capturará. Oh! não, senhor, não quero! Não posso passar por todo aquele sofrimento outra vez! E Decius? Rupert vai me entregar a Decius! Não posso ir. Por mais que queira, não posso ir com você. Rupert e Decius vão me encontrar, e será o meu fim. Vá embora, por favor! Em nome de Deus, deixe-me...!

Althea chorava descontrolada, com medo de que Rupert ou Decius aparecessem e a arrancassem dali. Descobririam que ela havia mesmo implorado o auxílio de Deus e a aniquilariam para sempre. Mas ela não queria se tornar um ser amorfo, não queria perder suas formas de mulher.

O espírito, condoído de sua dor, aproximou-se dela e segurou sua mão, mas Althea, completamente aturdida, recuou dois passos e tentou fugir, sendo contida pelas mãos amigas do mensageiro divino. Ele fez com que ela se acalmasse, acariciou seu rosto, enxugou-lhe as lágrimas e falou com voz dulcíssima:

— Minha querida, não tenha medo. Nem Rupert, nem Decius, nem ninguém poderá alcançá-la ou feri-la ao meu lado. Vim em nome de Deus, e não há, nesse mundo ou no outro, nada que se iguale a Deus em poder, bondade e perfeição.

— Mas Rupert disse...

— Não se atormente com as palavras de Rupert. Ele ainda é um espírito ignorante, mas dia chegará em que também despertará para as verdades de Deus.

— Mas e se ele me caçar?

— Você não é um animal para ser caçado. É um espírito atormentado e assustado que quer se libertar de todo o mal que já fez a si mesma. Não estou certo?

— Sim... No entanto, não me julgo digna de seu auxílio.

— Por que não? Por que se julga uma criminosa? Uma pecadora?

— E não sou?

— Não. É uma criança, um espírito infantil e imaturo que ainda não aprendeu o valor da vida e do amor. E agora venha, não tardemos mais.

O espírito estendeu-lhe a mão, e Althea olhou para ela, confusa. Queria muito agarrá-la, mas tinha medo. Ainda estava presa à influência maligna de Rupert. E se ele aparecesse?

— Rupert não vai aparecer — assegurou o espírito, lendo-lhe os pensamentos. — Vamos, não tenha medo. Afinal, foi isso o que pediu, não foi? Não quer mudar de vida? Parar de sofrer?

Althea encarou-o em lágrimas. Ele tinha razão. Estava farta de ser uma escrava, subjugada, maltratada, humilhada. Queria voltar a ser gente. Estava arrependida do que fizera. Queria uma oportunidade para rever seus erros, se modificar, ser uma pessoa direita. Decidida, ela apertou a mão que o espírito lhe estendia e partiu com ele, e foi só então que se lembrou de onde é que o conhecia.

Durante algum tempo, Althea permaneceu adormecida, recebendo tratamento espiritual. Quando despertou, já estava mais calma e confiante. Descobriu que a Terra estava atravessando o ano de 1784 e se entristeceu. Quanta coisa havia perdido!

Já familiarizada com o mundo da luz, Althea passeava por jardins floridos, freqüentava as sessões de estudos e orações, conversava com os novos amigos que fizera.

Alguns anos depois, analisando sua última encarnação, compreendeu por que passara por tudo aquilo. Althea julgava-se uma mulher cruel e fria, mas tinha intenção de mudar. Para isso, contava com a ajuda dos amigos espirituais, em especial de Joseph, o espírito que a levara para ali e que ela se lembrou de que havia sido seu avô em vida. Joseph era um espírito altamente iluminado e havia desencarnado quando Althea era ainda jovem. Por isso, passados tantos anos, era natural que não se lembrasse dele de imediato. Contudo, tinham muitas afinidades e já haviam se encontrado em vidas anteriores.

Estavam os dois em animada conversa, e Joseph lhe dizia:

— Acha que já está pronta para voltar?

— Sim, vovô. É preciso. Já planejei tudo.

— Sabe que Rupert e Decius não lhe darão descanso, não sabe?

Ela suspirou e respondeu entristecida:

— Sei, sim. No entanto, não posso ficar para sempre escondida aqui, sob a proteção de espíritos iluminados.

— Não. Mas você deve se preparar para o que vai enfrentar.

— Eu sei, vovô. Mas já tracei o meu projeto de vida.

— Fez uma escolha difícil, minha filha.

— Eu sei. Mas é preciso. Sei que devo lutar contra minhas próprias tendências e tentar uma reconciliação com Nigel. Ele ainda guarda muitas mágoas de mim.

— Não se esqueça disso, Althea. Seu compromisso com Nigel é muito grande. No entanto, se de todo não conseguir, procure ser verdadeira com ele e consigo mesma. Não o engane. A desilusão será melhor do que a traição.

Althea abraçou-se ao avô e disse com voz triste:

— Creio que o mais difícil ainda será integrar-me comigo mesma.

— Você precisa encontrar o equilíbrio entre as energias feminina e masculina, e entender que elas não são antagônicas, mas se complementam. Se, por um lado, já empreendeu muitas conquistas, que são próprias do sexo masculino, por outro lado, ainda não desenvolveu o cuidado e a doçura, tipicamente femininos. Acha que conseguirá isso reencarnando como mulher?

— Creio que sim. A alma feminina tende a ser mais sensível, e eu preciso fazer aflorar em mim toda essa sensibilidade. Por isso resolvi ser escritora.

— A literatura, como as artes em geral, é excelente para desenvolver a alma feminina, pois criar é uma atividade feminina por natureza, a exemplo da criação de outros seres. Somente a mãe pode gerar um filho, e a energia que vibra em qualquer criação é feminina, por mais ousada que seja a obra.

— Será que serei uma boa escritora?

— Isso só vai depender de você. Do quanto a sua inteligência já trabalhou e se aprimorou em suas sucessivas existências. Mas lembre-se: não basta ser só inteligente. Deve ser sensível também, pois as artes são o espelho mais fiel da sensibilidade da alma, independentemente de se ser homem ou mulher.

— Vou tentar, vovô. Você vai ver. Darei o melhor de mim.

— Está pronta para enfrentar o preconceito?

— Estou.

— Esse preconceito vai colocá-la diante de duas forças muito poderosas. Cuidado com sua tendência natural para sufocar o feminino. Isso poderá lhe trazer conseqüências muito sérias. Por isso é que lhe digo: será melhor enfrentar o preconceito e afirmar sua identidade feminina, sofrendo suas conseqüências, do que se curvar a ele e distorcer o que há de mais genuíno na alma da mulher, que é a essência da feminilidade.

— Sei disso, vovô...

— E jamais confunda feminilidade com sensualidade, com sedução. A mulher não precisa ser sensual para ser feminina. Basta que seja sensível, cuidadosa, amorosa, compreensiva. É uma questão de energia, não de comportamento ou preferência sexual. Seja mãe. Quando digo para ser mãe, não estou dizendo que você, necessariamente, deva ter um filho. Mas pense na função máxima da mulher, que é a maternidade, e você entenderá o que quero dizer. Toda mãe deve amar seu filho, cuidar dele, protegê-lo, orientá-lo, repreendê-lo. Faça isso com sua vida. Ame-se a si mesma, proteja-se das tentações menos edificantes, oriente-se pelo caminho do bem, use sua consciência para repreendê-la quando estiver enveredando pelo caminho do erro. Se fizer isso com você mesma, saberá fazer também com seus semelhantes. E será feliz.

Althea chorava baixinho. Compreendia o que ele dizia e sabia o quanto seria difícil. Estava acostumada a lutar como um homem e seduzir como uma mulher, e não era mais isso o que buscava. Queria ser mãe. Mãe de si mesma e de seu destino.

Com vozinha suave, retrucou:

— Farei o possível para conseguir isso, vovô.

— Então, minha filha, confie em si mesma e dê o melhor de si. Estarei aqui orando por você.

— Sei disso. Fico muito feliz em poder contar com a sua ajuda.

— Além disso, procurarei estar sempre ao seu lado. Quando reencarnar, você se esquecerá que me conhece, mas eu estarei sempre junto de você, dando-lhe força e coragem. Lembre-se, porém, de que é preciso elevar o seu padrão vibratório e vigiar sempre. Do contrário, entrará em sintonia com Decius e Rupert, e eu pouco poderei fazer por você. Não se esqueça, Althea: *orai e vigiai*.

Althea sorriu compreensiva e retrucou:

— Os outros já partiram?

— Quase todos. Os que ainda não foram estão se preparando, assim como você.

Althea aquiesceu. Quando ali chegou, encontrou muitos espíritos que haviam sido seus companheiros de jornada, uns mais queridos, outros cuja relação era ainda difícil. No entanto, era preciso entender-se com todos, e ela estava decidida a tentar.

Dali a alguns dias, Althea partiu. A concepção de seu novo corpo estava próxima, e era preciso que ela se preparasse. Acompanhada dos espíritos encarregados de moldar-lhe o perispírito e entorpecer-lhe a consciência, Althea se foi, rumo a uma nova experiência no orbe.

Depois que ela partiu, Joseph ajoelhou-se e orou, pedindo a Deus que lhe desse forças para bem orientá-la e protegê-la. Recebera a incumbência de cuidar de Althea e tudo faria que estivesse a seu alcance. Joseph sabia, em seu íntimo, que o caminho escolhido pela neta seria bastante doloroso, mas necessário ao seu crescimento. Seria essa a primeira encarnação em que ela, realmente, começava a tomar consciência de seus processos de amadurecimento, dispondo-se a aprender e se transformar. Mas não seria a última. Seria o começo, o despertar, o germe que faria brotar no coração de Althea o verdadeiro significado do amor.

capítulo 2

Era véspera de Natal em Plymouth. Toda a sociedade se preparava para festejar o nascimento do menino Jesus, e os mais abastados haviam programado festejos especiais para a ocasião. No castelo do duque de Kingsley, a pompa e o luxo imperavam nos salões. A todo instante, novos convidados iam sendo anunciados, e o duque se regozijava de poder receber em sua casa a mais seleta nobreza que havia em toda Inglaterra.

Aproveitara a ocasião para se apresentar à sociedade. O pai, duque de Kingsley, de quem herdara o título, falecera meses atrás, deixando-lhe incalculável fortuna. Nessa época, Jules, filho do duque, encontrava-se em Londres, onde a família mantinha uma bonita mansão, sendo obrigado a retornar para assumir a posse de sua herança.

Jules estava parado em um canto do salão, recepcionando os convidados que lhe iam sendo introduzidos à medida que chegavam. A orquestra tocava incessantemente, e ele dava largas risadas, cumprimentando os recém-chegados com uma cortesia displicente e desinteressada. O mordomo encarregado das apresentações acabara de pronunciar o nome de um conde e sua família, e Jules os cumprimentava sem lhes prestar muita atenção, repetindo sempre os mesmos gestos mecânicos. Cumprimentou um homem e sua mulher, virando o rosto a todo instante para falar com os amigos que o cercavam.

Depois que o casal se retirou, uma moça se abaixou à sua frente, fazendo graciosa reverência, e Jules balançou a cabeça para concluir o cumprimento. Já ia desviar o olhar quando a moça ergueu o rosto e o encarou com um sorriso, e Jules sentiu um arrepio. Era a mulher mais linda que já havia visto em toda a sua vida. Cabelos fulvos, olhos cor-de-mel, pele lisa e acetinada, lábios vermelhos e carnudos.

Ainda sorrindo, ela terminou o cumprimento e se afastou, e Jules, embaraçado, deixou o local onde se encontrava para ir atrás dela. Rapidamente, a moça se misturou aos demais convidados, e ele, procurando desvencilhar-se das pessoas que tentavam pará-lo para conversar, alcançou-a já no salão de baile e chamou:

— Senhorita! Por favor, espere.

Puxou o seu braço delicadamente, e ela se voltou para ele.

— Perdoe-me, senhorita...

— Stilwell, Vivian Stilwell.

— Senhorita Stilwell, é um imenso prazer conhecê-la.

— Não fomos apresentados agora há pouco?

Jules enrubesceu. Na verdade, não prestava muita atenção aos nomes que lhe eram apresentados e sentiu-se envergonhado. Ainda mais porque Vivian era uma moça adorável.

— Perdoe-me, senhorita. Minha falta foi imperdoável.

— Não se preocupe. Sei como essas coisas são aborrecidas.

Ele a olhava embevecido e estendeu-lhe a mão, que ela aceitou com graça. Conduziu-a para o salão e pôs-se a dançar com ela, despertando a atenção de todos. Formavam um bonito casal, e as moças solteiras já começavam a sentir uma certa inveja. Terminada a valsa, Jules conduziu-a para uma sala mais reservada, sentando-se com ela perto da janela.

O frio era intenso, e a neve resolvera dar uma trégua, mas ninguém se arriscava a deixar os salões com aquele tempo.

— Sua festa está maravilhosa — disse ela com entusiasmo.

— Obrigado, senhorita Stilwell. Mas devo confessar que a maior maravilha que hoje vejo em minha casa é a sua pessoa.

Vivian corou e abaixou os olhos. Aquele duque era mesmo muito galante e bonito, e seu coração começou a bater mais forte. Ele era um excelente partido, muito rico e disputadíssimo pelas moças solteiras de Londres. Mas não parecia interessar-se por ninguém e continuava ainda solteiro.

Vivian não se importava com nada disso. Desde o momento em que o viu, sentiu que estava apaixonada, e seus olhos brilharam de emoção ao pousar sobre os dele.

— Ficou triste? — indagou ele preocupado, segurando-lhe o queixinho delicado entre a mão.

— Ah! não. É que estava pensando.

— Em quê?

— Nada de especial. Imaginava apenas por onde andam meus pais.

— Seus pais... Não me recordo quem são.

— O barão e a baronesa de Osborne.

— Ah! é verdade. Desculpe-me, por um momento havia me esquecido.

— Não faz mal, acontece.

Ele olhou pela janela, tentando encontrar o que dizer, e comentou:

— Está fazendo uma noite tão fria...

Jules e Vivian estavam encantados um com o outro. A simpatia entre eles fluía espontaneamente, e era como se já se conhecessem há muitos anos. Inebriado, Jules segurou a sua mão e ficou encarando-a, e ela foi sentindo um calor subindo-lhe pelo pescoço e percebeu que enrubescia novamente. Ficou apavorada. Pensou que ele a fosse beijar, mas ele permaneceu imóvel, apenas admirando sua beleza.

A seu lado, dois espíritos se regozijavam. Rupert e Decius davam gargalhadas, conversando entre si:

— Até que enfim, hein, companheiro? — dizia Decius. — Pensei que não fôssemos conseguir.

— Ora, meu amigo, mas o que é isso? — retrucou Rupert bem-humorado. — Então não lhe prometi? Não disse que cuidaria desse caso pessoalmente?

— Você é um demônio, Rupert.

— Obrigado. Mas o mérito não é todo meu. Eu falei que nosso amigo Jules iria colaborar, não falei?

— É verdade. Até que ele aparecesse, jamais conseguimos alcançar Althea. Aquele avô dela sempre está por perto para protegê-la.

— Mas agora não poderá mais impedir que atuemos sobre ela. Vê como a área do seu sexo já vai adquirindo uma coloração mais escura? Pois é. Logo, logo, nossa querida Althea vai estar de volta ao seu antigo joguinho de sedução e prazer, e aí, meu amigo, será a nossa vez. Faremos a nossa festa particular, e ela vai ver se volta ou não para nós.

— Será que o rapaz não vai dar para atrás?

— Quem? Jules? É claro que não. Jules é dos nossos. Não vê o quanto se afiniza conosco? Então, meu amigo, é uma troca. Ele nos dá o que queremos, nós lhe damos o que pede. É justo. Agora venha. Vamos procurar alguém com uma boa taça de vinho.

Rupert e Decius se afastaram e entraram no salão, caminhando por entre os convidados.

— A festa está mesmo animada, não é, Rupert?

— É sim. E não somos os únicos desencarnados aqui. Veja só.

Decius olhou. Efetivamente, convivendo lado a lado com os vivos, vários espíritos aproveitavam a festa, bebendo e comendo com os convidados. Rupert fez sinal para que Decius o acompanhasse, e partiram em direção a um homem que se encontrava jogado sobre uma poltrona, mordendo um pedaço de perna de cordeiro. Na outra mão, um copo de vinho ainda cheio, apoiado sobre o braço da poltrona.

Decius se adiantou e pousou a mão sobre a testa do indivíduo, cuja embriaguez facilitou o acesso a seus centros nervosos. Os olhos do homem começaram a piscar e ele cochilou, derrubando no chão a perna de cordeiro, e a taça só não caiu porque estava apoiada no braço da poltrona. Decius fez um sinal para Rupert e falou com galhardia:

— Quer aproveitar?

Imediatamente, os dois puseram-se a sugar a essência da perna de cordeiro e do vinho, e sentiam como se realmente estivessem comendo e bebendo, percebendo na boca o paladar daquelas delícias. Terminada a *refeição*, largaram o homem e se afastaram.

— Vamos ver como estão os nossos *meninos* — ironizou Rupert.

Vivian e Jules estavam agora de volta ao salão, presos nos braços um do outro em animada dança.

— Não acha que Jules é muito comportado? — insinuou Decius.

Rupert pensou durante alguns segundos e concordou:

— Tem razão. Precisamos apimentar um pouco mais essa dança.

Afastou-se de Decius e aproximou-se do casal, colando-se a Jules e rodopiando com eles. Enquanto a valsa ia seguindo, Rupert dizia ao ouvido do rapaz:

— Então, Jules, que bela presa arranjou, hein? Por que não vão dar uma volta? Aproveitar a noite, trocar algumas carícias... Não seria bom beijá-la ao menos um pouquinho?

Imediatamente, Jules recebeu a sugestão de Rupert, e seu corpo encheu-se de desejo. Aproximou o rosto do de Vivian e sussurrou bem baixinho:

— Por que não vamos dar uma volta?

Vivian corou e fitou-o em dúvida. Será que devia? Mas também morria de desejo, e sua resistência foi muito fraca. Ela aquiesceu e Jules, tomando-lhe a mão, levou-a para um recanto mais afastado, bem longe do rumor da festa. Rupert, a seu lado, ia dizendo o quanto ela era apetitosa e como seria bom tê-la em seus braços.

Tomado de desejo, Jules deixou-se levar pela influência do obsessor e encostou Vivian na parede, beijando-a sofregamente. Ela, a princípio, tentou afastá-lo, mas logo cedeu a seu apelo e correspondeu ao beijo com paixão. Estava inebriada, louca de vontade de entregar-se a ele, mas resistiu. O local não era apropriado, e o pai poderia estar procurando por ela. Lutando contra seus instintos, Vivian afastou-o de si e balbuciou:

— Jules... não... não podemos... Meu pai pode aparecer...

— Ah! Vivian, como eu a quero!

— Não, Jules, não...

A muito custo, Jules conseguiu conter-se. Ela tinha razão. Era uma loucura. Estavam no meio de sua festa, e qualquer um poderia vê-los ali. Ainda sentindo no corpo a sensação do corpo de Vivian, Jules se afastou dela e passou a mão pelos cabelos, tentando esfriar a cabeça.

Nesse momento, a música parou, e escutaram as vozes se elevando no salão:

— Feliz Natal!

Era meia-noite, e Jules saiu puxando Vivian pela mão, dizendo enquanto caminhava para junto dos demais:

— Venha. Já é Natal.

Enquanto se afastavam de mãos dadas, Rupert e Decius apertavam as suas, comemorando a vitória de sua primeira investida contra a fraca e insegura Althea.

Naquela noite, Vivian não conseguiu dormir. Só pensava em Jules e no quanto o seu contato lhe fora agradável. Haviam chegado muito tarde, e ela passara o resto da noite acordada, ansiando por encontrar-se novamente com ele. Já ia descer para a refeição matinal quando a mãe entrou.

— Vivian — começou a dizer em tom de censura —, seu pai não ficou nada satisfeito com o seu comportamento ontem à noite.

Ela encarou a mãe com um olhar frio e retrucou:

— Por quê? O que fiz demais?

— Não sabe?

— Não.

— Passou a noite inteira com aquele duque.

— Aquele duque era o nosso anfitrião.

— Eu sei, minha filha, mas houve comentários...

— Que comentários?

— Todo mundo reparou que você sumiu com ele.

— E daí? O que está querendo dizer?

— Nada. Eu, por mim, não me importo. Considero o duque um excelente partido. Mas seu pai não pensa como eu.

— Como assim?

— Seu pai considera o duque um... bonachão, um boa-vida.

— E daí, mamãe? Ora, francamente! Qualquer moça em Plymouth ficaria feliz em ser cortejada por ele.

— Pode ser. Mas você sabe que seu pai tem outros planos para você.

— Que planos? Casar-me com lorde Thomas?

— Exatamente. Seu pai e lorde Thomas são amigos há bastante tempo.

— Esqueça, mamãe. Ele é um velho, e não estou interessada.

Irritada, Vivian deixou o quarto e foi para a biblioteca buscar algo para ler. Se o pai pensava que ela ia se casar com aquele velho idiota, estava muito enganado. Casar-se-ia com quem quisesse e não faria como Lucy. A irmã fora obrigada a se casar com lorde Hamilton e não se opusera. Por sorte, Hamilton era um bom homem, e os dois pareciam se entender. Mas ela não gostava de lorde Thomas e não estava disposta a ceder.

Vivian ouviu o barulho de uma carruagem e olhou pela janela. De onde estava, pôde reconhecer o brasão de lady Glenna e correu para recebê-la. Glenna, prima de seu pai, era uma viúva muito rica e bonita, a mais cobiçada de toda Plymouth. Contudo, jamais se casara novamente e dizia que não havia ainda encontrado homem que se igualasse a seu finado marido.

O marido de Glenna fora um conde muito rico e influente, mas já de uma certa idade quando se casou. Na época, ninguém entendeu a razão daquele casamento. Ele era muito mais velho do que ela, e Glenna não precisava de seu dinheiro. A família ficara frustrada, pois esperava um casamento entre os primos, mas ela fora decidida. Ou se casava com o conde, ou não se casava com ninguém.

Glenna parecia feliz com o casamento e só vivera para o marido. Cerca de dez anos depois, quando ele adoecera, ela cuidara dele pessoalmente e panteara a sua morte com sinceridade e sentimento. Tinha então vinte e oito anos, jovem e bonita, e não quis mais se casar. E, efetivamente, Glenna nunca foi vista com homem algum, e todos passaram a acreditar que seu amor pelo conde havia sido leal e genuíno. E fora. À sua maneira.

Apesar do frio e da neve que caía, Vivian foi pessoalmente abrir a porta para ela.

— Glenna, que saudades! Quando chegou?

— Ontem de manhã.

— E por que não veio logo me visitar?

— Ora, querida, tive que ajeitar as coisas em casa, você sabe.

— E minha irmã, como está?

— Muito bem. Pede que vá visitá-la. Disse que sente muito a

sua falta. E quer saber de uma novidade? — Vivian assentiu. — Você vai ser tia.

— O quê? Tia? Lucy está esperando neném?

Antes que ela respondesse, Christine, mãe de Vivian, vinha chegando também e indagou, enquanto estendia os braços para ela:

— Quem está esperando neném?

— Christine, como vai? — cumprimentou Glenna.

— Muito bem, querida. Mas ainda não me respondeu: quem vai ter neném?

— Não sabe? — a outra meneou a cabeça. — Sua filha.

— O quê? Lucy vai ter um filho? Oh! meu Deus, será mesmo verdade que desta vez vou ser avó? George! George! Onde está? Corra, George, e venha ouvir a notícia maravilhosa que Glenna nos trouxe.

Glenna, acomodada na poltrona, olhou para Vivian e sorriu. Sabia o quanto Christine ansiava por um neto, de preferência homem. Só tivera filhas, e um menino seria uma alegria em seu lar. Mas Lucy, lamentavelmente, não conseguia levar a termo nenhuma gravidez.

Pouco depois, George apareceu e cumprimentou a prima com um aceno de cabeça, que ela respondeu com outro.

— Como disse? — foi perguntando. — Nossa Lucy está grávida?

— Sim. Não é uma maravilha?

— É sim. E para quando será?

— Para meados de julho, se não me engano — respondeu Glenna.

— Julho... que maravilha! Vai nascer no verão. Ah! George, dessa vez tem que dar certo! Lucy tem que nos dar um neto!

Saiu puxando o marido para o andar de cima, a fim de verificar qual cômodo ficaria melhor para receber o netinho. Depois que eles se afastaram, Glenna segurou a mãozinha de Vivian e perguntou:

— Então, minha querida, posso saber o que é que a aflige tanto?

Vivian fitou-a surpresa. Como é que descobrira?

— Glenna, você é terrível — falou, balançando a cabeça. — Não consigo esconder nada de você, não é mesmo?

— Não. Conheço-a como a palma de minha mão e sei quando algo não vai bem. O que foi? Brigou com sua mãe?

Vivian fez um muxoxo e respondeu desanimada:

— Briguei sim. Mas não é isso o que me incomoda.

— Não? O que é então?

— Glenna... acho que estou apaixonada.

— O quê? Apaixonada? Mas como? Por quem?

— Promete não contar nada a ninguém?

— Prometo, claro.

— Sabe lorde Jules?

— O novo duque de Kingsley?

— Ele mesmo.

— Mas Vivian...

Glenna deixou uma reticência no ar. Não sabia o que dizer. Aquela notícia era terrível, e ela não conseguiu esconder a contrariedade. Abaixou a cabeça e suspirou, fixando o olhar em um ponto perdido no chão.

— Glenna — tornou Vivian —, o que há? Não está feliz por mim?

Glenna conhecia Jules intimamente. O pai fora amigo de seu marido, e ela sabia tudo a seu respeito. Mas não sabia se devia contar a Vivian. Também a conhecia muito bem, e falar mal de Jules só serviria para aumentar ainda mais o seu interesse por ele.

— Você o conhece? — perguntou Vivian.

— Sim, conheço.

— E o que acha dele?

Glenna fitou-a indecisa. Não sabia o que dizer. Queria muito alertá-la, mas não sabia se devia. Tinha medo de que um alerta pudesse desencadear uma reação inversa à esperada e desviou a conversa:

— Foi por isso que brigou com sua mãe? Por causa de lorde Jules?

— Bem... sim. Mamãe diz que papai não o aprova.

— Entendo... E ele? Sente o mesmo por você?

— Ele não disse nada. Mas creio que sim. Fomos à festa em sua casa ontem, e ele dançou comigo a noite inteira. Até me beijou.

— Acha que ele está apaixonado?

— Creio que sim. Vi isso em seus olhos, em seus gestos. Ele estava louco por mim.

— Estar louco por alguém não significa, necessariamente, estar apaixonado.

— Oh! mas ele está sim. Você vai ver.

Christine e George vinham chegando, e ela sentou-se ao lado da prima, inserindo-se na conversa sem nem se preocupar se interrompia ou não alguma coisa:

— E então, Glenna, quando chegou?

— Ontem pela manhã.

— E onde passou a noite de Natal?

— Em casa, dormindo. Sabe que não ligo para festas.

A conversa se desviou para amenidades, e Vivian saiu discretamente, indo para o seu quarto sem que ninguém percebesse. Trancou a porta, sentou-se à sua escrivaninha e pôs-se a escrever um poema. Quando terminou, leu-o novamente e sorriu. Estava muito bom. Ela pousou a pena sobre o papel e guardou o que havia escrito. Ninguém podia ver aquilo. Sua família não aprovava *mulheres escritoras*. O pai dizia que escrever era coisa de homem e que as mulheres deviam se preocupar em arrumar um bom marido e cuidar dos filhos.

Pouco depois, Vivian ouviu batidas na porta e foi abri-la. Era Glenna, que vinha se despedir. Ela entrou e abraçou a amiga, dizendo com afetuosidade:

— Vivian, querida, já é hora de partir.

— Não fica para o almoço?

— Não. Tenho compromissos aos quais não posso faltar.

— Pena que não conversamos mais, não é mesmo? Minha mãe sempre aparece na hora errada.

— Por que não vai à minha casa? Poderemos conversar mais à vontade.

— Está bem. Irei amanhã.

— Ótimo. Estarei esperando-a para o chá.

Depois que ela se foi, Vivian voltou a sentar-se à escrivaninha. Dessa vez não era nenhum poema que iria escrever. Era algo muito mais comprometedor. Quando terminou, dobrou o papel cuidadosamente e colocou-o dentro de um pequeno envelope, escrevendo o endereço e lacrando-o com seu selo. Em seguida, tocou a sineta e sua criada de quarto apareceu:

— Ivy, preciso que leve esse recado urgente a um certo cavalheiro.

Ivy apanhou o envelope sem dizer nada. Servia a sua senhora com fidelidade e não lhe cabia fazer perguntas.

— Sim, madame.

— Mas cuidado. Não deixe que ninguém perceba. Principalmente minha mãe. Entendeu?

— Sim, senhorita.

Ivy saiu discretamente, e Vivian deitou-se na cama. Precisava falar com Jules, saber se a amava, se a desejava tanto quanto ela.

capítulo 3

Em sua casa, Jules não parava de pensar em Vivian. Ela era linda, e ele não poderia deixá-la escapar. Sabia que o pai era influente em Plymouth, mas ele estava decidido a conquistá-lo também. Casar-se-ia com ela, se preciso fosse. Estava apaixonado e tudo faria para tê-la em seu leito.

— Posso saber em que pensa o nosso bom anfitrião? — era a voz do padre Tobias, que acabava de entrar.

— Ah! padre! Que bom que veio. Por favor, entre e sente-se aqui perto da lareira.

Padre Tobias obedeceu, e Jules deu ordem ao mordomo para que trouxesse um copo de vinho para o padre e um de conhaque para ele. Estava frio e precisavam se aquecer.

— Que tempo, hein? — prosseguiu padre Tobias. — Será que não vai parar de nevar nunca?

— O inverno, este ano, está mesmo rigoroso.

Padre Tobias permaneceu alguns minutos calado, esperando que Jules dissesse alguma coisa. Havia mandado chamá-lo, mas ele não sabia por quê. Depois de alguns minutos em que permaneceram olhando o fogo, o padre se adiantou e perguntou:

— Lorde Jules, por que mandou me chamar?

Jules olhou para ele com os olhos brilhantes e começou a dizer:

— Bem, padre, sabe que dei uma festa em minha casa, não sabe?

— Hum, hum.

— Pois é. Nessa festa, conheci uma jovem que muito me interessou.

— Que jovem?

— A senhorita Stilwell, Vivian Stilwell.

— É mesmo?

— Ela é uma moça extremamente bonita e agradável, e confesso que me apaixonei. No entanto, seus pais...

— O que têm eles?

— Tenho medo de que não aprovem o nosso envolvimento.

— Perdoe-me, lorde Jules, mas de que envolvimento se trata?

— Quero me casar com ela.

— O quê?

— É isso mesmo o que ouviu. Estou apaixonado e quero me casar com ela. Para isso, preciso de sua ajuda.

— Minha ajuda? Mas o que posso fazer?

— Sei que Vivian freqüenta a sua igreja e que o senhor é seu confessor.

— Sim, mas, e daí? Não posso induzi-la a desposá-lo.

— A ela, não. Estou certo de seus sentimentos por mim. Quero que convença seu pai.

— Enlouqueceu, lorde Jules? Por que acha que eu faria isso?

— Porque estou disposto a fazer uma generosa oferta para as obras de caridade da sua igreja.

Padre Tobias permaneceu alguns minutos estudando-o, até que considerou:

— Por que não vai pessoalmente falar com o barão? Talvez o aprove. Afinal, o senhor é um homem rico...

— No entanto, ouvi falar do interesse do barão por um tal de lorde Thomas. Conhece-o?

— Sim.

— Pois é. Gostaria que me ajudasse a fazê-lo mudar de idéia.

— Mudar de idéia? Como assim?

— Quero que me ajude a convencê-lo de que eu sou o homem ideal para Vivian, não aquele duque velho e senil.

Padre Tobias estudou-o com interesse e retrucou calmamente:

— Lorde Jules, o que o faz pensar que eu tenho alguma influência sobre o barão?

— Ora, padre, sei que ele é um homem religioso e freqüenta a sua igreja todos os domingos. Não vá me dizer que não o procura quando tem problemas, digamos, pessoais e familiares. E depois, pense na generosa oferta que lhe faço.

Padre Tobias suspirou fundo e balançou a cabeça. O que pensaria Vivian de tudo aquilo? Será que se apaixonara mesmo por ele? Olhando para as labaredas que se agitavam dentro da lareira, lembrou-se da primeira vez em que ela o fora procurar.

Ele estava sentado na sacristia, lendo um trecho da Bíblia, quando ela entrou sem nem bater.

— Vivian! O que faz aqui?

Vivian passou a chave na porta e aproximou-se dele. Estava com um estranho brilho no olhar e começou a falar com suavidade:

— Padre Tobias, vim aqui porque já não posso mais ocultar meus sentimentos.

— Como assim? O que quer dizer?

— Quero dizer que estou apaixonada...

— É mesmo? Por quem, minha filha? Diga-me, talvez possa ajudá-la.

Encarando-o bem fundo nos olhos, ela disparou:

— Por você.

Tobias ergueu-se horrorizado.

— O que significa isso? É alguma brincadeira?

— Não, Tobias, não é brincadeira. Sei que não devia, mas estou apaixonada. Amo-o e o desejo.

— Ficou louca, menina? Sou um padre, fiz meus votos...

— E daí? Votos podem ser quebrados.

— Herege! — gritou ele, completamente aturdido. — Deve estar possuída!

Vivian atirou-se no chão, a seus pés, e começou a chorar.

— Por favor, não me rejeite! Eu o amo. Podemos fugir, ser felizes em outro lugar.

— Cale-se, Vivian, cale-se, por Deus! Você não sabe o que diz!

— Diga que não me ama!

— Não a amo, Vivian. Não da forma como quer.

— Covarde! Você me ama. Só não tem coragem de admitir. Pensa que não notei o jeito como me olha?

— Está louca!

— Será mesmo?

Ela estava descontrolada e partiu para cima dele, tentando abraçá-lo e beijá-lo. Tobias repeliu-a com vigor, segurou-a firme pelos punhos e falou:

— Vivian, você está fora de si. Não sabe o que diz. Mas não vou levar em conta essa sua loucura. E agora, saia daqui. Vá para casa e reze. Peça a Deus que a perdoe, ou você estará condenada a queimar no fogo do inferno.

— Não me importo, padre. Eu o amo.

O padre desvencilhou-se dela, abriu a porta e correu. Precisava tomar ar puro. Pensou que ela iria atrás dele, mas isso não aconteceu.

Nos dias que se seguiram, Vivian permaneceu calada e distante, tratando-o com frieza e indiferença. Ele não se importou. Até preferia assim. Não sabia o que havia acontecido com aquela menina para dizer-lhe aquelas barbaridades. Somente depois de dois meses foi que ela voltou a lhe falar. Ele estava terminando as suas orações quando ela se aproximou e disse:

— Padre Tobias, quero que me perdoe. Fui louca, eu sei, mas não pude evitar. Amo-o de verdade, no entanto, compreendo os seus motivos e não irei mais importuná-lo.

Voltou-lhe as costas e saiu da igreja. Desse dia em diante, Vivian nunca mais tocou naquele assunto, embora ele pudesse perceber a forma como o olhava, o jeito como falava com ele, a alegria que sentia ao vê-lo. Tobias não entendia muito bem o que havia acontecido, mas achou melhor não questionar. Fosse o que fosse, o fato era que ela não o importunara mais, e isso era tudo o que queria.

De repente, o som da sineta chamou padre Tobias de volta ao presente. Havia alguém à porta, e o mordomo foi atender, voltando logo em seguida com uma bandejinha de prata, na qual jazia um envelope branco e perfumado. O mordomo estendeu a bandeja para o duque e falou polidamente:

— Este bilhete acaba de chegar, alteza.

Jules apanhou o envelope, abriu e leu:

Querido Jules,

Desde que nos conhecemos, não consigo mais parar de pensar em você, em seus olhos, no jeito como me beijou e tocou. Amo-o profundamente e espero que me corresponda. Se me amar, gostaria que me encontrasse amanhã, à meia-noite, na estalagem O Viajante. *Entre e pergunte por Ivy. É a minha criada, e o dono da estalagem lhe indicará o quarto em que estarei à sua espera. Aguardarei até meia-noite e meia. Se não aparecer, saberei que é porque não me ama e não o procurarei mais.*

Com amor, da sua

Vivian

— Ora, ora — fez Jules, soltando um sorriso sarcástico. — Pois se a nossa lady Vivian não se adiantou a mim e pediu-me para vê-la.

— O quê? Essa carta é de Vivian?

— Sim. Marcando um encontro.

— Um encontro? Onde?

— Não posso dizer. É segredo. Pensa que vou deixá-lo estragar tudo?

— Mas lorde Jules, não pediu a minha ajuda?

— Pedi a sua ajuda para convencer o pai. A filha, pode deixar comigo, que eu mesmo convenço. Se é que isso será necessário.

No dia seguinte, à meia-noite em ponto, Jules entrava na estalagem O *Viajante*, perguntando ao estalajadeiro por uma jovem de nome Ivy. O homem deu um sorriso lúbrico, apanhou uma chave e disse:

— Último quarto, no fim do corredor.

Jules apanhou a chave, abaixou a cabeça e começou a subir a escada. Ainda havia algumas pessoas por ali àquela hora, bebendo e conversando, mas ninguém lhe prestou atenção. Ele ficou admirado.

Como é que Vivian, uma dama da mais alta linhagem de Plymouth, podia conhecer um lugar reles como aquele?

Chegou ao local indicado, pôs a mão no trinco e entrou. O quarto estava às escuras, e ele foi avançando até chegar perto da cama. Parecia não haver ninguém ali. Pensou em chamá-la pelo nome, mas teve medo de que fosse alguma cilada. O pai bem podia ter descoberto e mandado alguém em seu lugar com ordens para surrá-lo ou matá-lo.

Em pé no meio do quarto, Jules não sabia o que fazer, até que escutou um ruído perto da janela e olhou. Parado entre as cortinas, o vulto de uma mulher todo coberto por um manto negro de veludo. Ela se aproximou lentamente e abaixou o capuz, levantando para ele os olhos cor-de-mel. No mesmo instante, ele a puxou para si e a beijou longamente. Ela correspondeu ao beijo com paixão e sussurrou ao seu ouvido:

— Ah! Jules, como ansiava por esse momento. Sabia que viria. Sabia que me amava.

Jules não disse nada e conduziu-a para a cama. A seu lado, Rupert e Decius se felicitavam. Agora seria o momento que tanto esperavam. Principalmente para Decius, que não via a hora de poder novamente sentir o corpo de sua Althea.

Quando Jules a deitou na cama, Decius deitou-se com eles, e Rupert, apesar de excitado, foi sentar-se numa poltrona do outro lado e ficou espiando. Sem nem questionar, Vivian se entregou a Jules, e os dois se amaram loucamente. À medida que seus corpos iam cedendo ao desejo e o fogo da paixão os consumia, Decius ia absorvendo toda a energia sexual que deles emanava, sentindo como se estivesse, ele também, tomando parte naquele ato. Sentia-se vivo, recebendo as carícias que Vivian fazia em Jules como se fizesse nele também.

Ao terminarem, os três estavam satisfeitos e felizes. Jules e Vivian, além do mais, sentiam-se completamente saciados e esgotados. Pensando que aquele cansaço era proveniente apenas dos momentos de prazer a que se entregaram e não da influência de Decius, que lhes sugara toda a energia, Jules e Vivian adormeceram nos braços um do outro, sem nem se lembrar de que a moça precisava voltar para casa antes do amanhecer, a fim de que ninguém percebesse a sua ausência.

Vendo que Vivian não aparecia, Ivy começou a se preocupar. Parada do lado de fora da estalagem, embaixo da janela do quarto em que Vivian e Jules se amavam, Ivy caminhava de um lado para o outro. O que estaria acontecendo? Por que se demoravam tanto? Pensou em ir até lá, mas o estalajadeiro poderia desconfiar.

O frio era intenso, e Ivy pensou que iria congelar. A neve, que por alguns instantes havia cessado, de repente voltou a cair, e a criada não teve outro remédio senão ir para casa. Pensou em atirar algumas pedrinhas na janela, para despertar a atenção de sua senhora, mas não havia pedras visíveis. Estavam todas soterradas pela grossa camada de neve que cobria o chão.

Desesperada, Ivy teve uma idéia. Se fosse para casa e o barão a visse entrando sozinha àquelas horas, ambas estariam perdidas. Lady Vivian seria castigada, e ela, na certa, perderia o emprego. Para onde iria? Não. Não podia ir para casa. Apertou o manto de peles que a cobria e correu à casa de lady Glenna. Só ela poderia ajudar.

Ivy tocou a sineta diversas vezes antes que alguém viesse atender. Quando o mordomo apareceu, sonolento, olhos inchados, levou um susto. Ela passou por ele feito uma bala e foi falando nervosamente:

— Por favor, senhor, chame lady Glenna para mim. É urgente!

— Lady Glenna está dormindo. Quem gostaria de falar com ela?

— O que foi, Bennet? — era Glenna que, ouvindo a voz de Ivy, veio ver o que estava acontecendo.

— Lady Glenna, por favor, ajude-me — suplicou Ivy, correndo em sua direção.

Percebendo que algo de muito grave havia acontecido, Glenna virou-se para o mordomo e falou:

— Pode ir se deitar, Bennet. Eu cuido disso.

Ivy esperou até que ele sumisse e começou a falar apressadamente:

— Por favor, lady Glenna, ajude-me ou uma desgraça poderá suceder.

— O que foi que houve?

Rapidamente, Ivy colocou-a a par do que estava acontecendo.

Glenna cobriu o rosto, horrorizada, e começou a temer pela vida de Vivian. Se George descobrisse o que fizera, era bem capaz de matá-la. Imediatamente, Glenna se vestiu e chamou Bennet de volta, mandando-o aprontar a carruagem. Precisava tirá-la da estalagem antes que George desse pela sua falta e não queria testemunhas.

Quando chegaram à estalagem, esta já estava vazia. A madrugada ia alta, e todos já se haviam recolhido. Glenna deu ordens a Bennet para que parasse mais à frente e saltou com Ivy.

— Muito bem — disse para o cocheiro. — O que quero que faça é o seguinte: vá bater à porta da estalagem e peça um quarto para passar a noite. Depois que o estalajadeiro se retirar, quero que vá ao último quarto, no fim do corredor, à esquerda, e chame por lady Vivian. Acorde-a, mas tome cuidado para não ser visto. Diga-lhe que a estou esperando aqui e traga-a para cá.

Bennet fez como Glenna lhe ordenara. O estalajadeiro não ficou nada satisfeito por ter que se levantar àquelas horas para arranjar um quarto para o desconhecido, mas Bennet estendeu-lhe uma bolsinha contendo algumas moedas de ouro. Os olhos do homem brilharam de cobiça, e ele não disse nada. Apanhou a chave e entregou-a a Bennet, indicando-lhe o quarto em que deveria ficar.

Em silêncio, Bennet seguiu para o quarto indicado e ficou esperando até que todos os ruídos na estalagem cessassem. Certificando-se de que o estalajadeiro voltara a dormir, saiu para o corredor e foi bater à porta do quarto onde Glenna lhe dissera que Vivian estaria. Bateu uma, duas, três vezes, mas ninguém atendeu. Resolveu aguardar, mas ninguém apareceu. Bateu de novo e de novo, mas nada. Parecia que não havia ninguém ali. Já estava ficando nervoso e experimentou o trinco. A porta não estava trancada, e ele a empurrou. Foi entrando na ponta dos pés e acercou-se do leito. Vivian dormia abraçada a Jules, completamente nua, e ele virou o rosto, envergonhado.

No entanto, tinha um dever a cumprir e não queria que lady Glenna se desgostasse com ele. Tentando conter o constrangimento que o corpo nu de Vivian lhe causava, abaixou-se junto a ela e cutucou-a gentilmente no ombro. Ela não se mexeu, e ele a sacudiu com mais força, até que ela, finalmente, despertou.

— O que é isso? — falou assustada, tentando identificar o que estava acontecendo.

Ao se dar conta de que estava no quarto da estalagem em companhia de Jules, completamente despida, apavorou-se. Puxou as cobertas e cobriu o corpo, envergonhada com a presença de Bennet, que agora já reconhecia como o mordomo de Glenna. A seu lado, Jules ressonava e nem se apercebera da entrada do outro.

— Bennet! — exclamou ela atônita. — É você mesmo? O que faz aqui?

— Venha, lady Vivian. Lady Glenna a espera lá fora com a carruagem.

— Lady Glenna? Por quê? O que aconteceu? Onde está Ivy?

— Ivy foi pedir a ajuda de lady Glenna. Venha, por favor. No caminho de casa, ela mesma lhe explicará tudo.

Vivian olhou aturdida para ele e para Jules, e pediu que a esperasse do lado de fora enquanto se vestia.

— Não se demore — sussurrou ele. — Alguém pode perceber.

Ele saiu e ela sacudiu Jules, despertando-o.

— Hum... — fez ele, sonolento. — O que houve? Deixe-me dormir...

— Acorde, Jules, vamos, acorde! É tarde, preciso ir.

Ouvindo a voz de Vivian, Jules ergueu o corpo na cama, esfregando os olhos.

— O que foi que houve? — indagou bocejando.

— Nós pegamos no sono.

— Que horas são?

— Não sei. É tarde. Preciso ir.

Ela terminou de se vestir e beijou-o de leve na boca, dirigindo-se para a porta.

— Quando nos veremos de novo? — indagou ele.

— Não sei. Espere até que eu o procure.

Apanhou sua capa e fechou a porta com cuidado, seguindo Bennet pelo corredor às escuras. Em silêncio, desceram as escadas e abriram a porta da rua, saindo para a friagem da noite. A neve voltara a cair e ela se encolheu toda debaixo do manto. Sem nada dizer, continuou a seguir Bennet, até que chegaram ao local onde a carruagem se encontrava parada. A porta se abriu e Vivian entrou, e Bennet foi se colocar no lugar do cocheiro, estalando o chicote e pondo os cavalos em movimento.

— Meu Deus, Vivian! — exclamou Glenna, logo que se viu fora de perigo. — O que deu em você? Enlouqueceu?

Vivian abaixou os olhos, envergonhada. Olhando para Ivy, percebeu o que havia acontecido. Adormecera e a criada fora pedir a ajuda de Glenna.

— Glenna, sinto muito. Mas eu o amo, e ele a mim... Vamos nos casar.

— Ele disse isso?

— Disse, sim. Não é maravilhoso?

Glenna não respondeu. Não sabia o que pensar. Conhecia Jules e seu temperamento sensual e irresponsável. Vivian fora imprudente, e ela não tinha certeza do que poderia acontecer.

Na manhã seguinte, bem cedo, Glenna partiu em companhia de Vivian e Ivy, e George nem desconfiou quando ela lhe disse que Vivian havia dormido em sua casa.

A pedido de Vivian, Glenna ficou até a hora do almoço. Queria evitar que o pai lhe fizesse perguntas sobre a noite anterior. Conversavam sobre o Natal em casa do duque de Kingsley, e Christine comentou:

— O duque é mesmo muito gentil, não é?

— Sim, é — respondeu George, displicente.

— Sabia que está apaixonado por Vivian?

George levantou as sobrancelhas e encarou a filha, indagando zangado:

— Que história é essa?

— Acho que vai pedi-la em casamento — acrescentou a mulher.

— Casamento? Nem pensar. Vivian já está comprometida com lorde Thomas.

Vivian já ia protestar, dizer que não se casaria com lorde Thomas nem que tivesse que morrer, mas a mãe foi mais rápida e revidou:

— O que tem demais, George? Ele é jovem, rico, influente. Tem parentesco com a família real. Não seria um bom partido para nossa Vivian?

George olhou para Christine e percebeu um brilho de ambição no seu olhar. Eles eram muito ricos, mas sua fortuna não chegava aos pés das posses do duque de Kingsley. Era primo afastado da rainha, parentesco que valera a seu avô o título de duque, que vinha, desde então, passando de geração a geração.

George, por mais que reconhecesse a enormidade da fortuna de Jules, não estava disposto a faltar com a palavra empenhada. Thomas era seu amigo de muitos anos, e uma aliança entre ambos ser-lhe-ia bastante proveitosa e interessante. Ele já era viúvo, com dois filhos rapazes, e Vivian levaria uma vida calma a seu lado. Além disso, também era duque, muito rico e influente, e prometera recomendá-lo para uma ascensão ao título de conde. Já não queria mais ser apenas barão.

capítulo 4

No dia seguinte, Glenna partiu para a casa de Jules. O mordomo a atendeu e informou-a de que o duque encontrava-se ainda dormindo e que não tinha ordens para acordá-lo tão cedo.

— Cedo? Mas já passa de nove horas! Vá chamá-lo agora mesmo! — disse ela em tom autoritário. — O que tenho a lhe falar é de extrema gravidade.

— Mas madame...

— Não discuta comigo. Agora vá!

Ele saiu e foi acordar seu senhor. Jules despertou contrariado, esfregou os olhos e indagou de má vontade:

— O que foi, James? Sabe que não gosto de ser despertado tão cedo.

— Lamento, alteza, mas está aí lady Glenna, pedindo para falar-lhe. Diz que é urgente...

Ao ouvir o nome de Glenna, Jules teve um sobressalto. Não a via desde Londres e não podia imaginar por que o fora procurar. Sentindo um estranho pressentimento, falou com voz sombria:

— Diga-lhe que já vou.

Cerca de meia hora depois, Jules desceu. Glenna fora acomodada em uma mesa no jardim de inverno, onde seria servido o desjejum do duque, e levantou-se logo que o viu entrar. Com um falso sorriso estampado no rosto, Jules cumprimentou:

— Lady Glenna! Há quanto tempo não a vejo.

Beijou-lhe a mão com galanteria e indicou-lhe novamente a cadeira, onde ela se sentou. Ele se sentou à frente dela e indagou:

— Acompanha-me ao desjejum?

— Não, obrigada.

Jules tocou a sineta e James entrou, servindo-o de chá, pães, bolos e frutas, e ele pôs-se a comer com mal disfarçado nervosismo. Na verdade, não sentia fome alguma. Seu estômago, desde que ouvira o nome de Glenna, parecia haver virado do avesso, e ele chegou a pensar que iria vomitar. No entanto, não podia deixar que ela percebesse e, ainda sorrindo, perguntou:

— E então, lady Glenna? O que a traz aqui logo cedo?

Glenna encarou-o com desdém e respondeu com um sorriso sarcástico:

— Deixe de fingimentos comigo, Jules. Não há ninguém aqui além de nós. Não precisa se preocupar com as aparências.

Jules fuzilou-a com o olhar e revidou:

— O que quer?

— Vim aqui para falar de Vivian.

Ele ergueu uma sobrancelha e repetiu:

— Vivian? Não sabia que a conhecia.

— Conheço-a e muito. É filha de um primo...

— O barão de Osborne é seu primo? Quem diria... O mundo é mesmo pequeno, não é?

— Muito. Tão pequeno que você deveria desaparecer e dar lugar a pessoas mais úteis.

— Minha cara Glenna, mas o que é isso? É assim que se fala com o seu... velho amigo?

— Não sou sua amiga. Nunca fui. Mas deixemos as conversas tolas de lado. Não foi para isso que vim.

— E para que veio?

— Já disse, para falar de Vivian.

— O que quer exatamente, Glenna?

— Bem, Jules, vou ser franca e irei direto ao assunto. Sei o que aconteceu entre vocês ontem...

Ele abaixou os olhos, confuso, e revidou em tom mais baixo:

— E daí? Você não tem nada com isso.

— Tenho sim. Vivian é minha prima e minha amiga, e não quero que sofra.

— Sofrer? Mas quem disse que a faço sofrer? Ao contrário, creio mesmo que a fiz muito feliz.

— Isso não interessa. O que interessa é que Vivian diz que você está disposto a se casar com ela.

Certo de que agora dominava a situação, Jules lançou-lhe um olhar gélido e revidou:

— Ah! ela disse, é? Pois é verdade, Glenna. Pretendo mesmo me casar com ela. Por quê? Alguma objeção?

— Por que quer se casar com ela, Jules? Não vá me dizer que a ama.

— Gosto dela. É bonita, apetitosa. E revelou-se amante ardorosa...

— Cale-se, cretino! Como se atreve? Pois fique sabendo que não vou permitir, ouviu? Não vou.

— Por quê? Por acaso tem algum interesse nela também?

Glenna não se conteve. Ergueu-se de chofre e estalou-lhe sonora bofetada no rosto. Jules deu um pulo da cadeira e segurou-a pelos punhos, dizendo com ar ameaçador:

— Nunca mais ouse encostar a mão em mim.

Glenna sustentou-lhe o olhar com firmeza e coragem, e replicou:

— Solte-me, Jules. Não tenho medo de você nem de suas ameaças.

O duque a soltou e tornou a se sentar, falando com excessiva afetação:

— Perdoe-me, lady Glenna. Creio que me excedi. Não é assim que se trata uma dama.

Ela desconsiderou o seu sarcasmo e anunciou:

— Vim aqui para lhe dar um conselho, Jules. Afaste-se de Vivian. Será melhor para você, para ela, para todos nós.

— Afastar-me? Ora, Glenna, não posso. Ela agora me pertence. Eu a fiz mulher, lembra-se?

Glenna apertou os lábios com raiva. Se pudesse, o mataria. O mal já havia sido feito, mas ela precisava evitar que um mal maior se abatesse sobre Vivian. Perdera a virgindade, era certo, mas ela arranjaria um jeito de consertar a sua besteira. Conhecia um jovem que talvez pudesse ajudar.

— Ouça, Jules — prosseguiu ela —, se não se afastar dela, serei obrigada a contar-lhe o que você fez em Londres e por que foi obrigado a sair de lá.

Jules ficou mortificado. Jamais poderia permitir que ela enxovalhasse seu nome. Encarando-a com olhar frio, ponderou:

— Faça isso e também me verei obrigado a expor suas... preferências.

— Suas ameaças não me assustam, Jules. Você não tem nenhuma prova contra mim. Sou uma mulher direita, e você não pode me acusar de nada. Agora, você...

Ele soltou a colher que ia levando à boca e objetou com raiva:

— Você não faria isso, não é mesmo? Não teria coragem de estragar a felicidade da pobre Vivian. Pense no quanto ela ficará infeliz com tudo isso. Ela me ama.

Sem esperanças, Glenna deixou escapar um suspiro e murmurou:

— E você, Jules, por que, realmente, quer se casar com ela? Sei que não a ama, sei que não se prende a mulher alguma. Por quê?

— Quer mesmo saber, Glenna? Eu preciso. Preciso limpar o meu nome, fazê-lo respeitável novamente.

— Por que não pensou nisso antes, Jules? Já não bastou matar seu pai de desgosto?

— Meu pai teve um ataque do coração.

— Por isso mesmo. Você sabe o quanto ele ficou desgostoso com o que você fez. Quer também estragar a vida de uma moça que tem tudo para ser feliz?

— Está enganada, Glenna. Não vou fazê-la infeliz. Ela me ama e é linda, e pretendo viver só para ela.

— Está mentindo, Jules, e sabe disso. Você vai acabar com ela. Pense em como se sentirá se ela descobrir o que você fez.

— Ela não precisa descobrir nada.

— Jules, não há segredo que permaneça oculto para sempre. Há pessoas em Londres que sabem do ocorrido.

— Essas pessoas foram muito bem pagas para não dizer nada. Principalmente o pai do rapaz.

— Se quer mesmo se casar com ela, então diga-lhe a verdade.

— Ficou louca? Se lhe contar o que fiz, ela é que não irá mais querer se casar comigo. Não posso arriscar.

— Você pode arranjar outra moça. Não Vivian. Ela não é para você.

— Não quero. Gosto de Vivian e é com ela que pretendo me casar. É perfeita para mim. Jovem, bonita, impetuosa, proveniente de uma das famílias mais respeitáveis e tradicionais de Plymouth.

Glenna não disse mais nada. Sabia que não adiantava. Jules estava decidido e via em Vivian sua tábua de salvação. Derrotada, ela se levantou, encarou-o bem fundo nos olhos e indagou:

— É a sua última palavra?

— Sim.

Em silêncio, Glenna voltou-lhe as costas e saiu. Tomou a carruagem e seguiu em silêncio. Recostou a cabeça no banco da carruagem e olhou pela janela. A neve havia parado de cair e o sol aparecera, e ela se lembrou de um dia como aquele, no fim do inverno passado, quando tudo aconteceu.

Glenna era uma antiga conhecida do duque de Kingsley. Estava em viagem a Londres, e o velho duque a encarregara de mandar notícias do filho. Fazia algum tempo que não escrevia, e ele sentia saudades.

Logo que chegou, Glenna abriu os salões de sua mansão na capital do reino e convidou toda a nobreza londrina, inclusive Jules, para uma festa. Havia muitos criados servindo os salões, e Jules reparou num rapazinho efeminado, que ia e vinha com uma bandeja de canapés, remexendo os quadris feito uma donzela. Embora não tivesse relações homossexuais com freqüência, aquilo o excitou. Jules passou então a seguir o rapazinho com o olhar, e não tardou muito, acercou-se dele e convidou-o para um chá em sua casa. O rapaz, embora assustado, aceitou e tornou-se amante de Jules, que fez com que ele abandonasse a casa de Glenna e passasse a trabalhar para ele.

Ninguém sabia desse envolvimento. Apenas Glenna desconfiara. Por que Frederic demitira-se de sua casa para trabalhar em casa de Jules? Ela achou aquilo muito estranho, mas não disse nada. Com o passar do tempo, Frederic foi se afeiçoando cada vez mais a Jules e passou a exigir que não se relacionasse com mais ninguém. Jules ficou indignado. Gostava de ter relações com Frederic, mas ele era homem, e Jules jamais deixaria que alguém percebesse que havia algo entre eles.

Um dia, não podendo mais suportar o ciúme e as cobranças de Frederic, Jules achou que já era hora de se desfazer do rapaz. Deu-lhe enorme soma em ouro e mandou-o embora. Frederic, desesperado, não sabia o que fazer e foi pedir ajuda a Glenna. Sabia que ela conhecia o pai de Jules e pensou que talvez pudesse ajudar. Glenna prometeu conversar com Jules, mas ele estava irredutível. Cansara-se de Frederic e queria-o longe de suas vistas.

Aturdido, Frederic foi postar-se à porta da casa de Jules, até que um dia, no meio de uma recepção, adentrou os salões e atirou-se a seus pés, implorando que o aceitasse de volta. Jules ficou desconcertado. Os presentes o olhavam desconfiados, e ele pôs-se a esbravejar com Frederic, chamando-o de maricas e humilhando-o de toda sorte. Acusou-o de o estar importunando, cobrando-lhe um amor que jamais poderia existir. Jules era homem e não se interessava por criaturinhas repugnantes feito ele. Até ali, vinha sendo condescendente. Mas não poderia permitir escândalos em sua casa, ainda mais se pusessem em risco a sua reputação e a sua hombridade.

O rapaz saiu desatinado. Frederic chorava desesperado, e Glenna foi atrás dele, tentando consolá-lo e fazendo-o ver que o melhor que tinha a fazer era aceitar o fim da relação. A dor era imensa, ela sabia, mas logo passaria. De nada adiantava se desesperar nem tentar macular o nome de Jules. Ele era um homem poderoso, e Frederic se veria desacreditado e escarnecido por todos.

Perdidas as esperanças, não via mais motivos para viver. Foi para casa derrotado e trancou-se no quarto. No dia seguinte, quando a mãe foi chamá-lo, encontrou o seu corpo pendurado numa viga do teto, balançando de um lado para o outro, tendo aos pés um bilhete desesperado:

Perdoem-me pelo pecado que cometo. Mas se Jules não quer mais viver comigo, prefiro não viver a viver sem Jules.

Frederic.

O pai do rapaz foi procurar Jules, exigindo-lhe uma reparação. Mostrou-lhe o bilhete, mas Jules o expulsou dali. Disse que Frederic estava louco e que ele não podia ser responsável por aquele ato tresloucado. O pai de Frederic, porém, há muito já estava desconfiado de um envolvimento entre seu filho e aquele lorde libertino. Indagando aqui e ali, descobriu o endereço do velho duque de Kingsley e escreveu-lhe uma carta, contando-lhe o que acontecera e exigindo uma compensação.

O velho duque sentiu inigualável desgosto ao ler aquela carta. Escreveu outra a Glenna, contando-lhe o sucedido e pedindo que intercedesse junto ao filho para resolver aquele assunto. Apesar de tudo, Jules era seu filho, e ele não podia permitir que atirasse seu nome na lama. Era preciso pagar aquele homem para que ele se calasse e desaparecesse. Embora contrariada, Glenna fez como o velho duque lhe pedira. Procurou Jules e convenceu-o a pagar enorme soma ao pai do rapaz, que apanhou o dinheiro e partiu com a mulher para bem longe.

O velho duque, porém, não resistiu. Abalado pelas fortes emoções a que fora submetido, teve um ataque do coração e morreu instantaneamente. Com a sua morte, Glenna se revoltou. Jules sequer lamentara, nem ao menos sentira uma pontinha de remorso. Daquele dia em diante, Glenna decidiu que não voltaria a falar com Jules novamente. Foi por isso que não fora à sua casa na festa de Natal. Lembrou-se ainda das últimas palavras que lhe dissera, antes de cortar relações com ele:

— Você é um homem frio e insensível, Jules, e não é digno do amor de ninguém. Espero que um dia encontre alguém que faça a você exatamente o que fez a Frederic e a seu pai.

Desde então, nunca mais lhe dirigira a palavra. Até aquele dia, em que o procurou para demonstrar-lhe toda a sua indignação, tentando sensibilizá-lo ante o infortúnio de Vivian.

Mas Glenna não sabia. Por mais que se esforçasse, não conseguia alcançar o coração de Jules, pois que seu coração já estava impregnado das impressões e dos conselhos que Rupert e Decius, a todo instante, lhe incutiam. Ao perceber a chegada de Glenna, os obsessores imediatamente partiram para a casa de Jules e colaram-se a ele, tornando-o surdo à voz da razão e enchendo-o de pensamentos mesquinhos e indignos. Era preciso mantê-lo firme em sua decisão, ao menos até que chegasse a hora de *puxarem o tapete* sob os pés de Vivian.

capítulo 5

Vivian dormia e se agitava no sono. Sonhava com um vulto aterrador, olhos vermelhos, a persegui-la, gritando um nome que ela não conhecia:

— Não adianta, Althea, vai voltar a ser minha! Minha, só minha!

Acordou assustada. Quem era aquele homem? Sabia que já o conhecia, mas não se lembrava de onde. E aquele nome? Soara-lhe familiar, embora não se recordasse direito. Intimamente, Vivian pediu proteção a Deus e voltou a dormir. Sonhou novamente, ou melhor, desligou-se do corpo e encontrou um senhor vestido de branco. Ela imediatamente o reconheceu e falou com alegria:

— Vovô! Há quanto tempo!

— Vivian, vim aqui alertá-la de que você corre grande perigo. Rupert e Decius já a encontraram e estão atuando sobre Jules e você.

— Percebi. Há pouco encontrei Decius...

— É verdade. E você está se desligando de mim. Desde que conheceu Jules, vem se afastando de Deus e de seus propósitos de transformação. Cuidado, Vivian. Jules irá atirá-la num poço de tristezas e sofrimentos.

— Mas eu o amo, vovô!

— Você não o ama, Vivian, e sabe disso. Ainda não encontrou o seu verdadeiro amor. Jules é apenas mais um de seus muitos amantes. Nem o primeiro, nem o último mas, com certeza, não é o verdadeiro.

— E quem é o verdadeiro? Padre Tobias?

— Não se iluda, Vivian. Padre Tobias a ama como filha, nunca como mulher. Tem sido assim desde muitos séculos. Não se lembra?

Com lágrimas nos olhos, Vivian assentiu:

— Lembro-me, vovô. Há muitas vidas, antes de eu reencarnar como Althea...

— Isso mesmo. Sua mãe ficou viúva quando você era ainda bem menina e se casou de novo. Padre Tobias foi o pai que você nunca teve. Ele a amou como uma verdadeira filha, cuidou de você, mas jamais acedeu aos seus apelos. Por mais que você tentasse seduzi-lo, ele nunca se interessou por você. Não como mulher, porque ele amava sua mãe. Daí por que o seu sentimento por ele hoje lhe parece tão confuso. É um amor mais puro e verdadeiro, porque mistura o amor de pai ao amor de homem.

— É verdade...

— E depois, você envenenou sua mãe para poder ficar com ele. Mas isso jamais aconteceu, não foi, Vivian? Ele teve pena de você e não a delatou, mas deixou-a para sempre. Por causa disso, vocês passaram muitas encarnações sem se encontrar. Foi a forma que a sua consciência encontrou de dar valor à vida e compreender o sentimento alheio.

Vivian chorava baixinho e considerou:

— Mas agora nos reencontramos...

— Porque chegou a hora de vocês se reconciliarem. Ou melhor, de você se reconciliar com ele e aprender a aceitar o amor que ele está pronto para lhe oferecer. E creia-me, Vivian, é muito mais puro e genuíno do que esse que Jules diz sentir por você.

— Por que diz isso, vovô? Se não posso ter o amor de Tobias, terei ao menos o de Jules.

— Não vou tentar convencê-la do contrário, Vivian, e não foi para isso que vim. Você é quem sabe o que é melhor para você. Mas volto a lhe pedir que tenha cuidado. Está ficando cada vez mais difícil aproximar-me de você. Rupert e Decius encontraram uma porta por onde atingir a sua alma e estão se utilizando disso. Cada vez que você se deixa levar por seus instintos mais primitivos, mais eles se fortalecem. Você deve se lembrar mais de Deus e orar, pedindo ajuda aos mentores espirituais. Sabe que só assim conseguirá se manter firme em seus propósitos. Caso contrário, não poderei mais vê-la.

— Mas você está aqui, não está?

— Estou. Mas só consegui vir porque você elevou uma prece sincera a Deus. Do contrário, não teria acesso a você, pois o seu campo vibratório está baixando de sintonia e se afinizando mais e mais com o padrão energético de Rupert e Decius.

Vivian começou a chorar, agarrou-se ao avô e implorou:

— Ah! vovô, não me deixe! Ajude-me! O que devo fazer?

— Mantenha-se firme em sua fé. Não se deixe levar por pensamentos menos dignos. Acalme seus instintos e aguarde. Você voltou a fazer do sexo irresponsável uma prioridade, e é assim que Decius e Rupert conseguem alcançar você.

— Mas vovô, eu amo Jules. Será errado entregar-me a ele antes do casamento só porque alguém convencionou isso? E o amor, onde fica?

— O amor sincero e verdadeiro é a maior arma contra o mal, e o sexo que decorre desse amor, por si só, ergue uma aura de proteção ao redor do casal. Mas no seu caso, Vivian, o sexo não é fruto do amor, mas do desejo, da paixão. Pense bem, minha filha, e verá que tenho razão.

— Ainda assim, vovô, não consigo ver onde está o erro. Que mal há em sentir paixão e desejo?

— Mal, propriamente, não há. Quando existe responsabilidade. No seu caso, porém, essa paixão vem atender a seus desejos mais primitivos, não tem limites nem discernimento. Quando você sente esse desejo, nada mais importa para você, a não ser a sua satisfação íntima. Se você tivesse que mentir, enganar, trair para conseguir o que quer, tenho certeza de que não hesitaria. Você não pretende apenas experienciar o sexo, a paixão, o que seria até saudável, desde que acompanhado da consciência e da retidão de conduta. Sexo é energia e está no mundo para ser vivido e aproveitado, mas com responsabilidade e respeito. O que você quer é satisfazer sua libido e alimentar um vício ao qual já está presa há muitas vidas, e usa o amor como desculpa. Se você analisar direitinho, verá que não ama Jules, mas está ligada a ele por uma afinidade sexual, pois ambos estão acostumados a vivenciar o sexo em sua manifestação mais torpe e destrutiva.

— Não, vovô, não é bem assim. Jules me ama, e eu o amo também.

— Não vou discutir com você, Vivian. Você mesma é que terá que descobrir isso. No entanto, se você não modificar a sua conduta, não poderei ajudá-la. Você tem o seu livre-arbítrio. Desperte as verdades da alma em você e use-o para o bem. E não se esqueça: ore. A oração é poderosa arma contra os inimigos...

O dia já ia raiando e Vivian retornou ao corpo, guardando na mente as impressões que a visita do avô lhe causara. No entanto, não estava ainda pronta para receber os seus conselhos e ignorou a voz da consciência.

Quando no mundo espiritual, protegida pelas emanações de bondade, Vivian hauria da natureza forças para se manter firme em seu ideal de mudança. Sentia-se mais segura, determinada, porque tudo na vida espiritual elevada facilitava a determinação de seus propósitos. Enquanto envolvida por aquela aura benfazeja, inspirava as emanações de bondade e persistência que a presença dos espíritos mais iluminados deixava no ar. Mas agora, livre da influência benigna do mundo espiritual, Vivian voltava a se deparar com seus instintos e suas dificuldades, que só um coração firme e decidido seria capaz de vencer.

Mais tarde, naquele dia, Vivian recebeu novamente a visita de Glenna. Pediu licença aos primos e subiu com ela para o quarto. Glenna sentou a amiga na cama, segurou firme sua mão e começou:

— Bem, Vivian, o que me traz aqui é um assunto nada agradável...

— O quê? — interrompeu Vivian. — É algo sobre Jules? Ele é casado?

— Não, minha querida, ele não é casado.

— Oh! graças a Deus.

— Temo que o problema seja bem pior do que esse.

— Problema? Mas de que problema está falando?

— Vivian, querida, o que tenho a lhe contar será profundamente doloroso, mas quero que saiba que é preciso.

— O que é, Glenna? Pelo amor de Deus, fale logo! Não me deixe nessa agonia.

Glenna respirou fundo. Era preciso muita coragem para contar-lhe aquela história sórdida. Sabia que Vivian a odiaria por isso, mas não podia evitar. Sentia-se na obrigação de alertá-la. Ainda apertando sua mão, pôs-se a falar:

— Vivian, Jules não é exatamente aquilo que você pensa que é.

— Não? Como assim?

Detalhadamente, Glenna contou-lhe tudo o que acontecera a Jules e Frederic, terminando com a morte do velho duque de Kingsley. À medida que ia falando, o rosto da moça ia se contraindo, e ela começou a chorar. Quando Glenna terminou, Vivian encarou-a com profunda dor e disse em lágrimas:

— Ah! Glenna, que história mais horrível!

— É sim, Vivian. Não quisesse Jules desposá-la, eu jamais a teria contado.

Vivian chorava amargamente e atirou-se nos braços de Glenna, que começou a acariciar seus cabelos.

— Jules jamais deveria ter feito isso — lamentou-se, aos prantos. — Foi uma monstruosidade.

— Eu sei, querida, eu sei. Mas você tem que ser forte.

— Como, Glenna? Como um homem tão respeitado pôde ser capaz de uma barbaridade dessas?

— As pessoas nem sempre são o que parecem, Vivian. Há muitos segredos que a alma humana pode ocultar. Segredos terríveis, nos quais temos até medo de pensar.

— Oh! meu Deus, e agora?

— Tenha calma, querida, tudo vai dar certo. Estou disposta a ajudá-la. Tenho certeza de que lorde Thomas ainda a desposará.

— Lorde Thomas? Mas do que é que está falando, Glenna? Não quero outro homem além de Jules.

Glenna ficou confusa. O que é que Vivian estava dizendo? Não podia acreditar. Aturdida, balbuciou:

— Não quer...? Mas como? Vivian... Jules não a merece... É um... canalha... um monstro... Como pode ainda querer se casar com ele?

Vivian afastou-se dela, enxugou os olhos e sussurrou:

— Eu o amo, Glenna. Não posso ser de nenhum outro. Ele errou, mas sei que não teve intenção...

— Não teve intenção? Vivian, Jules tratou Frederic como se ele fosse um animal. Nem se importou quando soube de sua morte. E quanto a seu pai? Morreu de desgosto.

— Tudo isso é muito triste, concordo. Mas Jules não matou ninguém. Não pode ser responsável nem pelos atos, nem pelos desgostos dos outros.

— Mas Vivian, ele deitou-se com outro homem. Isso não a incomoda?

— Não. Por quê? Deveria? Incomodar-me-ia se ele se houvesse deitado com outra mulher. Uma mulher seria uma rival. Mas um homem... foi apenas uma experiência, algo diferente que ele provou. E nem foi com uma pessoa digna. Foi apenas com um criadinho sem importância. E o que representam os desvarios de um criadinho diante de nosso amor?

Glenna levou a mão à boca, sufocando um grito de espanto. Aquela Vivian não era a mesma que conhecera. De onde tirara aquelas idéias?

— Vivian, você não pode estar falando sério. Onde está a sua dignidade de mulher?

— Isso nada tem a ver com dignidade. Tem a ver com amor.

— Mas você não pode amar um... um... depravado!

— Jules não é depravado, e você sabe disso. Ouça, Glenna, Jules me ama e eu o amo. Não é como padre Tobias, lembra-se?

— Sim... lembro-me muito bem. Fui eu quem a alertou sobre suas tendências.

— Pois é. Quando eu lhe contei que estava apaixonada por ele e você me disse que ele não gostava de mulheres, eu acreditei e não o procurei mais. E sabe por quê? Porque estava certa de que, fizesse o que fizesse, padre Tobias não olharia para mim, porque não sente nenhuma atração pelas mulheres. Afinal, não foi por isso que se tornou padre? Para livrar-se do pecado?

— Sim. Padre Tobias dedicou-se ao sacerdócio porque não podia aceitar que não era homem. Preferiu a abstinência a uma vida pecaminosa.

— Então? Eu a atendi, não foi? Não me afastei dele?

— Foi, afastou-se.

— E não pense que foi porque deixei de amá-lo ou porque fiquei chocada. Mas porque o respeito e não quis causar-lhe embaraços.

— Então, Vivian? Com Jules é a mesma coisa...

— Não. Com Jules é diferente. Ele teve um envolvimento com um efeminado. E daí? Foi coisa passageira, não é uma preferência.

— Frederic não foi o primeiro e talvez não seja o último.

— Não me importo. Não tenho medo dos homens. Acho até que poderemos nos divertir todos juntos.

— Vivian, que horror! Não a estou reconhecendo!

Vivian calou-se envergonhada. Na verdade, a paixão por Jules fizera com que começasse a mostrar seus instintos mais primitivos, que até então haviam permanecido latentes, e ela ia aos poucos se revelando.

— Perdoe-me, Glenna, não pretendia chocá-la e não quero perder sua amizade.

— Você não vai perder minha amizade. Faça o que fizer, serei sempre sua amiga. Mas não posso concordar com as barbaridades que está me falando.

— Sinto, Glenna, mas é assim que penso. Amo Jules e vou me casar com ele, quer você goste, quer não.

Não tendo mais o que fazer, Glenna levantou-se desanimada. Beijou Vivian na face, alisou o seu rosto e falou com tristeza:

— Você é quem sabe.

E saiu. Estava arrasada, frustrada, decepcionada. Por que Vivian não entendia? Por que se deixara arrastar pela paixão e pelo desejo? Ela até podia pensar que amava Jules. Mas aquilo não era amor. Tampouco o que Jules sentia por ela era amor também. Os dois estavam ligados pelo sexo, e isso era muito claro para ela. Por que só Vivian não conseguia enxergar?

Glenna desceu as escadas e foi para a sala, onde George e Christine se preparavam para jantar.

— Ah! Glenna — falou Christine —, já ia mandar chamá-las. Sente-se e venha comer. Vou mandar chamar Vivian.

— Não precisa se incomodar, Christine. Não estou com fome.

Minutos depois, Vivian entrou na sala, e Glenna resolveu aceitar o convite. Vivian sentou-se e comeu como se nada estivesse acontecendo. Vendo-a, Glenna sentiu um imenso desgosto. Nem parecia aquela menina doce e meiga que vira nascer.

Terminada a refeição, Vivian pediu licença e voltou para o quarto. Sentou-se à sua escrivaninha e escreveu nova carta a Jules. Precisava contar-lhe o que Glenna fizera. Em seguida, chamou Ivy e mandou-a levar o bilhete. Além de contar-lhe tudo, marcou um encontro para a noite seguinte, na mesma estalagem. Não podia faltar.

Enquanto isso, Glenna passava para a outra sala em companhia de George e Christine. Precisava contar-lhes tudo. Se Vivian não tinha juízo, os pais na certa o teriam.

Minuciosamente, ela narrou a mesma história novamente, sem omitir nenhum detalhe, inclusive sobre a reação de Vivian. Nada lhes falou sobre aquela noite em que eles haviam se encontrado na estalagem, mas disse que Vivian estava disposta a levar adiante aquele casamento, fadado ao insucesso.

Depois que ela terminou, Christine olhou-a com frieza e considerou:

— Alguém mais sabe dessa história?

— Algumas pessoas desconfiam, mas ninguém tem certeza.

— Então, não vejo por que impedir o casamento.

Ao ouvir as palavras da mulher, George deu um salto da poltrona e gritou:

— Ficou louca, Christine? Pensa que vou permitir o casamento de minha filha com um sodomita?

— Ele não é sodomita, é um doidivanas. Jules não tem juízo, o que é próprio da juventude. Tenho certeza de que isso logo passará.

— Christine — contestou Glenna —, não posso acreditar que você ainda deseje esse casamento.

— E por que não? O rapaz é jovem, bonito, rico, influente. Quem ousará falar algo contra ele?

— Não, Christine, não — protestou George. — Jamais consentirei uma indignidade dessas. Vivian vai se casar com Thomas, conforme o combinado.

— Não se apresse, George. Vamos receber o rapaz aqui. Ouvir o que tem a dizer sobre tudo isso.

— Já disse que não. Ele é um canalha, isso sim.

— George tem razão — ponderou Glenna. — Jules não presta.

— Não estou bem certa disso. Gostaria de conhecê-lo melhor.

— Absolutamente, não! — vociferou George. — Lorde Thomas é que é um homem decente e digno, e não um boa-vida feito esse Jules.

— Mas George, o rapaz é duque. Tão jovem e já um duque...

— E daí? Lorde Thomas também é duque, caso não saiba, título que vem passando de pai para filho há gerações. Tem sido assim desde a dinastia dos Tudor. Um de seus antepassados foi primo direto de Henrique VIII.

Christine não disse mais nada. Pediu licença e se retirou, e George e Glenna ficaram a sós, aturdidos com a reação dela. Não tendo mais o que fazer, Glenna se foi. Não queria mais tomar parte naquela discussão idiota. Fizera o que devia, e agora caberia a George decidir o destino de Vivian.

No dia seguinte, Jules compareceu ao encontro marcado com Vivian, e tudo sucedeu como da outra vez. A criada a acobertara, e Jules fora à estalagem procurando por Ivy. Amaram-se loucamente, só que dessa vez não adormeceram.

Logo após o ato de amor, Vivian envolveu-se em seu manto negro, desceu o capuz sobre o rosto e saiu. Cerca de cinco minutos depois, Jules saiu também. O estalajadeiro bem que desconfiava daqueles dois. Deviam ser amantes. Na certa, a senhora era casada e se utilizava de seu estabelecimento para manter seus encontros furtivos. Ele já estava acostumado com aquela prática e não disse nada. Se lhe pagavam bem, não tinha por que se intrometer nos assuntos de seus hóspedes.

Quando ela saiu, Ivy já a aguardava do lado de fora.

— Graças a Deus, senhora — falou aliviada. — Tive medo de que adormecesse de novo.

Sem dizer nada, Vivian montou no cavalo que Ivy lhe oferecia, e as duas partiram em desabalada carreira. Ao se aproximarem de sua casa, diminuíram a marcha, apearam e entraram a pé, puxando os cavalos lentamente para não fazer barulho. Passaram pela lateral da casa e se dirigiram para as cocheiras, onde deixariam os animais.

Sem que percebessem, uma cortina no segundo andar cerrou-se logo após a sua passagem. Era Christine, que percebera a escapada de Vivian no meio da noite. Vendo-a entrar sorrateiramente, deixou escapar um sorriso de satisfação. Tinha certeza de que ela fora se encontrar com o duque e, àquela altura, já devia ter se entregado a ele. Ótimo, pensou, assim o casamento estaria assegurado.

capítulo 6

Mais um dia de neve amanhecia, e padre Tobias encolheu-se todo dentro da carruagem que o fora buscar em sua paróquia. Era um homem bonito. Alto, forte, cabelos e olhos castanhos. E fora essa beleza que despertara em Vivian o fogo da paixão, mas Tobias não se interessara por ela. Aliás, não se interessava por mulher alguma. Desde que descobrira as suas *tendências*, optara por se entregar à vida religiosa. Só assim não teria que passar pela vergonha e a humilhação de ser chamado de efeminado ou sodomita.

Foi recebido com alegria por Vivian. A moça gostava de sua companhia e confiava nele cegamente. Ele e Glenna eram seus maiores amigos, os únicos a quem confidenciava seus segredos mais íntimos. Contudo, desde que se declarara para ele, nunca mais haviam ficado a sós. Vivian tinha medo de seus próprios sentimentos e preferia não arriscar.

— Padre Tobias! — exclamou ela, beijando-lhe a mão respeitosamente. — Há quanto tempo não o vejo!

— Está sumida da igreja, minha menina.

Ela lançou-lhe um olhar divertido e retrucou:

— Ando muito ocupada. E o senhor? O que o traz aqui?

— Sua mãe mandou me chamar.

— Minha mãe? Para quê?

— Não posso imaginar.

Christine entrou na sala e cumprimentou padre Tobias,

pedindo-lhe a bênção com demasiada afetação. A um olhar seu, Vivian pediu licença e se retirou. Não podia imaginar por que motivo a mãe chamara padre Tobias. Será que já ficara sabendo da verdade sobre Jules? Desde que Glenna se fora naquele dia, nunca mais conversaram, e os pais também não lhe disseram nada. Se soubessem de alguma coisa, na certa um escândalo já teria acontecido.

Christine levou padre Tobias para a biblioteca e mandou servir um chá. Depois que a criada saiu, trancou a porta, acomodou-o numa poltrona, sentou-se em outra, de frente para ele, e começou a falar:

— Sabe por que o chamei aqui, padre Tobias?

— Não, lady Christine, não faço idéia.

Ela serviu-lhe uma xícara de chá e continuou:

— Não sei se está a par do envolvimento de minha filha com o duque de Kingsley...

Padre Tobias susteve a respiração por alguns momentos e acrescentou:

— Jules?

— Ele mesmo. Sei, por minha própria filha, que Jules e Vivian estão apaixonados e pretendem se casar.

Padre Tobias não sabia se a felicitava ou se lamentava, e achou melhor não emitir nenhuma opinião pessoal. Melhor seria que esperasse para ver o que ela tinha a dizer.

— É mesmo? — tornou, fingindo ignorância.

— Pois é. Acontece que Glenna nos contou um caso lamentável que aconteceu com o rapaz. Um infortúnio, o rapaz não teve culpa. Dizem que um jovem pajem apaixonou-se por ele e se suicidou porque ele o rejeitara — padre Tobias sabia que a história não era bem assim, mas não disse nada. — Por causa disso, meu marido recusa-se a concordar com o casamento. E nem conhece o rapaz!

— Bem, lady Christine, o barão deve ter lá os seus motivos...

— Que motivos, que nada. George está sendo intransigente. Quer que Vivian se case com lorde Thomas e aproveitou-se desse triste incidente para dizer que o rapaz não serve para a nossa filha.

— E serve?

— É claro que sim. Onde já se viu deixar-se levar pelos arroubos da juventude?

— Chama a morte de arroubos da juventude?

— Oh! mas o duque não foi culpado. O rapaz se suicidou porque era um fraco. Acha justo que Jules pague pelo seu desatino?

— Por que não aprova o casamento com lorde Thomas? Ele também é duque, um homem muito rico e poderoso. Talvez até mais do que lorde Jules.

— Porque é um velho, viúvo e com dois filhos homens. O que sobrará para Vivian quando ele morrer? Nada. Os filhos herdarão tudo.

Padre Tobias fitou-a com interesse.

— O que, realmente, está pretendendo, lady Christine?

— Bem, sabe o quanto meu marido é devotado ao senhor. E sabe o quanto o respeita, e... — ela parou reticente, encarando-o com ar significativo.

— E...

— Estive pensando que talvez o senhor pudesse me ajudar a convencê-lo a aceitar o casamento.

Padre Tobias teve vontade de rir. Há poucos dias, Jules lhe fizera o mesmo pedido. Na certa, lady Christine e o duque tinham muitas afinidades. Pensavam da mesma maneira e se utilizavam dos mesmos métodos para alcançar seus objetivos.

— Sei que não devia estar lhe pedindo isso, mas os jovens estão muito apaixonados. E só o senhor seria capaz de convencer o barão. George só escuta os seus conselhos — ela fez uma pausa e prosseguiu: — E depois, estive pensando. Acho que sua igreja está precisando de uma reforma. Quem sabe uma pintura nova, novos afrescos no teto, um novo altar... Não seria ótimo?

Padre Tobias encarou-a com desgosto. Mais uma vez tentavam comprá-lo. Embora soubesse da influência, tanto da baronesa quanto do duque, não se sentia à vontade naquele papel. Preferia que o dinheiro para as obras de sua igreja proviesse de outras fontes e não de subornos infames como aqueles. Já ia recusar a oferta quando Christine continuou:

— Por falar em suicídio, ouviu falar do padre Kevin? Dizem que se matou porque a Igreja descobriu suas tendências efeminadas e o expulsou. Quem diria? Um padre... envolvido com essa sordidez...

Terminou de falar e fitou-o com ar revelador, e Tobias gelou. Pelo tom de sua voz, podia perceber que ela sabia de algo. Mas como descobrira? Se ela contasse alguma coisa a alguém, ao marido que fosse, ele estaria perdido. Seria expulso sem nenhuma consideração e só o que poderia esperar era a vergonha e a execração da sociedade. Sentindo-se acuado, não viu outra saída. Tentando manter a calma, declarou:

— Está certo, lady Christine, verei o que posso fazer.

Levantou-se para sair, e ela acrescentou:

— Padre Tobias, não estaria lhe pedindo isso se não fosse por Vivian. Encare isso como o pedido de uma mãe zelosa que só quer a felicidade da filha.

Padre Tobias sorriu amargamente. Não queria se envolver com aquilo, mas não podia se furtar ao seu pedido. Aquela ameaça velada fora suficiente para o apavorar, e ele faria como ela estava pedindo.

No dia seguinte, Tobias voltou à casa de Vivian, mas a moça não estava, para alívio seu. Sabendo de sua visita, Christine tratara de chamar a filha para irem à casa de um conhecido, a fim de que ele e o marido pudessem conversar mais à vontade.

Padre Tobias foi introduzido no gabinete particular de George e, após os usuais cumprimentos, iniciou sua desagradável conversa:

— Barão, soube que sua filha está apaixonada.

George fez uma careta de contrariedade e cortou friamente:

— Não quero falar sobre isso, padre. Mas posso lhe assegurar que Vivian não vai se casar com nenhum cafajeste.

— Quem? Lorde Jules?

— O próprio.

— Creio estar havendo algum engano. Lorde Jules é pessoa da mais alta distinção.

— Não é o que parece. Glenna me contou tudo.

— Já sei o que lady Glenna lhe contou. Foi sobre o infeliz incidente com o pajem em Londres, não é?

— Chama aquele escândalo de infeliz incidente?

— Ora, meu caro barão, creio que está dando muita importância ao fato. O rapazinho era doente da cabeça. O duque não teve culpa de nada.

— Como não teve? Então não se deitou com o rapaz? Isso lá é atitude digna de um homem?

— Curiosidade, lorde George, apenas curiosidade. O duque é jovem, rebelde, estouvado. Usou o rapazinho como se fosse uma rameira. Mas não se submeteu a ele. Isso não!

— Para mim, é a mesma coisa.

— Lorde George, está sendo severo demais. Pense em sua filha.

— É exatamente pensando nela que não posso concordar com esse casamento. Ela vai se casar sim, mas é com lorde Thomas.

— Mas barão, lorde Jules está apaixonado por sua filha.

— Não acredito.

— Pois se foi ele mesmo quem me disse...

— Ele disse isso ao senhor?

— Disse sim. E que motivos teria para mentir? Jules é bonito, rico, pode ter a moça que desejar. E olhe que não lhe faltam pretendentes. Mas não. Escolheu sua filha. E escolheu porque a ama.

George olhou-o em dúvida, coçou o queixo e retrucou:

— Será?

— Tenho certeza. O rapaz não iria mentir para mim. Estava desesperado, desabafou-se comigo. Tem medo do que essa revelação possa lhe causar. Está arrependido, disse que nunca mais tornará a fazer o que fez.

— Hum... não sei. Não sei se posso acreditar nisso.

— Duvida de minha palavra?

— Da sua não. Da dele. E depois, há lorde Thomas. Já dei a minha palavra também.

— Não quero ofendê-lo, barão, mas lorde Thomas já tem uma certa idade. Não creio que seja homem para Vivian. Ela também é jovem, cheia de vigor, fogosa...

— O que quer dizer?

— Quero dizer que Vivian precisa de um homem que a satisfaça plenamente, se é que me entende.

— Ela lhe disse alguma coisa?

Padre Tobias engoliu em seco e continuou:

— Lembre-se de que sou seu confessor. Não posso revelar-lhe os seus segredos, mas posso lhe assegurar que Vivian precisa de um marido jovem e ardoroso feito ela. Caso contrário...

— O quê? Caso contrário o quê?

— Desculpe-me pelo que vou dizer, barão, mas se casar Vivian com um velho, sabe-se lá o que ela será capaz de fazer! E se ela não se conformar e tornar-se... amante de lorde Jules? Não será pior?

A palavra *amante* quase o fez desfalecer. Se Vivian se casasse com lorde Thomas e o traísse seria uma desonra total para a família, que título nenhum poderia evitar. Será que deveria arriscar o seu nome por causa de um título de conde?

Nesse momento, Rupert e Decius entraram no gabinete. Vieram atraídos pela conversa, e Rupert acercou-se de George e soprou-lhe ao ouvido:

— O padre está certo. Thomas não é homem bastante para Vivian.

O barão coçou o queixo e considerou:

— O senhor pode ter razão, padre. Mas não podemos nos esquecer de que esse lorde Jules se comportou feito um canalha...

— Está sendo injusto — continuou Rupert. — Jules é inocente.

Recebendo a sugestão do obsessor, o barão retrucou:

— Está certo que não quero cometer nenhuma injustiça. Mas temo por Vivian.

— Por que não experimenta conhecer o rapaz? — arriscou padre Tobias.

— Conhecer o rapaz seria uma boa idéia — continuava Rupert a dizer. — Com a sua sagacidade, poderá melhor avaliar o seu caráter.

— Bem, confesso que não o conheço intimamente. Talvez um encontro seja providencial, e eu disponha de meios mais hábeis para identificar-lhe as intenções.

— Isso, muito bem! — felicitou-se Rupert.

— E para quando poderíamos marcar o encontro? — tornou padre Tobias.

— O mais rápido possível — soprou Rupert. — A felicidade de Vivian não pode esperar.

— Creio que amanhã estaria bom — sugeriu o barão. — Preciso resolver logo isso.

— Ótimo. Irei eu mesmo marcar esse encontro. Que tal, após o jantar?

— Perfeito.

No dia imediato, à hora aprazada, Jules entrava na residência do barão em companhia de padre Tobias, para felicidade de Vivian e Christine. Foi recebido com desconfiança pelo barão, mas a presença de Rupert e Decius fez com que George fosse se acostumando à presença do rapaz e começasse a apreciar-lhe a educação, o humor e a cortesia. Não podia negar que Jules era um rapaz agradável, e aquela história só podia ser mexerico de gente invejosa e fofoqueira.

Depois de muita conversa, George pousou a mão no ombro do jovem duque e indagou:

— Muito bem, lorde Jules. Quer dizer que está mesmo apaixonado por minha filha?

Jules forçou um ar emocionado e, com discretas lágrimas nos olhos, aquiesceu:

— Sim, lorde George, sua filha é para mim motivo de grande afeição e, se consentir, gostaria de pedir a sua mão em casamento.

George pensou durante alguns segundos. Thomas ficaria furioso, mas não via saída. Tinha pavor de escândalos, e o padre devia saber o que estava falando. Na certa, já percebera bem os anseios de Vivian. Como seu confessor, ela devia ter-lhe confidenciado os seus pecados de moça, e só o que ele queria era evitar uma tragédia.

Depois de algum tempo de suspense, George anunciou:

— Está bem. Concedo a mão de minha filha. Christine, vá chamar Vivian. Precisamos comemorar.

Vivian entrou emocionada. A mãe lhe dissera que o pai havia concordado com o casamento, e ela sentiu vontade de dar pulos de alegria. O champanhe foi servido e todos ergueram as taças num brinde animado.

— À felicidade dos noivos — falou padre Tobias, com uma certa tristeza no olhar.

— À felicidade dos noivos — repetiu Christine.

Beberam e comemoraram. Depois, quando já se aproximava a hora de Jules partir, George proclamou:

— Amanhã providenciaremos a festa de noivado. Quero que Vivian tenha a mais bonita festa de noivado jamais vista em toda Plymouth.

Vivian mal cabia em si de contentamento. Enquanto se despediam, ela acercou-se de padre Tobias e beijou-o na face em sinal de agradecimento, e sentiu um leve tremor. Apesar de tudo, ainda o amava e, não fosse sua *estranha preferência*, teria sido feliz ao lado dele. Mas agora, tinha que pensar em Jules. Amava Jules e era só para ele que viveria.

capítulo 7

A primavera chegou, e Plymouth se coloriu com o desabrochar das flores. Vivian abriu a janela e inspirou o ar fresco da manhã, sorrindo com satisfação. Já estava cansada do inverno e queria poder sair sozinha ao ar livre.

Apanhou o xale e desceu correndo as escadas, pronta para ir para o jardim. Quando abriu a porta da frente, levou um susto. Padre Tobias encontrava-se ali parado, a mão suspensa no alto, ainda presa ao cordão da campainha que não chegara a puxar.

— Padre Tobias! Que surpresa vê-lo em minha casa logo pela manhã.

Padre Tobias olhou-a meio sem jeito, e Vivian tornou preocupada:

— O que houve, padre? Sente-se mal?

— Não... não... — balbuciou ele, tentando aparentar normalidade.

— Veio ver meu pai?

— Sim, de fato.

— Ele ainda não desceu, mas não tarda. Por que não aproveita e me acompanha num passeio?

Ele hesitou. Não estava com muita disposição para acompanhá-la. Sequer gostaria de voltar àquela casa. No entanto, o barão mandara chamá-lo. Era seu confessor, e lorde George parecia ter assuntos pessoais a tratar com ele. Como não tinha por que recusar o convite de Vivian, virou-se para descer as escadas, ao mesmo tempo em que ela o tomava pelo braço.

— Que bom que o inverno se foi, não é mesmo? — disse ela.

— Sim, é verdade. Já era hora de termos um pouco de calor.

Ele sorriu, e continuaram caminhando pelo jardim, de braços dados, sem nada dizer, até que padre Tobias, para puxar conversa, indagou:

— E você, Vivian? Como está indo com Jules?

— Oh! bem, graças a você.

— Ora, não fiz nada...

— Devo-lhe a minha felicidade.

Padre Tobias parou e olhou para ela. No fundo, tinha vontade de lhe dizer que Jules não era nada daquilo que pensava, mas não tinha coragem. Sabia que ele o mataria se dissesse, e ainda corria o risco de Vivian se voltar contra ele.

— E quanto a ele, Vivian? Também está feliz?

— Padre Tobias, posso lhe assegurar que não existem, no mundo inteiro, pessoas mais felizes do que nós.

Ele sorriu com amargura. Aonde será que aquilo ia parar?

— E lady Glenna? Ouvi dizer que não aprecia muito o rapaz.

— Glenna deixou-se impressionar pelo que aconteceu em Londres. Mas isso passa.

Ela tomou-lhe o braço novamente e continuou a caminhar. Enquanto iam andando, Vivian ia pensando no quanto o desejara. Quase fizera uma loucura por causa dele, porém, Glenna a prevenira a tempo. Mas agora ali, sentindo a proximidade de seu corpo, o antigo sentimento voltou a aflorar, e ela corou. Abaixou a cabeça e sondou-o pelo canto do olho. Ele era um homem bonito, apesar de tentar ocultar a sua beleza por debaixo da simplicidade do sacerdócio.

— Padre Tobias...

— Hum? O que foi, Vivian?

Ela parou e segurou-lhe as mãos, levando-as aos lábios num gesto amoroso e delicado. Ele se assustou e tentou retirá-las, mas ela as apertou com força e sussurrou:

— Não tive mais oportunidade de lhe falar...

— Vivian, não...

— Ainda o amo. Não quero mais amá-lo, mas ainda o amo. Como pode ser?

— Vivian, você não sabe o que diz. Não está apaixonada por Jules?

— Jules é diferente. É um fogo que queima, uma paixão que arde e consome, mas não é como o que sinto por você. Eu o amo, e foi só porque o amo que renunciei a você.

— Sou um sacerdote, Vivian. Esse amor é impossível.

— Por quê? Por que escolheu ser padre? E daí? Não está preso à batina pelo resto de sua vida, está?

— Vivian, não entendo você. Há pouco me dizia que estava feliz ao lado de Jules. E agora...

— Seria capaz de abandonar Jules por você. Por mais que o ame e o deseje, o que sinto por você é mais forte, mais verdadeiro. Se você me amasse, sequer teria olhado para Jules. E se você me amar agora, Jules já não terá mais nenhuma importância para mim. Só me interessei por ele porque não posso ter você.

— Pare, Vivian, não blasfeme! Deus irá castigá-la.

— Não me importo. E se quer saber, nem sei se acredito nesse Deus...

— O que está dizendo, menina? Por acaso perdeu a razão? Ousa duvidar da existência de Deus?

— Não... não é isso. Mas acho que Deus tem coisas mais importantes com as quais se ocupar. Por que perderia tempo conosco?

— Chega, Vivian, não quero ouvir mais nada. Vamos voltar.

Ele virou as costas para ela e começou a caminhar de volta, e ela partiu em seu encalço.

— Por que não gosta de mim? — dizia enquanto o seguia.

— Gosto de você.

— Não é o que parece.

— Gosto de você, Vivian, mas não do jeito que você quer.

— E de que jeito, então? Só existe um jeito de gostar.

— Vivian, de uma vez por todas, entenda. Sou um padre, não posso amar ninguém...

— E se eu fosse homem?

— O quê?

— Gostaria mais de mim se eu fosse homem?

Ele estacou horrorizado. Naquele momento, olhou para ela com tanto desgosto que ela recuou, arrependida no instante mesmo em que dissera aquilo. Sem lhe dar resposta, ele tornou a se virar e começou a andar apressado, dirigindo-se para a frente da casa, onde uma carruagem acabava de estacionar. Era lady Glenna que, ao vê-los, acenou para eles e vinha caminhando ao seu encontro.

— Bom dia, padre Tobias...

— Bom dia — respondeu ele secamente, passando por ela feito uma bala e entrando na casa.

Vendo o olhar angustiado de Vivian, Glenna logo percebeu o que havia acontecido.

— O que disse a ele?

Vivian não conseguia encará-la. Glenna lhe contara um segredo e lhe pedira para guardá-lo, e ela jurara que jamais o revelaria.

— Por que fez isso, Vivian?

— Não fiz nada.

— Não mesmo? E por que padre Tobias está desse jeito? — ela não respondeu. — Vivian, você me prometeu que jamais usaria esse segredo contra ele. Quando lhe contei, foi apenas para que você não sofresse por um homem que jamais poderia ser seu.

— Mas eu o amo...

— O quê? Como pode? Que espécie de mulher é você, Vivian? Não vai ficar noiva de Jules?

— Padre Tobias nada tem a ver com Jules.

— O que está pretendendo, Vivian? Ter todos os homens a seus pés?

Ela abaixou a cabeça, envergonhada, e sussurrou:

— Glenna, perdoe-me. Não sei lhe dizer o que está acontecendo comigo. Gosto de Jules, sou louca por ele. No entanto, o que sinto por padre Tobias é algo que não sei explicar. Pensei que já tivesse superado. Mas hoje, quando o vi junto a mim... todo aquele sentimento voltou, e eu pensei que seria capaz de qualquer coisa para ficar junto dele. Amo padre Tobias como jamais amei alguém em toda a minha vida. É um sentimento puro, Glenna, não é aquele fogo que me queima quando estou com Jules.

— Esse sentimento é impossível, Vivian.

— Sei disso. O próprio Tobias acabou de me dizer.

— Pois então, esqueça-o e concentre-se em Jules.

— O que há, Glenna? Será que o aprova agora?

— Não, Vivian, continuo não o aprovando. No entanto, essa foi a sua escolha, e só o que me resta fazer é me resignar com ela. Mas não posso permitir que você, além de querer desgraçar a sua vida, desgrace também a de padre Tobias, que é uma boa pessoa e não pode ser culpado por não seguir os padrões normais de nossa sociedade hipócrita e preconceituosa.

— Por que o defende tanto, Glenna? Será que o ama também?

— Amo sim, Vivian. Mas meu amor por ele é algo que você não pode compreender, porque está muito além das sensações do corpo físico. E amo você também. Acredite-me, Vivian, se houvesse uma chance, eu seria a primeira a incentivar um romance entre você e padre Tobias. Você sabe que não me curvo a tabus ou convenções, mas sei que isso é impossível.

— Como pode saber, Glenna? Ele pode mudar, não pode?

— Não, não pode. Padre Tobias é o que é e jamais será diferente.

— Por quê? O que lhe dá essa certeza?

Glenna não respondeu. Limitou-se a abraçar Vivian com ternura e puxou-a para dentro de casa. Não queria mais continuar com aquela conversa e não via mais sentido algum em prosseguir falando de padre Tobias.

Vivian não insistiu e subiu com Glenna para o seu quarto. Queria mostrar-lhe algumas coisas que escrevera. Depois que ela entrou, trancou a porta e fê-la sentar-se na cama, abrindo a gaveta da escrivaninha e estendendo-lhe algumas folhas de papel. Em silêncio, Glenna as apanhou e começou a ler. A cada linha, ia se surpreendendo, e por vezes deixava escapar um suspiro ou uma lágrima, sem conseguir tirar os olhos do papel. Quando terminou a leitura, pousou as folhas sobre seu colo, olhou para Vivian e exclamou:

— Vivian, querida, está muito bom! Foi você quem escreveu?

Ela fez que sim com a cabeça, sorrindo de satisfação. Mostrara a Glenna alguns de seus poemas e ficou feliz com o resultado que causara na amiga.

— Há quanto tempo vem fazendo isso? — tornou Glenna, profundamente admirada.

— Hum... deixe ver... Há cerca de quatro anos.

— Quatro anos? Mas você só tem dezesseis!

— Para você ver. É algo de que sempre gostei.

— Por que nunca os mostrou antes?

— Tentei. Mas meu pai não deixou. Disse que não é próprio para uma dama.

— Eu devia imaginar. George sempre foi muito apegado aos valores sociais.

— Mas por que, Glenna? Por que não é próprio? Poesia também é arte. Ou não é?

— Infelizmente, minha querida, a arte foi feita para os homens. A nós, mulheres, só nos resta admirá-la.

— Mas é injusto. Gostaria de me lançar como poetisa.

— Vai ser muito difícil, Vivian. O mundo é dos homens, e só um homem para permitir-lhe tamanha ousadia.

— Será?

— Não quero dizer que você não vá conseguir. Tudo é possível. Mas, sendo mulher, os caminhos são muito mais árduos do que se você fosse homem. Todos a olharão com desconfiança e não lhe darão crédito, e você acabará sendo ridicularizada. Infelizmente, as pessoas são muito preconceituosas e não conseguiram ainda entender que a única coisa que nos diferencia do homem é a anatomia sexual.

— Mas Glenna, quero fazer algo de útil em minha vida.

— A única coisa útil que a uma mulher é permitido fazer é ser boa esposa e boa mãe.

Vivian abaixou os olhos com tristeza. Tudo o que mais queria no mundo era escrever. Não se contentaria apenas em ser boa esposa e boa mãe. Queria ser boa escritora. Sabia-se inteligente e reconhecia que escrevia bem, tão bem quanto qualquer homem.

capítulo 8

A noite estava serena e morna, e Vivian aconchegou-se ao peito de Jules, suspirando de satisfação. Desde que os pais consentiram no noivado, encontravam-se quase todas as noites na estalagem, a fim de não serem surpreendidos na mansão do duque, e amavam-se até quase de manhã, quando então se levantavam e voltavam para casa sem levantar suspeitas.

Cabeça pousada em seu peito, Vivian se agitava no sono. Embora Decius e Rupert não estivessem presentes, havia algo que a inquietava. Pouco depois, abriu os olhos e viu o avô parado a seu lado.

— Venha — disse ele, estendendo-lhe a mão.

Vivian segurou a mão dele e ele a puxou para fora do corpo, volitando com ela na direção das estrelas.

— Aonde vamos? — perguntou ela, um pouco receosa.

— Vamos a uma reunião — percebendo o medo que ela sentia, tratou de acalmá-la. — Não se preocupe. Está segura comigo e não vai cair.

Pouco depois, os dois chegavam a uma espécie de jardim, onde havia vários bancos dispostos ao redor de algumas mesas, várias das quais ocupadas por diversos espíritos. Vivian notou que a maioria estava presa a um cordão prateado, assim como ela, e percebeu que se tratava de espíritos ainda encarnados. Vendo o olhar de interrogação que ela lhe lançou, Joseph disse:

— Aqui é onde trazemos os encarnados para conversar.

Normalmente para tratar de assuntos de suma importância, como a encarnação de novos espíritos.

Vivian olhou-o surpresa e já ia fazer uma pergunta quando eles chegaram a uma mesa, onde dois espíritos iluminados estavam sentados em companhia de Jules. Ela se admirou profundamente e exclamou:

— Jules! — correu para ele e sentou-se a seu lado, olhando interrogativamente para o avô.

Jules não lhe sorriu. Estava com cara de poucos amigos e franziu o cenho quando ela chegou. Depois que todos se acomodaram, um dos espíritos, que parecia o mais velho, se adiantou e disse com voz amorosa:

— Bem, meus amigos, creio que devem estar curiosos acerca do motivo pelo qual os trouxe aqui — ninguém disse nada, e ele continuou: — Meu nome é Lawrence, e este aqui é Oliver, mentor de Jules, e aquele é Joseph, mentor de Vivian. Bem, resolvemos libertá-los no sono porque temos uma proposta a lhes fazer.

— Proposta? — tornou Vivian surpresa. — Como assim?

— Bem, Vivian — prosseguiu Lawrence —, Joseph, que foi seu avô, achou que seria boa idéia reencarnar junto de você novamente e veio pedir-lhes autorização para que o recebam como seus pais.

— O quê? — indignou-se Jules. — Ora essa, mas por quê?

— Porque Vivian vai precisar da minha ajuda e do meu amor — respondeu Joseph prontamente. — Ela sabe o quanto a amo e estou disposto a ajudá-la.

Vivian estava emocionada. Amava-o muito e ficaria muito feliz em poder ser sua mãe. Sabia o quanto ele a amava também e tinha certeza de que a sua presença ao lado dela serviria para ensinar-lhe muitas coisas que ainda não entendia.

— Vovô — disse ela, a voz embargada de emoção —, ficaria muito feliz em ser sua mãe...

— Mas eu não — cortou Jules na mesma hora. — Não estou preparado para ser pai.

Vivian admirou-se. Pensava que Jules também a amava e que, na mesma hora, concordaria.

— Jules, querido — falou ela, acariciando sua mão. — Qual é o problema? Não entendo você. Não me ama?

Ele a encarou amargurado e respondeu:

— Amar, amo. Mas não quero ser pai. Não quero dividi-la com ninguém.

— Não quer?

— Não, não quero. Sei que vamos nos casar... Ou não vamos?

O silêncio foi geral. Ninguém disse nada, e Vivian começou a chorar. Sabia, em seu íntimo, que não se casaria com Jules. Tinha uma vaga lembrança dos planos que haviam realizado e compreendia o risco que assumira ao envolver-se com ele.

— Não chore, Vivian — tornou Lawrence. — É por isso que Joseph quer reencarnar junto de você. O caminho que você escolheu é árduo e espinhoso, e o amor de um filho é poderoso bálsamo contra as feridas que vamos adquirindo na jornada terrena.

— Ouçam — interrompeu Jules. — Não quero ser desmancha-prazeres, mas não tenho nada com isso. Gostaria muito de me casar com Vivian, mas não a quero com um filho. Isso vai estragar todos os meus planos.

— Jules, meu filho — disse Oliver —, sabe que tenho estado a seu lado sempre que possível. No entanto, você vem se afinizando cada vez mais com espíritos menos esclarecidos, assim como Vivian, o que vem dificultando sobremaneira a nossa tarefa de ajudá-los. Mas agora, pense bem. Estamos lhe dando uma oportunidade única de servir de instrumento para o nascimento de uma nova vida. Não acha isso maravilhoso?

— Não. Se fosse só para servir de instrumento, até que não me incomodaria tanto. Mas assumir responsabilidades... não quero.

— Concorda ao menos em ceder o seu sêmen?

Ele ficou indeciso. Falara aquilo sem pensar e só agora refletia bem no que dissera. Confuso, retrucou:

— Não... não sei. Se concordar, não poderei mais desposar Vivian. Não gosto de crianças e não pretendo perder minha mulher para nenhum bebê chorão.

— Jules! — exclamou Vivian decepcionada. — Como pode falar assim?

— Lamento, Vivian, mas é o que penso.

— E quanto ao seu sêmen? — tornou Oliver. — Concorda em ser veículo da fecundação?

— Hum... não sei. E as responsabilidades?

— Isso é um problema que você terá que resolver — falou Oliver. — Tem o seu livre-arbítrio. Use-o.

— Usá-lo? De que forma?

— Só você poderá saber. Case com Vivian, assuma a criança ou não faça nada disso.

— Não sei...

— Pense bem, Jules — prosseguiu Oliver.

— Por que não escolhe outro?

— Porque é imperioso que o nascimento aconteça agora. Esse é o momento. Mais tarde a vida de Vivian tomará outros rumos que não facilitarão a maternidade.

— Jules, por favor — interrompeu Joseph. — É muito importante que eu volte ao orbe ao lado de Vivian. Ela vem sendo assediada por espíritos das trevas, e eu pretendo, não só ajudá-la a se livrar desse mal, como também mostrar a eles o caminho do bem. Mas, para isso, preciso de sua colaboração. Por favor, ajude-me.

— Não quero. Não estou preparado para ser pai.

— Muito bem — falou Lawrence, por fim. — Não quer ser pai de verdade? Não seja. Não deseja assumir responsabilidades? Não assuma. Mas se Vivian concordar, consinta em ser o veículo da fecundação. É só o que lhe pedimos.

— Se concordar, não me casarei com ela.

— Não se casará com ela de qualquer jeito — lembrou Lawrence. — Sabe disso, não sabe?

Jules fitou Vivian com rancor. Sabia o que estava por vir e tinha plena consciência de que ela, mais cedo ou mais tarde, descobriria toda a verdade sobre ele e o rejeitaria. Se era assim, não tinha motivos para recusar o pedido que lhe estavam fazendo.

— E as responsabilidades espirituais? — tornou ele, tentando compreender. — Não as terei?

— Não. Estamos lhe pedindo para nos ajudar. Você servirá

apenas de instrumento, nada mais. Não lhe cobraremos nada depois nem você será acusado de haver se furtado aos deveres paternos.

— E a minha consciência?

— Por essa, só você poderá responder. Se ela o acusar, melhor para você, pois seu coração já não estará assim tão empedernido que não perceba o valor da vida e da paternidade. Mas se ela não o incomodar, não seremos nós que o acusaremos. Não apenas porque não temos o direito de acusar ninguém. Mas porque você não estará preso a nenhum dever para com Joseph ou com Vivian.

— Você concorda com isso? — indagou Jules, dirigindo-se a ela.

Vivian hesitou. Queria muito ter o filho, mas tinha medo do que representaria para a sociedade uma mulher de sua estirpe, solteira e com um filho bastardo agarrado à sua cintura. Sem falar que o pai seria até capaz de matá-la. Ela olhou para Joseph e respondeu:

— Tenho medo...

— É natural — concordou Lawrence. — Conhecemos todas as dificuldades que você e Joseph atravessarão. No entanto, creia-me, Vivian, o resultado será compensador, e você crescerá muito com essa maternidade.

Vivian pensou por alguns minutos. Estava louca por aquilo. Podia ser meio doidivanas, rebelde e egoísta, mas adorava crianças. Ainda mais se a criança fosse seu próprio avô. Sim. Um filho seria muito bom, e ela falou decidida:

— Está bem. Concordo.

Jules encarou-a com ar cético e retrucou:

— Não vai me cobrar nada depois? Não vai me acusar?

— Não, não vou. É um compromisso que estamos assumindo aqui, agora.

— E você, Joseph? Não vai ficar com raiva de mim depois?

— Jules, meu filho, pode até ser que, quando encarnado, eu me revolte ou me entristeça com a sua atitude, porque estaremos todos cobertos pelo véu do esquecimento. No entanto, quando retornarmos à vida espiritual, nada cobrarei de você. Ao contrário, ser-lhe-ei eternamente grato por me proporcionar voltar ao orbe junto de minha querida Vivian.

Ele suspirou profundamente, passou a mão pelos cabelos e, fitando Vivian nos olhos, acabou por aquiescer:

— Está certo. Que seja então. Mas que fique claro que não vou assumir nenhuma responsabilidade como pai. Se Vivian não vai querer mais se casar comigo, minha participação nesse caso se limita a servir de veículo para a concepção. Nada mais.

Em seguida, foram conduzidos de volta ao corpo e voltaram a dormir. No plano espiritual, Joseph começaria a se preparar. Em breve retornaria, e era preciso que estivesse pronto. Acompanhado por Lawrence, foi conduzido ao departamento de reencarnações para traçar os rumos de sua nova vida e modelar energeticamente o seu novo corpo físico. Queria ser um menino bonito. A beleza serviria para alegrar ainda mais o coraçãozinho de sua querida Vivian ao olhar para o filhinho recém-chegado.

Na véspera da festa de noivado, Jules e Vivian comemoravam sozinhos no quarto da estalagem. Ele levara champanhe e duas taças de cristal. Precisavam brindar sozinhos, sem testemunhas para atrapalhar.

Naquela noite, a aura ao redor de Jules e Vivian parecia especial. O ar estava mais leve, e eles sentiam uma profunda amorosidade saindo de seus corações. Trocaram carícias suaves e gentis, e experimentaram uma emoção diferente, como se a luz do amor estivesse substituindo o fogo da paixão.

Quando Decius chegou para seu habitual trabalho e deleite, foi barrado por dois lanceiros que montavam guarda à porta do quarto do casal. Assustado, falou:

— Mas o que é isso? Como se atrevem a impedir-me a entrada? Sabem quem sou eu?

Os lanceiros nada disseram. Limitaram-se a cruzar as lanças na frente da porta, e Decius não pôde passar. Não fizeram força nem usaram de violência. Mas havia um estranho poder que emanava deles, e Decius sentiu-se intimidado o bastante para não tentar um embate com eles. Podia tentar atravessar uma parede ou uma janela, mas sabia também que todo o espaço astral ao redor do quarto estava protegido por uma espécie de barreira energética que não lhe permitiria entrar.

No fundo, sabia o que estava acontecendo. Já vira aquilo antes. Os mensageiros da luz estavam lá dentro preparando um novo espírito para reencarnar. Então, Vivian ia engravidar. Aquilo não estava em seus planos, e ele precisava fazer algo para impedir. Sem dizer nada, saiu da estalagem e foi ao encontro de Rupert.

— O que houve? — indagou Rupert, vendo-o de volta tão depressa.

— Rupert, meu amigo, temo trazer más notícias. Acho que nossa Althea vai ser mamãe.

— O quê? O que está dizendo, criatura?

Decius contou-lhe o que havia se passado quando tentara entrar no quarto da estalagem naquela noite, e Rupert sentiu um estremecimento de ódio.

— Engravidar? Era só o que me faltava!

— Imagina quem seja o novo espírito?

— Imagino sim. Só pode ser aquele idiota do Joseph. Aposto que quis dar uma de bonzinho e pediu para ajudar Althea. Mas ele não vai conseguir! Não vai!

— E Jules? Por que será que concordou?

— Porque você não estava lá para impedir.

— Eu?! O que queria que fizesse? Sabe que não tenho poder contra os espíritos de luz.

— Você não devia tê-lo deixado sozinho. Se tivesse montado guarda à sua cabeceira, não teria dado oportunidade àqueles *iluminadinhos* de se aproximarem dele.

— Ouça, Rupert, estou tão indignado e insatisfeito quanto você. Mas não tive culpa. Você sabe que quando os espíritos de luz querem algo, nós não temos como impedir. Nossos poderes não funcionam contra eles.

— Não. Mas eles não vêm aqui. E você deveria ter trazido Jules para cá. Eles não o alcançariam.

— Mas como é que eu ia adivinhar que eles iam fazer uma coisa dessas? E se quer saber, Jules podia muito bem ter se negado. Eles não são os primeiros a dizer que é preciso respeitar o livre-arbítrio?

— Imbecil! Eles têm os seus métodos de convencimento.

Aposto que conseguiram persuadir o idiota do Jules com promessas de perdão, uma vida feliz, amor e outras tolices do gênero.

Calaram-se durante algum tempo, até que Decius indagou temeroso:

— E agora? O que faremos?

— Precisamos impedir o nascimento dessa criança. Seja como for, é preciso que ela não nasça.

— Será que é mesmo o idiota do Joseph?

— Tenho certeza. E Joseph é um espírito de luz que nada tem de idiota. Se ele conseguir encarnar, nós estaremos perdidos. Estou certo de que ele, logo, logo, dará um jeito de afastar nossa Althea de nós. E aí, meu amigo, diga adeus aos nossos projetos. Nunca mais conseguiremos trazê-la de volta para cá.

— Mas será que ela não vai estar protegida durante a gravidez?

— Quem? Althea? Acho difícil. Só se ela, de uma hora para outra, mudar de comportamento e elevar o seu padrão vibratório.

— Acha que fará isso?

— Não creio. Althea pode até querer ter esse filho, mas é uma cadelinha e age como tal. E é assim que tentaremos atingi-la e à criança.

— Será que conseguiremos?

— Não sei, mas precisamos tentar. Temos que nos utilizar de todos que possam nos ser úteis: Jules, aquela tola da Christine, padre Tobias, que é um prato cheio para nós. Devemos apenas nos afastar de Glenna. Com essa, não conseguiremos nada.

— Por quê? Será que Glenna é tão boazinha assim que não nos dê ouvidos? Que eu saiba, ela também tem lá os seus pecados.

— O que há com você? Pensei que não quisesse prejudicá-la.

— Prejudicá-la, não quero mesmo. Mas pensei que talvez pudéssemos usá-la sem a atingirmos.

— Glenna é muito equilibrada e correta. Dificilmente conseguiremos manipulá-la. Acho mais fácil Jules e padre Tobias.

— É? Por quê? Padre Tobias é um padre...

— E daí, idiota? Por isso mesmo. É um padre cheio de culpas e medos. Quer melhor do que isso? E agora vamos, não temos tempo a perder. Precisamos começar a insuflá-los desde já.

capítulo 9

No dia seguinte, Vivian apareceu linda como nunca. Era mesmo a rainha da festa, e seu semblante parecia coberto por uma luz diferente, que a fazia muito mais bonita do que o habitual. Já trazia, sem o saber, uma nova vida em seu ventre, e a proximidade de Joseph, ainda que invisível e inconsciente, encheu-a de inesperada alegria.

A recepção foi realizada na casa do barão de Osborne. Era o pai da noiva e não abriria mão de proporcionar-lhe uma festa rica e luxuosa. Todos os nobres da região haviam sido convidados, e muitos vieram de Londres só para a ocasião. Até lorde Thomas comparecera. Apesar de um tanto contrariado, os filhos acabaram por convencê-lo de que aquele casamento não seria bom para ele. Também eles não queriam pôr em risco a fortuna que tinham a receber.

Vivian estava a um canto do salão, entretida em animada prosa, quando a irmã adentrou o salão. Lucy chegara de Londres na véspera, em companhia do marido, Hamilton, e estava muito infeliz. Perdera a criança quando já completava quase o terceiro mês de gravidez, como sempre acontecia.

Pelos braços do marido, Lucy vinha pálida, olhar triste, procurando Vivian com os olhos. No mesmo instante, Vivian correu para ela e a abraçou, exclamando com visível preocupação:

— Lucy! Pensei que não fosse mais descer. Por que demorou tanto?

— Lucy não se sente muito bem — respondeu Hamilton com tristeza.

— Oh! querida! — retrucou Vivian com pesar. — Não fique triste. Você é jovem, terá outros filhos.

Lucy sorriu com amargura. Já estava perdendo as esperanças. Desde que se casara, perdera quatro filhos. Não suportava mais. No entanto, não queria estragar a festa de noivado da irmã e considerou:

— Não se preocupe com isso, querida. Preocupe-se com a sua felicidade. E onde está o noivo? Ainda não o conheci. Como disse mesmo que ele se chama?

— Jules. Jules Thornton, duque de Kingsley.

Nesse momento, Jules vinha chegando. À medida que se aproximava, foi diminuindo os passos, pensando em fugir dali correndo, tentando desviar os olhos do rosto de Lucy. Como era possível? O que Lucy estaria fazendo ali?

Foi só quando o viu que Lucy soube de quem se tratava. Aquele nome não lhe era familiar, provavelmente porque Jules usara um nome falso quando a conhecera.

— Ah! Jules! — chamou Vivian. — Venha cá. Quero que conheça minha irmã e meu cunhado.

Jules se aproximou e sorriu contrafeito, e Lucy abaixou os olhos, constrangida. Ninguém percebeu o mal-estar que fluiu entre eles, nem Hamilton, que nunca havia visto o duque pessoalmente.

— Muito prazer, lorde Jules — falou Hamilton com cerimônia.

— Por favor, chame-me de Jules, apenas Jules. Seremos parentes em breve.

Hamilton sorriu com simpatia e cutucou a mulher.

— Lucy, não cumprimenta o noivo de sua irmã?

Ela ergueu os olhos, a face coberta de rubor, e balbuciou:

— Mui... muito prazer...

Jules tomou-lhe a mão e beijou-a com cerimônia e respeito. Ninguém sabia de nada, ninguém percebera nada. O que acontecera entre ele e Lucy era coisa do passado, e o passado devia ser enterrado. Contudo, não podia deixar de pensar no quanto o destino era ingrato. Com tantas mulheres no mundo, fora encontrar justo aquela que fora sua amante e, o que era pior, na condição de irmã de sua noiva. Mas ele não sabia. Como poderia saber? Quando conhecera Lucy, não lhe perguntara o sobrenome de solteira, e só o que sabia era que ela era casada com um membro do parlamento inglês, de nome Hamilton Moulton. Em virtude disso, Jules achou mais prudente não lhe revelar seu verdadeiro nome. O marido era influente. O que não faria se descobrisse que a mulher estava tendo um caso com o filho de um duque de Plymouth?

Quanto a Lucy, pensou que ia desmaiar quando o avistou. Fazia muitos anos que ela não o via, e ele não mudara nada desde então. Lucy lembrava-se muito bem. Estava casada há pouco mais de um ano, e Hamilton, apesar de bom e generoso, não era o marido com que sonhara. No entanto, os pais a obrigaram. Disseram que ele era rico e influente, membro do parlamento. O que mais ela poderia desejar? Apesar de contrariada, Lucy não tinha forças para desobedecer. Casou-se com Hamilton e mudou-se com ele para Londres, passando a levar a vida que os pais pensavam ser melhor para ela.

Apesar de bondoso, Hamilton era mais velho e só se interessava por política, coisa da qual Lucy tinha verdadeira aversão, além de não entender nada. Ela se sentia só, numa cidade estranha, sem amigos. Sempre fora muito tímida, e sua timidez não lhe facilitava as amizades. Até que um dia conheceu Jules. Ela estava fazendo compras em companhia de uma criada quando ele se aproximou. Imediatamente, sentiu-se atraída por ele e, pouco tempo depois, tornaram-se amantes. Jules, que se apresentou como Henry Monroe, mantinha uma casa no campo, próxima de Londres, para onde levava Lucy todas as vezes em que queriam se encontrar.

Algum tempo depois, o inevitável aconteceu. Hamilton estava viajando, fora a uma conferência política em Manchester, quando Lucy descobriu-se grávida. O filho, tinha certeza, não era de seu marido, pois na época da concepção, Hamilton encontrava-se ausente, em viagem pela Escócia, ministrando palestras sobre política em diversas universidades.

Desesperada, Lucy contou a Jules o que estava acontecendo e sugeriu que fugissem. Ela pensava que o amava e estava disposta a tudo só para estar junto dele. Jules, porém, recebeu-a com frieza. Não a desejava mais. Quanto ao filho, também não lhe interessava. Não acreditava que a criança fosse dele e, ainda que fosse, não era problema seu. A verdade, porém, era que Jules ficara apavorado. Um filho bastardo era tudo de que não precisava. Ainda mais quando a mulher era esposa de um dos mais respeitáveis membros do parlamento inglês.

Pensando nisso, Jules tomou uma resolução. Subornou a velha criada de Lucy, e ela lhe deu uma poção amarga para beber. Lucy perdeu a criança e, desde esse dia, nunca mais conseguiu engravidar.

Ninguém, à exceção da criada, jamais ficou sabendo daquela história. Em seu leito de morte, acabou por confessar a Lucy que fora paga por Henry para dar-lhe o chá abortivo. Desgostosa, Lucy retirou-se da sociedade. Eram poucas as festas a que comparecia e, assim mesmo, tomava o cuidado de ir àquelas mais íntimas, em casa de amigos que conhecesse bem. Lucy até já ouvira falar de Jules Thornton, embora nunca o tivesse visto pessoalmente. Mas jamais poderia supor que ele e Henry Monroe fossem a mesma pessoa.

E agora, aparecia ele ali, noivo de sua irmã, de sua irmãzinha querida. Na época em que tudo acontecera, Vivian era apenas uma criança e não percebera nada. Lucy era oito anos mais velha do que Vivian, e Jules tinha dois a mais do que ela. Já estava casada há quase sete anos e nunca esquecera o ocorrido. Não amava Jules, mas não podia deixar de culpá-lo por não conseguir engravidar. Não fora por ele, jamais teria ingerido aquela poção maligna, e seu organismo não se teria deteriorado.

Lucy sentiu um imenso desgosto ao pensar nisso. Vivian não poderia se casar com aquele cafajeste. Mas como poderia impedir? Não se sentia com coragem para revelar a mais ninguém o que lhe acontecera. Como provar ao mundo que Jules, agora duque de Kingsley, não passava de um ordinário? Sem saber o que fazer, encostou o rosto no peito do marido e chorou, sentindo imenso remorso pelo que fizera, ainda mais porque Hamilton, pensando que ela sofria a perda do bebê, acariciava seus cabelos com carinho e ternura, fazendo com que se sentisse a mais reles das criaturas.

Quando Glenna chegou à festa, o baile já ia a meio, e Vivian estava um pouco triste, achando que a amiga, por não gostar de Jules, não compareceria. Vivian estava dançando com Jules quando a viu. Terminada a dança, pediu licença ao noivo e foi ao encontro de Glenna.

— Até que enfim, Glenna! Já estava ficando preocupada.

— Pensou que eu não viria? — ela balançou a cabeça. — Pois estava enganada. Posso não gostar de Jules, mas respeito a sua escolha. Ao menos sei que não vai se casar enganada. E depois, isso não é o suficiente para que me afaste de você.

Vivian sorriu e beijou-a na face, indagando em seguida:

— Já viu Lucy?

— Já sim. Ela está bem, apesar de abatida.

— É verdade. Foi um golpe muito grande.

— Mas ela vai se recuperar, você vai ver.

— Vai sim.

Olhando por cima do ombro de Glenna, Vivian deu de cara com um rapaz alto, moreno, olhos castanhos, que a olhava admirado. Glenna, percebendo que a outra notara a presença de seu acompanhante, virou-se para ele e fez um gesto com a mão, chamando-o para junto de si.

— Vivian, querida, quero lhe apresentar Francis Lester, um velho amigo que se encontra de passagem por Plymouth.

Vivian olhou para Glenna com admiração, e ela sorriu, balançando a cabeça. Não, Francis não era seu amante. Era apenas seu amigo. Um amigo muito querido, é verdade, mas apenas um amigo.

Ele aproximou-se de Vivian e gentilmente apanhou a mão que ela lhe estendeu, beijando-a com delicadeza.

— É um imenso prazer conhecê-la, senhorita. Espero que não se importe por ter vindo sem avisar.

— Ora, mas o que é isso? Os amigos de Glenna são também meus amigos. Sinta-se à vontade.

— Obrigado.

— O pai de Francis também é duque, Vivian.

— É mesmo?

— Sim — respondeu Francis com um sorriso. — Duque de Phineas. Conhece-o?

— Pessoalmente, não. Mas já ouvi a seu respeito. É amante ardoroso das artes, não é?

— Sim. Gosta de arte, lady Vivian?

— Muito.

— Francis é excelente músico.

— Verdade?

— Ora, Glenna, por favor, não exagere.

— Também compõe?

— Não muito. Sou apenas um pianista dedicado.

— Dedicado? — tornou Glenna. — Francis é conhecidíssimo em Viena. Não é, Francis?

— Glenna está exagerando. Passei um tempo em Viena, é verdade, mas estudando.

— Ora, Francis, não seja tão humilde. Todos sabemos o quanto você se sobressaiu.

— E não pensa em se dedicar à música? — indagou Vivian, visivelmente interessada. — Profissionalmente, quero dizer.

— Estou pensando nisso. Não gosto de compromissos, mas adoro tocar e talvez aceite alguns convites que recebi. Quando voltar a Londres, já terei me decidido.

— Francis é um excelente músico, Vivian, e espero que você tenha a oportunidade de conhecer-lhe a habilidade. Tenho certeza de que ficará encantada.

Vivian apanhou uma taça de champanhe e levou-a aos lábios, sorrindo para Francis, e seus olhos se voltaram para o outro lado do salão, onde avistou Jules entre alguns amigos. Educadamente, pediu licença a Glenna e Francis, e foi ao seu encontro.

— Ah! Vivian — exclamou Jules, logo que ela se aproximou. — Onde esteve? Procurei-a por toda parte.

— Estava recepcionando os convidados.

Seguindo o olhar de Vivian, Jules deu de cara com Glenna, que disfarçou e saiu puxando Francis pela mão, conduzindo-o para onde estavam Christine e George.

— Será que Glenna, finalmente, achou um amiguinho? — perguntou Jules com ironia.

— O que está insinuando, Jules? Que Glenna e Francis são amantes?

— É esse o nome do rapaz? Francis?

— Sim. Francis Lester. O pai dele é o duque de Phineas.

— Ah!

— Conhece o duque?

— Vagamente. Ouvi dizer que emprega recursos no incentivo às artes. O rapaz, se bem me lembro, é pianista, não é?

— Sim. E, segundo Glenna, dos melhores.

Jules percebeu a empolgação na voz de Vivian e objetou com desdém:

— A opinião de Glenna não me parece das mais confiáveis.

— Por que não? Glenna tem gosto muito apurado para música. E ela me disse que Francis toca muito bem. Gostaria de ouvi-lo algum dia...

— Por quê? Está interessada?

— Jules! Você está com ciúmes!

— Ciúmes, eu? Mas que tolice. Apenas não gostei do jeito desse tal de Francis. Pareceu-me um pouco arrogante. Mas não estou com ciúmes.

— Está sim. Está com ciúmes de Francis. Ora, seu tolinho, então não sabe que só tenho olhos para você? Meu interesse em Francis é puramente artístico.

Jules não respondeu. Sentira mesmo ciúmes daquele pianistazinho soberbo, mas não queria deixar transparecer.

— Venha — chamou ele. — Vamos dançar.

Jules conduziu-a para o centro do salão e pôs-se a dançar com ela, olhando de vez em quando para Francis pelo canto do olho. O rapaz não tirava os olhos de Vivian, e aquilo o irritou. Quem ele pensava que era?

— Talvez o pai dele possa me ajudar — disse Vivian, de si para si.

— Ajudá-la? — tornou Jules atônito. — Em quê?

Ela parou de dançar e o encarou, saindo com ele do salão e indo sentar-se em um banco no jardim.

— Jules — começou —, há algo que gostaria que soubesse.

Ele se inquietou e retrucou:

— O quê? Não vá me dizer que...

— Pare com isso, Jules, não seja criança. Quero contar-lhe algo a meu respeito.

— A seu respeito? Mas o que é?

— Você sabe o quanto gosto de poesia, não sabe?

— Sim. E daí? O que tem?

— Pois é. Gosto de ler e, sobretudo, de escrever.

— Ah! é isso? E o que tem demais?

— Bem, Jules, fiquei pensando se o pai de Francis não me ajudaria a publicá-las...

Ele soltou estrondosa gargalhada e arrematou em tom de mofa:

— Publicá-las? Mas o que é isso, Vivian? Por acaso enlouqueceu? Mulher minha não vai se expor ao ridículo de se envolver com essas bobagens. Isso é coisa para vagabundos, gente que não tem mais o que fazer.

— Mas Jules...

— Nada de mais, minha querida. Quer escrever poesias? Escreva. Mas publicá-las? Isso não. Jamais permitirei.

— Mas por que, Jules? O que tem demais?

— Minha querida, isso não é coisa para uma dama, ainda mais uma duquesa. Lembre-se, minha cara, vai se casar comigo e se transformar em duquesa. O que dirão os nobres de Londres? Com certeza, serei motivo de chacota quando descobrirem que minha mulher anda envolvida com livros e editores. Isso é coisa para homens, e homens sem estirpe. Quer se envolver com pessoas dessa laia?

— Jules, você não está entendendo...

— Ora, Vivian, francamente. Não esperava isso de você. Uma mulher tão linda, tão ardorosa. Por que se ocupar com coisas tão insignificantes, que não estão à sua altura? Vamos, minha querida, esqueça isso e voltemos ao salão. Já devem estar dando pela nossa falta.

Em silêncio, Vivian seguiu-o de volta ao salão. Estava triste e decepcionada. Pensava que Jules fosse mais avançado em suas idéias, mas agora percebia que era igual a todo mundo. Na verdade, o que ele não queria era que Vivian ficasse perto de Francis. Não gostara daquele rapaz e jamais iria permitir que ela tivesse qualquer tipo de ligação com ele ou outra pessoa de sua família.

Quando o baile terminou, Vivian estava cansada e feliz, apesar de tudo. Durante o resto da noite, ficou pensando no que faria para alcançar seu objetivo. Precisava encontrar um meio de convencer

Jules a permitir que levasse adiante seu projeto. Já resolvera. Queria tornar-se poetisa e escritora. Sabia que podia, e Jules não tinha o direito de tentar impedi-la. Ela o convenceria. Tinha que convencê-lo.

capítulo 10

Fazia um bonito dia de sol, e Glenna olhou pela janela de seu quarto quando ouviu batidas na porta.

— Pode entrar.

Era Francis, que entrou, sentou-se na cama e falou sorridente:

— Bom dia, Glenna. Linda manhã, não acha?

— Sim, realmente.

— Por que não vamos dar um passeio?

— Onde gostaria de ir?

— Não sei. Poderíamos fazer um piquenique.

— Um piquenique?

— E poderíamos convidar lady Vivian...

— Francis, Vivian está noiva de Jules. Não devia ficar pensando nela.

— Eu sei, mas é difícil de compreender. Vivian é tão linda, tão sensível. Não entendo o que está fazendo com aquele grosseirão.

— Jules não é um grosseirão. É apenas um homem endurecido, que não possui a sua sensibilidade.

— Isso já é o suficiente para não estar à altura de Vivian.

— Lamento, Francis. Muito me alegraria se vocês pudessem se entender. Infelizmente, porém, Vivian já está presa ao duque.

— Pelo que me parece, você também não gosta muito de lorde Jules, não é verdade?

— Se quer mesmo saber, não gosto não. Ele é falso, mesquinho e aproveitador.

Glenna apanhou sua sombrinha e saiu com Francis.

— Aonde vamos?

— À casa de Vivian. Mas não pense que é para você poder cortejá-la. Vamos lá porque eu prometi a Lucy que iria acompanhá-la num passeio à beira-mar. Quer ir?

— Hum, hum.

— Então, vamos.

Quando Glenna chegou, Lucy já a estava esperando. Estava pálida e abatida, e Glenna concluiu que o melhor remédio para ela seria tomar um pouco de sol. Ela estava sentada no jardim em companhia da mãe e do pai, tomando um refresco, e Glenna se aproximou, cumprimentando com um sorriso:

— Bom dia a todos.

— Bom dia, Glenna — respondeu Lucy acabrunhada, enquanto George e Christine respondiam com um aceno de cabeça.

— Conhecem meu amigo, Francis Lester?

— Sim — respondeu Christine. — Fomos apresentados na festa de noivado de Vivian. Como vai, senhor Lester?

Embora não estivesse muito interessada no rapaz, Christine jamais destratava um nobre. E Francis, pelo que sabia, era filho do duque de Phineas, e isso já era o suficiente para que ela o recebesse bem.

— Por favor, senhor Lester — acrescentou George —, sente-se conosco e tome um refresco.

— Obrigado.

Francis sentou-se ao lado de Lucy e serviu-se de um copo de refresco. Depois que ele terminou, a moça se levantou e falou para Glenna:

— Então? Vamos?

— Aonde vão? — quis saber George.

— Dar um passeio na praia. E Francis vai nos acompanhar.

Eles se levantaram e foram caminhando em direção à carruagem, e Francis não tirava os olhos da casa, na esperança de avistar Vivian, ao menos de longe. Mas Vivian não aparecia. Ainda era cedo e ela não se levantara.

— Hamilton não vem? — perguntou Glenna.

— Não. Disse que tem uns documentos para analisar.

— Entendo.

— Glenna — desculpou-se Francis —, acho que mudei de idéia. Quero voltar para casa.

— Por quê? Não disse que queria sair?

— Bem, acho que vocês têm muito que conversar e não quero atrapalhar.

— Oh! não, senhor Lester, não nos atrapalhará em nada. Glenna é uma velha amiga. Estamos só matando saudades.

— Mesmo assim, lady Lucy, prefiro não ir, se não se importa.

— Não, claro que não. Esteja à vontade.

— Muito bem. Despeço-me aqui, então.

— Vai voltar para casa a pé?

— Sim. Caminhar é um bom exercício, e quero aproveitar o sol.

Despediram-se, e elas se sentaram na carruagem, seguindo em silêncio até a praia. O sol estava maravilhoso, e soprava uma brisa fresca do mar. Glenna e Lucy, de braços dados, puseram-se a caminhar e iam conversando:

— Muito simpático o senhor Lester.

— É verdade. Pena que Vivian já esteja comprometida.

Lucy franziu o cenho e indagou perplexa:

— Por quê? Não aprova o noivado de minha irmã?

— Quer mesmo saber, Lucy? Não aprovo não.

Ela exultou. Então não era a única a não gostar de Jules. Mas que motivos teria Glenna para não gostar dele também?

— O que tem contra Jules?

Glenna inspirou o saboroso aroma do mar e respondeu sem muito entusiasmo:

— Jules não serve para Vivian.

— Mas por quê? O que ele fez?

— Você não sabe? Não lhe disseram?

— Não. Ninguém me disse nada. Por quê? O que foi que houve?

Rapidamente, Glenna contou a Lucy toda a história de Jules e de Frederic, o jovem criado que se suicidara por sua causa. Lucy estacou horrorizada. Então, Jules era bem pior do que imaginava. Ao final da narrativa, virou-se para Glenna e declarou:

— Posso confiar em você, Glenna?

— É claro, meu bem, por quê?

— Porque também não gosto de Jules.

— Não!? Mas por quê? Você mal o conhece. Eu, bem ou mal, participei dessa imundície toda. Mas você?

— Aí é que você se engana, Glenna. Conheço Jules, sim, e conheço até bem.

— Como assim? Não estou entendendo, Lucy.

— Glenna, quero que saiba que o que vou lhe contar agora é estritamente confidencial. Ninguém, absolutamente ninguém, conhece os fatos que agora vou lhe narrar.

— Pelo amor de Deus, Lucy, você está me deixando preocupada. O que está tentando me dizer? De onde conhece Jules?

— Conheci-o em Londres, há uns cinco anos, mais ou menos, só que com outro nome...

— Outro nome?

— Sim. Jules se apresentou a mim como Henry Monroe, e foi então que nos tornamos amantes...

Glenna estacou aterrada, sobressaltando-se à medida que Lucy lhe ia contando o que se passara entre eles. Quando ela terminou, Glenna estava certa de que Jules, mais do que um cafajeste, era um monstro.

— Lucy — ponderou Glenna apalermada —, precisamos fazer alguma coisa para impedir esse casamento.

— Foi o que pensei. E foi por isso que resolvi contar-lhe tudo. Amo Vivian e não quero que ela sofra nas mãos de um homem feito Jules. Ele, certamente, não a fará feliz.

— Devemos contar-lhe o que lhe aconteceu.

— Não posso, Glenna. Sinto, mas não posso. Se o fizer, acabarei com meu casamento e minha vida. Hamilton jamais irá me perdoar. Temos que arranjar outro jeito.

— Mas que jeito? Depois do que falei a Vivian sobre o comportamento de Jules, só algo de extrema gravidade para afastá-la dele. E tenho certeza de que, se ela souber o que aconteceu a você, não hesitará em romper o noivado.

— Será? Mas e eu? O que acontecerá a mim? Não poderei suportar a vergonha e a humilhação. Lembre-se de que Hamilton nem desconfia do que aconteceu. Será um choque para ele.

Glenna fechou os olhos, desanimada. Concordava com Lucy que se aquela história viesse à tona, seria o fim de seu casamento. E não era justo salvar Vivian à custa do sacrifício de sua própria irmã.

— O que faremos? — tornou Glenna desanimada.

— Não sei. Precisamos encontrar uma outra saída. E se pedíssemos a ajuda de padre Tobias? Vivian sempre gostou dele.

— Não — cortou Glenna imediatamente. — Deixemos padre Tobias de fora disso.

— Mas por quê? Ele é seu confessor.

— Padre Tobias também é confessor de Jules. Não seria digno exigir-lhe que escolhesse entre duas ovelhas de seu rebanho.

— Tem razão. Foi uma idéia tola.

— Deixe isso comigo, Lucy. Pensarei em algo.

De volta à casa, Vivian já estava de pé e fora juntar-se aos pais no jardim.

— Onde está Lucy?

— Saiu com Glenna — respondeu Christine. — Deve estar chorando suas mágoas com ela.

— Mamãe, não fale assim. Lucy está sofrendo.

— E eu, não sofro? Queria tanto um neto, mas Lucy é uma incompetente. Não consegue nem ser mãe.

— Por que é tão cruel, mamãe?

— Não sou cruel. Apenas não consigo entender por que uma mulher jovem e saudável não consegue ter filhos. Não me espantaria nada se Hamilton aparecesse com um bastardo.

— Mamãe, que horror! Como pode referir-se assim à sua filha?

— Lucy é uma tola, isso sim.

Furiosa, Vivian levantou-se da cadeira e pôs-se a caminhar pelo jardim. Compreendia que a mãe queria ter netos. Mas isso não lhe dava o direito de tratar Lucy como se ela não tivesse sentimentos.

Ouviu o barulho de uma carruagem e olhou. Era o carro de Glenna, que acabava de passar pelo portão. Da janela, Glenna e Lucy acenaram para ela, e Vivian correu ao seu encontro. Lucy era sua irmã e Vivian gostava muito dela, e torcia para que conseguisse ter um filho, não para agradar à mãe, mas para que pudesse encontrar a felicidade.

capítulo 11

Padre Tobias foi o primeiro a chegar à casa de Glenna. Viera para ouvir o concerto que Francis daria para poucos convidados, dentre eles, Jules e Vivian.

— Padre Tobias! — exclamou Glenna, feliz ao vê-lo.

— Olá, Glenna. Como vai o nosso concertista?

— Francis está se preparando. Está um pouco ansioso, o senhor entende.

— Ele me parece um rapaz muito dedicado.

— É sim. E quer saber de uma coisa? Está interessado em Vivian.

— Pobre rapaz. Vivian não tem olhos para mais ninguém além de lorde Jules.

— Será mesmo, padre Tobias?

Ele pigarreou desconcertado e retrucou hesitante:

— O que quer dizer?

Glenna o encarou com pesar. Sabia o quanto era doloroso para ele aquele sentimento. No entanto, achou melhor não dizer nada e inventou uma desculpa:

— Quero dizer que acho nossa Vivian um pouco volúvel...

Os sinos da porta soaram e o mordomo foi atender. Era Vivian, que vinha acompanhada de Christine e George. A moça entrou cabisbaixa e cumprimentou os presentes com um ar sombrio.

— Vivian! — fez Glenna alarmada. — Está sentindo alguma coisa?

— Vivian não acordou muito bem disposta hoje — respondeu Christine. — Creio que está ficando constipada.

— Jules ainda não chegou? — perguntou Vivian.

— Ainda não, minha querida. Mas não deve tardar.

— E lady Lucy? — tornou padre Tobias. — Não vem?

— Lucy também não se sente bem — acrescentou Christine. — Deve ser mais um de seus achaques.

— Ora, Christine — censurou George —, que coisa mais desagradável de se dizer.

Mais alguns convidados chegaram, e Francis desceu, indo cumprimentar a todos. À medida que falava com os presentes, ia procurando Vivian com os olhos, até que a encontrou sozinha perto da janela.

— Lady Vivian! — exclamou, beijando-lhe a mão com galanteria. — É uma honra tê-la aqui.

Vivian sorriu acabrunhada, puxou a mão e foi sentar-se do outro lado da sala, deixando Francis profundamente constrangido. Pouco depois, Glenna chamou-o para sentar-se ao piano, e ele aquiesceu. Seu semblante demonstrava uma certa tristeza, mas ele não disse nada. Durante todo o tempo do concerto, permaneceu concentrado nas teclas, executando com maestria as canções da moda, além de algumas poucas composições de sua autoria.

Apenas Jules não apareceu. Por onde será que andava? Vivian já morria de preocupação, olhando para a porta a todo instante, ansiosa por sua chegada. Mas nada. Nem sinal dele. Precisava falar-lhe com urgência, e ele resolvera desaparecer.

Quando o concerto terminou, Francis foi envolvido pelos presentes, que não economizavam elogios à sua atuação. Ele fora maravilhoso, e não entendiam por que não se dedicava à música profissionalmente. Estavam certos de que não faltariam salões que o recebessem nem casas de concertos que não se honrassem com a sua atuação.

Enquanto Francis entretinha os convidados, Glenna aproveitou para afastar-se discretamente, indo na direção de Vivian, que não saía de perto da janela. Aproximando-se por detrás da moça, pôs a mão em seu ombro e indagou:

— O que a aflige, minha amiga?

Vivian tentava conter as lágrimas e respondeu entre soluços contidos:

— Creio que aconteceu algo terrível...

Antes mesmo de Vivian dizer, Glenna já sabia e sentiu um arrepio de pavor, afirmando cheia de horror:

— Você está grávida!

Confusa e surpresa, Vivian voltou-se para ela, olhos arregalados, e respondeu aturdida:

— Como é que você sabe?

— Não sei. Mas algo dentro de mim me alertou — ela olhou para os lados e sussurrou: — E agora? O que pretende fazer?

— Precisamos apressar o casamento. Logo, logo, meu ventre crescerá e não conseguirei mais esconder.

— Há quanto tempo está grávida?

— Não sei bem ao certo. Mas não sangrei ainda este mês, e isso nunca aconteceu. Além disso, sinto-me um pouco enjoada. Nada demais, mas o estômago às vezes revira quando olho para a comida.

— Meu Deus, Vivian, isso vai ser uma tragédia. Seu pai vai querer matá-la.

— É por isso que temos que apressar o casamento.

— Jules já sabe?

— Ainda não. Tencionava contar-lhe hoje, mas ele não apareceu. Não sei por quê, Glenna, mas desde a nossa festa de noivado, Jules tem estado estranho. Quase não vai à minha casa e, quando vai, parece estar se escondendo de algo. Não sei o que está acontecendo.

Glenna sentiu vontade de contar-lhe a respeito de Lucy, mas conteve-se. Não tinha esse direito. Ela sabia que Jules a estava evitando, com medo de um confronto com Lucy. Fora por isso que não comparecera ao concerto e era também por isso que evitava ao máximo ir à casa de sua noiva.

Agora, porém, a situação se agravara sobremaneira. Se, por um lado, um casamento entre eles só traria infelicidade a Vivian, por outro lado, não seria justo trazer uma criança ao mundo sem um lar constituído, para ser chamada de bastarda e discriminada por toda a sociedade. Por mais que aquilo não a agradasse, ela tinha que concordar que a única solução viável seria mesmo o casamento, ainda que Jules fosse um canalha e um monstro. Mas a criança não merecia sofrer.

A situação não precisava ser assim tão complicada e difícil. Jules e Vivian iam mesmo se casar. A chegada de um filho apenas apressaria o casamento, mas não o levaria a fazer nada que já não estivesse planejado. Com certeza, abandonaria Vivian em Plymouth e voltaria para Londres, com alguma desculpa esfarrapada, e só viria de vez em quando para vê-la. Mas, ainda assim, era o melhor para Vivian e o filho.

Enquanto isso, sentado em confortável poltrona na sala de sua mansão, Jules pensava. Quando é que poderia imaginar que Vivian fosse irmã de Lucy, uma mulher a quem não via há cerca de cinco anos e que quase acabara com a sua vida? Aquilo era uma injustiça. Logo agora que resolvera se casar e sossegar, aparecia um fantasma de seu passado para colocar em risco todos os seus planos. Se aquela história viesse à tona, seria a sua ruína. Seria um escândalo pior do que o de Frederic. Frederic era apenas um serviçal, ao passo que Lucy era esposa de um nobre membro do parlamento. Ele seria desmoralizado diante da sociedade. Seria a ruína moral, a falência social, que acabariam por atirá-lo num exílio dentro de sua própria casa.

Mas que casa? Na certa, teria que se mudar de Plymouth. Ninguém mais por ali o respeitaria ou estimaria a sua companhia. Iria para Londres, mas em Londres a notícia, logo, logo, se espalharia. O marido de Lucy era uma figura importante, honesta, respeitável, digna.

Mas será que lorde Hamilton se arriscaria a colocar a sua honra em jogo com aquela história? Talvez não dissesse nada a ninguém, com medo da vergonha e da humilhação. Sim, talvez lorde Hamilton preferisse manter tudo em segredo. Segredo? Um segredo talvez fosse pior. Lorde Hamilton poderia providenciar um *acidente* ou contratar alguém para matá-lo. Pensando nisso, Jules ficou horrorizado. Não queria morrer.

Talvez Lucy não dissesse nada. De que adiantaria revelar aquela história depois de tanto tempo? Não era feliz no casamento? Por que colocaria em risco a sua felicidade só para evitar que ele se casasse com Vivian? Afinal, se ela nada dissera até agora, com certeza, não tinha interesse em macular sua aura de respeitabilidade.Tudo isso, porém, eram conjecturas. O fato era que Jules perdera o sossego no exato instante em que vira Lucy em sua festa de noivado. Ela só aparecera para atrapalhar os seus planos. Tivera até que faltar ao concerto em casa de Glenna, deixando o caminho livre para que Francis cortejasse sua noiva. Esse pensamento encheu-o de ódio e despeito, e ele sentia em Francis um rival bastante perigoso.

Jules nem se dava conta das sombras escuras que o envolviam nesse momento. Sentindo a vibração de seus pensamentos menos dignos, Rupert e Decius se aproximaram, insuflando em sua mente imagens de ciúme e revolta. Em breve descobriria a gravidez de Vivian, e era preciso inspirar-lhe o horror à paternidade e incentivá-lo a exigir que Vivian fizesse o aborto. Além disso, Francis poderia se tornar um perigo aos seus planos, e era preciso afastá-lo do convívio de Vivian.

Mais tarde, naquele mesmo dia, Ivy apareceu com um bilhete. Era de Vivian, pedindo para falar-lhe.

— Está bem. Diga a ela que irei. À mesma hora, na estalagem.

Quando Jules chegou, acompanhado de Decius e Rupert, Vivian já o aguardava, torcendo as mãos nervosamente. Logo que o viu, correu para ele e atirou-se em seus braços, exclamando aturdida:

— Oh! Jules, graças a Deus. Por que não foi ao concerto em casa de Glenna? Fiquei esperando-o a tarde toda.

— Não pude... não estava me sentindo muito bem. Alguma coisa que comi...

— Não importa. Precisava falar-lhe o quanto antes.

— Aconteceu alguma coisa?

— Aconteceu. Uma coisa muito grave.

— O que foi?

Sem fazer rodeios, Vivian segurou as suas mãos, olhou fundo em seus olhos e disparou:

— Estou esperando um filho.

Jules deixou-se cair na cama, mortificado. Abaixou a cabeça e escondeu o rosto entre as mãos, mal escutando os sussurros de Vivian:

— Estou grávida, Jules. Nós vamos ter um filho.

Aquilo não podia estar acontecendo. Não de novo. Primeiro, fora Lucy, e agora Vivian. Por que Deus fazia aquela injustiça com ele?

— Deus não tem nada a ver com isso, meu amigo — sussurrou Rupert ao seu ouvido. — Mas nós vamos dar um jeito.

— Precisamos apressar o casamento — concluiu Vivian. — É preciso que nos casemos antes que a barriga apareça.

— Não! — exclamou Rupert de imediato. — Essa criança não pode nascer. Vai desgraçar a sua vida.

— Vivian — falou Jules, por fim —, não se apresse...

— Apressar-me? Ora, Jules, não estou apressando nada. O bebê é que está.

— Mas que bebê? Não quero bebê algum.

— Isso, meu amigo! — exultou Rupert.

Vivian levou um choque. Jamais passara pela sua cabeça ouvir uma coisa daquelas.

— Mas Jules, eu o amo... vamos nos casar. Que mal há em termos um bebê?

— Ouça, Vivian, se quer mesmo que me case com você, livre-se desse filho. Não o quero.

— Não!? Mas como? Você vai ser pai. Isso não o alegra?

Nesse momento, a alma de Jules evocou a promessa que fizera a Vivian, de que serviria de mero instrumento para o nascimento de Joseph, e quase cedeu. Rupert, sentindo que suas vibrações começavam a amainar, tratou logo de intervir:

— O que há com você, meu amigo? Esqueceu-se do que aconteceu com Lucy? Quer se tornar escravo de seus temores? Se Vivian tem esse filho, você nunca mais se livrará dela, e o olhar acusador de Lucy recairá sobre você como uma maldição.

Lembrando-se de Lucy, Jules objetou:

— Ouça, Vivian, não quero ser pai. E se você quer mesmo se casar comigo, trate de se livrar desse filho. Caso contrário, nada de casamento.

— O quê? — Vivian estava indignada e furiosa, ferida em seu amor e sua dignidade. — Como se atreve a falar comigo assim desse jeito? Você é o pai da criança, não pode fugir de suas responsabilidades.

— Isso, Althea, muito bem — continuava Rupert. — Deixe-se invadir pelo ódio e alimente o nosso poder.

O campo vibratório no ambiente estava cada vez mais denso e pesado, e pequenos miasmas foram se formando ao redor de Vivian e Jules, impedindo-os de raciocinar com equilíbrio e sensatez.

— Pense no corpinho lindo de Althea todo deformado pelo avanço da gravidez — sugeriu Rupert com desprezo.

No mesmo instante, Jules visualizou Vivian gorda e pesada, os pés inchados, a barriga estufada impedindo-os de se amar. Ele fez uma careta de contrariedade e objetou:

— Quer ficar horrorosa, Vivian? Não se importa de se tornar uma matrona?

— Você é um animal, Jules! Pensei que me amasse!

— Também pensei. Amo a mulher linda que você ainda é...

— Monstro, cafajeste! — gritava Vivian descontrolada, enquanto partia para cima de Jules e o esbofeteava no rosto.

— Vivian, contenha-se!

Enquanto Jules a segurava pelos punhos, tentando conter a sua fúria, Rupert e Decius se curvavam de tanto rir.

A muito custo, Jules conseguiu acalmar Vivian. Ela estava transtornada e ferida, e ele percebeu que não poderia enfrentá-la abertamente.

— Vivian — começou ele a dizer —, tenha calma. Raciocine direito. Não podemos ter esse filho.

— Por que não? Não vamos nos casar?

— Mas não podemos nos casar trazendo um bastardo...

— Bastardo? Como ousa chamar o seu filho, nosso filho, de bastardo?

— Desculpe-me, Vivian, não foi o que quis dizer. Mas é que todos saberão que você se casou grávida.

— E daí? Já estaremos casados mesmo. Podemos dizer que a criança nasceu prematura. E quem é que vai contestar?

— Sinto, Vivian, mas não posso. Se quer se casar comigo, volto a lhe dizer: livre-se dessa criança.

Jules apanhou a capa e saiu apressado, deixando Vivian indignada, chorando sobre a cama. Estava desesperada, sem saber o que fazer. Jamais poderia esperar que Jules se recusasse a ter a criança. Pensava que ele a amasse, mas agora já não estava assim tão certa. No entanto, o que fazer? Queria se casar com ele, mas também queria desesperadamente aquele filho. Sentia que já o amava, que ele já era parte de si mesma. Só o que conseguia fazer naquele momento era chorar.

Vendo-a ali estendida na cama, derrotada, Rupert soltou um sorriso de satisfação e disse para Decius:

— Venha, Decius, podemos partir. Já não somos mais necessários aqui.

Apesar de assustado, Jules foi à casa de Vivian no dia seguinte e nos outros também. Chegava sempre depois do almoço, sentava-se com ela no jardim, mas tomando o cuidado de não se aproximar de Lucy. Sob o olhar vigilante de Christine ou George, conversava amenidades e depois ia embora. Ninguém podia desconfiar do que estava acontecendo, e ele precisava pensar no que fazer. Queria muito se casar com Vivian, mas não poderia aceitar a criança.

Sem que soubesse, Jules servia de instrumento aos propósitos das trevas. Era de interesse de Rupert que Vivian tirasse a criança e continuasse ligada ao duque. Assim conseguiriam manter o seu assédio sobre ela sem interferências ou riscos. Rupert e Decius mantinham Jules preso ao seu comando. Ele era o instrumento perfeito para a execução de seus planos, e não iriam permitir que desse acesso aos conselhos dos espíritos de luz.

Com tanta sugestão obscura, Jules já estava ficando transtornado, e Rupert lhe inspirava o medo e a insegurança. As coisas se sucediam com muita rapidez, e tudo parecia conspirar contra ele. Queria Vivian, desejava-a, mas não queria filho algum.

Vivian era uma mulher ardorosa e seria a companheira ideal para seus desvarios. Ele já fizera muitas loucuras e precisava salvar sua reputação, casando-se com uma moça de boa família. Mas não pretendia levar uma vida sossegada. Gostava de viajar e, sobretudo, dos prazeres sexuais. E o que seria de Vivian com um filho grudado ao peito? Um filho que lhe furtaria os carinhos de esposa, que lhe deformaria o corpo e tomaria todo o seu tempo. Não. Um filho, efetivamente, só serviria para atrapalhar os seus planos. Mais tarde, quando Vivian perdesse o frescor da juventude, um filho seria ótimo para desviar-lhe a atenção das jovens amantes que arranjaria. Mas agora não. Amava seu corpo e odiaria vê-lo perder as formas perfeitas e macias.

Naquele dia, padre Tobias, Glenna e Francis haviam aparecido para o chá, e Jules fora obrigado a se demorar um pouco mais. Lady Christine, pessoalmente, lhe fizera o convite, e ele não podia recusar. A mesa fora posta no jardim, e até mesmo Lucy teve que comparecer. Embora Hamilton percebesse que algo não ia bem, não perguntou nada. Pensou que Lucy estivesse triste por causa dos sucessivos abortos que sofria e achou melhor não fazer perguntas.

Enquanto o chá era servido, Jules não tirava os olhos de Francis e reparou nos discretos olhares que ele lançava para Vivian, e aquilo o encheu de raiva. Aquele pianistazinho não tinha o direito de cobiçá-la. Glenna também não tirava os olhos dela. A todo instante, via que seus olhares se cruzavam, e ele pôde perceber neles um certo tom de cumplicidade. Glenna sabia de tudo, tinha certeza, mas ele não podia contar com ela.

Lucy, por sua vez, não devia saber de nada e, mesmo que soubesse, não poderia ajudar. Restava padre Tobias. Já intercedera por ele uma vez, e com sucesso, quando ele lhe pedira para convencer lorde George a aceitar o casamento. Agora precisava novamente de seus favores. Se havia alguém que pudesse convencer Vivian, esse alguém era padre Tobias. Ele sabia o quanto Vivian gostava dele, ela mesma o dissera. Contara-lhe de sua paixão pervertida e da impossibilidade de concretizar seu amor. Jules não se incomodara na ocasião. Por que teria que temer um padre efeminado? Mas agora esse segredo lhe cairia muito bem. Era sua arma e sua salvação.

Na hora das despedidas, Jules acercou-se do padre e falou, tentando aparentar a maior naturalidade possível:

— Padre Tobias, gostaria que fosse à minha casa amanhã.

O padre olhou-o desconfiado. Não gostava muito de Jules e não confiava nele. Se ele o chamava novamente à sua casa, com certeza, tinha algo sujo em mente. Pensou em recusar, mas não convinha, e acabou concordando:

— A que horas, lorde Jules?

— Pela manhã está bom?

— Como quiser.

Sentindo o olhar perscrutador de Christine, Jules disse a ela:

— Quero fazer uma doação... para a caridade.

— Oh! mas que maravilha, lorde Jules — elogiou Glenna com sarcasmo. — É muito bonito ajudar os pobres.

— Desde que não tenhamos que nos envolver com eles — completou Christine.

No dia seguinte, à hora aprazada, padre Tobias entrava na sala de visitas de Jules, onde ele já o aguardava.

— Bom dia, padre Tobias. Por favor, sente-se.

Padre Tobias sentou-se, cruzou as mãos sobre o colo e olhou para ele, à espera de que dissesse algo.

— Aceita um chá? — perguntou Jules.

— Não, obrigado.

Jules serviu-se de uma xícara, misturou um pouco de conhaque e começou a falar, sem olhar para ele:

— Chamei-o aqui, padre Tobias, porque tenho uma missão especial para você — o padre não disse nada, e Jules indagou: — Não está curioso?

— Sinceramente, não.

— Ora, padre Tobias, mas o que é isso? Onde está o seu senso de humor?

— Lorde Jules, por favor, disse-me que queria fazer uma doação para a caridade. Embora eu saiba que isso foi apenas um pretexto para trazer-me aqui, não estou disposto a perder meu tempo com as suas brincadeiras. Por favor, seja mais direto.

Jules sentiu o rosto arder e teve vontade de gritar com ele, mas conteve-se. Precisava de padre Tobias e não podia assustá-lo.

— Muito bem. Já que prefere, vou direto ao ponto. Não sei se sabe que Vivian está grávida — padre Tobias ergueu uma sobrancelha, surpreso. — Está grávida, mas essa criança não pode nascer.

— Por quê? — perguntou o padre, após alguns minutos de silêncio.

— Antes que lhe revele algumas particularidades de minha

vida, padre, quero que se lembre de que o faço sob o manto sagrado e inviolável da confissão.

Ele fez um gesto de surpresa e acrescentou:

— Muito bem. Do que se trata?

Calmamente, Jules narrou ao padre tudo o que acontecera entre ele e Lucy. À medida que ia falando, padre Tobias ia se sobressaltando, completamente surpreso. Jamais poderia imaginar que Lucy pudesse ter traído o marido. Ela sempre pareceu tão discreta, tão amável, tão digna. Enfim, tudo era possível quando se tratava da alma humana.

— Entende agora a minha situação? — indagou Jules, ao final da narrativa.

— Não. Entendo que esteja assustado e com medo. Mas o seu envolvimento com Lucy em nada impede o prosseguimento da gravidez de Vivian. Ao contrário, o senhor deveria ser o primeiro a reparar o seu erro e assumir essa criança.

— Já pensou na reação de Lucy? Ela pode ficar com raiva e contar o que houve entre nós.

— Não acredito. Lucy tem um casamento a preservar. Creio mesmo, lorde Jules, que está arranjando um pretexto para não ter esse filho.

— Que seja. De qualquer forma, não quero que essa criança venha ao mundo. Ainda mais em minha família.

— E o que quer que eu faça?

— Simples. Convença-a a tirar a criança. Sei que tem meios para isso.

— Lorde Jules, o que me pede é uma indignidade...

— Pense no quanto estará lucrando.

— Não me importo com dinheiro. De outra vez, fui obrigado a aceitá-lo porque o pedido que me fez não era tão desprezível. Mas agora... não posso fazer uma coisa dessas.

— Padre Tobias, compreendo a sua resistência. No entanto, devo adverti-lo de que não é só o dinheiro que está em jogo nesse momento.

— Não?

— Não. Digamos que o senhor arrisca também a sua batina...

— O quê? O que está dizendo? Como se atreve a me ameaçar?

— Não o estou ameaçando. Gostaria apenas que soubesse que Vivian me contou coisas muito interessantes a seu respeito.

— Vivian? Mas como...

— Segredos de alcova, meu caro — cortou ele em tom zombeteiro. — Não há nada a respeito de Vivian que eu não saiba. Inclusive você.

Naquele momento, padre Tobias teve uma indizível sensação de frustração e dor. Embora não correspondesse ao sentimento que Vivian lhe dedicava, gostava dela sinceramente, e aquela revelação fez com que se sentisse humilhado e traído. Ele nem sabia como ela descobrira, mas podia imaginar que Glenna tivesse falado alguma coisa. Isso explicaria sua súbita mudança com relação a ele. De uma hora para outra, sem explicação, Vivian deixou de procurá-lo, e a explicação só podia ser essa. Alguém lhe havia revelado seu segredo, e ela tratara de contá-lo, não só a Jules, como também a Christine.

— Lorde Jules, não sei do que está falando.

— Não sabe? E quer arriscar?

Ele encarou o outro com desgosto e falou com voz sumida, sentindo um amargo gosto de tristeza:

— Não...

— Ótimo! Então posso contar com a sua generosa colaboração. Não se preocupe. Saberei retribuir com uma doação também bastante generosa.

Padre Tobias saiu dali arrasado. Quantas pessoas, afinal, já conheciam o seu segredo? Se é que ainda continuava um segredo. O que ele mais temia estava acontecendo. Sua *vergonha* estava prestes a ser revelada ao mundo, e ele jamais poderia admitir tamanha desonra.

Contudo, seu senso de dignidade lhe dizia que não seria direito intervir na vida de Vivian só para salvar a pele. Afinal, tratava-se da vida de outro ser humano, e ele sabia que a Igreja não aprovava o aborto. Como poderia ele convencer Vivian a fazer algo que ia contra os seus próprios princípios?

— Pense na sua vergonha — soprou Decius, que o acompanhava desde que deixara a casa de Jules. — Todos irão escarnecer de você.

— Não poderei suportar a humilhação — disse padre Tobias em voz alta, ajoelhado aos pés de sua cama.

— É claro que não. Será uma desonra total. Já imaginou? Um padre que oculta seus pecados sob a proteção da batina?

— Ninguém pode saber — sussurrava para si mesmo. — Não suportarei. Pensei que a vida religiosa fosse me trazer a paz...

— Paz? Mas que paz é essa, meu amigo? Ninguém lhe dará paz se descobrirem a verdade.

— Se não tenho paz agora, imagine se descobrirem tudo. Serei expulso da igreja, humilhado...

— ... escarnecido, discriminado... Perderá os amigos e a honra.

— Será que conseguirei prosseguir com a minha culpa? A culpa...

— ... fará de você um homem solitário e amargo. Já pensou nisso?

— O que posso fazer?

— Livre-se disso. É fácil. Vivian...

— ... Vivian me dará ouvidos. Ela me ama...

— ... e quem ama é capaz de tudo por esse amor.

— Mas como farei para chegar a ela?

— Faça insinuações. Faça-a pensar que você a ama também...

— ... e ela se livrará da criança por mim.

— Mas é claro! Imagine se ela ia perder essa oportunidade...

— ... a oportunidade de ter o meu amor. Mas não posso lhe prometer nada.

— Não lhe prometa nada! Insinue apenas. Depois diga que ela se enganou...

— ... que entendeu tudo errado. Eu só queria ajudar...

— ... ajudá-la a se livrar de um problema e ser feliz. Será para o bem dela...

— ... para o bem dela. Sim, isso mesmo. Será para o bem dela.

Padre Tobias estava decidido. Não faria nada demais. Mostrar-lhe-ia as inconveniências de uma gravidez indesejada, de um filho bastardo. E se Jules desaparecesse? Não valia a pena arriscar.

capítulo 12

— Posso entrar? — indagou Lucy, da porta do quarto de Vivian.

Ela estava deitada na cama, lendo uma poesia que acabara de escrever e, escondendo o papel sob o travesseiro, respondeu:

— Ah! Lucy, entre.

Lucy entrou e fechou a porta atrás de si, perguntando curiosa:

— O que estava fazendo? O que tem aí?

— Nada, Lucy.

— Andou escrevendo de novo?

— Hum, hum.

— Vivian, sabe que papai não gosta que escreva poesias.

— E daí? Ele não pode me impedir.

— Calma, Vivian, não fique brava comigo. Estou do seu lado.

— Está?

— Sim, querida. Não penso como papai e acho que você deveria ter a oportunidade de publicar o que escreve.

— Você acha?

— Acho sim. Mas, infelizmente, o mundo em que vivemos não reservou nenhum lugar de destaque para as mulheres. Nascemos para ser esposas e mães.

— Pois é, Lucy, não posso concordar com isso.

— A não ser que você encontre alguém que a ajude.

— Como assim?

— Um protetor, sei lá.

— Lucy, o que quer dizer?

— Não quero dizer nada, Vivian. Mas é que eu sei que existem homens que pensam como nós. São poucos, mas sei que existem.

— É? Quem?

— Quem? Hum... deixe ver. O duque de Phineas, por exemplo.

— O pai de Francis, não é? Já ouvi a seu respeito.

— Ele mesmo. Ouvi dizer que é amante das artes e que tem incentivado vários jovens a se lançar no mundo artístico, em especial, na literatura.

— Ora, Lucy, mas ele só deve se interessar por homens.

— Como é que você sabe? Não foi o que ouvi dizer.

— E o que ouviu dizer?

— Bem, dizem que ele lançou uma jovem escritora, cujo nome não me recordo, fazendo-a usar um pseudônimo.

— Fala sério?

— Falo sim.

— E deu certo?

— Deu. Só que a pequena não aparece em público. Ninguém sabe quem é o tal escritor. O duque diz que ele é muito tímido e, por isso, prefere manter a sua identidade incógnita. Não é o máximo?

— Como é que sabe de tudo isso?

— Glenna me contou.

— Glenna... Tinha que ser ela.

— Então? Por que não pede a sua ajuda?

— Eu bem que gostaria. Mas Jules não quer que eu me envolva com isso.

Ao ouvir o nome de Jules, Lucy sentiu um arrepio de pavor mas, vencendo a aversão que sentia dele, continuou:

— E você vai obedecer? Logo você, que sempre fez o que quis?

— Mas o que posso fazer, Lucy? Ele vai ser meu marido.

— Vai ser, mas ainda não é. Noivados se rompem, meu bem.

— Gostaria que as coisas fossem assim tão fáceis como diz.

— Podem não ser fáceis, mas não são impossíveis. Converse

com ele, faça-o ver que um casamento entre vocês não dará certo. Ele não é o homem ideal para você.

— Não? E quem é?

— Ora, minha querida, lorde Francis, é claro. É filho do duque de Phineas, um homem bonito, inteligente, sensível. Tenho certeza de que a apoiaria.

Vivian soltou um suspiro de tristeza e tornou:

— Não creio que isso seja possível.

— Por que não? Não vá me dizer que não o achou atraente.

— Não é isso. Ele é atraente, sim, embora não tenha me interessado por ele. Mas o motivo é outro.

— E qual é?

— Lucy, posso confiar em você?

— Você sabe que sim. Sou sua irmã e, acima de tudo, sou sua amiga.

Vivian chegou-se mais para perto dela e falou em tom de confidência:

— Estou esperando um filho de Jules...

Ela recuou estarrecida, levando a mão à boca e sufocando um grito de terror.

— Como!? O que diz? Isso não pode ser verdade.

— Lamento que seja, minha irmã. É a mais pura verdade. Estou grávida e, o que é pior, Jules não quer a criança.

Nesse momento, a sombra sinistra de Decius entrou no quarto, e Lucy teve um estremecimento, enquanto Vivian sentia um leve mal-estar. Ao vê-la deitada na cama, a mão sobre o ventre, sentiu tanto ódio que seus olhos chamuscaram, e ele investiu furiosamente contra Lucy, que imediatamente sintonizou com seu ódio:

— Meu Deus, Vivian, essa criança não pode nascer! Não pode! Você tem que fazer alguma coisa. Livre-se dela!

Lucy parecia descontrolada. Vivian jamais a vira daquele jeito, e aquilo a assustou.

— Acalme-se, Lucy, o que deu em você?

Ouvindo a voz da razão, Lucy se acalmou. Nem ela sabia por que tivera aquela reação. Está certo que ficara chocada, ainda mais porque acreditava dever sua impossibilidade de ter filhos ao egoísmo de Jules. Mas Vivian não sabia de nada, e não era prudente deixar transparecer o ódio que sentia dele. Ela respirou fundo e sentou-se na cama ao lado da irmã, balbuciando envergonhada:

— Tem razão, Vivian... perdoe-me. Mas é que quando ouvi o que disse, fiquei fora de mim. Você é ainda uma menina, e saber que Jules pode não assumir esse filho encheu-me de revolta. E se ele não se casar com você?

— Se Jules não se casar comigo, sei que estarei perdida. Contudo, quero esse filho também. Não sei o que fazer. Talvez deva abrir mão de Jules e criar a criança sozinha.

— Você enlouqueceu? E se papai expulsá-la de casa? Com que recursos pretende manter-se e à criança?

— Não sei. Posso trabalhar.

— Ah! pode, é? Fazendo o quê?

— Não sei. Talvez tente ser escritora. Você mesma disse que o duque de Phineas...

Decius aproximou-se novamente de Lucy, e seu ódio por Jules aumentou ainda mais. Ele nem precisava sugerir-lhe nada. O ódio e a revolta, por si sós, já eram os melhores conselheiros da moça, que lhe captava as sugestões sem nem precisar ouvi-las. Antes que Vivian pudesse concluir a frase, cortou rispidamente:

— O duque não vai ajudá-la. Não se você for uma mulher desonrada, carregando nas costas um filho bastardo. Vai ignorá-la — ela fez uma pausa e continuou: — Vivian, você não sabe fazer nada, nunca trabalhou. E depois, pense na situação das mulheres que trabalham. São todas pobres, sem conforto, sem luxo. Acha que se acostumaria? Ter que acordar cedo todos os dias, levar uma vida de privações, perder os amigos, o respeito. Já se imaginou com as mãos grossas e descamadas, as unhas lascadas e encardidas?

Vivian encolheu-se toda, desanimada. Lucy tinha razão. Queria muito aquele filho, mas sabia que não tinha nem preparo, nem determinação para lançar-se sozinha na vida. Além disso, havia Jules. Apesar da raiva que sentia dele naquele momento, sabia que isso era passageiro. Ela o amava e não queria viver sem ele. Sabia que, se não o convencesse, acabaria fazendo o que ele queria. Sua disposição em ter o filho sozinha não iria além de umas poucas palavras de otimismo e decisão e alguns momentos de rebeldia. Nada mais.

— Glenna pode me ajudar — sugeriu esperançosa. — Estou certa de que não me voltaria as costas.

— Glenna! — repetiu Decius, furioso. — Você não pode permitir que Glenna interfira. Ela também não presta...

Lucy, porém, não conseguiu apreender as palavras de Decius. Gostava de Glenna, e a revolta do obsessor não encontrava eco no coração de Lucy, que começou a ver na amiga uma saída para os seus problemas. Mas Decius não estava disposto a permitir. Não queria atacar Glenna, mas tinha que fazer crescer o ódio que Lucy sentia de Jules, a fim de que ela convencesse Vivian a fazer o aborto. Decius até que gostava de Jules. Mas aquilo era uma questão de sobrevivência e nada tinha a ver com a afinidade que tinha com o rapaz.

— Glenna pode até querer ajudar — continuou Decius —, mas não poderá evitar que Vivian seja discriminada. Terá um teto, mas não terá respeito. E a criança? Não terá amigos nem poderá freqüentar a escola como os demais meninos. E isso sem falar que Jules continuará sua vida de folgazão.

Pronto. Aquilo foi o suficiente para reacender o ódio por Jules, e Lucy praticamente repetiu as palavras de Decius:

— Por mais que Glenna a proteja, como fará para manter a sua honra? As pessoas a discriminarão, escarnecerão de você. E a criança? Será mais discriminada ainda.

Vivian abaixou os olhos. Sabia que ela tinha razão.

— E será que poderá suportar o desprezo que também devotarão a Glenna? — continuou Lucy, atendendo à sugestão de Decius. — Sim, porque as pessoas já não irão mais querer a companhia de Glenna também...

— Não creio que isso aconteça. Glenna é uma das pessoas mais corretas que conheço, e ninguém terá o que falar dela. O fato de me ajudar não lhe trará vergonha alguma.

— Aí é que você se engana — zombou Decius ao ouvido de Lucy. — Glenna tem segredos que a colocariam em situação muito difícil. Pior até do que a sua.

— Sabe, Vivian — repetiu Lucy, sem nem entender bem por que falava aquilo —, todos temos nossos segredos. Quem pode garantir que Glenna não tenha também os dela?

— Como assim?

— Não sei. Glenna tem vivido sozinha durante todos esses anos... De repente me ocorreu que ela também possa ter algo a esconder.

— Não posso imaginar o que seria.

— Nem eu. E isso também não me interessa. Gosto de Glenna, e o que ela faz com a sua vida não me diz respeito. No entanto, a sociedade fala...

— Lucy, está imaginando coisas. Glenna não tem nada a esconder de ninguém. É uma mulher solitária, é só.

— Pois é. Uma mulher bonita, rica, sozinha. Não acha isso estranho?

— Estranho, é. Mas não nos diz respeito.

— É claro que não, meu bem. Mas se Glenna a acolher em sua casa, as pessoas podem começar a fuçar. E quem procura, querida, sempre encontra alguma coisa.

Vivian não disse mais nada. As palavras de Lucy calaram fundo em seu coração. Queria muito aquele filho, mas havia muitas coisas a considerar. Em primeiro lugar, amava Jules e não queria perdê-lo. E sabia que não suportaria uma vida de privações e desprezo. Era uma dama, acostumada ao luxo e respeitada por todos na sociedade, e ser-lhe-ia muito difícil descer de seu pedestal para se tornar parte das classes menos favorecidas.

E depois, não poderia permitir que Glenna fosse prejudicada pela sua insensatez. Ela sabia que Glenna era sua amiga e não se recusaria a ajudá-la, enfrentando tudo e a todos para ficar do seu lado. Mas, e se Lucy tivesse razão? E se Glenna tivesse algum segredo que não queria que ninguém descobrisse? E se fosse ela, Vivian, a causa da revelação desse segredo, que poderia também levar Glenna à vergonha e à humilhação?

Desesperada, Vivian começou a chorar. O que poderia fazer? Lucy estreitou-a contra o peito e tentou acalmá-la, e Decius regozijou-se. Ela já estava começando a ceder. Sabia que estava. A pressão começava a se intensificar, e não tardaria para que ela fizesse exatamente aquilo que ele e Rupert esperavam que ela fizesse.

capítulo 13

Os dias iam se passando, e o relacionamento entre Jules e Vivian ia de mal a pior. A cada dia, sugestionado por Decius e Rupert, ele a pressionava mais e mais, e não perdia a oportunidade de empurrá-la contra a parede, ameaçando abandoná-la caso não tirasse a criança. O tempo estava passando e poderia ser tarde para tentar o aborto.

Mas Vivian não cedia. Começava mesmo a sentir raiva de Jules. Por que é que ele não entendia? O que havia de mais em ter uma criança? Não era o sonho de todo jovem casal? O próprio Jules, por vezes, chegava a pensar em ceder, mas Decius não lhe dava tréguas. Quando liberto pelo sono, o obsessor aparecia e o pressionava, ameaçando tirar o apoio que até então vinha lhe dando. E quem cuidaria para que ele continuasse a viver sua vida de conquistas e aventuras sem se meter em encrencas? Quem o livraria dos inúmeros embaraços que arranjara até então?

Jules estava de tal forma comprometido com os espíritos das trevas que já não dava mais acesso a seu mentor, Oliver, que em vão tentava chamá-lo à razão. Na verdade, Jules fizera uma espécie de trato com eles. Entregar-lhes-ia Vivian em troca de proteção para a sua vida desregrada.

Oliver, por mais que tentasse, não conseguia abrir-lhe os olhos e o coração. Em algumas vezes, pusera alguns sentinelas de prontidão em sua porta, enquanto tentava conversar com ele durante o sono, mas nada surtia efeito. Ao se deparar com o mentor amigo, que lhe lembrava o compromisso assumido, Jules até que amolecia. Mas depois as vibrações de amor eram dissipadas do ambiente pelas próprias ondas energéticas de Jules, que *empurravam*, por assim dizer, a aura de bondade de Oliver para além de seu campo vibratório, e toda a influência do espírito amigo se esvanecia no ambiente em redor.

Padre Tobias, por sua vez, pressionado por Jules, também começou a agir. Na primeira oportunidade que teve, acercou-se de Vivian e começou a dizer:

— O que a aflige tanto, minha menina?

Ele fingia nada saber, e Vivian emocionou-se ao ver a sua preocupação. Por que ele não a amava? Se a tivesse amado, tudo teria sido diferente. Ela jamais teria se envolvido com Jules, e aquele filho bem poderia ter sido de padre Tobias. Sentindo a doçura em sua voz, Vivian acreditou que podia confiar nele e abriu seu coração:

— Padre Tobias, estou esperando um filho de Jules...

— Verdade? — tornou ele, com fingida preocupação.

— Sim, é verdade. Mas ele não quer aceitar a criança.

— Por quê?

— Diz que não quer ser pai e ameaça deixar-me caso eu não me livre da criança.

Padre Tobias permaneceu alguns minutos calado, fingindo buscar alguma solução, até que apanhou a mão de Vivian e considerou:

— Talvez seja melhor fazer o que ele quer.

— O quê!? — fez ela, completamente aturdida e surpresa. — Como pode dizer uma coisa dessas? O senhor, um padre, dar-me tal conselho?

— Acalme-se, Vivian, e escute-me. Você ainda não está pronta para ser mãe.

— Como assim? A maternidade é instintiva...

— Mas não no seu caso. Não agora.

Vivian estava confusa. Jamais poderia esperar ouvir aquilo de padre Tobias. De sua mãe ou de Lucy, não diria nada. Mas padre Tobias era tão religioso; um defensor da vida e das crianças. Por que agora tentava convencê-la a matar justo a sua?

— Padre Tobias, não estou entendendo.

— Vivian, minha querida, livre-se dessa gravidez enquanto ainda é tempo.

— Como pode dizer uma coisa dessas? Logo o senhor!

— Que Deus me perdoe a heresia — e ele estava sendo muito sincero quando dizia isso —, mas essa criança só lhe trará infelicidade.

— Padre Tobias! Não posso acreditar que esteja ouvindo uma coisa dessas justo do senhor!

— Vivian, você está se enganando. Pensa que não sei o que vai em seu coraçãozinho?

— Como assim?

— Será que terá coragem de abrir mão de Jules por causa de uma teimosia?

— Chama meu filho de teimosia?

— É o que me parece.

— Está enganado, padre Tobias. Quero ter esse filho porque ele é uma parte de mim e de Jules. Como posso negar algo que é fruto de meu amor?

— Seu amor não vai se acabar amanhã. Você é jovem, pode ter outros filhos. Mas não dessa forma. Espere um pouco. Case-se primeiro e depois escolha.

Vivian já não escutava mais. Completamente aturdida, pôs as mãos nos ouvidos e desatou a correr. Não suportava mais aquilo.

O pai e a mãe estavam entretidos em animada prosa com Hamilton e nem a viram passar feito uma bala, correndo em direção às cocheiras. Ela mandou que preparassem uma carruagem e partiu rumo à casa de Glenna.

Glenna se deliciava com a melodia de Francis. O rapaz estava tão absorto em sua música que nem escutou a sineta tocar, assustando-se com a entrada repentina de Vivian, que vinha esbaforida e ofegante.

— Vivian! — exclamou Glenna, assustada com o seu estado.

— Aconteceu alguma coisa, lady Vivian? — acorreu Francis preocupado.

— Oh! Glenna, Glenna! Não agüento mais!

— Não agüenta mais o quê, minha querida?

— Não agüento mais tanta pressão. Por que todos querem que mate meu filho?

Francis olhou para Glenna, surpreso. Então Vivian estava grávida? Aquilo não deixou de estarrecê-lo, e ele afastou-se dela, saindo discretamente da sala. Vendo-se a sós, Glenna conduziu Vivian para o sofá e fê-la sentar-se, tocando um sininho e chamando a criada.

— Traga um copo de água para lady Vivian, por favor.

A criada saiu e voltou logo em seguida com o copo de água nas mãos, que Vivian apanhou e bebeu sofregamente. Depois de alguns segundos, sentiu-se mais calma, pronta para falar com mais serenidade.

— Muito bem — prosseguiu Glenna. — Agora conte-me o que aconteceu.

— Glenna, não sei por que, mas todo mundo quer que eu tire meu filho.

— Que todo mundo?

— Jules, Lucy e até padre Tobias.

— Padre Tobias? Estranho.

— Também achei. Mas o fato é que ele também pensa que devo abortar a criança. Como pode, Glenna? Um padre! — Glenna limitou-se a assentir. — Também concorda com isso, Glenna? Acha que devo tirar o meu filho?

A outra suspirou, piscou os olhos diversas vezes e respondeu com a sinceridade que lhe era peculiar.

— Sabe, Vivian, não creio que essa seja a melhor hora para uma criança nascer — Vivian já ia protestar, mas ela fez sinal para que se calasse e prosseguiu: — No entanto, você fez a sua escolha, e não me é direito interferir em suas decisões. Você é mulher e está prestes a se tornar mãe. Só você sabe o que está sentindo e o que é melhor para você. Quanto a mim, só me resta apoiá-la.

— Oh! Glenna, sabia que podia contar com você.

— Sim, minha querida, é claro que pode. Em quaisquer circunstâncias, serei sempre sua amiga.

Vivian contou-lhe sobre a conversa que tivera, primeiro com Jules, depois com Lucy e padre Tobias. Embora se utilizassem de argumentos diferentes, o fato é que todos queriam convencê-la a abortar a criança.

— Não precisa se preocupar comigo — tranqüilizou Glenna. — Estarei sempre a seu lado e nada tenho a esconder de ninguém.

Faça o que fizer, eu a apoiarei, e ninguém poderá me impedir de recebê-la em minha casa. De resto, não me preocupo com o falatório alheio. Se houver alguma coisa em minha vida que seja motivo de mexericos, tanto melhor. Não devo nada a ninguém e não me importo com a opinião que fazem a meu respeito.

— Você é maravilhosa, Glenna. Contudo, sei que não terei coragem de assumir um filho sozinha. Além disso, não quero perder Jules. Eu o amo e, no final, sei que o meu amor por ele acabará sendo mais forte do que o que sinto por esse filho que ainda nem nasceu.

— Será que o ama mesmo, Vivian? Pense bem. Reflita sobre seus sentimentos. Será amor o que sente por Jules ou apenas uma paixão desenfreada?

Vivian abaixou os olhos, visivelmente confusa. Já não sabia mais o que fazer, o que pensar ou o que sentir. Só o que sabia era que, por mais que desejasse aquele filho, não podia arriscar sua felicidade ao lado de Jules.

Quando Vivian chegou à casa naquela noite, a mãe a aguardava em seu quarto.

— Mamãe! — disse com estranheza. — O que faz aqui a essas horas?

— Sente-se — ordenou secamente. — Precisamos conversar.

Pelo tom de voz de sua mãe, Vivian sabia que algo de ruim acontecera e até podia imaginar o que era. Ela descobrira que estava grávida e estava ali para passar-lhe outra descompostura.

— O que é?

— Sua irmã me contou.

— Contou o quê?

— Não seja cínica. Você sabe o quê. E não adianta se zangar com ela. Eu a obriguei. Pensa que sou alguma tonta? Que não percebi? Já fui mãe duas vezes, Vivian, sei como é.

Não adiantava mentir, fingir ou tentar uma evasiva. Christine era esperta demais para se deixar enganar.

— E daí, mamãe? O que quer que eu faça? Também veio me pedir para tirar a criança?

— A princípio, não. Mas Lucy me disse que Jules ameaça

abandoná-la caso você não a tire. Se isso acontecer, você vai abortar, sim.

Vivian começou a chorar. Pensava que ninguém mais a iria importunar, mas estava enganada. A mãe descobrira e viveria a infernizá-la, até que ela tirasse mesmo a criança.

— Mamãe — retrucou em lágrimas —, a senhora quer tanto um neto. Lucy não pode lhe dar. Mas eu posso. E a senhora quer que eu o tire? Por quê?

— Não disse para tirá-lo. Disse que só exigirei o aborto caso Jules mude de idéia quanto ao casamento. Do contrário, a criança será bem-vinda. Diremos que nasceu prematura e ninguém poderá provar nada. No entanto, é preciso uma definição. Amanhã mesmo, iremos nos entender com Jules. Não vou ficar esperando sua barriga crescer e dificultar as coisas.

Christine saiu e fechou a porta com cuidado. Não queria despertar George. Não era preciso envolvê-lo naquele assunto. Ele era homem e não iria entender.

Na casa de Jules, a conversa não foi das mais animadoras. Pressionado por Decius e Rupert, ele se mostrava irredutível. Ou Vivian tirava a criança, ou nada de casamento. Embora não se atrevesse a falar tão claramente a Christine, o fato é que deixou bem claro que não estava nada disposto a assumir a paternidade.

— Lorde Jules — falou Christine —, creio que não é demais lembrá-lo de que agora tem um dever de honra para conosco.

— Eu sei. E não estou me furtando a esse dever. Apenas faço um pedido. Será que é demais Vivian atendê-lo? Afinal, uma criança não é nada de tão especial assim.

— Jules! — exclamou Vivian, tentando imprimir um certo tom de horror à voz. — Como pode dizer isso de nosso filho?

— Não é nosso filho. É apenas uma... uma coisa, que ainda não tem vida. Por favor, Vivian — tentou em tom mais conciliador —, não seja tão teimosa. Podemos ter outros filhos depois.

— Depois?

— É, depois do casamento. Mas agora, não. Ainda sou jovem,

quero aproveitar a vida ao lado de minha esposa. Uma criança agora só nos trará aborrecimentos.

Do invisível, Decius regozijava. Jules era excelente receptor de suas idéias, e ele se via à vontade para soprar-lhe as palavras que bem entendesse, e Jules as ia repetindo sem nem titubear. Decius agia sobre ele de tal forma que não lhe deixava tempo para raciocinar. Se Jules pensasse um pouquinho por si mesmo, acabaria concordando em ter aquele filho. Não daria nenhuma importância à criança, era verdade, mas não se oporia ao seu nascimento. Isso, contudo, não podia acontecer, e Decius, além de ameaçar tirar-lhe o apoio, ainda se encarregava de imprimir na mente do outro aquele horror à paternidade, que Jules, por estar ainda muito distante dos verdadeiros valores da vida, ia absorvendo de forma passiva.

— Diga-lhe que a ama e que a deseja imensamente — sugeriu Decius. — E que um filho só faria limitar esse amor.

— Vivian, sabe que a amo e a desejo muito, não é mesmo? — repetiu Jules. — Uma criança, no entanto, imporia certos limites ao nosso amor.

— Vocês não poderiam se entregar livremente nos braços um do outro — continuava Decius.

— Como espera que nos entreguemos nos braços um do outro?

— Um filho vai torná-la gorda e disforme, e o seu desejo vai diminuir — atacou Rupert.

— E se você engordar e o seu corpo perder a forma? Será que ainda a desejarei?

— Mas Jules... — Vivian tentou protestar.

Ia dizer que o amor deveria estar muito acima daquelas coisas, muito além da aparência física, mas Christine a interrompeu:

— Jules está certo, Vivian. Vocês ainda são jovens. Quer estragar o seu corpo e a sua vida só por causa de uma teimosia? Vamos, Vivian, deixe de bobagens. Não lhe faltarão oportunidades de ser mãe.

— Isso, madame! — exultou Decius do outro lado. — Assim é que se fala!

Em seguida, Rupert aproximou-se de Vivian e continuou a obsessão:

— Escute o que sua mãe diz. Ela é uma mulher mais velha e experiente. Já viveu mais do que você e sabe das coisas.

Recebendo a influência do espírito, Vivian começou a pensar se a mãe não teria razão. Afinal, era sua mãe e só queria o seu bem. Além do mais, tinha mais experiência da vida e devia saber o que estava falando.

Olhando para Jules, Vivian percebeu o quanto o desejava e pensou se aquilo não seria mesmo amor. Se ele a repudiasse, ela não poderia suportar. E se a trocasse por outra? Na certa que o mataria. Completamente desanimada, ela se levantou da poltrona em que estava sentada e foi caminhando para a porta.

— Venha, mamãe — disse ela, a mão já apoiada no trinco. — Preciso pensar.

Sem dizer nada, Christine a acompanhou. Não queria pressioná-la demais. Conhecia-a bastante e sabia o quanto ela era teimosa. Bem podia cismar de ter aquele filho só para contrariá-la.

Chegando à casa, Vivian pediu licença e subiu ao seu quarto. Sentia-se um pouco enjoada e precisava descansar. Ela se deitou, sentindo a cabeça rodar, e logo adormeceu. E sonhou. Em seu sonho, havia um homem parado a seu lado, ao pé da cama, olhos vermelhos injetados de sangue, que lhe dizia sarcástico:

— O que pensa que está fazendo, Althea? Por que me desafia?

— Deixe-me em paz! — gritou ela. — Não quero nada com você. Você está morto! Morreu há séculos.

— E você? Por acaso vive?

— Pois então não vê que respiro, que falo, que sinto? Eu existo. Mas você, não. Você não existe.

— Se é assim como diz, então não devia estar falando comigo, não é mesmo? Mas está. E se está, é porque eu também existo e estou mais vivo do que você.

— Não! Você é um demônio! Uma assombração do passado que voltou para me amedrontar. Vá embora!

— Você não pode mandar em mim, Althea, não tem moral para isso. Só porque tem um corpo de carne não significa que seja melhor do que eu.

— Sou melhor do que você, sim. Eu vi a luz...

— Mas não soube guardá-la dentro de si, não é mesmo?

— Oh! vá embora! O que quer de mim? Por que me atormenta tanto?

— Você sabe o que quero.

Olhou para a barriga de Vivian. No mesmo instante, ela levou a mão ao ventre e começou a se agitar, gritando feito louca:

— Meu filho? Meu filho não! Você nunca o terá! Vá embora, demônio, suma daqui! Vá embora, vá embora!

Estrondosas batidas na porta despertaram Vivian de seu pesadelo. Ela acordou suando e ofegante, e passou a mão pela testa, sentindo as gotas de suor que deslizavam até o seu rosto.

— Foi um sonho — disse em voz alta e começou a rir. — Meu Deus, como sou tola. Foi apenas um sonho.

— Vivian! — vinha uma voz do lado de fora do quarto. — Abra, Vivian, sou eu.

Reconhecendo a voz de padre Tobias, Vivian se levantou e foi abrir. Ele a olhou assustado, vendo o estado em que ela se encontrava.

— Eu estava dormindo — desculpou-se ela.

— Não faz mal, Vivian. Você está bem?

— Sim. Tive um sonho estranho, mas estou bem.

— Que sonho?

— Não me recordo direito. Um homem esquisito, olhos vermelhos, chamando-me de um nome diferente, não me lembro bem. Bobagem, deixe para lá. Com certeza, nervosismo de mulher grávida.

Padre Tobias sentou-se na cama e chamou Vivian para o seu lado. Ao sentar-se junto a ele, seu coração disparou e ela abaixou os olhos, com medo de que ele o ouvisse. Por que será que ele a perturbava tanto? Ele era um padre e, pior, não sentia nenhuma atração por mulheres. E ela? Estava noiva, grávida de outro homem. Como podia sentir-se atraída por ele sempre que o via? Sentindo a face enrubescer, Vivian virou o rosto para a janela e ficou esperando que ele falasse.

— Vivian, sabe que gosto muito de você, não sabe?

Ela o encarou emocionada. Será que estava mesmo começando a gostar dela? Se isso fosse verdade, ela seria capaz de abandonar tudo por ele. Até mesmo Jules. Por mais que o amasse, seu amor não chegava aos pés do que sentia por padre Tobias. Por ele, valeria a pena enfrentar qualquer coisa. O desprezo da sociedade, o preconceito, a miséria.

Até mesmo uma vida sem sexo. Qualquer coisa. Sentindo o rosto afogueado, ela retrucou indecisa:

— O que quer dizer?

— Quero dizer, Vivian, que gosto de você e me importo com o seu futuro.

— Meu futuro? Como assim? Não estou entendendo.

Ele apontou para a barriga dela, e ela balançou a cabeça. Já estava começando a entender.

— Veio aqui novamente para tentar me convencer a tirar o meu filho?

— Não. Vim aqui para lhe dizer o quanto gosto de você e o quanto me fará sofrer a sua infelicidade.

— Sofrer? Não estou entendendo.

— Você me ama, Vivian?

Ela ficou confusa. Jamais poderia esperar uma pergunta assim tão direta, vinda de padre Tobias.

— Sim, sabe que sim — respondeu ela, o coração disparado, recusando-se a crer que aquilo estivesse acontecendo.

— Então, por que não faz o que estou lhe pedindo?

Vivian olhou para ele com profunda emoção. Será que lhe pedia aquilo porque também a amava? Mas o que o fizera mudar de idéia? Será que Glenna estava enganada a seu respeito?

— Tobias... padre Tobias...

— Por favor, Vivian, escute-me. Sei que quer ter esse filho. Mas será ele mais importante do que a minha... afeição?

— Afeição!? — Vivian não podia acreditar no que estava ouvindo.

— Sim, afeição. Gosto de você, Vivian, já lhe disse. E é por isso que lhe peço para pensar bem no que vai fazer. Esse filho poderá ser um empecilho...

— Por quê? O que está querendo dizer? Por acaso vai ficar comigo se eu o tirar?

— Eu não disse isso...

— Então, o que quer dizer? Não estou entendendo. Você vem até aqui com essa conversa de que gosta de mim e que meu filho pode ser um empecilho. Para quê? Para o nosso amor? É isso, padre Tobias? Você me ama?

Ele a encarou com profundo pesar. Naquele momento, teve vontade de sair correndo dali e nunca mais aparecer. Mas não podia, estava preso a Jules por um compromisso. Mais: por uma ameaça. Ou ele convencia Vivian, ou Jules acabava com ele. Não tinha escolha. Sabia que a estava iludindo e sabia o quanto ela sofreria quando descobrisse a verdade. Mas ele era um fraco, um covarde, e jamais poderia deixar que o mundo conhecesse o seu segredo, o seu erro, a sua vergonha.

Ainda encarando-a, ele respondeu sem muita convicção:

— Amo...

— Oh! Deus, obrigada! — exclamou Vivian, atirando-se a seus pés e beijando-lhe as mãos. — Sabia que esse dia chegaria!

Pouco à vontade naquele papel, padre Tobias segurou-a pelos braços e ergueu-a, tentando desvencilhar-se do abraço que ela queria lhe dar.

— Por favor, Vivian, contenha-se. Sou um padre... ainda...

Lágrimas de felicidade começaram a escorrer de seu rosto. Então ele pretendia abandonar o sacerdócio para ficar com ela! Só podia ser. Ela estava tão feliz, tão embevecida com as suas palavras, que não percebia o tom de superficialidade e insegurança com que eram pronunciadas. Além disso, Decius, aproveitando-se da fraqueza de caráter de Vivian e do amor cego que ela devotava ao padre, tratou de ampliar o seu sentido, e Vivian recebia as palavras do padre com uma intensidade que elas, efetivamente, não possuíam.

Na verdade, Decius soube muito bem ser oportunista. A ocasião propiciava e tudo o que Vivian mais queria no mundo era ouvir que padre Tobias a amava. Decius nem precisou de muito esforço para convencê-la. Bastou que bloqueasse sua mente a qualquer sopro de razão e nela inserisse imagens de felicidade ao lado de padre Tobias, e Vivian acreditou nas palavras que ele lhe dizia sem nem de longe imaginar que pudessem não ser verdadeiras.

Ao final de alguns minutos, em que Vivian tentava conter a ansiedade e a emoção, ela falou:

— Farei o que quiser. Qualquer coisa. Tudo para tê-lo a meu lado...

— Então, minha querida, precisa começar livrando-se desse, digamos, pequeno obstáculo.

Apesar de lamentar a perda do filho, aquilo não significaria nada diante de uma vida de felicidade ao lado de Tobias. Se ele a amava e pretendia ficar com ela, era natural que quisesse ter seus próprios filhos. E ela não poderia pretender que ele aceitasse o filho de outro homem. Mas, no final de contas, aquela gravidez até que lhe fora providencial. Não fosse por ela, padre Tobias jamais teria tomado coragem para se declarar. Vendo-se na iminência de realmente perdê-la, e para sempre, Tobias não conseguiu suportar a idéia e acabou superando os obstáculos para ficar com ela.

E Glenna estava enganada. Padre Tobias não era nada daquilo que ela pensava. Não era homem... pois sim. De onde é que tirara aquelas idéias? Só se também gostasse dele. Sim, na certa era isso mesmo. Só isso explicava a vida de solidão que ela levava desde a morte do marido. Uma mulher bonita, jovem ainda, rica, com todos os homens a seus pés. E não queria ninguém. Porque também amava padre Tobias. E quando descobrira que ela, Vivian, também se apaixonara por ele, tratou logo de inventar aquela história absurda só para afastá-la dele. E sabe-se lá o que ela também não teria inventado para o padre a seu respeito.

Mas nada disso agora tinha mais importância, era o que Decius lhe sugeria. Tobias se declarara e estava disposto a ficar com ela. Contudo, havia a criança. Pensando nela, Vivian achou que já não era mais assim tão importante. Era apenas um feto inanimado, nem tinha vida ainda. Nem alma deveria ter. Ela agora estava decidida. Faria o aborto, casar-se-ia com padre Tobias e teriam muitos filhos. Isso a compensaria pela perda que estava prestes a sofrer.

Vivian deu um salto e estalou um beijo na face de padre Tobias, falando animada:

— Está certo, Tobias. Farei como me pede. Tudo em nome do nosso amor.

Ele abaixou os olhos e pediu perdão a Deus, saindo do quarto de Vivian vagarosa e silenciosamente. Dali, partiu direto para a casa de Jules, que muito se alegrou ao vê-lo.

— Traz-me boas notícias, espero — falou Jules ansiosamente.

— Sim — respondeu ele secamente. — Temo que sim. Vivian concordou. Vai fazer o aborto.

— Excelente! Trabalhou muito bem, meu caro padre. Diga-me: o que fez para convencê-la?

— Isso não tem importância. E agora, espero que cumpra sua parte no trato.

— Não se preocupe. Seu segredo estará muito bem guardado comigo.

Esfregando as mãos nervosamente, padre Tobias olhou para o chão e falou com uma certa aspereza:

— Preciso partir o quanto antes.

— Certamente. Já está tudo arranjado. Que tal Aberdeen?

— Escócia?

— Sim. É bem distante daqui. Creio que ninguém irá incomodá-lo lá. Muito menos Vivian.

— Apenas a minha consciência — pensou padre Tobias, mas respondeu: — Não. Estou certo de que não.

Uma semana depois, ao saber que Vivian havia finalmente abortado a criança, padre Tobias partiu. Tomou a carruagem ao amanhecer e sumiu, sem se despedir de ninguém, rumo a Aberdeen, implorando a Deus que o perdoasse e livrasse sua alma do inferno.

capítulo 14

O aborto foi bem-sucedido mas, a exemplo do que ocorrera com Lucy, Vivian ficou para sempre impossibilitada de gerar uma criança.

Quando o aborto foi concluído, o espírito de Joseph foi adormecido por Lawrence e reconduzido ao mundo espiritual. Ia derrotado, o perispírito ressentido com a violência do aborto. Sua mente, bastante confusa, não se dera ainda conta do que realmente acontecera. Por mais que soubesse dos riscos que corria, Joseph estava quase certo de que conseguiria fazer Vivian resistir aos ataques das trevas, e a falência daquela empreitada fora-lhe profundamente dolorosa. Por isso, não podia ainda despertar. Precisava, primeiro, restabelecer seu perispírito, alimentando-o de energias revitalizantes, para depois enfrentar a frustração da derrota.

No lado negro do astral, entretanto, Rupert e Decius comemoravam o que eles consideravam uma vitória das trevas.

— Meu amigo — dizia Rupert —, sabia que você era bom obsessor. Mas não esperava que fosse tão competente.

— Ora, Rupert, não foi nada — dizia Decius com modéstia. — Os encarnados é que tinham o espírito fraco.

— Isso é. Mas, ainda assim, você se mostrou muito capaz. Estou até pensando em dar-lhe uma promoção.

— Jura?

— E preciso jurar? Minha palavra não basta?

— É claro que basta. Mas é que fiquei surpreso.

— Pois é, Decius. Você sempre foi meu amigo, desde quando estávamos encarnados. Mas agora você se superou. Por isso, vou lhe dar um lugar de destaque. Quero que se mude para o meu castelo e seja meu assessor direto. Então? O que me diz, hein?

— Rupert, estou profundamente agradecido. Nem sei o que lhe dizer.

— Então não diga nada. Vá buscar suas coisas e mude-se o quanto antes. Mas não vá achando que terá moleza. Vai continuar trabalhando, mas estou pensando em lhe dar um exército para comandar.

— O quê? Um exército? Para mim?

— É. Por que o espanto? Você já não foi general?

— Mas isso foi há tanto tempo...

— E daí? Essas coisas, a gente nunca esquece. E depois, nosso trabalho com Althea ainda não terminou. Para dizer a verdade, acho que mal começou, e você vai precisar de alguém que o ajude.

— É verdade.

— Pois então, o que está esperando? Vamos, homem, avie-se. Temos a eternidade, mas o tempo de Althea é contado. Quer perdê-la novamente para a luz?

Assim aconteceu. Decius, agora fortalecido por uma legião de soldados das trevas, tinha a seu dispor espíritos das mais variadas vibrações, todos prontos a fazer o que ele mandasse. Era seu mestre, seu general, e eles só obedeciam às suas ordens. Até mesmo Rupert, que era o maioral por ali, não se intrometeria com seus homens. E apesar de ter que executar alguns trabalhos extras, dos quais Rupert o encarregava, sua prioridade ainda era Vivian, ou Althea, como preferia chamá-la. E ele continuaria cuidando dela direitinho, até que ela morresse ou se matasse. Nem que tivesse que levar a vida inteira.

Nos primeiros dias após o aborto, Vivian estava ainda muito fraca para sair. Perdera muito sangue, e o médico fora chamado às pressas. George, apesar de preocupado, foi retirado do quarto. Não era necessário que ele soubesse o que havia acontecido, e Christine mentiu para ele, dizendo que Vivian sofria de males próprios do sexo feminino, e era melhor ele não se meter.

Para o médico, porém, não pôde mentir. Colocado a par da situação, o facultativo balançou a cabeça, prescreveu a medicação e saiu. A hemorragia não era séria e estancaria em pouco tempo. Depois que ele saiu, Vivian virou-se para a mãe e disse:

— Satisfeita, mamãe?

— Sim. E você também vai estar. Depois que estiver casada, vai se convencer de que fez o melhor. E vai poder então encher a minha casa de netos.

Vivian já estava convencida. Só que não se submetera àquele aborto por causa de seu casamento com Jules. Fora por causa de padre Tobias, na esperança de tê-lo que fizera aquilo. Mas ela sabia que não podia contar nada à sua mãe. Se Christine soubesse, jamais consentiria. Muito menos seu pai. Casar-se com um padre? Jamais! Seria a desonra total, além de uma heresia para a qual não conseguiria perdão. Em virtude disso, Vivian preferiu não dizer nada.

A única pessoa em quem podia confiar naquele momento era em Lucy. Era sua irmã e sabia de seu estado. Não diria nada a ninguém. Com Glenna, não poderia contar nunca. Se descobrisse o que ela e padre Tobias estavam prestes a fazer, com certeza, contaria tudo a seu pai. Ela sabia que Glenna gostava muito dela, mas o seu amor pelo padre falaria mais alto, e ela não poderia suportar ver-se rejeitada e preterida no coração do homem a quem amava.

Àquela altura, padre Tobias já devia estar sabendo do que lhe acontecera. Mas deveria estar com medo de deixar transparecer alguma coisa e, por isso, ainda não viera. Precisava mandar chamá-lo. Era preciso que ele soubesse que ela estava bem e esperando por ele. Agora estavam livres. Podiam se amar e fugir para viver o seu amor longe dali.

A única pessoa que poderia ajudá-la era Lucy. Vivian tinha certeza de que a irmã faria o que ela lhe pedisse e, quando a mãe já ia saindo, a fim de deixá-la descansar, pediu-lhe com uma vozinha de doente:

— Mamãe, será que poderia chamar Lucy para mim?

— Por que não tenta dormir? O médico falou que você precisa descansar.

— É que não quero ficar sozinha. Pensei que Lucy talvez pudesse me fazer companhia.

— Está bem.

Minutos depois, Lucy apareceu.

— Como está? — perguntou com sincera preocupação.

— Bem. Sangro bastante, mas o médico disse que não é nada grave.

— Graças a Deus. Rezei tanto por você, Vivian.

— Eu sei. E agradeço por isso.

— Foi melhor assim. Você vai ver.

— Não preciso ver. Eu já sei. Tenho certeza de que fiz o melhor para mim.

Lucy olhou-a desconfiada. Sabia que abortara contrariada. No entanto, algo no tom de voz de Vivian lhe dizia que ela estava feliz, e Lucy se espantou:

— O que há com você, Vivian? Está diferente. Quero dizer, não é por causa do que lhe aconteceu. Mas não sei. Seu rosto parece irradiar uma felicidade, não sei definir.

— Minha querida Lucy, pois você está absolutamente certa. Estou felicíssima!

— É? Não está triste por ter tirado a criança?

— Um pouco. Mas foi por um bom motivo.

— Jules não é um bom motivo.

— E quem falou em Jules?

— Como assim? Se não está se referindo a Jules, de quem está falando então?

Lucy estava visivelmente confusa e quase caiu da cadeira quando Vivian disparou:

— Estou falando de padre Tobias. Vamos nos casar.

— O quê!? — indignou-se Lucy, levando a mão ao coração e levantando-se de sobressalto. — Mas o que está dizendo, Vivian? Por acaso enlouqueceu?

Vivian conseguiu fazer com que ela se acalmasse e se sentasse novamente e, em detalhes, contou-lhe tudo, desde a primeira vez em que se declarara para ele até a conversa que tiveram antes do aborto.

— Oh! Lucy, é maravilhoso! Ele me ama. Ele me ama, Lucy! E eu o amo tanto, mas tanto que chega até a doer!

Vivian percebeu um brilho indefinível no olhar de Lucy, que começou a falar, a voz triste e pesarosa:

— Vivian, eu... não sei o que dizer...

— Não precisa dizer nada, Lucy. Apenas fique feliz por mim. É uma loucura, bem sei, mas uma loucura deliciosa e...

— Cale-se, Vivian! — cortou Lucy, à beira das lágrimas. — Você está fora de si, não sabe o que está dizendo...

— Não, Lucy, sei sim. É verdade. Nós nos amamos...

Lucy ocultou o rosto entre as mãos e desabafou num sussurro:

— Agora compreendo tudo... Minha pobre Vivian, não sabe de nada, não é mesmo?

Finalmente notando o tom pesaroso que carregava a voz de Lucy, Vivian ergueu-se na cama e revidou alarmada:

— O que houve, Lucy? Aconteceu alguma coisa com padre Tobias? Vamos, Lucy, diga-me, pelo amor de Deus! O que você sabe que eu não sei?

Sem saber bem como dar-lhe aquela notícia funesta, Lucy abaixou a cabeça e murmurou:

— Vivian, padre Tobias foi embora... partiu ontem de manhã...

— O quê!? Não, não, Lucy, não é verdade! Por que ele partiria? Nós nos amamos, vamos fugir juntos...

— Pare, Vivian, e ouça-me! Detesto ter que lhe dizer isso, mas é a verdade. Ele se foi, sem nem se despedir de ninguém. Pensei que soubesse.

— Mas como? Foi para onde? Quando volta?

— Não volta, Vivian. Ele foi embora. Saiu daqui levando todos os seus pertences. Disse a Glenna que nunca mais vai voltar.

— A Glenna?

— Sim. Foi a única de quem se despediu. Foi ela quem nos contou.

Vivian começou a chorar baixinho, tentando ver algum sentido nas palavras da irmã.

— Mas por que, Lucy? Por que ele faria uma coisa dessas? Ele disse que me amava...

— Não, Vivian, ele não pode amá-la. É um sacerdote, um padre, tem a vida consagrada a Deus.

— Mas ele vai abandonar o sacerdócio. Por mim! Porque me ama...

— Se a amasse mesmo, não teria partido quase como um fugitivo.

— Não! Não pode ser! Não acredito! Você está mentindo! Por que está mentindo, Lucy? Por quê? É por Glenna? Foi ela quem lhe pediu para me dizer isso? Foi ela, não foi?

Vivian, fora de si, começou a gritar, tentando levantar-se da cama. Ouvindo a gritaria, Ivy apareceu, e Lucy, em desespero, ordenou-lhe:

— Ajude-me, Ivy, depressa!

Sem nada entender, Ivy ajudou Lucy a conter a fúria de Vivian e, a muito custo, conseguiram dominá-la e conduzi-la de volta ao leito. Apavorada, Ivy balbuciava:

— Senhora... não quer que chame lady Christine?

— Não! Deixe minha mãe fora disso.

— Mentirosa! — gritava Vivian. — Por que está fazendo isso comigo, por quê?

— Vivian, por favor, acalme-se.

Lucy e Ivy seguravam Vivian firmemente, até que ela, dominada pela exaustão que a hemorragia e o esforço lhe causavam, deixou-se tombar sobre as almofadas e cerrou os olhos, a respiração ofegante a acusar-lhe o cansaço. Vendo que ela adormecera, Lucy mandou que Ivy ficasse ali e não saísse de seu lado. Precisava falar com Glenna.

Durante uma semana, Vivian permaneceu presa ao leito, vítima de estranha febre. Por mais que os médicos tentassem, não conseguiam debelar a febre, e Vivian ia perdendo forças a cada dia. Ninguém, à exceção de Lucy e Glenna, conhecia a causa daquela enfermidade. George e Christine já pensavam em alguma moléstia grave, ainda mais porque Christine, conhecendo o aborto a que Vivian se submetera, temia alguma infecção interna desconhecida, dentre as tantas de que se ouvia falar. Quanto a Jules, ficou satisfeito e esperançoso, louco para poder reiniciar seus momentos de prazer nos braços dela.

Apesar de saber das injustas acusações que Vivian lhe endereçara, a afeição de Glenna falou mais alto, e ela montou guarda à cabeceira da doente. Dia após dia, Glenna chegava e lhe fazia companhia, pedindo a Deus que ela se restabelecesse logo. Em várias de suas visitas, Francis a acompanhava, ajoelhando-se ao lado de sua cama e orando fervorosamente, implorando ao Criador que não a deixasse morrer.

Vivian, por sua vez, sentia-se desprender do corpo e flutuar, muitas vezes encontrando Decius e Rupert a seu lado, rindo de sua desgraça e chamando-a para partir com eles. Outras vezes, sentia como se alguém estivesse drenando o seu sangue ou algo parecido, e era como se a vida fosse se esvaindo de suas veias, e ela sentia um esmorecimento energético, uma fraqueza de espírito, uma vontade de morrer. Nessas ocasiões, os soldados de Decius debruçavam-se sobre o corpo dela e punham-se a sugar-lhe as energias, como perfeitos vampiros, retirando de seu sangue toda a essência da vida que animava o seu corpo.

No plano superior, Joseph, sentindo ainda as conseqüências traumáticas do aborto que sofrera, nada podia fazer. Também ele estava enfraquecido, tentando recobrar a consciência do que acontecera. Era-lhe ainda difícil concatenar as idéias, e o espírito não entendia como podia estar ligado ao útero energético de Vivian e, ao mesmo tempo, encontrar-se ali, deitado naquela cama de hospital.

Mas havia uma oração que, de tão sincera, foi recebida pelos mentores espirituais encarregados daquela colônia. Deus havia ouvido as preces de Francis, que pedia por Vivian, e mandou um dos espíritos de luz em seu socorro.

— Irei vê-la imediatamente — disse Lawrence. — Joseph ainda está impedido de fazê-lo.

— Deixe que eu vá — sugeriu Oliver, amigo espiritual de Jules. — Afinal, o estado de Vivian e de Joseph é também responsabilidade de Jules, e eu sou o encarregado da orientação dele.

— Não se culpe, Oliver. Você foi designado para auxiliar Jules em sua jornada terrena, não para responder pelas suas atitudes. Só a ele cabe a responsabilidade por seus atos.

— Não me sinto culpado mas, ainda assim, gostaria de ir. Sabe que fomos irmãos em outras vidas e que me sinto responsável por ele.

— Muito bem. Se é assim, então vá. Que Deus o acompanhe e o ajude a disseminar a luz nos corações que ainda vivem de sombras.

Quando Oliver entrou nos aposentos de Vivian, Francis estava ajoelhado ao pé de sua cama, e Glenna conversava baixinho com Lucy. Aproximando-se delas, Oliver pôde sentir as vibrações de pena e de revolta, vindas de Glenna e de Lucy, respectivamente. Aquilo não era bom. Precisava limpar primeiro o ambiente, e vibrações daquela espécie só serviam para aumentar ainda mais aquela aura de dor e sofrimento.

Oliver se aproximou das moças e colocou as mãos sobre a testa de cada uma delas, fez rápida oração e falou com voz suave:

— Minhas meninas, Vivian agora precisa de amor e compreensão. Não falemos nem pensemos coisas tristes ou amargas. Vamos doar-lhe somente amor e alegria.

Em seguida, juntou as mãos em concha e soprou, no espaço astral que separava as duas, uma espécie de poeira iluminada, que Glenna e Lucy inspiraram sem nem perceber. Na mesma hora, um bem-estar indizível tomou conta delas, e Glenna começou a dizer:

— Deixemos isso para lá, Lucy. Agora não adianta mais. O mal já está feito e não há como remediá-lo. Agora precisamos pensar em Vivian. Ela precisa de nossa ajuda, e nós não devemos piorar a sua situação pensando em coisas tristes.

— Tem razão. Deixemos de lado as nossas mágoas e diferenças, e concentremo-nos apenas no bem-estar de Vivian.

— Isso mesmo. Pensemos nela com saúde e alegria.

Oliver sorriu e se aproximou de Francis. Notou o quanto sua aura estava límpida e cristalina, com raios azuis brilhantes circundando o seu corpo. Nem precisou auscultá-lo para perceber a suavidade que envolvia seu coração, a paz que o invadia, a fluência do amor e da fé através de seus pensamentos. Ele não era religioso nem costumava orar com freqüência, mas o amor que sentia por Vivian, naquele momento, fez com que se voltasse para Deus com fé, na esperança de que ele o ouvisse e a salvasse.

Devido à sutilização de seus sentimentos, Francis estava apto a trocar energias e experiências com o mundo astral, e logo que Oliver se acercou dele, sentiu uma suave e indefinível fragrância, um frescor agradável, como se uma brisa amena começasse a soprar em seu rosto. Voltando os olhos para a janela, porém, notou que as cortinas estavam paradas e que o ar não se mexia. Mas a sensação continuava, e Francis foi sentindo um leve arrepio percorrendo toda a sua coluna, tocando a sua pele, eriçando os seus pêlos. Não se assustou. Ao contrário, lembrou de Jesus e pensou se não seria um enviado seu que ali estivesse para auxiliar.

— Sim — sussurrou Oliver em seu ouvido. — Vim em nome de Deus e de Jesus.

Francis sorriu calmamente, sentindo em seu íntimo uma confiança inigualável no Criador, certo de que uma centelha divina acabara de se manifestar ali. Satisfeito com o campo vibratório de Francis, Oliver deixou-o e voltou-se para Vivian. Ela dormia um sono agitado, remexendo-se no leito a todo instante, a respiração ofegante e entrecortada. Mesmo dormindo, entregava-se à extenuante excitação, e seu coração disparava ao menor sinal de sobressalto.

O perispírito flutuava alguns centímetros acima do corpo, e de suas narinas saía uma fumaça cinzenta, conseqüência do estado de abatimento a que se deixara levar. Ao redor de seu corpo, nuvens igualmente cinza a impregnavam de vibrações de tristeza e desânimo, induzindo-a ao desejo de autonegação e destruição. Na base do crânio havia pontos escuros e cobertos por uma crosta que parecia de sujeira, resultado da constante vampirização de que fora vítima.

Naquele momento, não havia ali outras consciências. O ambiente não estava propriamente limpo, mas livre de espíritos menos esclarecidos. A oração de Francis, que irradiava sobre Vivian aquela luz azul brilhante, conseguira arredá-los, ao menos provisoriamente. Mas o suficiente para que Oliver pudesse agir.

Equilibradas as energias vibratórias de Glenna e Lucy, que agora mantinham agradável conversa sobre flores e a natureza, Oliver colocou-se no meio do quarto e começou a irradiar uma luz violeta sobre todo o aposento. Tencionava, com isso, purificar e harmonizar o ambiente, limpando-o das impurezas, não só provenientes dos espíritos vampirizadores, como também dos pensamentos destrutivos da própria Vivian, que facilitavam o acesso desses seres menos esclarecidos. Aos poucos, as baixas vibrações que tornavam o local sufocante foram se elevando e sutilizando, livrando os encarnados das energias negativas que circulavam ao redor e dentro de cada um.

Restaurada a harmonia espiritual, Oliver voltou para perto de Vivian e experimentou-lhe a testa. Ela ardia em febre e sentia calafrios por todo o corpo. Mais acima, seu perispírito continuava preso à carne por um tênue fio prateado, que em breve se romperia. Era preciso fazer alguma coisa imediatamente, ou ela acabaria desistindo de lutar e se entregaria ao desânimo, e a fraqueza de seu organismo faria com que ela perdesse mesmo a vontade de viver.

Era preciso debelar aquela febre que a consumia. Colocando uma das mãos sobre a testa da moça e outra na fronte de Francis, Oliver pôs-se a transferir um pouco da energia luminosa de um para a outra, servindo de canal para que aquela luz azul fluísse entre os encarnados. Aos poucos revitalizado por aquela cor suavizante, o corpo de Vivian foi se acalmando e sua pulsação cardíaca, se normalizando, atingidos pelos efeitos relaxantes e adstringentes do azul.

Alguns minutos depois, a febre começou a ceder e a respiração foi se acalmando. A excitação foi diminuindo, e Vivian experimentou uma quietude benfazeja, uma paz reconfortante, e sentiu que a tensão daqueles últimos dias começava a diminuir. Seu corpo mental, desfrutando agora de sereno repouso, logo se conectou a níveis mais elevados de percepção, e aquelas idéias obsessivas e destrutivas começaram a ceder lugar a uma consciência mais amena e sutil, colocando-a mais próxima da verdade e da compreensão.

Quando ela abriu os olhos, viu Francis a seu lado em profunda constrição. O rapaz, absorto em suas orações, não se deu conta de que ela havia acordado e deu um pulo quando escutou a sua voz débil:

— Francis... É você mesmo? O que aconteceu?

Ele olhou-a espantado, e Glenna e Lucy correram para o seu lado, todos querendo falar ao mesmo tempo.

— Vivian! — exclamava Glenna, mal cabendo em si de tanto contentamento. — Oh! graças aos céus. Você está viva! Viva!

— Ouviu bem, Vivian? — sussurrou Oliver ao seu ouvido. — Você está viva. Viva com amor e sabedoria. E olhe para Francis. Ele salvou a sua vida.

Sem dizer nada, Vivian encarou o rapaz, que a olhava com um ar entre embevecido e aliviado. Naquele momento, sentiu uma ternura indescritível por ele, abaixou os olhos e começou a chorar. Captara, não propriamente as palavras de Oliver, mas a intenção e o amor com que foram proferidas, e emocionou-se. Francis, no entanto, era apenas seu amigo, e ela não tinha nenhum outro interesse nele além de uma forte amizade. Gostava mesmo de Jules. Se não podia ter o homem que amava, ficaria com Jules. Ainda estava apaixonada por ele, e Jules era o único capaz de fazer com que se esquecesse de padre Tobias.

— Onde está Jules? — indagou, passando os olhos ao redor do quarto.

Apesar do desagrado, Glenna engoliu a contrariedade e respondeu secamente:

— Não sei. Mas não se preocupe. Estou certa de que, logo, logo estará aqui.

Ela sorriu sem vontade e abaixou os olhos, sem se importar com as manifestações de alegria e alívio pela sua melhora. Pouco depois, a mãe e o pai, alertados por Ivy, entravam em seus aposentos, correndo para ela e passando a mão sobre sua testa, seu pescoço, seus cabelos... Vivian olhou para cada um deles, soltou um suspiro de resignação, recostou-se nas almofadas e serenamente adormeceu.

Despertou horas mais tarde, quando o dia já amanhecia. Olhou ao redor do quarto e pensou que estivesse vazio. Pensou em tocar a sineta, chamando a criada, quando um leve movimento perto da janela chamou sua atenção. Era Glenna, que adormecera sentada na poltrona, tendo no colo um livro de poesias. Ao ver a amiga ali adormecida, desconfortável sobre a poltrona, sentiu o coração se apertar. Como pudera pensar aquelas coisas de Glenna? Ela era sua amiga e jamais a trairia. Quem a traíra fora padre Tobias. Esse sim, merecia todo o seu desprezo.

Contudo, o amor pelo padre falava mais alto e, ainda que quisesse, Vivian jamais poderia desprezá-lo. Ao contrário, sentia que o amava ainda mais, embora agora já estivesse mais consciente da loucura daquele amor. Sabia que ele fora embora e não pretendia mais ficar se iludindo. Ele a enganara apenas para convencê-la a abortar a criança. E ela caíra direitinho. No entanto, agora estava feito e não havia como voltar atrás.

Sentindo-se envergonhada pelos pensamentos indignos com que julgara a amiga, Vivian chamou baixinho:

— Glenna, está dormindo?

Glenna abriu um olho, depois o outro, e piscou, sentindo a luz fraca do amanhecer pousando sobre suas pálpebras. Ela abriu a boca para bocejar e espreguiçou-se, e o livro escorregou de seu colo e caiu ao chão. Só então foi que ela percebeu que alguém a chamava. Instantaneamente, arregalou os olhos e fitou Vivian. Ela estava recostada no leito, dirigindo-lhe um sorriso pálido e hesitante.

— Vivian! — exclamou Glenna, levantando-se da poltrona e sentando-se na cama, a seu lado. — Estou tão feliz! Não sabe o susto que nos deu.

— Glenna... — balbuciou Vivian — ... não sei o que lhe dizer. Pensei mal de você, fui injusta com minha melhor amiga. Gostaria que me perdoasse...

— Chi! Vivian, não fale mais nisso. Já passou. O que importa é que você se recuperou.

Emocionada, Vivian abraçou Glenna e começou a chorar. A outra deixou que a amiga desse livre curso às lágrimas e acariciou seu cabelo, sentindo-lhe o corpo magro e trêmulo.

— Onde está Jules? Por que não veio me ver?

— Jules esteve aqui algumas vezes e pediu para ser chamado quando você despertasse.

Uma nuvem de tristeza passou pelos seus olhos. Lembrava-se de Francis a seu lado e de ter sentido o magnetismo que vinha dele. Ele a amava de verdade, mas Jules... já não sabia.

— E Francis?

Glenna sorriu de satisfação e respondeu animada:

— Francis esteve aqui quase todo o tempo. Foi muito dedicado a você.

— Ele me ama, não é verdade?

— Ama sim.

— Ele disse isso?

— Disse. Francis a ama profunda e sinceramente. E tem esperanças de que você o corresponda.

— Isso é impossível. Estou apaixonada por Jules.

— Por Jules, por padre Tobias...

Vivian desvencilhou-se dela e recostou-se nas almofadas, retrucando com zanga:

— Não fale assim. Isso não é verdade.

— É claro que não. Você ama padre Tobias, isso ficou bem claro para mim. Mas Jules... tenho certeza de que não o ama. O que sente por ele é apenas paixão, fogo, desejo. Ambos têm o mesmo espírito livre e rebelde. Mas amor mesmo, não acredito. Nem de sua parte, nem da dele.

Vivian desviou a cabeça e suspirou. Estava confusa, sem saber o que pensar ou mesmo sentir. Glenna podia estar certa. Ela amava padre Tobias acima de tudo no mundo, mas ele não a queria. Jules representava a liberdade, a emoção, a aventura, o excitamento.

E Francis? Não sabia. Gostava de Francis. Ele era um rapaz bonito, sincero, sensível. Mas será que poderia amá-lo? Ela achava que não. Faltava a Francis o fundamental em sua vida: ardor, arrebatamento, mistério, pecado. Ele era quieto demais, puro demais, certinho demais. Tinha certeza de que, se se casasse com ele, não tardaria a morrer de tédio.

Glenna tocou a sineta e Ivy apareceu.

— Vá chamar lady Christine e lorde George. E traga uma refeição para lady Vivian. Ela precisa se alimentar.

Com o decorrer dos dias, Vivian foi ganhando forças. Diariamente recebia a visita de Glenna e de Francis, mas Jules, por causa de Lucy, só vinha de vez em quando, o que não deixava de entristecê-la.

— Por que não vem sempre? — perguntou-lhe ela certa vez.

Jules deu de ombros e respondeu sem muita convicção:

— Ando ocupado. E depois, você sabe que não gosto de doenças. Fique logo boa para que possamos nos casar.

Nesse dia, Vivian estava sentada no jardim, tomando sol e, quando Jules se levantou para ir embora, notou que Lucy, em outro ponto do jardim, o seguia com o olhar. Jules, por sua vez, abaixou a cabeça e passou rápido como uma bala, evitando olhar para ela. Aquilo a encheu de ciúmes. Será que Lucy estava interessada em Jules? Mas não podia ser. Lucy, além de extremamente devotada ao marido, era-lhe também fiel. No entanto, notara-lhe o olhar. Mas, pensando melhor, aquele olhar não lhe parecera de admiração ou desejo. Absolutamente não. Lucy endereçara a Jules um olhar de raiva, tanto que ele não o sustentou.

Ela ficou intrigada. Será que acontecera alguma coisa que ela não sabia? Estaria Lucy a par de algum segredo por ela desconhecido? Ou será que não gostava dele por causa daquele deslize em seu passado, julgando-o indigno de ser seu cunhado? Desconfiada, sempre que Jules aparecia, Vivian prestava atenção nele e em Lucy. Realmente, alguma coisa havia entre ambos. Ninguém percebia, mas os olhares de Lucy para Jules eram de raiva, de ódio, e Jules ficava nitidamente pouco à vontade na presença da irmã, que nunca lhe dirigia a palavra. Será que era por isso que ia poucas vezes visitá-la?

— O que há entre você e Lucy? — indagou certa feita, de supetão.

— Hein? O que disse?

— Você ouviu, Jules, não se faça de surdo.

— Não sei do que está falando.

— Lucy parece não gostar de você.

— Está imaginando coisas, Vivian. Por que sua irmã não gostaria de mim?

— Não sei. Diga-me você.

— Pois se você, que é irmã dela não sabe, muito menos eu, minha querida.

— É estranho. Você nunca lhe fez nada. Ou fez?

O rosto de Jules imediatamente enrubesceu, e ele o virou para o outro lado, a fim de que Vivian não percebesse.

— É claro que não! — revidou ele com fingida indignação. — Vivian, de onde tirou essa idéia? Lady Lucy e eu mal nos conhecemos...

— Pois é. Isso é muito esquisito. Nós vamos nos casar, vocês vão se tornar cunhados. Era natural que se aproximassem.

Com medo do rumo que aquela conversa estava tomando, Jules tentou encerrar o assunto.

— Não se preocupe, Vivian. Tenho certeza de que sua irmã não tem nada contra mim. Deve ser apenas impressão.

Vivian silenciou. Não adiantava discutir. Entretanto, se algo de errado estava acontecendo, gostaria de saber. Depois que Jules se foi, Vivian ficou pensando. O que poderia ter acontecido para que Lucy não gostasse de Jules? Pensou em lhe perguntar, mas mudou de idéia. Era melhor esperar para ter certeza.

Ela fechou os olhos e virou o rosto para o sol. Queria aproveitar os últimos raios do entardecer. Estava quase dormindo quando sentiu uma mão tocando levemente seu ombro. Abriu os olhos devagar e viu um vulto de encontro ao sol. Colocou a mão sobre os olhos para aparar a claridade e reconheceu a figura de Francis, que lhe sorria com satisfação.

— Francis! Que surpresa. Há muito tempo não vinha.

— Vim para me despedir.

— Despedir-se? Vai embora?

— Sim. Volto para Londres amanhã pela manhã.

— Que pena. Pensei que fosse nos alegrar ainda um pouco mais com a sua música.

— Eu bem que gostaria, Vivian, mas não posso. Não posso mais ficar aqui.

— Não? Por quê?

Ele olhou bem fundo dentro de seus olhos, e ela pôde perceber a emoção que fluía de seu olhar. Na mesma hora, arrependeu-se de haver perguntado, mas já era tarde demais.

— Vivian, eu... — balbuciou ele — ... gostaria que soubesse. Vou-me embora porque não posso mais ficar aqui junto de você... — ela esboçou uma reação, mas ele a deteve e continuou: — Não. Deixe-me terminar. Eu a amo, Vivian, como jamais amei alguém em toda a minha vida. No entanto, sei que não tenho chances. O seu coração pertence a lorde Jules, e você vai se casar com ele. Por isso é que parto. Não suportaria vê-la subindo ao altar para se casar com outro.

— Francis, não sei o que dizer.

— Não diga nada. Não é preciso. Mas quero que saiba, Vivian, que se algo der errado em sua vida, não hesite em me procurar. Seja o que for, estarei sempre pronto a atendê-la.

Vivian não respondeu. Emocionara-se com as suas palavras, e seus olhos se encheram de lágrimas. Delicadamente, Francis apanhou a sua mão e levou-a aos lábios, dizendo com a voz embargada:

— Adeus, Vivian. Seja feliz.

Virou as costas e partiu, sem nem ao menos olhar para trás. Já se havia despedido do resto da família e não queria que ninguém o visse chorando. Deixava ali seu coração. Tinha certeza de que seu amor por Vivian era tão intenso que jamais poderia esquecê-la. E mais. Sabia que Jules era um canalha que não a merecia. No entanto, não tinha o direito de acusá-lo de nada. Se Vivian queria casar-se com ele, só o que lhe cabia era respeitar sua decisão. Contudo, se ela fosse infeliz, se desistisse daquela loucura, se fosse abandonada por Jules, ele estava disposto a recebê-la de braços abertos, sem fazer perguntas. Só o que queria era uma chance de amá-la.

capítulo 15

Em sua primeira incursão além dos portões do jardim, Vivian foi visitar Glenna. Já se sentia melhor e mais fortalecida, pronta para deixar a segurança do lar.

— Vivian, sua danadinha! — fez Glenna com alegria. — Então já está boa!

— Tem alguma dúvida? — respondeu ela num gracejo. — Quis lhe fazer uma surpresa.

— Foi uma surpresa muito agradável, por certo.

Glenna conduziu-a para o terraço e acomodou-a numa cadeira, ordenando à criada que lhes preparasse um chá. O chá foi servido e a conversa girava em torno de banalidades, até que Vivian começou a dizer:

— Sabe, Glenna, há muito queria lhe falar uma coisa.

— O que é?

— Lucy me disse que padre Tobias só se despediu de você. Por quê?

Glenna engoliu a torrada que levara aos lábios, tomou um gole do chá e encarou Vivian. Desde que padre Tobias se fora, nunca haviam tocado naquele assunto. Mas ela sabia que, cedo ou tarde, Vivian demonstraria algum interesse em conhecer a verdade e os motivos que levaram o padre àquela retirada furtiva.

Escolhendo bem as palavras, Glenna respondeu:

— Sabe, Vivian, padre Tobias é um homem amargurado.

— Mas por quê? Fez-me pensar que me amava.

— E a ama, de certa forma. Padre Tobias é um homem bom e generoso, e costuma cultivar o verdadeiro afeto em seu coração.

— Mas não foi isso o que me disse. Ele falou que me amava. Disse com todas as letras. E depois fugiu. Por quê? Para levar-me a fazer o aborto, sim, mas com que interesse?

— Vivian, talvez seja melhor deixar as coisas como estão.

— Não, Glenna, quero saber. Tenho o direito de saber. Ele partiu sem falar com ninguém. Só se despediu de você. Isso me fez pensar que você também o amava. Mas agora sei que não.

— Vivian, padre Tobias não teve escolha. E veio a mim porque, de uma certa forma, fui a responsável pelo que lhe aconteceu.

— Você? Mas como? O que pode ter feito a ele? Glenna, seja sincera. Você também o ama?

Glenna soltou profundo suspiro e fechou os olhos, mordendo os lábios e balançando a cabeça.

— Não, Vivian, eu não o amo. Não da forma como você pensa. Padre Tobias tornou-se um grande amigo, muito mais do que um confessor. Confiava em mim e costumava fazer-me confidências.

— Foi assim que você ficou sabendo de suas tendências?

— Sim. Quando você se declarou, ele veio a mim desesperado, sem saber o que fazer, e acabou contando-me tudo. Disse-me que não poderia jamais amá-la. Não apenas em razão do sacerdócio, mas porque não gostava de mulheres. Confessou-me que se entregara à vida religiosa por medo do que poderia vir a ser. Se não podia desejar as mulheres, não queria também os homens. Era o que dizia. Daí por que optou pela Igreja.

— Isso não justifica sua atitude.

— Está mesmo disposta a saber, Vivian?

— É claro que estou.

— Mesmo que isso a magoe?

— Nada mais pode me magoar, Glenna.

— Mesmo que comprometa o seu noivado com Jules?

Vivian hesitou. O que Jules tinha a ver com aquilo? Teria sido por causa dele que padre Tobias desaparecera?

— Não vá me dizer que padre Tobias estava interessado em Jules!

— Não, querida, não é nada disso. Padre Tobias tinha muito apreço pelo jovem duque, é verdade, mas não creio que fosse nada do que pudesse se envergonhar.

— Mas então, Glenna, o que Jules tem a ver com isso? Por favor, conte-me. Preciso saber.

Olhando fixamente em seus olhos, Glenna começou a dizer:

— Muito bem. Se quer mesmo saber, a escolha é sua. Mas depois não diga que não avisei. A história toda é muito mais sórdida do que imagina, mas creio que já é mesmo chegada a hora de você saber toda a verdade sobre seu noivo.

— Glenna, por favor...

— Vivian, você contou a Jules sobre padre Tobias, não contou?

Vivian gelou. Glenna lhe pedira segredo, mas ela, em um momento de profunda intimidade, acabara por revelar a Jules a verdade sobre padre Tobias. Ele prometera não falar nada, mas agora, ouvindo a amiga falar daquele jeito, estava certa de que Jules contara a alguém.

— Bem, Glenna, contei-lhe em confidência sim. Mas o que tem demais? Esses segredos costumam ser comuns entre amantes. E depois, tenho certeza de que Jules não rompeu a sua palavra.

— Será, Vivian? Eu, no seu lugar, não estaria bem certa.

— Por quê?

— Porque Jules, querendo ver-se livre da criança que você carregava no ventre, ameaçou padre Tobias de contar a verdade a todo mundo, caso ele não a convencesse a fazer o aborto. Jules sabia que só o padre poderia convencê-la. E padre Tobias, vendo-se acuado, não teve outra saída senão concordar e fazer como Jules lhe pediu. Foi por isso que mentiu para você, dizendo que a amava. Para que você tirasse a criança, e Jules não contasse nada a ninguém. Feito o aborto, pediu a Jules que arranjasse sua transferência para bem longe. E foi o que aconteceu.

Vivian quedou mortificada. Jamais poderia imaginar que Jules fosse capaz de uma infâmia daquelas. Mas padre Tobias podia ter resistido. Enganara-a com medo de ver-se exposto. Mas, pensando melhor, ele não fora o culpado. Que chances lhe restavam? Ou era isso, ou a vergonha e a humilhação. Vivian podia compreender sua atitude e encheu-se de remorso. Por que contara a Jules sobre o seu segredo?

— Onde ele está? — quis saber Vivian, completamente transtornada.

— Sinto, minha querida. Já cometi esse erro uma vez. Não pretendo repeti-lo.

— Que erro?

— De confiar em alguém e revelar um segredo que me foi confidenciado.

— Mas você não contou nada a ninguém. Foi Jules...

— Não, minha cara. Eu contei a você, que contou à sua mãe e a Jules. E, se você não sabe, sua mãe também o chantageou com essa informação.

— O quê? O que diz?

— É verdade. Também o ameaçou, caso ele não convencesse seu pai a aceitar seu casamento com Jules. E como ela sabia? Eu não contei.

Vivian abaixou a cabeça, envergonhada. Realmente, contara à mãe num momento de angústia, para desabafar. Ficara tão indignada com a notícia que tivera que partilhá-la com alguém. Vivian lhe contara o que ouvira de Glenna, e Christine ficou chocada, mas também prometera guardar segredo. No entanto, utilizara-se daquilo como uma arma contra o padre. Pobre Tobias. Como deve ter se sentido traído e humilhado!

— Como vê, minha cara — prosseguiu Glenna —, tenho motivos mais do que suficientes para não lhe revelar outro segredo. Padre Tobias sabia que seu segredo se havia espalhado por minha culpa, mas não se zangou. Disse que entendia que eu havia agido de forma impensada e inocente, e confiou em mim novamente, contando-me de seu destino. Só que agora, jurei a mim mesma que jamais o revelaria. Creio que aprendi a lição.

— Glenna, eu... estou envergonhada.

— Sei que você também não agiu por mal e não posso culpar você por uma atitude a que eu mesma dei início. Como recriminá-la por algo que eu fiz primeiro? Se você traiu a minha confiança, eu também traí a de padre Tobias, e nem por isso ele deixou de confiar em mim.

— Mas você não confia mais em mim.

— Confio em você para contar-lhe os meus segredos. Mas não para revelar-lhe os segredos alheios. Não tenho esse direito. Aprendi, Vivian, que nós devemos ater as nossas confidências àquilo que nos diz respeito, abstendo-nos de comentar acerca daquilo que nos é dito em confiança.

Vivian começou a chorar e desabafou:

— Ah! Glenna, o que fui fazer? Afastei o homem que amava que, por minha culpa, deve estar sofrendo a dor da humilhação e da traição. Como poderei reparar esse erro?

— Infelizmente, querida, acho que não pode. Padre Tobias se foi e pretende nunca mais voltar.

— Aquele miserável do Jules! Como foi fazer uma coisa dessas?

— Jules só consegue enxergar a si mesmo. Só o que queria era ver-se livre da criança.

— Pois ele me paga! Vai ver só uma coisa!

— O que pretende fazer?

Vivian pensou durante alguns segundos e, quando falou, foi com extrema convicção:

— Pretendo romper esse noivado. Minha mãe vai ter um chilique, mas ela que me perdoe. Não posso me casar com um homem que, além de me trair, não tem a menor consideração para comigo.

Glenna exultou. Aquilo era tudo o que esperava ouvir. O mal que se praticara ao menos serviria para evitar um mal ainda maior. Depois escreveria a padre Tobias contando-lhe a novidade. Ele ficaria feliz em saber que o seu sacrifício não fora em vão.

— Faça isso, Vivian. Jules é um cafajeste e não merece você.

Vivian saiu da casa de Glenna disposta a terminar tudo com Jules. Seguiu direto para a casa dele e foi logo entrando, sem esperar ser anunciada. Jules estava em seu gabinete, lendo alguns manuscritos, e levantou os olhos para ela, exclamando assustado:

— Vivian, querida! Você está pálida. Aconteceu alguma coisa?

Aproximando-se dele, Vivian levantou a mão e desferiu-lhe sonora bofetada, respondendo com raiva:

— Canalha! Monstro! Como pôde enganar-me dessa forma?

Jules levou a mão ao rosto, espantado, e quase revidou o bofetão. Mas era um duque, um homem honrado, e não queria ser acusado de covarde por bater em uma mulher, ainda mais sua noiva.

— Do que é que está falando?

— Então não sabe? Pois eu já sei de tudo.

— De tudo o quê?

— De seu arranjo com padre Tobias.

— Arranjo? Que arranjo?

— Não se faça de desentendido, Jules. Não vai mais funcionar. Já sei que você usou a informação que lhe dei sobre o padre para fazê-lo me convencer a abortar a criança.

Jules distendeu o rosto num largo sorriso, acrescentando irônico:

— Ah! é isso? Ora, Vivian, não sei por que está tão zangada. Então não vamos nos casar? Não estamos felizes?

— O que você fez foi uma indignidade. Padre Tobias era meu amigo.

— E daí? Ele se foi. Não entendo por que está tão aborrecida. Sei que gostava dele, mas daí a encenar esse teatro... Ora, Vivian, francamente...

Vivian desabou na poltrona e começou a chorar.

— Você sabia de meus sentimentos por ele — choramingou. — Como pôde mandá-lo para longe?

— Eu não o mandei. Foi ele que me pediu para partir.

— Você o ameaçou.

— Estava desesperado. Ou ele me ajudava, ou eu perderia você.

— Só me perderia se quisesse. Eu estava esperando um filho seu, Jules! Podíamos ter sido felizes, os três.

Vivian desatou a chorar convulsivamente, e Jules aproximou-se dela. Ela tentou se esquivar dele, dizendo sem muita convicção:

— Não, Jules. De hoje em diante, não o quero mais...

— Psiu! O que é isso, Vivian? Então não nos amamos? Como pode pensar em me deixar? Não diga uma tolice dessas. Não estrague as nossas vidas por causa de um padreco qualquer.

À medida que falava, Jules a ia acariciando e beijando, e Vivian começou a amolecer. Há muito que ele não a tocava daquele jeito.

Primeiro fora a notícia da gravidez, que o deixara frio e arredio. Depois, o aborto e sua impossibilidade de sair, que os impedia de se encontrar às escondidas. Mas agora, sozinhos na casa de Jules, longe dos olhares alheios, tudo era propício.

Corpo ardendo de desejo, Vivian não resistiu e deixou que ele a erguesse no colo e subisse com ela até seus aposentos particulares. Ele fechou a porta com o pé e deitou-a na cama, e ela sentiu reacender em seu corpo toda a chama da paixão.

Sentados em duas poltronas, Decius e Rupert se deliciavam. Fazia tempo que esperavam pelo reencontro dos dois, e enquanto eles se amavam, Rupert dizia:

— Meu amigo, pensei que tudo estivesse perdido.

— Eu também — respondeu Decius, sem tirar os olhos do leito. — Confesso que aquele espírito de luz quase me desanimou.

— Pois é. Mas o culpado foi o tal de Francis. Onde já se viu intrometer-se assim nos assuntos alheios?

— Não conseguimos trazê-la de volta para nós, é verdade. Mas ao menos não a perdemos para o lado dos bonzinhos.

— É, meu caro, mas foi por pouco. Glenna quase a convence.

— Mas não conseguiu — disse, apontando para a cama, onde os dois se amavam e, passando a língua nos lábios, concluiu: — Agora, Rupert, dê-me licença, sim? Estou louco para juntar-me a eles.

Decius soltou estrondosa gargalhada e foi para a cama, colando-se ao corpo de Jules. Ele também, há muito ansiava por sua Althea. Apesar de tudo o que ela lhe fizera, ainda a desejava imensamente e não poderia perder a oportunidade de sentir o seu corpo quente e macio.

Depois que eles terminaram, Decius se levantou e ia se preparando para sair. O que viria depois não era de seu interesse. Mas Rupert ainda estava sentado no mesmo lugar em que o deixara. Ao vê-lo, Decius surpreendeu-se.

— Rupert! O que faz aí?

Ele se levantou e passou rente a Decius, empurrando-o para o lado e falando com sarcasmo:

— Meu caro Decius, cansei-me de ser mero espectador. De hoje em diante, também quero aproveitar.

Encostando-se a Jules, Rupert começou a sugerir-lhe que começasse a acariciar Vivian novamente. Jules, na mesma hora, captou-lhe a intenção, e logo eles estavam se amando novamente, para deleite do espírito. Decius, por sua vez, apesar de não gostar nada daquilo, não disse nada. Já estava acostumado com Jules, e era ele quem lhe servia de instrumento. Mas ver Rupert se aproveitando de sua amada causou-lhe imenso mal-estar, e ele desviou o olhar. Preferia não presenciar aquela violação.

Ao final, Rupert se levantou e aproximou-se de Decius. Percebendo o que lhe ia no coração, começou a rir e a bater em seu ombro repetidas vezes, dizendo em tom de deboche:

— O que houve, Decius? Está com ciúme?

Decius, sabendo de sua posição de inferioridade em relação ao outro, abaixou a cabeça e grunhiu:

— Não, Rupert. Não foi nada.

— Acho bom. Lembre-se de quem manda aqui. Somos amigos, mas não vá querer me enfrentar ou desrespeitar.

Decius não disse nada. Esperou até que Rupert saísse e foi atrás dele. Mas não gostara nada daquilo. Althea pertencia a ele e a mais ninguém. Nem a Rupert.

capítulo 16

Como Vivian não voltara à sua casa, no dia seguinte, Glenna resolveu procurá-la e ficou imensamente surpresa ao encontrá-la passeando no jardim, a sós com Jules.

— Bom dia, Glenna — cumprimentou Jules ao vê-la, imprimindo à voz o tom mais irônico que conseguia. — Linda manhã, não?

— Sim, linda manhã — repetiu ela com frieza. — E você, Vivian? Não me cumprimenta?

Vivian estava confusa e envergonhada, e sorria pouco à vontade.

— Vamos, Vivian — estimulou Jules, ainda com ironia —, cumprimente nossa adorável Glenna.

Começou a rir, dando um beliscão nas nádegas de Vivian, que desatou a rir também. Glenna, enojada, virou as costas e entrou em casa. Estava furiosa. Jules, mais uma vez, conseguira. Envolvera Vivian com sua conversa doce e falsa, e a tola se deixara iludir. Mas isso não iria ficar assim. Era preciso tomar uma providência, e já. Vivian não podia se casar com Jules, e só Lucy poderia impedi-la.

— Ficou louca? — perguntou Lucy a Glenna, após ouvir a sua sugestão. — Quer acabar com o meu casamento?

— Lucy, não podemos permitir que Vivian se case com Jules. Ele a fará sofrer.

Lucy encostou o rosto na janela e pôs-se a olhar para o lado de fora. Uma chuvinha fina começava a cair, anunciando que o outono, em breve, chegaria. Sem se voltar, retrucou:

— Sinto, Glenna, mas é opção de Vivian. Não há nada que eu possa fazer. E depois, quem garante que ela me dará ouvidos?

Glenna aproximou-se da janela e parou bem atrás dela, acompanhando-a na contemplação da chuva.

— Vocês são irmãs, e ela a ama e a respeita muito.

— Jules é um cafajeste, e eu jamais poderei perdoá-lo pelo que me fez. Devo a ele minha incapacidade de ter filhos — virou-se para encarar Glenna, ao mesmo tempo em que continuava: — No entanto...

Parou de falar abruptamente. Parada na porta de seu quarto, Vivian as olhava sem compreender. Quando Glenna se afastara, sentira o remorso a roer-lhe a consciência e fora atrás dela. Glenna era sua amiga, e ela não podia permitir que seu relacionamento com Jules interferisse na amizade que tinha pela prima.

Ao chegar ao quarto da irmã, entrou apressada. Estava tão ansiosa por desculpar-se que nem se lembrou de bater. O tapete abafou o ruído de seus passos, e as duas estavam tão entretidas na conversa que nem deram pela sua chegada. Vivian entrou bem a tempo de ouvir as últimas palavras da irmã e estacou atônita.

— Vivian! — gritou Lucy, sem saber precisar o que ela havia escutado. — O que faz aí?

Glenna imediatamente se voltou e olhou para ela. Pelo seu semblante, podia perceber que ela escutara mais do que deveria. Ou, quem sabe, escutara exatamente aquilo que devia. Sem prestar atenção à pergunta da irmã, retrucou atônita:

— O que quer dizer, Lucy? O que quer dizer com *devo a ele minha incapacidade de ter filhos*?

Lucy olhou para Glenna, constrangida, e ela devolveu-lhe o olhar com outro, de encorajamento. Lucy abaixou os olhos e começou a gaguejar:

— Vivian... não... não quis dizer nada... Você... você entendeu mal...

— Não, Lucy, entendi muito bem. Ouvi perfeitamente quando você disse: devo a ele minha incapacidade de ter filhos. Deve a quem? A Jules?

— Jules? — tornou Lucy, atônita. — Ora, minha querida, mas o que é isso? Que idéia absurda!

— Não me venha com escusas, Lucy. Também escutei muito bem quando você chamou Jules de cafajeste e disse que jamais poderia perdoá-lo pelo que ele lhe fez. O que foi que ele lhe fez, Lucy?

— A mim? Nada. Ora essa, Vivian, onde já se viu?

— Não tente me enganar, Lucy, porque sei muito bem o que ouvi. E você, Glenna, por que não diz nada?

Glenna olhou para ela com tanta firmeza que Vivian sentiu medo. Havia ali algo que ela desconhecia, mas altamente aterrador.

— Você sabe muito bem o que ouviu, Vivian. Quanto ao resto, cabe a Lucy contar-lhe, não a mim. Com licença.

De cabeça erguida, Glenna passou por elas e fechou a porta, descendo para a sala, onde Christine se entretinha com um bordado. Sentou-se a seu lado e puxou conversa, falando de amenidades, torcendo para que Lucy tivesse coragem de lhe contar tudo.

Em seu quarto, Lucy tentava, de todas as formas, esquivar-se ao cerco de Vivian. Mas ela sabia o que ouvira, e as palavras de Glenna não deixavam nenhuma dúvida.

— Muito bem — prosseguiu Vivian. — Estou esperando.

— Mas esperando o quê, minha irmã? Não há nada.

— Mentira! Há alguma coisa entre você e Jules, agora estou certa. Os seus olhares, suas evasivas... Vamos, Lucy, conte-me o que há entre vocês!

Sentindo-se acuada, Lucy começou a chorar. Estava apavorada, pressentindo que sua vida inteira começaria a ruir, e falou aos prantos:

— Oh! Vivian, perdoe-me! Eu não queria. Deus é testemunha de que eu fiz tudo para evitar. Mas fui fraca, não resisti.

Vivian gelou. Não podia crer no que seus ouvidos escutavam. Lucy, amante de Jules? Era demais.

— Você e Jules são amantes? — tornou atônita.

— Oh! não, Vivian, por Deus! Nem pense uma coisa dessas.

— Mas você... você disse que...

— Vivian, vou lhe contar uma história, mas você tem que prometer jamais contar a Hamilton. Você promete?

— Não sei, Lucy — retrucou Vivian com raiva. — Não sei se

poderei suportar. Se você e Jules são amantes, Hamilton tem todo o direito de saber.

— Garanto-lhe que não somos amantes. Por favor, Vivian, você tem que acreditar e confiar em mim.

Vivian estava em dúvida. Ouvira perfeitamente as suas palavras, e elas combinavam com a forma como ambos se tratavam. Estava claro que havia algo entre eles, algo que Lucy tinha medo de revelar. Olhando para a irmã, Vivian pôde ler a sinceridade e o afeto em seus olhos, e teve certeza de que Lucy jamais mentiria para ela ou a trairia. Acima de tudo, eram amigas.

— Está bem, Lucy. Confio em você e prometo não contar nada a Hamilton.

Aliviada, Lucy narrou a Vivian tudo o que lhe acontecera desde o dia em que conhecera Jules, que se apresentara com o falso nome de Henry Monroe, até o aborto que ela sofrera, graças a uma poção que ela ingerira a mando de Jules.

Quando ela terminou, ambas estavam chorando e se abraçaram comovidas, Vivian sentindo a raiva crescer dentro do peito.

— E agora? — indagou Lucy em lágrimas. — O que pretende fazer?

— Não sei, Lucy. Mas não posso continuar com Jules. Ele já me decepcionou demais. Primeiro com meu filho. Depois com padre Tobias. E agora isto. Não agüento mais. Penso que é melhor mesmo que nos separemos.

— Mamãe ficará furiosa.

— Eu sei. No entanto, nada poderei fazer.

— O que lhe dirá?

— A quem? À mamãe? Não sei. A verdade, talvez.

— Vivian, por favor, mamãe jamais irá me perdoar. E se ela contar tudo a Hamilton? O que será de mim?

— Duvido que ela conte alguma coisa a alguém. Mamãe dá muito valor às aparências. Não se atreverá a expor você, com medo de estar expondo a si própria. Fique tranqüila. Agirei de forma que você fique protegida.

Vivian beijou Lucy e voltou para perto de Jules. Ele estava sentado num dos caramanchões do jardim, ao abrigo da chuva, esperando que Vivian voltasse. Ao passar pela sala, ela balançou a cabeça para Glenna e saiu apressada.

Quando chegou ao caramanchão, afastou o manto do rosto e encarou Jules com olhar furioso. Percebendo que algo não correra bem, ele perguntou:

— Vivian, querida, aconteceu alguma coisa?

— Aconteceu sim. Por que não me disse que conhecia Lucy?

Jules sentiu o sangue gelar nas veias e tentou protestar:

— De novo com isso, Vivian? Quem foi que disse que eu a conheço? Nunca a vi antes. Olhe, Vivian, se sua irmã não gosta de mim, não posso fazer nada.

— Cale-se, mentiroso! Já sei de tudo. Lucy me contou sobre Henry Monroe...

Ele empalideceu e quase caiu para trás mas, recobrando o autocontrole, retrucou com ar cínico:

— Henry Monroe? Não conheço...

— Cínico! Já sei de seu envolvimento com Lucy.

— De quem? De Henry Monroe? E o que eu tenho com isso?

— Você me enoja, Jules. Não se faça de desentendido, porque não adianta. Por que foi se envolver com Lucy?

— Quem, eu? Envolver-me com Lucy?

— Pare, Jules, pare! Não adianta mais mentir. Já sei de tudo! Ela o reconheceu. Reconheceu-o como Henry Monroe! Não subestime a minha inteligência nem a de Lucy. Não somos idiotas!

— Ela está louca, Vivian. Não vê que quer nos destruir? Tem razão, eu a conheço. Mas nunca tive nada com ela. Lucy bem que tentou, mas sabendo que ela era uma senhora casada, mulher de um respeitável membro do parlamento, não lhe dei importância. E agora quer se vingar de mim. Ela está é com ciúmes, com inveja da nossa felicidade. Não se deixe enganar pelas suas artimanhas, Vivian. Lucy é uma mulher má e mesquinha.

— Chega, Jules! Não acredito em você. Você a enganou, fingindo-se passar por outra pessoa. Por que lhe deu um nome falso? Por que tinha medo de que Hamilton descobrisse tudo e acabasse com você, não é?

Vendo-se descoberto, Jules mudou de atitude e tentou se justificar:

— Isso aconteceu há muito tempo, Vivian. Mas hoje estou arrependido. Por favor, não me culpe por um erro do passado.

— Mais um de seus muitos erros do passado e do presente. Ainda hoje você não se acerta, não é Jules?

— Vivian...

— De hoje em diante, tudo está terminado entre nós. Não quero vê-lo nunca mais. Suma da minha vida para sempre.

— Não faça isso, Vivian. Eu a amo.

— Você não ama ninguém além de si mesmo. E tola fui eu de pensar que o amava.

— Mas você me ama, sei que me ama.

— Engana-se, Jules. Amei-o um dia, se é que se pode chamar de amor a loucura que vivemos. Mas agora, depois do que fez a Lucy, não posso mais amá-lo nem perdoá-lo. Você não é digno do meu amor.

Mal conseguindo segurar o ódio e a indignação, Jules a fitou com fúria e esbravejou:

— Quem pensa que é para rejeitar-me assim, Vivian? Por acaso se julga muito digna, é? Diga-me, minha cara, que homem a irá querer depois do que você fez? Que digno cidadão da nossa sociedade irá aceitar uma mulher usada e rejeitada? Lorde Thomas, talvez? Isto é, se os filhos dele permitirem que se case com uma ordinária, não é mesmo?

Vivian engoliu a raiva e revidou entre dentes:

— Pouco me importa. Só o que sei é que não posso mais me casar com você. Já suportei demais de você. Seus desvarios, seu envolvimento com rapazinhos efeminados, suas mentiras, seus joguinhos... até sua traição. Mas o que fez com Lucy foi a gota d´água. Superar o que você fez a padre Tobias já foi difícil, mas consegui, em nome do que eu julgava chamar de amor. Mas agora isso? Foi demais. Foi uma crueldade, um assassínio. E você repetiu comigo o mesmo que fez a ela. Matou o meu filho como matou o filho de Lucy. Por que será que você só faz atingir aqueles que amo?

Vendo que não conseguia feri-la ou intimidá-la, ele deu um

passo em sua direção e estendeu a mão para ela, balbuciando com mal disfarçada voz de sofrimento:

— Vivian, perdoe-me... Só fiz isso porque a amo e porque não queria me separar de você. E um filho só iria tirá-la de mim.

— Você não ama ninguém. Será que amou Lucy também?

— Pelo amor de Deus, Vivian! Eu errei com Lucy, admito. Mas era jovem, inexperiente. Fui atraído pela sua beleza, pela sua sensualidade...

— Cale-se! Você a seduziu, Jules, eu sei. Não foi ela que se atirou para você. Foi você quem a seduziu com falsas juras de amor. E para quê? Para dar-lhe uma droga maldita que a fez perder, não só o filho, mas também todas as suas esperanças de ser mãe!

— Não lhe dei nada para beber. Se ela ingeriu alguma droga, foi por conta própria. Não tenho nada com isso.

— Mentira! Ela não sabia o que estava tomando. Você foi sórdido, Jules, pagou à criada para lhe ministrar o chá abortivo. Não adianta fingir. A criada já não vive mais, mas confessou tudo antes de morrer. Foi você sim, Jules, e fez o mesmo comigo! Por que, Jules? Por que odeia as crianças?

Confuso, Jules tentou se defender:

— Não odeio crianças. Apenas não quero ser pai... ainda.

— Você não quer ser pai nunca, Jules. E sabe por quê? Porque você é um cafajeste, um aproveitador, um folgazão. Só o que quer é aproveitar a vida, divertir-se com festas, bebidas e sexo!

— E daí, Vivian? Que eu saiba, é o mesmo que você quer. Ou será que pensa que é alguma santinha?

— Posso não ser santinha, mas não sou falsa feito você. Tenho princípios.

— Princípios... bem se vê quais são os seus princípios...

— Saia daqui! — berrou ela, quase fora de controle. — E nunca mais apareça, ou serei obrigada a contar a meu cunhado o que você fez! Ele é um homem influente no parlamento, muito mais do que você, além de mais inteligente e hábil. Tenho certeza de que não gostaria de se confrontar com ele num duelo.

Ele deixou cair os braços ao longo do corpo e fez uma careta de desdém, retrucando com desprezo:

— Tola. Quer estragar também o casamento de sua irmã?

— Não se preocupe com isso. Tenho certeza de que Hamilton acreditará em qualquer história que eu lhe contar. E agora saia. Você me causa repulsa.

— Não faça isso, Vivian. Vai se arrepender depois.

— O único arrependimento que tenho é de não ter terminado tudo com você antes de matar o meu filho.

— Eu a amo, Vivian. Quer desperdiçar sua chance de ser feliz?

— Saia!

— Você não pode fazer isso...

— Saia, já disse!

— Não, Vivian. Não vou permitir que você acabe com a nossa felicidade.

— Vá-se embora daqui, Jules, ou serei obrigada a chamar Hamilton para que o expulse com suas próprias mãos! Saia!

Jules saiu espumando de ódio. Maldita Lucy! Sabia que ela ainda acabaria estragando tudo. E o pior era que ele gostava de Vivian. Bem que deveria esquecer-se dela e procurar outra mulher. E era o que faria, se não tivesse remédio. Mas gostava mesmo de Vivian, de seu ardor, de seus beijos, de seu corpo. Será que teria que abrir mão dela, depois de tanto sacrifício?

Quando Vivian voltou para dentro de casa, Glenna já não estava. Tinha compromissos para o almoço e não podia se demorar. À mesa de refeição, anunciou a todos a sua decisão. George, apesar de um tanto quanto contrafeito, aceitou com facilidade. Ainda poderia tentar casá-la com lorde Thomas. Christine, contudo, não queria aceitar de jeito nenhum. Aquilo era uma afronta. Depois de tudo por que passara, como ousava pensar em romper com Jules?

Sentindo o olhar aflito de Lucy sobre ela, Vivian encarou a mãe e disse com naturalidade:

— Não adianta, mamãe. Cheguei à conclusão de que não amo Jules. Nada me fará voltar atrás.

— Não pode fazer isso, Vivian — protestou Christine veemente. — O noivado já se concretizou. O que as pessoas vão dizer?

— Não estou nem um pouco interessada no que as pessoas vão dizer. O fato é que já tomei a minha decisão.

— Mas Vivian, não fica bem. Você já está compromissada. E depois, um noivado não se rompe assim tão facilmente, de uma hora para outra. Ainda mais quando o noivo é, nada mais, nada menos, do que o duque de Kingsley!

— Noivado não é casamento, mamãe. Nada ainda se concretizou entre nós...

— Nada...?

— Muito bem, Christine, agora chega — cortou George. — Vivian deve saber o que faz. Se descobriu que não ama lorde Jules, para mim está tudo bem. Ela sabe que sempre dei preferência a lorde Thomas.

— Não, papai — objetou ela rispidamente. — Ele também não me interessa.

— Mas Vivian...

— Já disse que não. Não quero Jules, mas também não desejo me casar com lorde Thomas. Não estou disposta a unir a minha vida a nenhum velho caquético.

— Vivian!

— Já disse que não.

Por mais que se esforçasse, George não conseguia convencê-la a aceitar o casamento com lorde Thomas. Se ele ainda a quisesse, seria uma excelente aliança. Ainda poderia realizar o seu sonho de ver seu título elevado ao de conde. Mas Vivian não queria ceder, e ele já não tinha mais forças para obrigá-la.

Mais tarde, quando Vivian já se havia recolhido a seus aposentos, foi surpreendida com a entrada brusca da mãe.

— Creio que já se esqueceu do que lhe aconteceu.

— O quê? O que me aconteceu, mamãe?

— Você sabe muito bem do que estou falando. Como espera casar-se daqui para a frente?

Vivian deu de ombros.

— Não sei e pouco me importa. Se for preciso, fico solteira.

— Para se entregar nos braços de qualquer um que cruzar o seu caminho? Isso é que não, minha filha. Você se perdeu, entregou-se a um homem sem a segurança e a respeitabilidade que só o casamento pode oferecer. Quer que agora acredite que levará uma vida de celibato?

— No que a senhora vai ou não acreditar, mamãe, francamente não me interessa. Mas não vou me casar com Jules e pronto.

— Por que esse capricho agora, Vivian? Não foi você mesma quem disse que o amava? O que foi que aconteceu para você mudar de idéia?

Vivian titubeou. Não podia contar nada à mãe nem deixar que ela desconfiasse de algo.

— Não aconteceu nada — respondeu hesitante. — Apenas descobri que não o amo, só isso.

— Só isso? Assim, de repente?

— Não foi de repente. Foram várias coisas pequenas que, somadas, me levaram a tomar essa decisão.

— Que coisas?

— Então não sabe, mamãe? O caso de Jules com aquele criado, sua rejeição pelo meu filho, padre Tobias...

— O que tem padre Tobias a ver com isso?

— Jules ameaçou revelar o segredo de padre Tobias, caso ele não o ajudasse a convencer papai a concordar com o nosso casamento.

Vivian, deliberadamente, ocultou a parte em que Jules chantageou o padre para que ele a convencesse a fazer o aborto. Tinha medo de que a mãe descobrisse o que sentia por ele. Tampouco lhe disse que fora ela quem revelara seu segredo a Jules.

Christine, no entanto, não estava convencida e, apontando-lhe o dedo, ameaçou:

— Não pense que vou ficar sentada, de braços cruzados, enquanto minha filha atira o nome da nossa família na lama. Ou você se casa, ou serei obrigada a contar tudo a seu pai, e ele tratará de comprar um marido para você.

— Comprar-me um marido? Isso é que não.

— Isso mesmo. Depois do que você fez, nem lorde Thomas a aceitará.

— Eu é que não aceitarei isso, mamãe. Nunca!

— Pois então, pense bem no que vai fazer.

Christine saiu, deixando Vivian a sós com seus pensamentos. Precisava pedir auxílio a Glenna. Ela saberia o que fazer.

No dia seguinte, bem cedo, Vivian foi à casa de Glenna. Ela havia acabado de se levantar e estava ainda no quarto. Vivian entrou e sentou-se na poltrona, perto da penteadeira em que Glenna se penteava. Ela encarou Vivian com ar perscrutador e inquiriu:

— E então? Como foi? Estava ansiosa para saber.

Vivian contou-lhe o que sucedera, desde a conversa com Lucy até o rompimento do noivado, e Glenna deixou escapar um sorriso de satisfação.

— Fez muito bem, Vivian. Jules só iria fazê-la infeliz.

— Há algo, porém, que não lhe contei. Minha mãe ameaça contar tudo a meu pai e diz que ele irá arranjar-me um marido. Ou melhor, irá comprar-me um.

— É bem típico de Christine.

— Diga-me, Glenna, será que as coisas são como minha mãe diz? Será que não resistirei e acabarei me entregando a qualquer homem que conhecer?

— Isso vai depender de você.

— Minha mãe diz que sim.

— Bem, Vivian, não é assim com todo mundo.

— Com você, por exemplo, não é. Sabe, Glenna, nunca pude entender por que uma mulher bonita feito você está há tanto tempo sozinha. Poderia ter o homem que desejasse, no entanto, prefere ficar só. Não compreendo. O que está esperando? Ficar velha e feia?

Glenna pousou a escova de cabelos sobre a penteadeira e encarou Vivian. Durante alguns minutos, permaneceu a olhá-la, até que se levantou e foi ajoelhar-se aos pés de Vivian. Segurando-lhe as mãos entre as suas, falou com profunda emoção:

— Lembra-se de quando conversamos sobre segredos? — Vivian assentiu. — Pois bem. Penso que chegou a hora de revelar-lhe o meu.

Sem que Vivian se desse conta, Glenna puxou-a para si e a beijou na boca, e Vivian deu um salto, apavorada, esfregando os lábios com a mão.

— Glenna! Mas o que é isso? Você enlouqueceu?

Calmamente, Glenna acercou-se dela e, com voz doce e sonora, prosseguiu:

— Não, minha cara, não enlouqueci. Mas não posso fingir ser aquilo que não sou. Assim como padre Tobias não gosta de mulheres, eu não gosto dos homens. Eles são frios, insensíveis, cruéis...

Novamente, Glenna a beijou. Só que dessa vez, Vivian não a repeliu. Por uma estranha e chocante razão, sentira prazer naquele beijo e deixou-se levar pela emoção daquele momento. Glenna era uma mulher ardorosa e carinhosa, totalmente diferente da mulher a que estava acostumada. Com ela, Vivian experimentou um amor que antes jamais sonhara existir. Era doce, sutil, leal, verdadeiro. Sem qualquer objeção, Vivian facilmente deixou-se envolver por aquela onda de ternura que emanava de Glenna, e as duas logo tornaram-se amantes.

Todos os dias, Vivian ia à casa de Glenna e com ela passava as tardes, lendo em sua companhia, conversando e a amando. Era maravilhoso! Vivian nunca pensou que poderia se envolver numa loucura daquelas. Glenna, por sua vez, também se sentia realizada. Encontrara em Vivian a paixão que lhe faltava. Ela era jovem, cheia de vida, totalmente despojada de valores e conceitos distorcidos. Era livre. Seu espírito era livre, e ela poderia fazer o que bem entendesse.

Quase sempre, quando saía de casa, Vivian encontrava Jules a espreitá-la, mas ela passava por ele sem lhe prestar atenção. Não raras eram as vezes em que a seguia, e logo ficou sabendo de suas constantes visitas a Glenna. Há muito que Jules suspeitava de Glenna. Pessoalmente, nunca vira nada, mas sua solidão e os olhares que lançava a certas moças davam até para desconfiar... Só não podia provar.

Por mais que Jules tentasse, Vivian não queria recebê-lo. Fora diversas vezes à sua casa, mas, ou ela não estava, ou fingia dormir. E nem Christine conseguia fazer com que ela o recebesse.

Até que um dia, cansado de suas recusas, ficou esperando-a no portão. Quando sua carruagem já ia saindo, Jules fez sinal para que parasse e entrou, sentando-se ao lado de Vivian.

— O que faz aqui? — perguntou ela com raiva.

— Quero falar com você.

— Não tenho mais nada a lhe dizer.

— Aonde vai, Vivian?

— Não é da sua conta.

— Será que não? E será que não é da conta de seu pai, por exemplo?

— De meu pai? — hesitou. — Por quê? O que tem meu pai a ver com isso? Ele sabe aonde vou...

— Mas sabe o que vai fazer?

Vivian o encarou perplexa. Ele devia saber de alguma coisa.

— O que está querendo dizer, Jules?

— Nada, Vivian. Apenas acho que o seu envolvimento com Glenna não me parece dos mais... comuns.

Instintivamente, Vivian desferiu-lhe uma bofetada, e ele levou a mão ao rosto, tentando segurar a raiva.

— Sua ordinária! — rosnou entre dentes. — Como se atreve a me bater?

— E você, como se atreve a fazer insinuações maldosas sobre mim e Glenna? Que direito tem de levantar o dedo e nos acusar?

— Não as estou acusando de nada.

— E nem deve. Você não tem provas. Mas vou lhe dar um conselho, Jules. Faça alguma coisa contra Glenna, por menor que seja, e eu acabo com você. Não hesitarei em contar uma história sórdida e distorcida a Hamilton, e você estará liquidado para sempre.

— Sou um duque, Vivian, e Hamilton nada pode contra mim.

— Será que não? Pois experimente.

Ele ia revidar, mas mudou de idéia. Abriu a porta da carruagem e fechou-a com estrondo, e Vivian deu ordens ao cocheiro para que rumasse para a casa de Glenna. Ela precisava saber o que estava acontecendo.

Jules ficou olhando a carruagem se afastar, pensando no que fazer para desmascarar Glenna e trazer Vivian de volta. Chutou uma pedra para longe e se dirigiu para o local em que havia amarrado seu cavalo. Tomou a montaria e pôs-se a cavalgar em silêncio, pensando se valeria a pena arriscar o seu pescoço só para ter Vivian de volta. Na verdade, estaria arriscando-se apenas por uma vingança, porque algo em seu coração lhe dava a certeza de que ela jamais tornaria a ser dele.

Na casa de Glenna, Vivian tratou de colocá-la a par da situação. Tinha medo de Jules e do que ele poderia fazer.

— Não se preocupe — tranqüilizou Glenna. — Jules não fará nada.

— Como pode saber?

— Primeiro, porque é um covarde. E depois, porque não pode provar nada contra nós.

— E se ele contar alguma coisa a Hamilton sobre Lucy? Uma carta anônima, não sei...

— Está imaginando coisas, Vivian. Conheço Jules muito bem e sei que ele não seria capaz de uma coisa dessas. Não por dignidade, mas por covardia.

Vivian ficou mais calma. Se Glenna dizia que não devia se preocupar, então não deveria mesmo haver motivo de alarme. Jules estava com raiva mas, na certa, não se atreveria a nada. Tinha muito a perder. Afinal, não estava tentando um casamento para salvar sua reputação, já tão arranhada pelos seus desvarios? Será que se arriscaria a enfrentar mais um escândalo em sua vida? Era um duque, sim, mas um duque sem moral e sem respeito não merecia a admiração da sociedade. E Jules jamais suportaria a solidão que a revelação de suas loucuras lhe imporia.

No entanto, Glenna não podia permanecer inerte, vendo o desenrolar dos acontecimentos. Se Jules não representava nenhuma ameaça sólida, Christine era uma preocupação a considerar. Dia após dia, vivia a importuná-la, pedindo-lhe que intercedesse junto a Vivian e a convencesse a voltar para Jules. Ela era sua amiga e sua confidente, e ninguém melhor do que ela para chamar a filha à razão. Com Lucy, não podia contar. Não sabia por que, mas sentia que a filha não aprovava mesmo o casamento de Vivian com Jules. George, então, ainda sonhava em casá-la com lorde Thomas, mas ela não podia concordar. O futuro de Vivian estava em jogo e Glenna tinha que ajudar.

Para não levantar suspeitas nem desgostar Christine, Glenna tratou de tranqüilizá-la, afirmando-lhe que não se preocupasse. Vivian era ainda uma menina e logo se casaria. Ela mesma se encarregaria de arranjar-lhe um marido à altura. Mais tranqüila, Christine deixou de se preocupar. Esperava que Glenna colocasse um pouco de juízo na cabeça da filha e conseguisse encontrar um homem digno, rico e influente, que não se importasse de desposar uma mulher já deflorada.

Numa tarde, Vivian descansava no colo de Glenna, e as duas iam conversando:

— Eu nunca desconfiei, Glenna. Sempre a achei linda.

— E agora me acha feia?

— É claro que não. Você é maravilhosa. Muitos homens diriam que é uma pena desperdiçar-se tanta beleza.

— Os homens não me interessam. Como disse, eles são cruéis e egoístas, e só pensam em si mesmos.

— Mas você foi casada!

— Meu marido era uma exceção dentre tantos homens. Era leal, honesto, carinhoso. Eu o amei à minha maneira.

— Mas como pôde? E a traição?

— Engana-se, Vivian, se pensa que o traí. Durante os dez anos em que permanecemos casados, fui-lhe fiel. Era um dever de honra e de gratidão. Jamais gostei de homens, sempre me senti atraída pelas mulheres. No entanto, em nossa sociedade, isso é considerado um pecado grave, e eu corria o risco de ser acusada e incriminada só porque possuo um gosto que foge aos padrões sociais. Por isso, tive que reprimir meus instintos, fingindo ser o que não era. Mas precisava de minha liberdade, e foi então que conheci Edward. Ele era um homem muito mais velho do que eu, rico, influente e, sobretudo, bom e generoso. O marido ideal para conceder-me a tão sonhada liberdade.

— Por isso se casou?

— Sim. Contudo, fiz-lhe um juramento e devo admitir que o cumpri. Apesar das dificuldades, nunca traí meu marido. Em alguns momentos, o desejo me dominava e eu pensava em me ocultar e sair à procura de alguma mulher de vida fácil. Algumas são capazes de tudo em troca de algumas moedas de ouro. Mas não tinha coragem. Edward era tão bom para mim que não merecia. Assim, durante dez anos, limitei-me a dividir o leito com meu marido, que me amava sem ardor, mas com respeito e carinho. Eu jamais senti prazer com ele. Mas sabia respeitá-lo e apreciava sua companhia. Ele era meu amigo e companheiro. Quando adoeceu, cuidei dele com dedicação e afeto. E quando morreu, chorei sinceramente a sua morte. Eu o amava, Vivian. Do meu jeito, posso dizer que foi a pessoa a quem mais amei neste mundo.

Vivian estava emocionada. Havia tantas coisas que gostaria de dizer. Ela suspirou e retrucou:

— Sabe, Glenna, estou feliz com você, mas acho que não é isso o que quero para mim.

— É claro que não, meu bem. Você só está aqui nesse momento porque as circunstâncias a impeliram a isso. Você estava magoada, ferida, humilhada, e eu lhe dei o que nenhum outro homem poderia lhe dar. No entanto, você não é como eu. Reconheça que esse impulso foi apenas transitório e, como tudo na vida, um dia teria que passar.

— Como pode dizer isso? Eu a amo.

— O amor independe do sexo. Eu também a amo, querida, assim como amo padre Tobias e amava meu marido. Mas, ao contrário do que se passa com você, eles jamais poderiam me dar prazer. Mas não se culpe. Você é jovem e é mulher. E depois dessa relação, estou certa de que você estará muito mais madura para enfrentar os homens e a vida. Não estou certa?

Vivian sorriu e balançou a cabeça, perguntando indecisa:

— Mas o que vou fazer?

— Faça como eu. Case-se com um homem rico, influente, que goste de você e lhe permita fazer o que bem entende. Ele poderá lhe dar a tão sonhada independência.

— Fazer o que eu bem entendesse. Bem que gostaria...

— O que gostaria de fazer, Vivian?

— Gostaria de ser escritora.

— Um sonho muito alto para uma mulher, minha menina. Pois então? Faça como lhe disse. Encontre alguém que a ame e a ajude nesse projeto. Só um marido poderá lhe dar a respeitabilidade necessária para você fazer as coisas à sua maneira.

— E onde poderia encontrar alguém assim, Glenna? Por acaso tem alguma idéia?

Glenna deu um sorriso maroto e acrescentou:

— Por acaso, tenho sim.

— Tem? Mas quem? Onde? De quem se trata?

— De Francis.

— Francis? Seu amigo Francis? O músico?

— Ele mesmo.

— Não sei, Glenna, eu não o amo.

— Não precisa amá-lo. Não ainda. Basta que o respeite. Se o amor não vier depois, paciência. Mas não o desrespeite nem o maltrate. Isso traria sofrimento a ambos.

— Acha que daria certo?

— Se você souber respeitá-lo, tenho certeza de que sim. Francis é jovem, bonito, rico, filho de um duque que, além de tudo, é ardoroso defensor das artes.

— Eu sei. Se bem me lembro, Lucy até me falou algo a respeito dele estar ajudando uma mulher a se lançar como escritora.

— É verdade. Ela usa um pseudônimo e ninguém a conhece. Se ele ajuda uma estranha, o que não faria por você, sua nora? E depois, eu mesma conheço as suas poesias e sei que têm grande valor. Ele não a estaria favorecendo em nada que você não merecesse.

— Sabe, Glenna, Lucy já havia tido essa mesma idéia. Mas, na época, não lhe dei ouvidos. Estava muito envolvida com Jules.

— Pois penso que agora chegou a hora de se envolver com Francis. Ele é um excelente rapaz. Sensível, inteligente, culto. Então? O que me diz?

— Hum... não sei. E se ele não estiver interessado?

— Em você? Duvido. Conheço Francis e sei o quanto ele a ama. Ele mesmo me disse, no dia em que saiu daqui, que se Jules a abandonasse, ele a receberia sem hesitar.

— Ele me falou a mesma coisa.

— Eu sei. E é por isso que estou sugerindo essa aliança entre vocês. Case-se com Francis. Você contentará sua família e poderá viver e ser feliz ao lado de um homem maravilhoso. E ainda poderá realizar seu grande sonho e lançar-se como escritora.

— E Jules? Ficará furioso.

— Não dê importância a Jules. Vendo que a perdeu, tratará de dar um rumo à sua vida.

Vivian pensou durante alguns minutos. Glenna estava certa.

Se havia alguém que poderia ajudá-la, esse alguém era Francis. Jules que se danasse. Não era mais sua noiva e não lhe devia nada. Tomou uma resolução. Casar-se-ia com ele e começaria uma nova vida, longe dos ares já saturados de Plymouth.

No dia seguinte, Glenna escreveu uma carta a Francis, contando-lhe a novidade. Ele exultou e, poucos dias depois, chegava a Plymouth com a família e alguns amigos.

Decius e Rupert assistiram a tudo sem nada poder fazer. Não era de seu interesse que Vivian se casasse com Francis, mas não tiveram como evitar. Ela não lhes recebia as sugestões e Francis, até então, não fizera nada que o sintonizasse com os obsessores. Ao contrário, seu amor por Vivian afastava-os ainda mais, e Francis se mantinha protegido por uma aura de luminosidade que ofuscava os espíritos. Só lhes restava agora aguardar uma nova oportunidade para voltarem a atacá-la.

Depois que o casamento se realizou, Vivian abraçou Glenna, profundamente agradecida. Devia a ela o início de sua felicidade.

— Oh! Glenna, sentirei saudades.

— Não se preocupe, querida, irei vê-la assim que puder.

Após as despedidas, Vivian subiu na carruagem que os levaria em lua-de-mel. Estava feliz. Francis era um excelente rapaz e a cobria de atenção. Sua família era educada e atenciosa, e o pai, um homem maravilhoso. Quando voltassem da lua-de-mel, fixariam residência em Londres, onde Vivian iniciaria seus projetos como escritora. Francis ainda não sabia, mas ela estava certa de que ele concordaria e a ajudaria. Assim como seu pai.

Depois que Vivian e Francis se foram, Glenna foi à casa de Jules. O mordomo a fez entrar e foi chamar o duque. Quando Jules soube de sua presença, sentiu um calafrio. O que estaria ela fazendo ali?

— Vim aqui para dar-lhe um aviso — disse ela com desprezo. — Nunca mais torne a procurar Vivian. Ela é agora uma mulher casada com um homem respeitável e decente.

— Homem? Quem? Aquele Francis?

— Não se iluda com ele, Jules. Francis é muito mais homem do que você. É honesto, digno, leal. Possui algo que você não tem,

Jules: hombridade — ele mordeu os lábios e ela finalizou: — Passar bem.

Jules partiu de Plymouth. Sentia-se arrasado, vencido, humilhado. Fizera tantos sacrifícios para ficar com Vivian, e fora tudo em vão. Perdera-a para sempre. Viu que não tinha mais o que fazer ali e decidiu viajar. Iria correr mundo, conhecer novos ares, envolver-se com pessoas diferentes. Era disso que precisava: de um mundo diferente daquele ao qual estava acostumado.

capítulo 17

A família de Francis era extremamente agradável e generosa. O pai, duque de Phineas, era um homem já de uma certa idade, cabelos brancos, olhos azuis, alto e forte como um touro. A duquesa, lady Margaret, era uma mulher delicada e gentil, sempre pronta a distribuir sorrisos e uma palavra amiga e encorajadora a quem quer que fosse. Francis tinha ainda uma irmã mais nova, Betsy, de apenas onze anos de idade, muito bonita e inteligente. A amizade entre Vivian e Betsy foi instantânea. Apesar da diferença de idade e temperamento, sentiram-se ligadas por uma afeição pura e genuína, e logo se tornaram amigas.

Em Londres, Vivian e Francis partiram para sua nova casa. Era uma mansão muito bonita e agradável, em uma rua calma e arborizada, embora não muito distante da agitação da capital nem da casa de Lucy, que ficava apenas algumas quadras abaixo. Depois de instalados, Francis promoveu uma festa para apresentá-la à sociedade londrina. O casamento havia sido realizado meio às pressas, e nem todos os amigos puderam comparecer.

Vivian ficou deslumbrada com o charme e a elegância dos londrinos, muito diferentes dos modos provincianos dos habitantes de Plymouth. Embora um pouco tímida a princípio, logo se acostumou aos novos hábitos e, em pouco tempo, já estava perfeitamente integrada àquela vida agitada e repleta de compromissos sociais. Apesar de já conhecer Londres das poucas visitas que fizera a Lucy, jamais tivera a oportunidade de freqüentar os salões da boa sociedade e tinha que admitir que estava encantada.

Sentada num café em companhia de Lucy, Vivian apreciava o movimento.

— Londres é mesmo uma beleza! — admirou-se.

Lucy sorriu e sorveu um gole do chá que estava à sua frente, concordando com a irmã.

— É sim. Apesar de tudo, devo confessar que já estava sentindo falta dessa agitação.

— Não compreendo como alguém pode continuar a viver em Plymouth depois de conhecer a vida daqui.

— Ora, Vivian, as pessoas são diferentes. Algumas gostam de vida social intensa, outras, de sossego.

Vivian permaneceu algum tempo calada, desfrutando daquele ambiente alegre e cheio de vida, até que continuou:

— E você, Lucy? Como estão indo as coisas?

— Muito bem. Gostaria de lhe agradecer por não ter falado nada à mamãe. Se ela contasse a Hamilton, nem sei o que poderia me acontecer.

— Não foi preciso. Glenna resolveu tudo antes que ela fizesse muitas perguntas.

— É verdade. Glenna é uma boa amiga.

— É sim. E se quer saber, é a única de quem sentirei saudades.

— E Jules? Não pensa mais nele?

Ela hesitou durante alguns segundos, mas acabou aquiescendo:

— Penso. Penso sim. Gostava de Jules, apesar de tudo. E depois, tinha algo que não sei definir. Exercia sobre mim uma estranha atração. Mas quero me libertar disso. Ele não presta.

— E padre Tobias?

— Padre Tobias... sim, Lucy, amo padre Tobias e creio que jamais poderei amar outra pessoa com a mesma intensidade.

— Não será porque esse amor é proibido? Quem sabe se fosse possível, você nem se importasse com ele?

— Pode ser. Mas não acredito. O que sinto por padre Tobias é muito forte. Por ele, seria capaz de largar qualquer coisa. Jules, Francis, qualquer um.

— Até mesmo seu desejo de ser escritora?

— Até mesmo meu desejo de ser escritora. Por padre Tobias, qualquer sacrifício é pequeno.

— Continuo achando que você só diz isso porque não pode tê-lo. Aposto que, no primeiro momento em que o tivesse, já não o quereria mais.

Vivian não respondeu e voltou sua atenção para uma mesa ao lado, onde quatro rapazes conversavam animadamente. Atraída por suas risadas, ela olhou... Dentre eles, um jovem lhe chamou a atenção. Alto, esguio, cabeleira negra e farta, olhos de um azul-vivo e cristalino, destacava-se entre seus amigos.

O jovem nem se apercebeu de seus olhares, mas Vivian, ao se dar conta de que o fitava insistentemente, sentiu vergonha de si mesma e abaixou os olhos. Era uma mulher recém-casada, feliz, como podia estar olhando para outro homem? Tentando conter seus próprios pensamentos, olhou para Lucy, que falava algo sobre uma casa de modas, e disse:

— Vamos embora, Lucy. Já está ficando tarde.

Levantaram-se e partiram, e Vivian olhou discretamente para o jovem ao passar ao lado de sua mesa. O rapaz, porém, de tão entretido na conversa, sequer notou a sua presença, e ela suspirou aliviada. Fora apenas atração por um rapaz bonito que nem reparara nela, nada mais. Não precisava ter medo de si mesma.

Sentada à escrivaninha de seu quarto, ela relia um poema que acabara de escrever:

Sobre o pó de meus receios
Repousa uma chama transparente
É o lume mortiço dos anseios
É a saudade que se sente.

Segreda a noite em meus ouvidos
O seu silêncio de tortura
São lembranças de tempos diluídos
Numa dor que não se cura.

Tecendo-se vai a mortalha dos anos
Que há de vestir meu corpo franzino
São fios dos tantos desenganos
Bordados nas páginas de meu destino.

A espera que arde como chama incerta
A dor dos anos que meu corpo invade
É como o tempo a invadir minh'alma deserta
Anunciando saudade
Saudade
Saudade...

Ao terminar a leitura, sorriu com satisfação. Enviaria aquele poema a Glenna, em nome de sua amizade e da enorme saudade que sentia dela. Abriu a gaveta para apanhar um envelope quando a porta do quarto se abriu abruptamente.

— Francis! — falou espantada. — Já de volta tão cedo?

— Por que o espanto? Não está feliz em me ver?

— É claro que estou. Mas pensei que tivesse um recital agora à tarde.

— Foi cancelado. A baronesa teve um mal súbito e encontra-se acamada.

— Que pena.

— É sim. E você? O que está fazendo? Escrevendo uma carta?

Vivian olhou para o pedaço de papel que ainda sustinha nas mãos e tentou escondê-lo. Não sabia o que Francis pensaria daquilo e, apesar do que Glenna lhe dissera, tinha medo de sua reação. Uma coisa era incentivar mulheres com as quais não mantinha nenhuma relação mais estreita. Outra, bem diferente, era aceitar e estimular a vocação de sua própria mulher.

— Não é nada — respondeu, guardando o papel na gaveta.

— Ora vamos, Vivian, o que é? Não é uma carta? Deixe-me ver.

— Já disse que não é nada, Francis.

— Não acredito. Está escondendo algo de mim. Do que se trata?

— Nada importante. Apenas uma carta para mamãe.

— Então deixe-me ver.

— Não.

— Por quê? Será que está escrevendo para algum amor secreto?

— Francis, que horror! Como pode dizer uma coisa dessas?

— Mostre-me, então.

Decidido a descobrir do que se tratava, Francis segurou-a pelo pulso e arrancou o papel de sua mão. À medida que ia lendo, seu rosto ia se distendendo e, ao final da leitura, abaixou o papel, fixou o olhar em Vivian e exclamou:

— Vivian! Está uma beleza! Por que me escondeu essa preciosidade?

— Você gostou?

— É claro que sim. Por que não me disse antes?

— Você não sabia? Pensei que Glenna tivesse lhe dito.

— Ela me falou algo sobre você gostar de escrever poesias. Mas não pensei que fosse tão sério. Está muito bom, e você não deve esconder isso.

Vivian olhou-o emocionada e retrucou:

— O que quer dizer, Francis?

— Quero dizer que devemos publicá-la. Você tem mais?

— Muito mais.

— Pois então, mostre-me.

Vivian foi até a escrivaninha e retirou um maço de papéis dobrados e atados por uma fita azul, estendendo-o para o marido.

— Aqui está. São poemas, alguns contos e até uma peça de teatro.

Francis apanhou os papéis que ela lhe estendia e sentou-se na cama. Durante quase duas horas ficou ali, lendo embevecido a literatura produzida pela mulher. Quando terminou, encarou-a e elogiou:

— Vivian, você é uma escritora nata. Não tem o direito de ocultar isso do mundo.

— Oh! Francis, estou tão feliz que tenha gostado.

— Gostei muito. Amanhã mesmo procuraremos meu pai e lhe

mostraremos tudo. Tenho certeza de que ele saberá o que fazer. Já ajudou muitos artistas, não se recusará a ajudar você. Ainda mais com esse talento.

Ao ler os escritos de Vivian, o duque de Phineas sorriu satisfeito. Mais uma que ele lançaria no mundo artístico. Ele tomou Vivian pela mão e levou-a para a sala, sentando-a em uma poltrona perto da janela.

— Vivian, minha querida, seus poemas são muito bons, mas não vou mentir para você. Lançar-se como poetisa é uma tarefa bastante árdua em nossa sociedade. As mulheres escritoras não são bem-vistas. A sociedade é conservadora e costuma taxar de levianas e imorais as mulheres que se aventuram nessa seara. Ainda mais você, que escreve coisas um tanto quanto *atrevidas* para o pensamento da maioria das pessoas. Falar de desejo, amor, sexo, corpos ardentes, beijos, tudo isso são assuntos proibidos.

— Mas é tudo tão sutil, tão superficial.

— É verdade. Mas a sugestão é o que conta. E os seus versos, minha filha, sugerem amores calorosos e apaixonados. E isso, saindo da cabecinha de uma mulher, será motivo de escândalo e falatório.

— Mas lorde Charles, ninguém precisa saber que fui eu que escrevi. Pelo que sei, outras mulheres têm se lançado na literatura por seu intermédio. Não é verdade?

— Sim, já fiz isso com duas outras moças, que são romancistas. Elas usam pseudônimo e não aparecem em público. Ninguém conhece o autor de seus romances. Mas elas não pertencem à nobreza londrina e, se descobertas, não chamariam muita atenção. Mas você, minha cara...

— Oh! por favor, ajude-me também. Se acha que o que escrevo tem valor, tem que me ajudar. Permanecerei incógnita, ninguém descobrirá quem sou.

O duque soltou profundo suspiro, bateu de leve em sua mãozinha e arrematou:

— Está certo, Vivian. Eu, de minha parte, até que não me importo muito. Sou um homem à frente de meu tempo e acho uma bobagem discriminarmos homens ou mulheres, além de um desperdício calar a voz da arte. Qualquer forma de expressão deve ser reconhecida e incentivada, porque é através da arte que aprendemos a cultuar o belo e refinamos nossos espíritos, que se tornam mais perceptíveis e apurados. E isso nada tem a ver com dinheiro ou posição social. Tem a ver com sutileza e sensibilidade, que são qualidades próprias da alma, não do corpo.

— Lorde Charles, o senhor é uma pessoa muito especial. Estou feliz que seja meu sogro.

Vivian deu-lhe um beijo amistoso na face e correu para dar a notícia a Francis. Ele se encontrava na outra sala, em companhia da mãe e da irmã, e não quis participar da conversa com o pai. Aquilo era assunto de Vivian, e ele não gostaria de influenciar. Mas torcia por ela e tinha certeza de que seus livros fariam enorme sucesso.

Feitos os contatos com as pessoas certas e já acostumadas a prestar aqueles serviços a lorde Charles, o primeiro livro de Vivian foi lançado. Um livro só de poemas, que ela denominou de *Poemas Noturnos*. O nome do autor? Edwin Ferguson.

O livro foi um sucesso. Em poucas semanas, a primeira edição já estava esgotada, e logo outras edições foram publicadas. Seis meses depois, o segundo livro fez o mesmo sucesso, desta vez um livro só de contos. Posteriormente, veio a peça de teatro, seguida por vários romances. Em pouco tempo, o nome Edwin Ferguson tornou-se conhecido e respeitado em todo o mundo literário.

Quando Vivian e Francis completaram cinco anos de casados, o duque de Phineas resolveu dar uma festa em sua homenagem. A ocasião merecia ser comemorada, ainda mais porque o filho e a nora viviam uma vida de felicidade plena.

Os pais de Vivian e Glenna vieram de Plymouth especialmente para a ocasião, e as portas da mansão do duque foram abertas para a suntuosa recepção. Toda a sociedade londrina estava presente, e Vivian estava deslumbrante em um vestido de seda finíssima, todo bordado em ouro e prata. Parecia uma princesa, e Francis sentiu-se feliz e orgulhoso em tê-la como esposa.

Lorde Charles entretinha-se em animada conversa com seus convidados, tendo ao lado Vivian e Francis, que sorriam amavelmente.

De assuntos os mais variados, a conversa acabou desaguando no tema da literatura, e os comentários eram sobre o novo romance de Vivian, ou Edwin Ferguson, intitulado: *Amores*.

— Não sei, não — dizia Vincent, amigo do duque —, mas acho que esse rapaz não vai muito longe.

— Como não? — rebateu lorde Charles. — Ele é um sucesso. E já está famoso.

— Sim. Mas seus romances são ousados demais. Já ouvi comentários de que seus livros chegam às raias da imoralidade.

— Não é verdade — discordou Vivian, veemente. — Li todos os livros de Edwin Ferguson e posso afirmar que nada têm de imoral. São apenas histórias que retratam com fidelidade o comportamento e o pensamento humanos.

— Minha cara senhora — observou um outro, de nome Richard —, não sei se concordo com o que diz. E se me permite, creio mesmo que não seja a leitura mais apropriada para uma dama.

— Lorde Richard está sendo retrógrado e preconceituoso — ponderou Francis. — Não há nada de impróprio no pensamento do homem.

— Será mesmo? Os pensamentos humanos podem ser bastante sórdidos e cruéis, muitas vezes.

— Ainda assim, não são impróprios — insistiu Vivian. — Se o homem pensa e sente, seja de que forma for, devemos entender as suas tendências e atitudes como meros reflexos de sua condição de ser humano. Certa ou errada, bonita ou feia, boa ou ruim, a verdade por detrás dos pensamentos não deve ser calada, porque é ela que nos faz compreender a razão das diversas formas de comportamento social e anti-social.

Os homens a olharam admirados. De onde é que ela tirara aquelas idéias absurdas e disparatadas?

— Lady Vivian não devia se ocupar com essas coisas — censurou Richard. — Não fica nada bem para uma dama distinta falar dessa forma.

Vivian já ia contestar, mas Francis se adiantou:

— Minha esposa é uma mulher moderna e inteligente, e não está presa a nenhum conceito ou falso valor.

Percebendo o desagrado no tom de voz de Francis, Vincent falou para o duque:

— Diga-me lá, meu bom lorde Charles, não será esse Edwin Ferguson mais uma criação de sua mente magnânima e aventureira? Todos sabemos que é um mecenas.

O duque sorriu complacente e retrucou num gracejo:

— E se for? Que mal há nisso?

— Mal nenhum. Mas, como o rapaz nunca apareceu, ficamos a imaginar se não seria mais uma de suas... protegidas.

— Ora, meu caro lorde Vincent, não tenho nenhuma protegida.

— Não é o que dizem por aí.

— E o que é que dizem?

— O senhor sabe. Dizem que o senhor protege mulheres escritoras. Não será verdade?

— Isso é um disparate. Jamais ouvi tamanho absurdo.

— Pode ser. Mas como explica o fato de que alguns escritores jamais aparecem em público?

— Não explico. Devem ser tímidos, não sei. De qualquer forma, isso não me diz respeito. Interesso-me apenas pela leitura, não pela figura do escritor.

Vivian não perdia uma palavra sequer daquela conversa. Em dado momento, não podendo mais suportar, pediu licença aos cavalheiros e se retirou, puxando Francis para o centro do salão.

— Você ouviu o que eles disseram? — perguntou ela, abismada.

— É claro que ouvi. Mas não se impressione. São apenas mexericos. Ninguém sabe de nada.

— Talvez esses mexericos cessassem se Edwin Ferguson aparecesse em público.

— Como? Pretende contratar alguém para se fazer passar por você, ou melhor, por ele?

— Não, meu querido. Além de correr o sério risco de ser vítima de futura chantagem, um representante poderia ser desmascarado. Não saberia responder às perguntas que lhe fizessem e poderia se atrapalhar. Não. Teria que ser eu mesma.

— Você? Mas como? Todos verão que é mulher.

— Não se eu me disfarçar.

— Disfarçar? Como? Homens não usam saias.

— Por isso mesmo preciso me disfarçar. Pretendo trocar as saias por calças. Será o disfarce perfeito.

Francis parou de dançar e encarou-a com seriedade. Pela expressão de seu rosto, podia sentir que ela estava falando sério, e aquilo o preocupou sobremaneira.

— Ficou louca, é? Pensa que é assim? Acha que ninguém iria notar?

— Acho não. Tenho certeza. Saberei desempenhar muito bem um papel masculino.

A orquestra parou de tocar e a dança cessou. Enquanto batia palmas, Vivian olhava para Francis com ar maroto e decidido. Embora ele achasse aquilo uma loucura, sabia que não seria capaz de demovê-la. Ninguém seria. Nem o pai, nem a irmã, nem mesmo Glenna.

No dia seguinte, quando Vivian participou a lorde Charles sua intenção de travestir-se de homem, ele exultou, para desespero de Francis.

— Minha cara Vivian! — exclamou. — Mas que idéia brilhante! Como é que não pensei nisso antes?

— Acha que daria certo, papai? — indagou Betsy, interessada.

— Tem tudo para dar certo. Desde que Vivian saiba desempenhar bem esse papel.

— Eu acho isso uma loucura — objetou Francis.

— Loucura nada, meu irmão. É ousadia. Vivian é uma mulher ousada e corajosa, e tenho certeza de que saberá representar muito bem.

— Mas será que isso é certo? — ponderou lady Margaret. — Ela estará enganando a todos, e isso não me parece uma atitude das mais corretas.

— Concordo com a senhora, mamãe — falou Francis, mais animado, vendo que alguém partilhava de sua opinião.

— Mas será por uma boa causa — insistiu lorde Charles. — E depois, não estará prejudicando ninguém.

— E se querem saber — continuou Vivian —, eu não me

importo. Afinal, não fosse o tolo preconceito da sociedade, não me veria obrigada a isso. E acho até que vai ser divertido.

— É isso mesmo, Vivian — continuou o duque, bastante animado. — Pode contar comigo para introduzi-la nos salões.

— Obrigada, lorde Charles. E quanto a você, Francis? Não vai me apoiar?

Ele olhou para Vivian, desalentado. Por mais que não concordasse com aquilo e achasse que era uma loucura, não podia virar as costas para sua mulher.

— Sim, Vivian — respondeu ele, um tanto quanto contrafeito. — Você tem todo o meu apoio.

— Ótimo!

Para ajudá-la nessa tarefa, Vivian pediu a valorosa colaboração de Glenna. Auxiliada pela amiga, Vivian começou a ensaiar passos e gestos masculinos, engrossando até a voz para que parecesse de homem. Durante mais de dois meses, diariamente, ensaiava seu papel, sempre auxiliada por Glenna. Passado algum tempo, ela já não agüentava mais. Estava louca para apresentar-se ao público.

— Você está muito bem, Vivian — elogiou Glenna. — Mas parece um tanto quanto efeminado.

Ela soltou estrondosa gargalhada e redargüiu:

— Ora, Glenna, eu não me importo. E até que terá suas vantagens. Só assim estarei livre de qualquer assédio feminino.

— Isso é. Então, não há motivos para não se dar a conhecer. Se não se importa de ser chamada de *maricas*, não vejo mesmo por que esperar.

— Excelente. Falarei com lorde Charles para preparar minha estréia. Pena que você não poderá estar presente...

— Eu bem que gostaria, Vivian, mas não posso mais me demorar por aqui. Mas não se preocupe. Você já está pronta e não precisa mais de mim.

— Precisarei de você sempre.

Glenna ocultou uma lágrima de emoção e mudou de assunto:

— E seus pais? Contou a eles?

— Não. Eles jamais poderão ficar sabendo. Nem a Lucy contei.

Ela é minha amiga, e estou certa de que aprovaria. Mas não quero envolver mais ninguém nisso.

— Fez bem.

No dia seguinte, depois que Glenna voltou para Plymouth, Vivian se vestiu toda e chamou Francis para juntos irem à casa de lorde Charles. Quando ele veio atender, informado de que o filho se encontrava ali em companhia de um jovem, o duque nem sequer imaginou tratar-se de Vivian, e foi ao encontro deles sem de nada desconfiar.

Vendo o acompanhante de Francis, o duque estacou abismado. Já prevenido do que Vivian iria fazer, prestou atenção ao rosto do amigo do filho e não teve dúvidas. Era Vivian quem ali estava, mas tão bem disfarçada que qualquer um que não a conhecesse jamais poderia pensar que era ela.

— Vivian, sua malandrinha — falou de bom humor —, você está perfeita!

Ela começou a rir e retirou o bigode postiço e a peruca, respondendo num gracejo:

— Estou decepcionada. Pensei que não fosse descobrir que era eu.

— Ora, minha querida, só descobri porque já esperava por isso. Mas ninguém vai perceber. Você parece um homem perfeito.

— Perdão, papai — corrigiu Francis. — Vivian parece um homem, mas não perfeito. Está meio afeminado, não acha?

— E o que é que tem? Quantos homens assim não há por aí? Não se preocupe, Vivian, se você não fizer nada que chame a atenção, ninguém vai falar nada. Todos poderão até achar que você é um maricas, mas saberão respeitá-la. Ao menos na sua frente. Ainda mais carregando o ilustre nome de Edwin Ferguson.

— Ótimo. E quando será minha estréia?

— Hum... deixe-me ver. Na próxima quinta-feira. Haverá uma reunião só de artistas em casa de um amigo, e poderei levá-la.

— E eu, papai? — interrompeu Francis.

— Lamento, meu filho, mas não creio que deva ir. Poderão desconfiar.

Francis não pôde esconder um ar de desagrado e objetou:

— Não me agrada nada ver Vivian no meio de tantos homens sem a minha presença.

— Meu filho, você não tem com o que se preocupar. Em primeiro lugar, porque eu estarei lá, tomando conta de Vivian. E, em segundo lugar, porque nenhum homem se atreverá a chegar perto dela com segundas intenções. Não de Edwin Ferguson.

— É isso mesmo — concordou Vivian. — Sua presença só iria atrapalhar. Você nunca vai a esses encontros com seu pai. Não acha que chamaria a atenção se aparecesse lá assim de repente?

Vendo o ar de desapontamento no rosto do filho, Charles falou em tom mais conciliador:

— Fique tranqüilo, meu filho. Isso será apenas no começo. Depois, quando todos já estiverem acostumados a Edwin Ferguson, darei um jeito de apresentá-lo também. Então? O que me diz?

Ainda que contrariado, Francis não teve como recusar. Concordava que sua presença, naquele momento, poderia pôr tudo a perder, e ele também queria que tudo desse certo. Ao menos por enquanto, aceitaria ser excluído.

capítulo 18

Enquanto isso, no mundo astral inferior, Decius se queixava com Rupert:

— Está ficando cada vez mais difícil nos aproximarmos de Althea. Aquele Francis está sempre dando uma de bonzinho.

— Calma, Decius — tranqüilizava Rupert. — Você conhece Althea tão bem como eu. Sabe que, logo, logo, ela vai nos dar uma brecha.

— Será? Desde que aquele espírito de luz a salvou da morte, nossos encontros têm sido mais difíceis. Até com Glenna não foi fácil. E olhe que a relação entre as duas não era lá das mais convencionais, para variar... — Decius mal conseguia controlar o ódio. — Eu até que tentei me aproximar. Mas havia algo ao redor do quarto de Glenna que me vedava a passagem. Não sei explicar.

— Idiota. Glenna pode não ser nenhum modelo de perfeição, mas tem por Althea um sentimento puro e sincero. E a relação entre as duas era calma, coberta de respeito e sinceridade.

— Que bonitinha... uma lésbica tão pura...

— Para você ver. Eu também acho isso muito estranho. Mas o fato é que as energias sexuais erguem uma barreira energética ao redor dos amantes, sempre que existe dignidade e respeito na relação. Muito mais quando existe amor. Por mais que nos esforcemos, não conseguimos penetrar.

— Amor? Onde já se viu mulher amar mulher?

— Você é mesmo um cretino. Então ainda não aprendeu que

amor é essência e, como essência, pode ser experimentado pelos seres, independentemente de seus corpos? Lembre-se de que o espírito em si não tem sexo. Nós é que optamos por um ou por outro, de acordo com as nossas conveniências, mantendo em nosso perispírito aquele que nos agrada ou interessa mais.

— Olhe, Rupert, eu nada sei do amor. Um dia pensei que amava Althea, mas hoje, não sei mais... Penso que o que sinto é só um misto de ódio e desejo. Quanto a Glenna, não quero prejudicá-la, mas meu ódio por Althea é mais forte, e às vezes fica difícil separar as coisas. Você sabe como me sinto com relação a Glenna, mas ela está interferindo demais.

Rupert encarou Decius com desprezo. Sabia que ódio e amor caminhavam unidos, e o que ele sentia por Althea era um amor camuflado, ferido, desapontado. Ele vivia ali, no mundo das sombras, protegido por uma aura negra de ignorância, o que lhe garantia a falsa ilusão do ódio. Mas Rupert sabia que, a qualquer momento em que Decius compreendesse o que realmente sentia por Althea, nem ele, nem ninguém poderia impedi-lo de reconciliar-se, não somente com ela, mas principalmente, consigo mesmo.

Temendo que fosse descerrado o véu da ignorância que cobria os olhos de Decius, Rupert tornou com raiva:

— É claro que não pode amar Althea. Quem poderia, depois do que ela lhe fez? Ela o traiu covardemente, deitando com sua própria filha bem debaixo de seus olhos. Althea só merece o seu desprezo.

Sentindo o coração encher-se de ódio e revolta, Decius rosnou:

— É isso mesmo. Aquela cadela ordinária. Ela me pertence e deve servir aos meus propósitos. Não posso permitir que se liberte de meu jugo.

— Lógico que não. Se há uma aura de proteção ao redor dos que se amam, essa aura pode facilmente ser rompida em determinadas circunstâncias.

— Como?

— O bonzinho do Francis é um tolo apaixonado e só vive para ela. Mas tenho certeza de que Althea não vai agüentar por muito tempo. Por enquanto, seus pensamentos têm se mantido firmes e honestos. Mas eu conheço a índole de nossa Althea. Ela não é mulher de se contentar com um homem só. Em breve vai arranjar um amante, e nós sabemos muito bem quem é. Você vai ver. E aí, meu caro, quando isso acontecer, vai fazer um furo na aura de proteção do casalzinho feliz, e as energias sexuais deixarão de circular somente entre eles e estarão liberadas para que nós também delas nos alimentemos.

Decius sorriu diabolicamente. Era preciso ter paciência, esperar. Mais dia, menos dia, Althea estaria de novo sob sua influência. Se não por intermédio do marido, pelos braços do amante.

A essa altura, também Joseph já se havia recuperado do trauma que sofrera com o aborto. Logo que despertou e encontrou Lawrence, avaliou seu perispírito, sorriu amargamente e afirmou:

— Falhei, não foi?

— Sim, meu caro — respondeu Lawrence com ternura. — Como se sente?

— Bem. Não guardei lesões do aborto?

— Não. Algumas, a princípio. Mas você é um espírito bastante compreensivo, e seu perispírito pronto se restabeleceu. Não guarda mais as características do feto. E quanto à sua mente?

— Penso que vai bem. Um pouco confusa, admito, mas bem. Afinal, esperava acordar no mundo carnal, mas acabei despertando novamente no mundo dos espíritos.

— Não está triste?

— Um pouco. E decepcionado também. Acho que apostei muito na determinação de Vivian. O que a fez mudar de idéia?

— Não adivinha? — ele negou. — Padre Tobias.

Joseph sorriu com amargura, imediatamente compreendendo tudo o que acontecera, e prosseguiu:

— O que será de Vivian agora?

— Não sabemos. Tudo vai depender dela.

— Como ela está?

— No momento, bem. Está casada com Francis, que a ama e a respeita.

— Francis? Isso já era esperado e é um bom sinal. Ao menos é um rapaz mais equilibrado e correto.

— Não se engane, meu amigo. Concordo que Francis está um

pouco além de Vivian na escalada espiritual. No entanto, ainda tem muito que aprender. É ciumento, possessivo, inseguro. E isso pode dificultar-lhe as coisas.

Novamente, um sorriso de tristeza emoldurou o rosto de Joseph. Ele sabia o que estava por vir e não havia nada que pudesse fazer para evitar. Sabia que podia tentar ajudar, inspirando a ambos bons conselhos, mas sabia também que eles eram livres para segui-los ou não, e só o que poderia fazer era resignar-se com as suas escolhas.

— E o meu neto?

— Ela ainda não o conheceu.

— E Rupert e Decius? — tornou ele, lembrando-se dos obsessores.

— Por enquanto, estão parcialmente afastados. Decius ainda se aproxima dela, acompanha seus passos, por vezes até lhe sopra algum desvario. Mas a retidão de conduta e de pensamentos a tem mantido livre de sua influência, e ela não capta bem as suas inspirações.

Durante alguns minutos, Joseph ficou pensando em Vivian. Ela fizera tantos planos, tantos projetos antes de reencarnar! Sabia que a jornada seria difícil e, ainda assim, quisera partir. Conhecia suas dificuldades, seus medos, suas tendências, mas optara por enfrentá-los.

— Gostaria de visitá-la — pediu Joseph emocionado.

— Prontamente. Assim que estiver se sentindo forte o suficiente, iremos ao seu encontro.

No dia seguinte, Joseph e Lawrence partiram em direção ao orbe e foram encontrar Vivian se preparando para sair. Ela acabara de vestir as calças e ajeitava a casaca, puxando de um lado e do outro, para ver se caía bem. Em seguida, prendeu os cabelos ao redor da cabeça e colocou a peruca, enfiando uns fios de cabelo por debaixo da cabeleira postiça. Depois, apanhou o bigode e colocou-o acima dos lábios, pressionando levemente.

— O que ela está fazendo? — perguntou Joseph, surpreso e aturdido.

Imediatamente, teve consciência de tudo o que estava se passando. Embora Lawrence não lhe dissesse nada, Joseph captou-lhe as ondas mentais e teve uma rápida e precisa visão dos últimos acontecimentos. Ele a havia alertado, mas não pôde deixar de sorrir. Tinha que concordar que Vivian era corajosa e ousada.

Sentindo-se atraído por ela, Joseph aproximou-se e beijou-a na face. Vivian teve um leve estremecimento e olhou pela janela. Estava fechada, logo, não podia ser o vento. Ela deu de ombros, virou-se para o espelho e continuou a se arrumar. Conscientemente, não se lembrava de Joseph, mas mentalmente construiu a imagem de um velhinho sorrindo para ela, e lágrimas vieram-lhe aos olhos.

— Devo estar ficando louca — falou em voz alta.

Mas sua alma, percebendo a presença do espírito amigo, imediatamente o reconheceu, e sua mente buscou lá no fundo da consciência a figura do mentor. Ela sentiu uma paz indescritível, que não soube definir, e fechou os olhos, esperando que a emoção passasse.

Joseph aproximou-se mais ainda dela e a abraçou, e Vivian, de repente, lembrou-se do filho que não chegara a ter. Largou o que estava fazendo e sentou-se na cama, agora chorando com vontade.

— Meu filho! Meu filhinho! — dizia. — Perdoe-me, perdoe-me!

Não querendo causar-lhe tristeza ou culpa, Joseph pousou a mão sobre sua testa e fê-la adormecer, e Vivian caiu em rápido sono, sem sonhos, porém, benéfico e reparador.

capítulo 19

Quando Vivian, ou melhor, Edwin Ferguson, entrou no salão da casa de lorde Herbert, amigo de seu sogro, sentiu-se um peixinho fora dágua. Logo que avistou as janelas iluminadas da enorme mansão, pensou em desistir.

— Isso é loucura — disse hesitante a lorde Charles. — Acho melhor desistir enquanto é tempo.

— Ah! isso é que não — retrucou o duque, decidido. — Já viemos até aqui, vamos entrar.

— Não sei se posso.

— Pode sim. Lembre-se de que estou a seu lado. Se perceber que as coisas vão tomar um rumo inesperado e desastroso, arranjarei uma retirada estratégica. Não se preocupe.

Ao lado do sogro, Vivian entrou. Vinha vestida com uma calça e uma casaca cinza, peruca e bigode postiço. A princípio, os presentes a olharam com estranheza. Havia apenas alguns rapazes na sala, e ela se sentiu pouco à vontade sob seus olhares perscrutadores. O duque de Phineas não havia contado a ninguém que a levaria, e a curiosidade foi geral.

— Charles! — falou Herbert. — Seja bem-vindo. Entre, entre.

— Obrigado — respondeu ele, passando para o interior do salão.

Percebendo a ansiedade estampada nos rostos dos presentes, ele olhou ao redor, fez um gesto teatral e, sorrindo para Vivian, anunciou:

— Cavalheiros, gostaria de lhes apresentar o ilustre Edwin Ferguson...

— O quê? — indignou-se um dos presentes, de nome William. — O senhor disse Ferguson? O escritor?

— Sim. Por que o espanto? Não o esperavam aqui?

Vivian sorriu para os rapazes e, enchendo-se de coragem, engrossou a voz, pigarreou e revidou:

— Talvez pensassem que Edwin Ferguson não existisse.

Assustou-se com a sua própria voz. Pensou que todos notariam seu tom mais agudo e estremeceu. Seria descoberta. No entanto, ninguém deu mostras de qualquer desconfiança, e ela se espantou ainda mais quando William respondeu:

— Não, não é isso. Perdoe-nos o espanto. Mas é que você já lançou alguns livros, e ninguém nunca o viu pessoalmente. Posso chamá-lo de você, não é mesmo?

Vivian sorriu complacente, e lorde Herbert interrompeu:

— Ora, vamos, rapazes, parem com isso — e voltando-se para Vivian, continuou: — É um prazer e uma honra recebê-lo em minha casa. Há muito desejava conhecê-lo.

— O prazer é todo meu, lorde Herbert.

Vivian foi introduzida no salão. Não havia uma única mulher ali, e ela se sentiu bastante insegura. Tinha medo das conversas, dos assuntos, dos gracejos dos rapazes que, desconhecendo a presença de uma moça entre eles, não se veriam constrangidos em soltar suas piadinhas indecentes e grosseiras. No entanto, a conversa lhe pareceu bastante agradável. Era uma reunião de intelectuais, artistas, pintores, poetas. O assunto girava em torno das artes e da cultura e, mesmo quando falavam de mulheres, era com graça e moderação. Ela gostou muito daquele ambiente e, aos poucos, vendo que ninguém percebia nada, foi ganhando confiança e se soltando em seu papel de Edwin Ferguson.

Por volta das dez horas, ouviram a sineta da porta tocar, e ninguém prestou atenção quando um novo convidado foi introduzido no salão. Ninguém, a não ser Vivian. Era um rapaz alto, magro, cabelos negros e inconfundíveis olhos azuis. Ao fitar aquele rosto, Vivian tinha quase certeza de que já o vira antes. Mas onde? Não podia se lembrar.

Tentando disfarçar sua curiosidade, aproximou-se dele. Ele havia se juntado a um pequeno grupo de poetas e ria gostosamente com eles. Lorde Herbert não estava por perto, nem seu sogro, e ela teve que tentar uma investida sozinha. O grupo estava em pé, conversando junto à lareira, quando ela chegou mais perto, parando logo atrás dele. Subitamente, ele soltou uma gargalhada e ela estremeceu. Aquela gargalhada... era a mesma que ouvira alguns anos antes, logo que chegara a Londres. Agora se lembrava. Estava sentada em um café, junto com Lucy, quando ouvira aquela risada e se virara em sua direção. E lá estava ele. O mesmo rapaz que sequer notara a sua presença quando passara ao lado dele.

William, vendo que ela se aproximara, interrompeu a conversa, cutucou o rapaz no ombro e falou:

— Já conhece o senhor Edwin Ferguson?

Ao ouvir o nome do famoso escritor, o outro se voltou e encarou Vivian com curiosidade, até que William prosseguiu:

— Senhor Ferguson, quero apresentar-lhe nosso mais ilustre poeta: Lionel Angelus Campbell. Ou somente Lionel, para os mais íntimos.

Por muito pouco, Vivian não lhe estendeu a mão para que ele a beijasse e disse: *encantada*. Porque estava, efetivamente, encantada.

— Muito prazer, senhor Ferguson — falou ele, tirando-a de seu devaneio e apertando-lhe a mão com vigor. — Estou muito feliz por, finalmente, poder conhecê-lo.

Recobrando-se do encantamento, ela puxou a mão e respondeu com a voz um pouco mais grossa do que o habitual:

— O prazer é todo meu, senhor Campbell — e pigarreou, tentando fazer com que a voz voltasse ao normal.

— Lionel — respondeu ele. — Chame-me de Lionel.

— Muito bem, Lionel. E pode me chamar de Edwin.

Uma simpatia mútua, no mesmo instante, fluiu entre eles, e logo se tornaram amigos. Ele era um poeta não muito conhecido, apesar de seu imenso valor literário. Lionel era um espírito rebelde e indomado, acostumado a falar o que pensava, o que lhe granjeou uma certa antipatia entre alguns membros da elite cultural de Londres.

Vivian permaneceu algum tempo entre os rapazes, ouvindo

sua conversa e pouco falando, até que o grupo se dispersou, e Lionel puxou-a pelo braço e sentou-se com ela no sofá.

— Você também é criação de lorde Charles? — perguntou Lionel num gracejo.

— Criação? Como assim?

— Ora, Edwin, não se acanhe. Todos conhecemos o grande mecenas que é o duque de Phineas. Tem ajudado muita gente a se lançar no mundo das artes. Principalmente os literatos.

— É o seu caso?

— Sem dúvida. Não fosse por lorde Charles, eu hoje estaria escrevendo cardápios de restaurantes.

— Por quê? — tornou Vivian, rindo.

— Não sabe?

— Não.

— Bem, meu caro, não sou muito bem-visto entre os editores.

— Por que não? Não é bom o suficiente?

— Talvez não seja. Mas não é por isso.

Apesar da curiosidade, Vivian achou melhor não insistir. Mais tarde descobriria.

— Ah! então é aí que você está! — era a voz de lorde Charles, que vinha buscá-la. — Edwin, meu amigo, preciso ir. Pretende ficar?

Embora tentada a ficar, Vivian sabia que não devia. Corria o risco de alguém querer acompanhá-la até em casa, o que jamais poderia acontecer. Mas ela estava embevecida com a presença de Lionel, e ele com a dela, se bem que por motivos diferentes. Lionel vivia uma simpatia inocente por quem julgava um *moço*, enquanto Vivian via nele a agradável figura de um homem bonito e inteligente.

— Não, lorde Charles — respondeu ela após alguns segundos. — Já é tarde e também preciso ir.

— Se quiser, poderei deixá-lo em casa quando for — disse Lionel, todo solícito. — Não me custa nada.

— Não, não precisa se incomodar. Vim com lorde Charles e pretendo partir com ele. Mas, obrigado mesmo assim.

Ela se levantou e estendeu a mão para que ele a apertasse. Lionel segurou-lhe a mão e levantou-se.

— Quando nos veremos novamente? — indagou de forma inocente. — Há muitas coisas que gostaria de conversar com você.

— Bem, não sei...

Notando-lhe a confusão, lorde Charles se adiantou e disse:

— Edwin talvez tenha que viajar. Mas, quando voltar, eu o trarei novamente.

Lionel deu de ombros, desapontado, e disse:

— Bem, de qualquer forma, nós costumamos nos encontrar no café Paris, todos os dias ao cair da tarde. Se desejar, sabe onde me encontrar.

— Está bem, Lionel. Adeus, então.

— Adeus.

O café Paris era o mesmo em que ela o vira pela primeira vez. Lembrava-se bem do lugar e não teria dificuldades em encontrá-lo. Apertaram-se as mãos e Vivian foi se despedir de lorde Herbert e dos demais rapazes.

No caminho de volta para casa, lorde Charles perguntou:

— E então, Vivian, como foi? Como se sentiu?

— Oh! lorde Charles, foi maravilhoso! No começo, confesso que estava morrendo de medo. Mas depois, vendo que os havia convencido, senti-me mais à vontade.

— Que bom. E achou agradável a reunião?

— Muito. Admito que tive um pouco de receio de me sentir constrangida com possíveis comentários maldosos, daqueles que só os homens sabem fazer. Mas não. Todos são muito educados e gentis.

— São artistas, minha cara, e a alma de um artista costuma ser tão bela quanto suas criações.

— É verdade...

— E quanto a Lionel? Notei que passaram bastante tempo conversando.

— Sim. Achei Lionel bastante interessante. Mas não me lembro de já haver lido alguma coisa dele.

— Não? Pois vou lhe emprestar. Lionel é um poeta de mão-cheia. Só o que precisava era conter a sua têmpera.

— Por quê? O que foi que ele fez?

— Ele não fez nada. Ele faz. Indispõe-se com quase todos os editores.

— Por quê?

— Gênio. Lionel é assim: pensa e vai logo falando. É sincero demais, e algumas pessoas não gostam. Certa vez disse que os versos do sobrinho de um editor pareciam frases soltas de uma criança. O homem ficou furioso, e Lionel não conseguiu o contrato com ele.

Vivian soltou uma gargalhada e retrucou:

— Ora, meu sogro, ninguém devia ser punido por falar a verdade.

— É, mas às vezes a prudência nos diz que é melhor calar. De nada vale ser sincero se perdemos as oportunidades que a vida nos dá.

— E o que mais fez? Conte.

— Coisas desse gênero, Vivian. Lionel tem um gênio indomado e atrevido. Fala o que pensa sem pensar em conseqüências. Com isso, conseguiu ser antipatizado por muita gente.

— Mas o senhor parece gostar dele.

— Gosto. É um bom rapaz. Sensível, apesar de temperamental. Não fosse por mim, não conseguiria mais publicar nenhum de seus poemas.

A carruagem parou defronte a casa de Vivian, e ela saltou.

— Lorde Charles, nem sei como lhe agradecer o que fez por mim hoje.

— Não precisa agradecer. O prazer foi todo meu. Bem, minha menina, agora vá descansar. Já é tarde, e seu marido deve estar preocupado.

— Quando poderei me apresentar de novo?

— Veremos.

A carruagem se foi e Vivian entrou em casa. A madrugada já ia alta, e Francis estava na sala, adormecido sobre a poltrona, um cálice de vinho caído ao chão. Ela se aproximou dele e gentilmente tocou-o no ombro. Francis gemeu e se mexeu na poltrona, sem despertar, e ela se sentou ao seu lado e pousou-lhe um beijo suave na boca, que ele retribuiu ainda sonolento. Não disse nada. Despertou e tomou-a nos braços, seguindo com ela para o quarto. Só depois de se amarem foi que ele se lembrou de perguntar como havia sido. E ela, agora mais refeita, pôde contar-lhe o que acontecera sem medo de que seus olhos e seu tom de voz revelassem o excessivo interesse que sentira por Lionel.

Em pouco tempo, Vivian e Lionel haviam solidificado sua amizade. Ela resolvera aceitar seu convite e comparecera ao café Paris na hora em que ele dissera que estaria ali, e logo tornou-se freqüentadora assídua.

Francis não ficou nada feliz com aquelas saídas da mulher. Ele sabia aonde ela ia; ela nunca o enganara ou mentira para ele. Sabia também que ela só se encontrava com homens, e quando o nome *Lionel* passou a ser pronunciado com uma certa freqüência em sua casa, ficou deveras preocupado. Aquilo não estava certo.

Vivian lhe dizia que não se preocupasse, que ninguém sabia que ela era mulher. Mas o caso era que ela sabia, e isso não a impedia de se sentir atraída por algum deles. Roído pelo ciúme, Francis não pôde mais suportar. Numa tarde em que ela se aprontava para sair, ele se aproximou por detrás dela, abraçou-a gentilmente e disse, encarando-a pelo espelho:

— Hoje vou com você.

— O quê? — indignou-se ela. — Mas você não pode. Alguém pode desconfiar.

— Por que não? Posso dizer que sou seu amigo. Afinal, todos sabem que foi meu pai quem a ajudou.

— Mas Francis, você nunca foi lá. Não acha que seria estranho aparecer assim de repente?

— Não, não acho. Afinal, também sou ligado ao mundo das artes.

— Mas é diferente. Só há escritores e poetas no grupo. Nenhum músico.

— E o que me impede de ser o primeiro? Ou será que você não quer que eu a acompanhe?

— Não é nada disso — respondeu ela, sem jeito.

— Pois então, não vejo por que não possa ir. Até já falei com meu pai. Ele vai junto.

— Seu pai? Mas por quê?

— É ele quem vai me apresentar aos rapazes

Embora contrariada, Vivian não teve como negar a sua companhia. Se ela insistisse, ele poderia desconfiar de seus sentimentos para com Lionel, e aí, tudo estaria perdido.

Quando ela entrou no café Paris ladeada pelo sogro e pelo marido, ninguém estranhou nada. Não era comum que lorde Charles aparecesse por ali, mas também não era nada de extraordinário, e ninguém se espantou. Só Vivian não se sentia à vontade. Francis foi recebido com simpatia e camaradagem e, embora tivesse tudo para se adaptar ao grupo, deixou-se levar pelo ciúme e sentiu uma certa aversão aos rapazes. Ou melhor, a Lionel.

— Este é meu filho — apresentou lorde Charles. — Francis, quero que conheça William Morison, Aaron Hoover, Lionel Campbell, Lucan Davis e Simon Watt.

Francis foi seguindo com o olhar a direção em que o pai apontava para os rapazes, sorrindo e balançando a cabeça. Ao final, voltou os olhos para o lugar onde Lionel se encontrava e demorou-se um pouco mais nele. Tinha que concordar que era um homem atraente, o que poderia representar um enorme perigo para ele. Embora nunca tivesse falado sobre o passado de Vivian, não podia esquecer o que ela sentira e vivera com Jules, e aquilo encheu-o de ciúmes. Ele sabia que Vivian era uma mulher muito liberada e independente, e tinha medo do que ela pudesse fazer se algum homem lhe despertasse o interesse.

— Sabe, Francis — falou Lucan —, estamos pensando em passar uns dias no campo, e como você é filho de lorde Charles, pensamos se talvez não gostaria de ir também. O que acha?

Ele olhou discretamente para Vivian e respondeu:

— Gostaria muito, mas não posso. Sou casado.

— Ah! é? — tornou Lucan. — Jamais poderia imaginar.

Lionel sorriu e explicou:

— É que é tradição em nosso grupo sermos todos solteiros.

Francis sentiu a raiva crescer dentro dele e respondeu num tom que pretendia parecesse de brincadeira:

— Bem, se o caso é esse, posso me retirar.

— Mas o que é isso, meu rapaz? — tornou Simon. — Por favor, não se ofenda. Não foi isso o que Lionel quis dizer.

— É claro que não — concordou Lionel.

— Meu filho é casado com a filha do barão de Osborne — apressou-se lorde Charles em dizer. — De Plymouth...

— Ah! é isso mesmo — continuou Simon. — Ouvi algo a respeito.

— Perdoe-nos a ignorância, Francis — desculpou-se Aaron. — Mas é que não costumamos tomar parte nesses grandes eventos.

— É claro que não — acrescentou Lionel. — Somos todos burgueses aqui. E, por tradição, burguesia não se mistura com aristocracia. Salvo raras exceções, não é verdade, lorde Charles?

O duque de Phineas deu um sorriso de compreensão e não respondeu. Conhecia bem o filho e sabia que ele não estava gostando nada daquilo. Francis não tinha nada a ver com aquele grupo. Embora fossem todos jovens artistas, seu filho não estava ligado a aventuras. Era casado e amava a esposa, e só estava interessado em cuidar para que nada lhe acontecesse.

— E você, Edwin? — continuou William, dirigindo-se a Vivian. — Também tem esposa ou pode nos acompanhar?

Ela nem ousava encarar Francis. Contudo, não podia aceitar aquele convite e tentou arranjar uma desculpa:

— Não, não sou casado. Mas, infelizmente, não me será possível comparecer.

— E por que não? — quis saber Lionel.

— Por quê? Bem, porque estou terminando meu novo livro e...

— Novo livro? — interrompeu Simon. — E do que se trata?

— Bem, Simon, ainda é segredo.

— Penso que Edwin tem um bom motivo para não comparecer — lorde Charles veio em socorro.

— É verdade — concordou Lucan. — Um livro é sempre um bom motivo.

— E por falar em livros — continuou Charles —, como vai indo o seu?

— Ah! muito bem. Mas não sei se mato o vilão no final ou se o deporto para a América...

A gargalhada foi geral, e a conversa tomou novo rumo. Embora tentasse demonstrar interesse, Francis não tirava os olhos de Vivian. Acompanhava todos os seus gestos e olhares, e percebeu um brilho especial todas as vezes em que seus olhos se voltavam para Lionel.

Seu pai já havia se retirado fazia quase uma hora quando Francis se levantou e disse:

— Bem, amigos, já está ficando tarde. Não posso deixar Vivian sozinha muito tempo — disse isso e olhou para a mulher, que abaixou a cabeça, sentindo o rubor subindo-lhe pelas faces.

— Vivian?

— Minha mulher.

— Ah!

Despediu-se dos rapazes e encarou Vivian com uma interrogação no olhar. Será que não compreendera que deveria acompanhá-lo? Quando ia virar-lhes as costas, ela se levantou e também falou:

— Acho que também vou me retirar. Sinto-me um pouco cansado.

Depois que eles se foram, Simon tirou uma tragada de seu charuto e considerou:

— Estranhos, esses dois. Não acham?

— Por que diz isso? — redargüiu Aaron.

— Não sei. Mas não notaram o jeito como Francis olhava para Edwin? Como se quisesse devorá-lo.

— Será que há algo entre eles? — sugeriu William. — Afinal, Edwin sempre me pareceu um tanto quanto efeminado. Vocês não acham?

Os rapazes ficaram um pouco pensativos, até que Lionel observou:

— Agora que você falou, também notei isso. Mas não disse nada, com medo de estar injuriando nosso amigo Edwin.

— Bem, rapazes, acho que não temos nada com isso — objetou Lucan.

— Não, claro que não — concordou Lionel. — Eu só falei porque também já tinha notado. Mas não me interessa a vida de ninguém.

— Mas que é estranho, isso é — repetiu Simon.

— O que é isso, Simon? — censurou William. — Afinal, somos ou não somos homens à frente de nosso tempo?

— É isso mesmo, Simon — continuou Lucan. — Desde que Edwin não tente nada comigo, não me importa o que faça de sua vida. Quem tem que se preocupar com isso é a tal de Vivian, esposa de Francis.

— É verdade — assentiu Aaron. — E lorde Charles? Será que sabe?

— Acho que nós estamos nos precipitando — arrematou Lionel. — Pode não ser nada disso.

— Lionel tem razão — prosseguiu William. — Podemos estar fazendo um juízo totalmente equivocado de nosso amigo Edwin. O melhor que temos a fazer é não nos preocuparmos com isso.

Já era tarde, e logo os rapazes se despediram e rumaram, cada qual, para sua casa. Lionel, ao invés de tomar o carro de aluguel, preferiu caminhar. Sua casa distava apenas algumas quadras dali, e o ar da noite lhe faria bem.

Estranhara sua reação ao ver Francis ao lado de Edwin. Na verdade, não gostara nada da forma como o rapaz tratara seu amigo. Ele gostava de Edwin e não queria que ele se envolvesse com nenhum louco ciumento ou possessivo. Pensando nisso, Lionel espantou-se com seus próprios pensamentos. Por que se preocupava com isso? Edwin não era problema seu. Se era homem ou não, isso não lhe interessava. Mas então, por que não parava de pensar nele?

Preocupação. Só podia ser isso. Gostava do rapaz como de um irmão e não queria que ele sofresse. Ele sabia que muitos relacionamentos como aquele acabavam em tragédia. Já ouvira falar de homens que se apaixonavam por homens e viviam um caso obscuro, à margem da sociedade, sendo recriminados e ridicularizados por todos. Será que Edwin não se importava com isso? O que seria dele se descobrissem? Poderia comprometer até mesmo sua carreira de escritor.

Chegando à casa, despiu-se e deitou-se para dormir. Ele morava num sobrado, em cima de uma confeitaria, sem luxo, porém, confortável. E Edwin? Onde viveria? Conheciam-se já há alguns meses, e Edwin nunca o convidara para ir à sua casa. Mas Lionel também nunca o havia convidado. Sentia que o amigo era pessoa de posses e tinha vergonha de seu pequeno e nada luxuoso sobrado.

Por mais que se esforçasse, Lionel não conseguia conciliar o sono. Seus pensamentos não paravam de ir ao encontro de Edwin. O que estava acontecendo com ele? Edwin era homem, podia cuidar de si mesmo. Mas então, por que sua amizade com Francis o incomodara tanto? Será que se conheciam há muito tempo? Ambos haviam chegado em companhia de lorde Charles feito dois amigos íntimos. Bom, ele não tinha nada com isso.

Mas, se não tinha nada com isso, por que não parava de pensar em Edwin? Gostava do rapaz, era isso. Ele era inteligente, culto, alegre. Nada além de uma amizade sincera e desinteressada. Ou será que estava com ciúmes? Ciúmes? Não, não podia ser. Ele era homem, Edwin também. Não podia sentir ciúmes de um homem. Talvez fosse um ciuminho bobo, medo de perder uma amizade enriquecedora. Mas quem foi que disse que perderia a amizade só porque Edwin tinha outros amigos? Mas ele tinha medo sim. Medo de ser preterido e deixado de lado. Medo de nunca mais tornar a ver Edwin.

capítulo 20

Na casa de lorde Herbert, realizava-se mais uma de suas famosas reuniões de escritores. Apesar de não se intitular um mecenas feito lorde Charles, Herbert apreciava a arte e a leitura, e a conversa dos escritores o colocava mais próximo da boa literatura. Por essa razão, uma vez por mês promovia essas reuniões. Era viúvo, sem filhos, e não havia ninguém que pudesse impedir ou reclamar do barulho que os rapazes faziam com suas risadas espontâneas e divertidas.

Lionel já havia chegado e se encontrava rodeado dos amigos habituais. Embora entretido na agradável palestra, de vez em quando lançava olhares furtivos para a porta, na esperança de que Edwin aparecesse. Aquilo já o estava incomodando. Por que é que se preocupava tanto com Edwin?

Passados alguns instantes, Vivian chegou em companhia de lorde Charles e de Francis, e Lionel não pôde esconder um ar de contrariedade. Por que é que agora sempre tinha que andar com aquele moço pendurado em seu pescoço? Ele não tinha mulher? Por que não se ocupava com ela? Ele não tinha nada com isso. Edwin era homem e tinha o direito de andar com quem bem entendesse. Mas é que não queria perder sua preciosa amizade. Era só isso. Lionel tinha certeza de que era apenas isso.

Depois de cumprimentar os presentes, Vivian deu um jeito de soltar-se de Francis e partiu em busca de Lionel. Ele não estava na sala, e ela saiu para o terraço, indo encontrá-lo sentado em um banco, aproveitando o frescor da noite.

— Olá — disse ela, fazendo com que ele abrisse os olhos e a encarasse. — Onde esteve? Não o havia visto ainda.

— Ah! olá, Edwin. Estava por aí. O calor lá dentro estava sufocante, e resolvi sair para tomar um pouco de ar. Mas sente-se.

Vivian sentou-se no banco ao lado dele e olhou para o céu.

— Linda noite — comentou, para puxar assunto.

— É sim.

— Sabe, Lionel, li seu último livro.

— Mesmo? E o que achou?

— Muito bom. Você é um excelente poeta. Contudo...

— Contudo...

— Devia ser um pouco mais comedido. Perde bons editores por causa de sua têmpera.

— Ora, Edwin, não me diga isso. Quer que eu me transforme em mais um cordeirinho a serviço da elite?

— Eu não disse isso. Mas você poderia ser mais cordato. Os bons editores o olham de má vontade.

— Eu apenas falo o que penso.

— Eu sei. E não creio que deva ser diferente. Mas às vezes é melhor calar do que se expor.

— Lamento, Edwin, mas não consigo ser assim. Não me meto com a vida de ninguém, mas exijo que me respeitem. Se alguém não gosta de meus poemas, que seja sincero e diga que não gostou. Mas não posso admitir que me tratem feito um demente...

— Você está exagerando. Todos gostam de seus poemas. Não gostam é de você. Você é muito brigão, afasta as pessoas.

— Não sei, Edwin. Tenho amigos que não se importam com isso. Por que só os editores é que se melindram tanto?

— Talvez porque sejam eles os donos do dinheiro. Já pensou nisso?

— Não me importo com dinheiro.

— Não? E vive de quê?

— Escrevo algumas reportagens para o jornal. Isso me dá um bom lucro.

— Duvido. Pode lhe dar o suficiente para se manter. Mas não creio que você leve uma vida folgada. Não sei nem onde mora.

— E daí? Por acaso já me mostrou a sua casa? Não. E nem por isso eu o repreendo. É um direito seu, meu caro, levar a vida que bem entende, assim como é direito meu viver à minha maneira.

Ele acentuou demasiadamente aquele *levar a vida que bem entende*, e Vivian achou estranho.

— O que quer dizer com isso?

Ele já ia responder. Lionel era sincero demais para inventar desculpas ou subterfúgios. Costumava falar o que pensava, e era exatamente isso que lhe granjeava as inimizades. No entanto, antes que pudesse dizer qualquer coisa, Francis apareceu, e ele não respondeu. Ao invés disso, levantou-se com raiva e passou pelo outro feito uma bala, entrando para o salão.

— Está tudo bem? — perguntou Francis preocupado.

Vivian fuzilou-o com o olhar e respondeu entre dentes.

— Estava tudo bem até você aparecer.

Ela se levantou abruptamente, mas ele segurou-a pelo braço e fez com que se voltasse para ele.

— Lembre-se de que está aqui com a minha permissão.

Ela puxou o braço, indignada, e olhou-o com desdém, falando no tom mais desprezível que podia:

— Não preciso de sua permissão para nada.

Entrou furiosa, procurando Lionel com os olhos. Ele estava parado do outro lado do salão, ouvindo sem interesse uma história que um dos convidados contava. Bem se percebia que ele nem prestava atenção, e Vivian aproximou-se dele. Ao vê-la, Lionel fez um ar de desagrado e pediu licença, retirando-se para o outro lado. Mas Vivian o alcançou no meio da sala e puxou-o pelo ombro.

— O que quer? — falou em tom hostil.

— Por que está me tratando assim, Lionel? — retrucou Vivian. — O que foi que lhe fiz?

Ele não sabia o que dizer. No fundo, não lhe havia feito nada. Eram amigos e tinham liberdade para conversarem o que quisessem. E ele não podia ter ficado tão zangado só porque Edwin lhe chamara atenção sobre seu gênio. Um pouco aturdido, ele balbuciou:

— Não... não é nada, Edwin... É que estou um pouco... cansado...

— De mim?

— Não, em absoluto. Você é um ótimo amigo, e eu aprecio muito a sua amizade.

— Então por que se zangou tanto?

— Não sei. Acho que porque não gosto que me recriminem.

— Não o recriminei. Apenas pensei em ajudá-lo. Você é que ia me recriminar sobre alguma coisa.

Subitamente, Lionel perdera toda a vontade de atirar-lhe na face as suas suspeitas. Começava a entender o que ela lhe dizia. Com certeza, Edwin não iria gostar de suas acusações e poderia zangar-se com ele. E será que valeria a pena desgostar-se com o amigo por causa de uma suspeita que nem lhe dizia respeito? Será que tinha o direito de acusá-lo?

— Não, Edwin — falou ele desanimado. — Não ia recriminá-lo por nada. Esqueça.

Vivian esqueceu. Não estava interessada em nada que pudesse pôr em risco sua farsa ou sua amizade com Lionel. Prezava muito a ambas e não queria que nada desse errado.

Francis, por sua vez, roía-se de ciúme. Percebia que Vivian estava interessada em Lionel e, por mais que este não soubesse que estava diante de uma mulher, não tardaria muito a descobrir. À medida que fosse ganhando a confiança do rapaz, ela acabaria por lhe contar a verdade, e aí não haveria nada que os impedisse de se amar. Mas ele não podia permitir.

No entanto, precisava agir com cautela. Vivian era uma mulher rebelde e independente, e não se deixaria dominar por quem quer que fosse. E ele não queria perdê-la. Precisava conter seu ciúme. Quando se casara com ela, sabia de seu comportamento liberado e a aceitara de qualquer jeito. Não podia agora tentar dominá-la. O melhor seria não a enfrentar.

Já era tarde, e Vivian mantinha animada conversa com os amigos no café Paris. A seu lado, Francis se esforçava para ser o mais natural possível, lutando para esconder a enorme antipatia que, cada vez mais, nutria por Lionel.

— Que tal um piquenique no campo amanhã? — sugeriu Aaron. — Podemos levar algumas moças.

— Seria divertido — concordou Lucan. — O que acham?

— Acho uma excelente idéia — animou-se William. — Poderia levar Mary.

— Mary? — tornou Lucan, surpreso. — Quem é ela?

— Uma moça em quem estou de olho.

— Que tipo de moça, William?

William soltou uma gargalhada e retrucou com alegria:

— Ora, Lucan, não seja indiscreto.

— Aposto que é uma das meninas de madame Ninon.

Madame Ninon era uma célebre cortesã em Londres, e suas meninas tinham a fama de ser as mais bonitas e educadas.

— E se for? — tornou William. — Qual é o problema?

— Nenhum.

— E você, Francis? — indagou Lionel. — Virá com sua esposa?

Francis sorriu e respondeu com jovialidade, tentando ocultar sua revolta e indignação:

— Não creio que seja adequado para uma dama.

— Ah! isso não é mesmo — concordou Lucan. — As meninas de madame Ninon são excelentes mas, com certeza, escandalizarão qualquer dama respeitável da sociedade. Creio mesmo que sua Vivian ficaria chocada.

Ao ouvir o seu nome, Vivian despertou do estado de quase torpor em que se encontrava. Sempre que falavam em passeios, ela se omitia e não dizia nada. No entanto, queria muito ir e pensou se aquela não seria uma boa oportunidade para aceitar o convite.

— E você, Edwin? — falou Lionel, dirigindo-se a ela. — Também não vem?

Embora não olhasse para Francis, Vivian podia sentir os seus olhos cravados nela. Ele que a perdoasse, mas ela iria aceitar.

— Bem... sim, Lionel — respondeu hesitante. — Dessa vez os acompanharei.

Olhou de soslaio para Francis e percebeu que ele trincava os dentes, de ódio.

— Excelente! — fez William, batendo palmas. — Finalmente nosso escritor mais ilustre nos honrará com o prazer de sua companhia.

— Vai sem o seu amigo Francis? — perguntou Simon maldosamente.

Vivian e Francis se sobressaltaram. Aquele era um terreno perigoso, e eles tinham que tomar cuidado para não se delatarem. E foi só naquele momento que Francis compreendeu o que estava acontecendo. Vivian, ou melhor, Edwin, tinha certos trejeitos efeminados e, como eles andavam sempre juntos, estavam pensando que eram amantes! Aquilo era um disparate. Logo ele, um homem decente, honrado, casado com uma mulher linda, levar fama de maricas. Era só o que lhe faltava.

No entanto, tinha que concordar que era esquisito. Um homem casado que nunca aparecia com a mulher, mas com o amigo... dava até para desconfiar. Era preciso desfazer aquele mal-entendido. Amava Vivian e não queria deixá-la à mercê de Lionel, mas precisava salvar a sua hombridade.

— Edwin não precisa de mim para acompanhá-lo em nada — retrucou mal-humorado. — É homem, sabe cuidar de si mesmo.

— É claro que sim — insistiu Simon. — Mas é que vocês são os únicos que não participam de nossos passeios. E vivem sempre juntinhos por aí.

Sentindo o rubor subir-lhe às faces, Francis deu um salto da cadeira e agarrou o outro pelo colarinho. Furioso, explodiu:

— O que está insinuando?

Simon acovardou-se e, no mesmo instante, arrependeu-se do que dissera. Francis era mais alto e mais forte e, além disso, não podia esquecer-se de quem ele era filho. Os outros, porém, foram mais rápidos, e Lucan foi o primeiro a falar:

— Acalme-se, Francis, por Deus. Simon não quis ofender, não é Simon?

— Não... claro que não.

Francis soltou o seu colarinho e endireitou o paletó, sentando-se em seguida. Olhou para Vivian com raiva, e ela abaixou a cabeça. Não tinha coragem de sustentar-lhe o olhar. Em seguida, olhando direto para Simon, anunciou com raiva:

— Tenho uma esposa para cuidar. Mas Edwin faz o que quer de sua vida.

Jogou sobre a mesa o dinheiro para pagar a sua parte nas despesas, levantou-se e saiu, espumando de ódio. Vivian ainda ameaçou ir atrás dele, mas Lionel segurou-lhe o braço e aconselhou:

— Deixe-o ir. Nosso amigo Francis deve estar querendo ficar sozinho.

Ela relaxou o corpo e tentou sorrir. Não lhe agradava indispor-se com o marido. Ele não tinha culpa se ela resolvera se vestir de homem e se apaixonara por Lionel. Mas era seu marido, e ela não podia tratá-lo com desprezo.

Durante o resto da noite, Vivian permaneceu no café Paris apenas para não despertar atenção. No entanto, estava abatida, quase não falava. Por volta das onze horas, pediu licença para se retirar. Embora Lionel pensasse em acompanhá-la, achou que era melhor não o fazer. Os amigos já estavam comentando sobre o envolvimento de Edwin e Francis, e não queria que o envolvessem naquela maledicência.

— Podemos contar com sua presença amanhã, não é mesmo? — inquiriu Aaron.

— Sim, claro — afirmou Vivian. — Não faltarei.

— Não se esqueça. Esteja aqui em frente às oito em ponto. Se não estiver, partiremos sem você.

— Não se preocupem. Estarei aqui.

Ela se foi acabrunhada. Não queria brigar com Francis, mas também não podia abrir mão de passar um dia inteirinho ao lado de Lionel. Quando chegou à casa, Francis estava deitado na cama com o rosto voltado para o outro lado, fingindo dormir. Ela se despiu e deitou-se a seu lado, debruçando-se sobre seu corpo.

— Francis. Está acordado?

— Hum? — gemeu ele, fingindo que despertava naquele momento. — O que é?

— Preciso falar com você.

— Aconteceu alguma coisa? — respondeu, virando-se para ela.

— Não está zangado?

— Zangado? Estou. Aquele Simon foi muito atrevido. Deveria desafiá-lo para um duelo.

— Não, Francis, comigo. Está zangado comigo?

Ele mordeu os lábios, mas ela não percebeu. Tinha vontade de gritar com ela e dizer-lhe que parecia uma vagabunda, mas conteve-se. O medo de perdê-la era maior do que a sua raiva.

— Não, Vivian, não estou zangado com você — mentiu.

— Então, por que se aborreceu?

— Porque gostaria de acompanhá-la. Confesso que não me agrada nada ver você por aí em companhia de um bando de rapazes. Mas eles não sabem que você é mulher, não é mesmo?

— Não... nem desconfiam.

— E eu confio em você, Vivian. Confio em sua fidelidade. Você não faria nada que pudesse me magoar, não é mesmo?

Ela hesitou e respondeu sem muita convicção:

— É claro que não.

— Ótimo. Por isso, não vou me importar que vá nesse passeio. Só vou lhe pedir para tomar cuidado. Sabe como são os homens; não se importam em aparecer uns para os outros.

— E o que pode me acontecer, Francis?

— Não sei. Cuidado com as brincadeiras, com as intimidades.

— Intimidades? Como assim? Que intimidades haveria entre homens?

Ele corou e falou, abaixando a voz:

— Podem chamá-la para se banhar em algum rio, urinar...

— Não se preocupe com isso, Francis. Saberei evitar muito bem essas situações.

Francis suspirou e a abraçou, e ela correspondeu, entregando-se a ele com ardor. Gostava dele. Era seu marido, carinhoso, amigo, leal. Mas não era como Lionel. Quando pensava em Lionel, sentia como se um fogo a queimasse por dentro. Era diferente de Jules e de padre Tobias. O que sentia por Jules era paixão. Por padre Tobias, amor. Por Francis, amizade. Por Lionel, cumplicidade.

capítulo 21

No dia seguinte, à hora aprazada, Vivian compareceu em frente ao café Paris, onde duas carruagens os esperavam para levá-los a seu destino. Um bonito sítio no campo, cercado por árvores e por um regato cristalino, por onde corria uma água fresca e límpida.

Alguns dos rapazes se faziam acompanhar por moças vindas da casa de madame Ninon, e Vivian foi apresentada a elas. Mary e Helen, que acompanhavam William e Lucan, respectivamente. Aaron e Simon estavam desacompanhados.

— Onde está Lionel? — perguntou Vivian.

— Já deveria estar aqui — observou Lucan.

— Se não chegar em cinco minutos, partimos sem ele — determinou Simon.

Lionel apareceu em seguida. Vinha correndo, esbaforido, puxando pela mão uma jovem que se esforçava por acompanhá-lo.

— Lá está ele! — gritou Aaron, apontando o dedo para o local de onde ele vinha.

— Esse Lionel — gracejou William. — Aposto que se divertiu a noite toda com a moça e perdeu a hora.

Vivian fez um ar de extremo desagrado, mas não disse nada. Lionel os alcançou rapidamente e foi logo se desculpando:

— Perdoem-me o atraso, rapazes. Compromissos me prenderam no leito até tarde, vocês entendem — todos riram, e Lionel piscou um olho para a jovem, que sorriu de volta. — Bem, meus amigos, creio que ainda não conhecem Susan.

— Não é uma das meninas de madame Ninon, é? — quis saber Aaron.

— Não — respondeu Lionel bem-humorado. — Susan é exclusividade minha.

Vivian mal conseguia conter sua raiva. Como Lionel se atrevia a levar para ali aquela lambisgóia? Ela fechou o cenho e o encarou fuzilando. Embora percebesse o seu desagrado, Lionel não disse nada. Se Edwin estivesse com alguma outra intenção para com ele, era uma boa hora de desestimulá-lo.

Tomaram a carruagem e partiram animados para o campo. O dia estava ensolarado e fazia calor, ótimo para um passeio ao ar livre. No caminho, Vivian não dizia nada. Mal conseguia conter o ciúme, ainda mais porque Lionel beijava e abraçava Susan sem nenhum constrangimento. Mas, por que deveria se sentir constrangido? Estavam entre amigos e as moças eram o que se podia chamar de vida fácil. Não tinham com o que se preocupar.

O ar do campo era agradável e soprava uma brisa amena, e os jovens estavam ali para se divertir. Durante toda a manhã, jogaram bola, brincaram de cabra-cega, cantaram. Na hora do almoço, as jovens estenderam a toalha e arrumaram as guloseimas que haviam preparado. Vivian mal conseguia engolir, respondendo com monossílabos às perguntas que os outros faziam.

— O que há com você, Edwin? — indagou Simon com ironia. — Está triste.

— Engano seu, Simon. Estou ótimo.

— Por que não trouxe uma namorada? — continuou Simon a provocá-la. — Talvez não se sentisse tão só.

— Não estou vendo nenhuma namorada lhe fazendo companhia — retrucou Vivian com desprezo.

Os outro riram e Simon corou. Não tinha muito jeito com as mulheres, e elas sempre o faziam de bobo.

— Ora — desculpou-se —, não havia ninguém que me interessasse.

— E por que acha que deveria haver para mim?

— Vamos, rapazes, nada de brigas, por favor — censurou Lucan, deitado no colo de sua Helen.

— Diz isso porque está bem acompanhado — tornou Aaron com humor.

— Ora, meu caro, não durmo no ponto. Por que não foi à casa de madame Ninon buscar uma moça para lhe fazer companhia?

Todos riram e se concentraram na comida. Todos, menos Vivian. Ela cada vez se enfurecia mais. Lionel parecia querer afrontá-la. Embora não soubesse que estava lidando com uma mulher, parecia estar fazendo aquilo só para provocá-la e colocar-lhe ciúmes. Seria possível? Estaria desconfiado de algo?

— Por que não vamos dar uma volta? — disse ele a Susan, beijando a ponta de seus dedos.

— Ah! Lionel, estou com uma preguiça! — ela respondeu, espreguiçando-se e se esticando sobre a toalha. Quase não dormimos essa noite — riu. — Por que não aproveitamos para fazer a sesta?

Vivian estava enojada. Aquela despudorada tinha o desplante de insinuar para os demais o que estiveram fazendo a noite toda. Estava ficando difícil agüentar aquela situação, e ela se levantou abruptamente, falando entre dentes:

— Rapazes, se me dão licença, quem vai dar um giro sou eu.

Enquanto ela ia se afastando, os rapazes foram se acomodando com as moças, e Simon e Aaron abriram um tabuleiro de xadrez. Susan, de tão cansada, logo adormeceu, e Lionel, seguindo um impulso genuíno, levantou-se também, limpou as calças e gritou para Vivian:

— Espere, Edwin! Vou também.

Vivian exultou. Por pouco não saltou em seu pescoço. Ele acercou-se dela e os dois puseram-se a caminhar lado a lado.

— Está zangado? — quis saber Lionel.

— Não. Por que estaria?

— Não sei. Você quase não falou. É alguma coisa com Francis?

Vivian estacou e voltou-se para ele, acrescentando com desgosto:

— O que há com vocês? Por acaso pensam que há algo entre mim e Francis?

Lionel enrubesceu e retrucou sem graça:

— Bem, Edwin, se quer saber, muita gente está pensando isso sim.

— E você, Lionel? O que pensa?

— Na verdade, penso que há. Vocês agem de forma estranha. Dá até para desconfiar.

— Se pensa assim, por que está aqui comigo?

— Por quê? Bem, Edwin, não tenho nada com sua vida. Mas você deve se cuidar.

— Não se aflija — cortou Vivian com desdém. — Garanto-lhe que Francis e eu somos apenas bons amigos.

— Não é o que parece.

— Muita coisa não é o que parece, Lionel.

— O que quer dizer?

— Nada. Não quero dizer nada.

Em breve chegaram à beira do córrego, e Lionel sugeriu:

— Por que não vamos nadar?

— Obrigado, Lionel, mas não gosto muito de água. Mas pode ir se quiser — vendo sua hesitação, ela continuou: — Vamos, homem, o que está esperando? Por acaso pensa que sou algum maricas que vai atacá-lo assim que tirar as roupas?

Ele riu gostosamente e respondeu:

— Não, Edwin, sei que não fará nada disso. Mas prefiro sentar-me aqui e conversar.

Escolheram uma pedra grande e lisa, bem perto da água, tiraram os sapatos, arregaçaram as calças e sentaram ali, deixando que os respingos dágua lhes tocassem a sola dos pés e o calcanhar. Durante alguns minutos, permaneceram em silêncio, apenas sentindo o frescor que aquela água lhes causava, até que Vivian falou:

— Lionel?

— Hein?

— Por que se chama Lionel Angelus?

Ele sorriu e fez uma careta, respondendo de olhos fechados.

— Porque nasci na hora do *angelus*. Seis horas da tarde. Minha mãe teve um parto difícil. Como sempre foi muito religiosa, prometeu que me daria esse nome, caso eu fosse menino. Meu pai, por sua vez, já havia prometido que me daria o nome de seu avô, e os dois quase tiveram uma briga por causa disso. Eu nasci perfeito e saudável, e minha mãe achava que eu deveria me chamar Angelus. Mas meu pai queria Lionel e não abria mão. A solução que encontraram foi chamar-me Lionel Angelus.

Vivian achou linda aquela história, mas não disse nada. Temia que ele risse dela e a chamasse de maricas ou coisa parecida. Depois de mais alguns minutos, ela perguntou à queima-roupa:

— E o que há entre você e Susan?

— Entre mim e Susan? Nada. Ela é apenas uma boa amiga.

— Pareceu-me muito mais do que apenas uma amiga.

— Mas não é. Susan é costureira, uma moça solitária, sem parentes, assim como eu. Entre uma costura e outra, procura-me para matar o tempo e a solidão.

Ele começou a sentir-se sonolento e esticou o corpo sobre a pedra, aproveitando o restinho do sol da tarde. Em poucos instantes, adormeceu, e Vivian permaneceu ali a seu lado, olhando-o cheia de admiração. Ele era lindo, e ela sabia que estava apaixonada. Mas como faria para tê-lo? Por mais que fossem amigos, não sabia se podia confiar nele para contar-lhe seu segredo. E se ele não entendesse?

Ele estava tão próximo dela que ela não resistiu. Certa de que ele dormia, aproximou o rosto do dele e beijou-o levemente nos lábios, e Lionel deu um salto, completamente aturdido.

— O que está fazendo? — esbravejou. — Por acaso ficou louco?

— Lionel, não...

— Saia de perto de mim, Edwin! O que pensa que sou? Um maricas feito você? Feito Francis?

— Lionel, não é nada disso.

— Ah! mas não é mesmo. Esqueça, meu caro, não sou dado a essas perversões.

— Mas Lionel, você disse...

— Disse que sou seu amigo e não tenho nada com sua vida. Você é livre para fazer o que bem entende. Se gosta de homens, o problema é seu. Não tenho nada com isso. Mas não venha tentar suas imundícies comigo. Isso não!

— Por favor, Lionel, escute.

A essa altura, Lionel já não escutava mais nada. Enfurecido, apanhou a casaca sobre a qual havia se deitado, virou-lhe as costas e pôs-se a caminhar apressado. Aturdida, Vivian partiu em seu encalço. Queria desculpar-se, contar-lhe tudo, mas ele não lhe deu chance.

Em breve alcançaram o resto do grupo, que já se preparava para ir embora.

— Lionel! — exclamou Susan. — Onde esteve?

Lionel apertou-a com força e beijou-a arduamente, passando as mãos pelo seu corpo sem nem se importar com a presença dos outros.

— Uau! — fez Lucan. — Creio que o ar do campo lhe abriu o apetite.

Todos riram, e Vivian virou o rosto, enjoada. Ele estava fazendo aquilo só para provar-lhe que não era o que ela pensava. E tinha razão. Vivian, na pele de Edwin, o havia chocado imensamente, e ela precisava pensar em algo para consertar sua imprudência.

capítulo 22

Em casa, Francis notou a mudança no comportamento de Vivian. Ela andava acabrunhada, quieta, quase não falava. Embora lhe dissesse que não havia acontecido nada de especial no passeio daquele domingo, ele notou que fora desde aquele dia que ela mudara. Ele lhe perguntava o que estava acontecendo, mas ela respondia com evasivas e saía de perto dele. À noite, sempre que ele a procurava, ou ela se desculpava, dizendo estar com dor de cabeça, ou se entregava a ele sem nenhum entusiasmo, o que cada vez mais reforçava suas desconfianças.

Quase todas as noites, ela ia ao café Paris. Embora Francis não deixasse de acompanhá-la, fazia-o com menos freqüência. Queria evitar comentários maldosos e infundados. Nas vezes em que fora, porém, notara que Lionel não estava presente e chegou a perguntar:

— Por onde anda Lionel? Faz tempo que não o vejo.

— Lionel deve estar apaixonado — respondeu Aaron num gracejo. — Parece que anda perdido nos braços de Susan.

— Sem dúvida um bom motivo para não aparecer por aqui — comentou Simon.

— É verdade — concordou Francis. — Nada como os braços de uma mulher para tirar um homem da solidão.

Francis respirou aliviado. Se Lionel estava com alguém, Vivian podia ir perdendo as esperanças. Ele pensava que ela era homem e não estava interessado nela.

No dia seguinte, Francis declarou:

— Sabe, Vivian, você não devia se envolver tanto com aqueles rapazes.

— Por que não? Que mal faz?

— Não faz mal nenhum. Mas as pessoas já estão comentando a sua ausência da sociedade.

— É?

— Sim. E o que você queria? Não vamos mais a festas, nem ao teatro, nem à casa de amigos. Você sempre gostou de vida social intensa e, de repente, some. Não acha que as pessoas têm razão de estranhar?

Vivian não se sentia com ânimo para compromissos sociais. No entanto, Francis tinha razão. Ela precisava desempenhar bem seus dois papéis e não podia descuidar de seu lado feminino. Ser homem, naquelas circunstâncias, até que estava sendo bom, porque lhe permitia desfrutar da companhia de gente que pensava feito ela. Mas seu lado feminino não podia ser represado daquela forma. Afinal, fora por sufocá-lo que acabara perdendo Lionel.

— Lucy tem se queixado de que você não a procura mais.

— Você está certo, Francis — concordou ela. — Acho que me envolvi demais nessa farsa.

A sineta da porta tocou e o mordomo foi atender, voltando logo em seguida em companhia de Betsy.

— Minha querida irmã! — exclamou Francis. — Que prazer em vê-la.

Ele beijou-a no rosto e ela falou:

— Se Maomé não vai à montanha...

— Estávamos agora mesmo falando sobre isso, Betsy. Não acha que Vivian deveria sair um pouco mais?

— É claro que sim. Por isso estou aqui. Vim convidá-los para um chá.

— Um chá?

— Sim. Há uma nova confeitaria na cidade, e gostaria de experimentá-la. Dizem que fazem uns doces maravilhosos.

Vivian não dizia nada. Aquela chegada inesperada de Betsy fora muito providencial. Era coincidência demais, e ela estava certa de que Francis havia arranjado tudo com a irmã. Entretanto, sabia que eles estavam fazendo aquilo porque gostavam dela. Betsy era uma companhia agradável, e Vivian gostava muito dela também. Por que não acompanhá-la e ao marido em um pequeno passeio, vestida em roupas de mulher, para variar?

— Está bem — disse, por fim. — Não precisam falar mais nada. Convenceram-me. Dêem-me apenas alguns minutos para me aprontar.

Francis ia caminhando pela rua, ladeado pela irmã e pela mulher, a caminho da confeitaria, quando um jovem se aproximou. De longe, Vivian reconheceu a figura esguia de Lionel, e seu coração disparou. Francis não havia ainda reparado, e Betsy permanecia alheia. Quando ele chegou bem perto, parou defronte a eles, ergueu a cartola e cumprimentou:

— Francis! Que surpresa. Há quanto tempo!

Francis sentiu um baque. Podia esperar encontrar qualquer um, menos Lionel. Mas Londres não era uma cidade assim tão grande, e era de se esperar que isso acabasse acontecendo.

— Como vai, Lionel? — cumprimentou com uma certa cerimônia.

Vivian não ousava encará-lo. Tinha medo até de pensar e permaneceu calada, cabeça baixa, torcendo para que ele se fosse. Ou para que ficasse? Ela não sabia nem definir o que realmente queria.

Percebendo o ar de curiosidade de Lionel e seguindo o que mandava a boa educação, apresentou-lhe as moças:

— Lionel, esta é minha esposa, lady Vivian, e esta é minha irmã, lady Betsy. E este é o senhor Campbell, Lionel Campbell.

— Encantado, madames — falou com certa galanteria, beijando-lhes as mãos com respeito.

No mesmo instante, Vivian enrubesceu, e ele notou-lhe algo estranho no olhar. Durante alguns segundos, permaneceu estudando o seu rosto, tentando imaginar de onde o conhecia. Era um rosto familiar, tinha certeza, mas ele não conseguia descobrir onde já o vira antes. Mas a moça era esposa de Francis, e não ficava bem repará-la.

Ao voltar-se para Betsy, ficou admirado. Ela era uma verdadeira beldade, e Lionel não pôde deixar de lhe fazer um elogio.

— Senhorita, encanta-me tamanha beleza.

Betsy corou, Vivian espumou de raiva e Francis emudeceu. Era só o que lhe faltava, aquele Lionel se interessar por sua irmã.

— Obrigada, senhor Campbell. É muito gentil.

— Oh! mas não é gentileza nenhuma. É a mais pura verdade.

— Ainda assim, obrigada. Já ouvi falar muito a seu respeito.

— É mesmo? Bem ou mal?

— Bem. Já li todos os seus livros, e eles falam por si mesmos.

— Isso é um elogio?

— É sim — finalizou ela com um sorriso.

Vivian já estava ficando cheia daquela conversa idiota e cortou de má vontade:

— Por favor, Francis, vamos, sim? Já está ficando tarde.

— Aonde vão? — quis saber Lionel.

— À confeitaria — respondeu Betsy, mais que depressa. — Gostaria de nos acompanhar?

Francis já ia esboçar uma desculpa, mas Lionel foi mais rápido:

— Será um imenso prazer. Se Francis não se importar, é claro.

— Não, claro que não — disse ele a contragosto.

Na confeitaria, Vivian mal falava, e Lionel não lhe prestava a menor atenção. Notara o quanto ela era bonita, mas estava acompanhada do marido, e ele não queria aborrecer Francis. Assim, voltara todas as suas atenções para Betsy e tinha que admitir que ela era uma moça bastante interessante. Bonita, inteligente, culta.

— Diga-me, lady Betsy, toca piano como seu irmão?

— Não como meu irmão. Francis toca muito bem. Perto dele, apenas arranho as teclas.

— Ora, aposto como está sendo modesta. Deve tocar muito bem. Gostaria de ouvi-la algum dia.

— Betsy é excelente pianista — atalhou Francis. — Mas não toca em público.

— Não? Ora, precisamos ter uma conversa com lorde Charles. Guardar uma preciosidade dessas só para ele? Isso não se faz.

Vivian sentia-se cada vez mais inquieta. Tinha vontade de esganá-lo. Ele cortejava sua cunhada bem ali na sua frente, sem nem reparar em sua existência. Mas também, o que ela queria? Ela era casada, mas Betsy, não. Era linda e solteira, e não havia nenhum mal em que ele lhe fizesse a corte.

Betsy, por sua vez, também estava encantada. O senhor Campbell era um homem muito bonito, e ela apreciava os seus poemas como ninguém. Logo sentiu-se atraída por ele e teve vontade de vê-lo mais vezes. Sabia que ele era um dos protegidos de seu pai, o que lhe facilitaria o acesso à sua casa. Com certeza, o pai não se oporia a que se vissem.

— Por que não vai nos visitar um dia desses?

— Betsy, não seja inoportuna — censurou Vivian.

— Oh! não, senhora — redargüiu Lionel. — Nada me daria mais prazer.

Francis e Vivian se olharam sem saber o que dizer, enquanto Betsy, que não sabia de nada, continuava na sua conversa inocente e despreocupada:

— Diga-me, senhor Campbell...

— Por favor, chame-me apenas de Lionel. Lionel Angelus.

— Lionel Angelus? Que nome bonito!

Ele deu um sorriso franco e observou:

— Coisas de minha mãe. É que nasci na hora do *angelus*, sabe?...

E começou a contar a Betsy a mesma história que lhe contara na beira do córrego, e Vivian sentiu que um ódio surdo ia tomando conta dela. Quando terminou, Betsy elogiou:

— Que linda história, Lionel. Estou emocionada.

Ah! não, aquilo já era demais. Além de ter que ouvir aquela história pela segunda vez, ainda era obrigada a escutar de Betsy exatamente o que gostaria de ter dito a ele na ocasião e não pudera.

Vivian terminou rapidamente o chá, engoliu o pedaço de bolo que estava no prato à sua frente e disse para Francis:

— Querido, leve-me para casa. Não estou me sentindo bem.

Aliviado por poder encontrar uma desculpa para sair dali, Francis respondeu:

— Claro, meu bem. Vamos agora.

— Francis! — protestou Betsy. — Ainda não terminei o meu bolo.

Ele olhou para Vivian com desgosto, e Lionel interrompeu:

— Se não se importar, posso levar lady Betsy para casa.

— Obrigado, Lionel, mas pode deixar que eu mesmo a levo.

— Ora, Francis — censurou Betsy —, deixe de bobagens. Lionel está sendo tão gentil. E depois, estou certa de que papai ficaria muito feliz em vê-lo.

— É verdade — concordou Lionel. — Lorde Charles e eu somos muito amigos.

— Viu? Agora deixe de besteira e pode ir, Francis. Aposto que estarei mais segura com Lionel do que com você.

Embora contrariados, Vivian e Francis tiveram que ir, e Betsy permaneceu ainda algum tempo em companhia de Lionel. Quando afinal resolveram voltar, já era quase hora do jantar. Lionel quis se despedir da porta, mas Betsy não deixou.

— Entre e venha cumprimentar meu pai. Garanto que ficará feliz em vê-lo.

Lorde Charles e lady Margaret tomavam um cálice de vinho na sala quando eles entraram, e o rosto do duque se distendeu num largo sorriso.

— Lionel! Que surpresa agradável. O que o traz aqui?

— Fui eu, papai — explicou Betsy. — Encontrei Lionel na rua e Francis nos apresentou. Depois ficamos na confeitaria, até que ele me trouxe para casa.

— Sua filha está entregue sã e salva — declarou Lionel com humor.

— Certamente que sim. Mas entre, entre. Venha juntar-se a nós num cálice de vinho. É dos bons.

— Não duvido disso, senhor.

Lionel acompanhou-os e eles brindaram à vida e ao futuro das artes. Em seguida, lorde Charles convidou-o para jantar, e ele aceitou. Depois, Betsy presenteou-o com uma de suas sonatas ao piano, e ele ficou ainda mais encantado. E não pensara em Vivian uma vez sequer.

Apesar da contrariedade de Vivian e de Francis, Lionel passou a freqüentar a casa de Betsy. Estava lhe fazendo a corte, e até que lorde Charles estava satisfeito. Lionel não era um homem rico, mas tinha uma qualidade que ele julgava essencial no ser humano. Era um artista.

— Oh! Lionel — dizia Betsy. — Gosto tanto de você!

— E eu de você, minha querida.

— Diga-me, Lionel, como é a vida de poeta?

Ele sorriu com parcimônia e retrucou:

— Muito boa, se você gosta de escrever.

— E os seus amigos? São todos poetas?

— Quase todos. Costumamos nos reunir num lugar chamado café Paris. Conhece? — ela assentiu. — Pois é. Vou lá sempre que posso. Mas agora, confesso que ando ocupado com coisas bem mais interessantes.

Ela sorriu satisfeita. Estava apaixonada por ele e ficou feliz em ver que ele se interessava mais por ela do que pelo seu grupo de amigos.

— Papai já me falou sobre vocês — prosseguiu.

— Já? E o que foi que ele disse?

— Nada demais. Que são jovens escritores que gostam de aproveitar a vida.

— E você, Betsy? Também gosta de aproveitar a vida?

— É claro que sim. Todos gostamos, não é mesmo? — ele concordou, e ela continuou: — Diga-me, Lionel, conhece Edwin Ferguson?

Ele sentiu um estremecimento e se remexeu inquieto. Ela sabia que não devia perguntar aquilo, mas estava curiosa para saber o que ele pensava de sua cunhada.

— Edwin Ferguson? Por que pergunta?

— Bem, porque gosto dele. Acho-o um excelente escritor.

— Isso é. Mas não tenho muita amizade por ele.

— Não? Não foi o que ouvi dizer.

— Quem lhe disse o quê?

— Meu irmão. Disse que você e Edwin eram muito amigos.

— Seu irmão tem razão, em parte. Mas, pelo que me consta, o maior amigo de Edwin é o próprio Francis. Ele não lhe disse?

Betsy não esperava por aquilo. Era jovem e ingênua, e nem seu irmão, nem Vivian, a haviam colocado a par dos comentários maldosos que envolviam o nome dos dois, e ela preferiu não responder.

— Escrevi um poema para você — disse ele, mudando de assunto.

— Verdade? Onde está?

Ele tirou do bolso um papel cuidadosamente dobrado e estendeu para ela. Com mãos ávidas, Betsy apanhou o papel, desdobrou-o e começou a ler:

Encontrei-te por acaso
Nem pensava que existias
Julguei ver-te no ocaso
Em esquecidas fantasias.

Teu rosto é uma doce visão
Teus beijos, um alento de vida
Tua boca que sempre convida
A buscar-te na solidão...

Betsy estava totalmente embevecida com as palavras doces de Lionel. Mas ela não sabia o quão irrequieto e volúvel era o coração dos poetas e julgou que ele a amasse mais do que tudo no mundo. Inebriada com o seu amor, falou emocionada:

— Oh! Lionel, acho que o amo.

Beijaram-se apaixonadamente. Naquele momento, Lionel estava mesmo apaixonado por Betsy. Ele próprio poderia jurar que estava. Mas sua paixão não era sólida nem duradoura e poderia se quebrar facilmente, bastando apenas que alguém a atingisse de leve.

capítulo 23

Betsy ia completar dezoito anos, e lorde Charles resolveu dar uma festa em sua homenagem. Toda a boa sociedade londrina fora convidada, bem como Lionel, que agora passara a lhe fazer a corte. Raramente aparecia no café Paris e, embora Vivian lá estivesse sempre, os dois mal se falavam. Os amigos notaram aquela mudança súbita, mas não disseram nada. Lionel era um homem estouvado e não era de esconder seus sentimentos, mas deixou bem claro que Edwin era um assunto que não lhe interessava.

Na hora do baile, Vivian não tirava os olhos de Lionel. Aonde ele ia, ela o seguia com o olhar, até que Francis, não agüentando mais de ciúmes, puxou-a para um canto e rosnou:

— Devia parar de olhar para Lionel. As pessoas podem desconfiar.

— Não estou olhando para ele.

— Está sim. E nem se dá ao trabalho de disfarçar.

Vivian ia responder, mas calou-se. Não queria provocar nenhum escândalo, o que poderia desagradar lorde Charles. Se o fizesse, perderia seu apoio e não poderia mais aparecer em público.

No fim da festa, quando Lionel saiu, não percebeu que uma carruagem o seguia a distância. Vivian, sabendo que ele estaria presente à festa, orientou sua criada, Ivy, para que o seguisse sem ser notada. Que fosse até sua casa e anotasse o endereço. Ivy fez direitinho como ela mandou e, de posse do endereço, Vivian ficou à espera de uma oportunidade para que pudesse ir sozinha à sua casa.

No dia seguinte e no outro, Francis a acompanhou ao café Paris, e ela não teve chance de ir à casa de Lionel. Tampouco ele aparecera por ali naqueles dias, ocupado que estava em fazer a corte a Betsy. Mas, no terceiro dia, quando Francis lhe disse que não a iria acompanhar, Vivian sorriu com satisfação. Arrumou-se cuidadosamente e saiu. Só que não foi ao café Paris. Dispensou a carruagem e chamou um carro de aluguel, dando-lhe o endereço de Lionel.

Cerca de meia hora depois, a carruagem parou em frente ao sobrado em que Lionel vivia, e ela saltou. Bateu à porta e esperou. Ninguém atendeu. Olhando para cima, percebeu que a casa estava às escuras. Ainda era cedo, e Lionel deveria estar em casa de Betsy. Não faz mal, pensou, iria esperar.

Afastou-se um pouco e foi esperá-lo na esquina. Não queria que ele fugisse se a visse parada em sua porta. Ele demorou a chegar, e ela quase desistiu de esperá-lo. Tinha medo de que Francis desse pela sua falta e saísse à sua procura. Quando já estava quase desanimando, uma carruagem parou em frente ao sobrado e um homem desceu. Imediatamente, seu coração disparou, e ela correu para ele. Lionel já havia destrancado a porta e preparava-se para subir quando ouviu chamar o seu nome:

— Lionel.

Reconhecendo a voz de Edwin, virou-se bruscamente. Embora pensasse em repreendê-lo e mandá-lo embora, sentiu uma estranha alegria ao vê-lo ali. Ele estava mais magro, um pouco pálido, fitando-o com um mundo de expectativas no olhar.

— O que quer, Edwin? — perguntou com rispidez. — Pensei que tivesse entendido que não quero mais vê-lo.

— Por favor, Lionel, deixe-me explicar...

— Explicar o quê? Que você é uma mulherzinha?

— Sim, Lionel, é isso mesmo.

Ele ergueu as sobrancelhas, atônito. Aquele Edwin era mais ousado do que ele pensava, assumindo sua condição de efeminado com tanta naturalidade.

— Ouça, Edwin, não tenho nada com suas preferências. Até que o respeitava e o defendia, mas você não tinha o direito de tentar nada comigo. Não sou desse tipo.

— Sei que não. Foi por isso que me apaixonei por você.

— O quê?! Ora essa, mas que disparate! Ainda se atreve a se declarar assim, sem nenhuma cerimônia? O que há com você, Edwin, perdeu o pudor?

Ao invés de responder, Vivian aproximou-se dele e, sem nem lhe dar tempo de recuar, apanhou sua mão e pousou-a sobre o seio esquerdo, e Lionel pôde sentir o seu peito subindo e descendo rapidamente. Assustado, retirou a mão e começou a balbuciar:

— Mas... mas o que... o que significa isso? Edwin... você... você tem... seios? Você é uma... uma...

— Sim, Lionel, sou uma mulher.

Ele ficou mortificado. Aquilo explicava muitas coisas. Na mesma hora, empurrou-a para dentro do pequeno saguão de entrada e trancou a porta, conduzindo-a para o andar de cima. Apesar de confuso, uma indescritível felicidade o dominou. Se Edwin não era homem, significava que eles estavam livres para se amar.

Quando se viram em segurança, Vivian sentou-se ao lado de Lionel e explicou-lhe em breves linhas o que estava acontecendo. Contou-lhe de seu casamento com Francis e de sua vontade de ser escritora; da ajuda de lorde Charles, da conversa que escutara sobre como Edwin Ferguson jamais aparecia em público, terminando com a idéia que tivera de vestir-se de homem e misturar-se a eles. À medida que ela falava, os olhos de Lionel iam brilhando de satisfação e orgulho, e ele acabou por dizer:

— Edwin, quero dizer, Vivian, você foi brilhante!

— Obrigada, Lionel.

— E não pode imaginar como estou feliz por saber que não é homem. Já começava a gostar de você, e isso me incomodava muito. Tinha medo de mim mesmo. Mas agora, não há mais o que temer ou evitar.

— Devagar, meu caro. Sou casada, lembra-se? E com o filho de seu protetor, de nosso protetor. E você está fazendo a corte à sua filha. Um pouco confuso, não acha?

Lionel entristeceu, arrependendo-se de se haver envolvido com Betsy. Ela era linda e agradável, mas ele não a amava. Agora que descobrira a verdade sobre Edwin Ferguson, estava certo de que só havia uma mulher no mundo a quem poderia amar, e essa mulher era Vivian.

Lembrou-se do dia em que a conhecera, não como Edwin, mas como lady Vivian, de braços dados com Francis. Naquele dia, achou o seu rosto familiar, mas jamais poderia imaginar que Edwin e Vivian fossem a mesma pessoa. E, embora não lhe agradasse nada envolver-se com a esposa de outro homem, ainda mais se o outro homem se chamasse Francis Lester, já não podia mais evitar. Seu coração já estava preso ao de Vivian, e ele sabia que, por mais que se esforçasse, não poderia deixá-la.

Emocionado, puxou-a para si e a beijou, e ela deixou-se beijar, sentindo na boca o gosto suave da paixão. Amava Lionel como nunca pensara amar ninguém depois de padre Tobias, mas o amava. Só que era um amor mais maduro, e ela sabia que não podia se deixar levar pelos impulsos e estragar, não só a sua vida, mas a de Francis. Gostava dele e era-lhe muito grata, e doía-lhe saber que poderia fazê-lo sofrer.

Já era tarde quando Vivian entrou em casa, pé ante pé, procurando não fazer barulho, na esperança de que Francis estivesse dormindo e não despertasse. Logo que ela entrou no quarto, notou algo diferente. Francis, para surpresa sua, não estava em sua cama, e ela se assustou. Onde estaria?

Por alguns instantes, ficou pensando no que fazer: deitar-se ou procurar por ele? Enquanto não se decidia, começou a despir-se rapidamente e passou os olhos pelo quarto. Foi só então que notou uma sombra escura jogada sobre a poltrona perto da janela, e já sabia quem era antes mesmo de fixar o olhar. Francis estava ali sentado, mãos juntas sobre a boca, encarando-a no escuro.

— Francis! — exclamou surpresa e, ao mesmo tempo, receosa. — O que faz aí?

— Será que não adivinha, Vivian?

— Estava esperando por mim?

— O que você acha?

— Acho que deveria estar dormindo.

— E eu acho que você deveria estar dormindo comigo, que sou seu marido.

Ela o fitou com desprezo e retrucou com desdém:

— Por que diz isso?

— Pensa que sou algum tonto, Vivian?

— Não penso nada.

— Onde é que esteve?

— No café Paris.

— Até a essa hora?

— Estava divertido e nos distraímos na conversa.

— Lionel estava lá?

— Não.

— Não o viu hoje?

— Não, não vi.

— Mentira, Vivian.

— Pare de me apoquentar, Francis. Já é tarde e estou cansada.

— Onde esteve, Vivian?

— No café Paris, já disse.

— Você está mentindo. Fui ao café Paris e os rapazes me disseram que você não apareceu por lá.

Ela viu-se numa encruzilhada. Não queria magoá-lo, mas não podia pensar em nenhuma desculpa para lhe dar. Por fim, dando de ombros, respondeu sem muita convicção:

— Fui dar uma volta.

— Sozinha?

— É, Francis, sozinha.

— Tem certeza?

Ela mordeu os lábios. Ele estava tentando irritá-la e estava conseguindo. Mas ela não podia perder a calma, ou acabaria se delatando. Era preciso controlar a irritação e estudar bem as palavras, para que não dissesse nada que a pudesse comprometer.

— Tenho, Francis, tenho certeza.

— Duvido muito.

A irritação de Vivian chegava aos extremos, mas ela ainda tentava controlar sua ira. Nesse momento, porém, dois espíritos das sombras se aproximaram dela, e ela começou a sentir um ódio surdo de Francis, uma vontade de xingá-lo, ofendê-lo, humilhá-lo. Os espíritos, soldados de Decius, a envolveram num abraço de trevas, soprando ao seu ouvido toda sorte de impropérios, sugerindo-lhe que Francis estava tentando controlar a sua vida, subjugá-la, e que não era homem suficiente para isso. Não podendo mais dominar-se, Vivian deu ouvidos àquelas vozes e abriu as portas de seu coração para que eles pudessem penetrar e nele plantar uma semente de ódio e discórdia.

— Você não tem nada com a minha vida, Francis — rugiu Vivian com furor.

— Engana-se, Vivian. Você é minha esposa e me deve explicações.

— Não lhe devo nada.

Um dos espíritos afastou-se de Vivian e abraçou Francis, incutindo-lhe a idéia de que fora traído e humilhado pela mulher a quem amava e dedicara toda a sua vida. Francis, contudo, ainda resistia, alimentado pelo amor que nutria pela mulher. Mas o espírito, buscando dentro de sua mente uma grande fraqueza, jogou em seus pensamentos a lembrança de Vivian nos braços de Jules, sugerindo-lhe que o mesmo se passara com Lionel, e Francis encheu-se de ciúmes da esposa.

— Esquece-se, Vivian, de que fui eu quem a salvou?

— Salvou-me? Salvou-me de quê?

— De si mesma. De perder a honra e a reputação.

— O que quer dizer, Francis?

— Você sabe muito bem. Não fosse por mim, você hoje seria uma mulher difamada e discriminada, usada por Jules e depois descartada como um traste.

Não podendo mais se conter, Vivian aproximou-se dele e desferiu-lhe uma bofetada na face, vociferando com todo o ódio que poderia sentir:

— Cafajeste! Ordinário! Bem sabia que, um dia, ainda me atiraria isso em face. Pois muito bem, Francis. Casou-se comigo porque quis. Ninguém o obrigou a nada. Aliás, foi você quem me procurou e ofereceu o seu amor, em qualquer caso. Lembra-se, Francis?

Francis levou a mão ao rosto, que já começava a se avermelhar, e falou indignado:

— Casei-me porque a amava e, em nome desse amor, seria capaz de suportar qualquer coisa...

— Se é assim, não vejo do que se queixar.

— ... qualquer coisa menos a traição.

— Mas que traição? Do que é que está falando?

— Não se faça de cínica, Vivian. Pensa que não sei que se encontrou com Lionel?

— Com Lionel? Mas de onde tirou essa idéia absurda?

— Será que é mesmo absurda? Quer negar que esteve em sua casa hoje?

— Nego, é claro. Faz tempo que não vejo Lionel. E, ainda que o tivesse visto, isso não significaria que o traí. Lembre-se de que Lionel pensa que sou homem.

— Já não estou bem certo disso. E depois, ele pode até pensar, mas a verdade é que você não é, Vivian. Você é mulher, e das mais atraentes. Pensa que pode enganar-se a si mesma debaixo de um traje masculino?

O espírito, não querendo facilitar um entendimento entre eles, continuou com suas sugestões de discórdia e de ódio, despertando o orgulho e a rebeldia de Vivian.

— Cale-se, Francis! Você é um ser desprezível e mesquinho, e me faz acusações infundadas. Que direito tem de me ofender?

— O direito de todo marido. Não vou permitir que você me traia com aquele poetazinho vulgar e infame.

— Lionel não é nem vulgar, nem infame.

— E ainda o defende. Vai querer me convencer de que não teve nada com ele?

— Não quero convencê-lo de nada. Acredite em mim, se quiser, ou nas suas tolas fantasias.

— Acredito na força da verdade.

— Mas que verdade? Você está imaginando coisas. Não vi Lionel nem sei onde mora.

— Mentira! Sei que esteve em sua casa hoje.

— Você não sabe de nada.

— Você foi vista — arriscou ele.

Vivian gelou. Jamais pensaria que alguém a pudesse ter visto àquelas horas. Mas Francis podia estar mentindo. Podia estar inventando aquilo só para ver se a fazia confessar.

— Ninguém pode ter me visto em lugares aonde não fui.

Francis suspirou desanimado. Tinha quase certeza de que ela estivera em companhia de Lionel, mas não podia provar. E nem sabia se o melhor a fazer seria confrontá-la assim abertamente. Talvez fosse melhor fingir que nada estava acontecendo. Isso lhe pouparia a obrigação de tomar uma atitude definitiva.

— Vivian, Vivian, por favor, seja sensata — ponderou Francis, alterando a entonação da voz. — Temos sido felizes, não temos? Então, por que arriscar a nossa felicidade em nome de uma aventura sem maiores conseqüências?

— Está me acusando?

— Não a estou acusando de nada.

— Então pare de me atormentar. Se quer continuar a viver bem comigo, não me pressione nem insinue nada.

— Não quero insinuar nada. Mas não se esqueça de que a sobrevivência de Edwin Ferguson depende de sua boa vontade.

Ela empalideceu. O que estava pretendendo com aquilo?

— Agora me ameaça, Francis?

— Não. É apenas um alerta. Tenha mais cuidado com o que faz ou poderá se arrepender depois.

O ódio a dominou a tal ponto que Vivian pensou que fosse matá-lo. Ao invés disso, elevou a voz e esbravejou:

— Pois fique sabendo, Francis, que se você fizer alguma coisa que possa colocar em risco a existência de Edwin Ferguson, nunca mais voltará a me ver!

Francis se apavorou. Tudo, menos isso. Não suportaria viver longe de Vivian e tentou ponderar:

— Não foi isso o que quis dizer. Apenas a estou alertando de que a sua conduta é que poderá pôr em risco a vida de Edwin Ferguson. Se você começar a agir de maneira estranha, pode colocar em risco a sua própria criação.

Ela achou melhor não dizer mais nada. Sabia que ele tentara ameaçá-la, mas retrocedera no mesmo instante em que ela voltara sua própria arma contra ele, ameaçando deixá-lo. Ficara bem claro para Vivian que ela saíra ganhando. Se ela, por um lado, tinha medo de ser desmascarada, Francis, por outro lado, tinha pavor de perdê-la. Se ele tentara colocá-la em suas mãos, Francis é quem acabara se colocando nas mãos de Vivian sem nem titubear. E isso lhe dava a certeza de que ele não a importunaria mais e a deixaria livre, ao menos parcialmente, para que pudesse viver o seu amor com Lionel.

Vivian deu por encerrada a discussão. Trocou a camisola, deitou-se na cama e apagou o lampião, deixando Francis no escuro, entregue a seus próprios pensamentos. Na mente de Vivian, o corpo ardente de Lionel se delineou, e ela encheu-se de desejo. Francis era um bom homem, mas Lionel era seu cúmplice. Ainda com a imagem de Lionel em seus pensamentos, Vivian cerrou os olhos e adormeceu.

A seu lado, os dois espíritos sorriam satisfeitos.

— Avise Decius que conseguimos — disse um deles ao outro.

— Sim. Ele ficará feliz de saber que conseguimos penetrar.

— E de hoje em diante, meu amigo, as portas não se fecharão mais. Ao contrário, estarão cada vez mais escancaradas.

O ser das sombras soltou uma gargalhada estridente e sumiu pela parede, enquanto o outro permanecia montando guarda junto à Vivian. Finalmente haviam conseguido. Rupert dissera que os dois eram uns fracos e acabariam por se entregar espontaneamente em suas mãos. Vivian, por sua volúpia e irritação. Francis, pelo ciúme e o apego. E depois dessa noite, dificilmente eles conseguiriam afastá-los dali. Ao menos, é claro, que se voltassem para as bandas do *Cordeiro*. Coisa, aliás, difícil de se conceber.

capítulo 24

Ao saber que Lionel não estava mais apaixonado por ela, Betsy pensou que não iria suportar. Após quase cinco meses de namoro, ele aparecera e se desculpara, explicando-lhe que estava enganado sobre seus sentimentos. A dor foi tão grande que ela chegou a imaginar que iria sucumbir. A mãe e o pai tudo fizeram para alegrá-la, mas Betsy se deixara levar pelo abatimento e não tinha mais vontade de se distrair.

— Minha filha — disse o pai —, não fique assim. Você ainda é jovem e bonita. Não lhe faltarão pretendentes.

— Mas papai, eu o amo. E ele também disse que me amava. Até me escreveu uma poesia.

Betsy mostrou ao pai o poema que Lionel havia escrito. Lorde Charles apanhou o papel e leu sem muito entusiasmo. Já vira aquilo várias vezes, conhecia a alma dos poetas e não poderia culpá-lo. Deveria culpar-se a si mesmo. Sabia que aquilo poderia acontecer e não fez nada para impedir. Mas Betsy estava tão feliz!

— Minha filha, Lionel é um poeta. E os poetas costumam ser extremamente volúveis.

— Mas ele não podia estar mentindo quando me escreveu isto.

— Acredito mesmo que não. O sentimento é verdadeiro, mas não é duradouro. O artista vive intensamente suas emoções, mas vive-as em cada momento. Ontem, escreveu-lhe uma poesia carregada de amor, porque era o que sentia naquele instante, e era um sentimento bastante real. Mas hoje, o que sente já não é mais o mesmo, e ele se permite mudar e viver um novo sentimento, tão intenso quanto o anterior.

Betsy começou a chorar. Sabia que Lionel não a amava, mas não podia se conformar. Como ele pudera ser tão cruel? Como pudera enganá-la daquela forma?

— Oh! papai! — lamentou em lágrimas. — Penso que jamais o esquecerei.

— Esquecerá sim. O tempo é poderoso remédio contra as aflições. Em breve você conhecerá um outro moço e se apaixonará por ele. Você verá.

— Não acredite nisso, papai. Se não posso pertencer a Lionel, não quero pertencer a mais ninguém.

— Você diz isso agora. Mas isso passa, acredite-me.

— Queria odiar Lionel.

— Não, minha filha, não queira odiá-lo. Lionel apenas se permite viver. Faça o mesmo você também.

— Por que o defende tanto, papai? Não vê o quanto ele me magoou?

— Magoou? Pois não permita que a magoe mais.

— Como? Não posso fazer nada. Não posso mandar em suas atitudes. Ele me magoou porque quis. Eu não pedi para ser magoada. O que quer que eu faça?

— Seja forte. Resista ao impulso de se sentir vítima da situação e veja a si mesma como alguém que passou por uma nova experiência de vida.

— Papai! Como pode falar assim? Experiência de vida? O que passei foi por uma grande desilusão, isso sim!

— Que seja. Aceite essa desilusão como algo que a ajudará a crescer.

— Crescer? Mas como?

— Não sei. Só você é quem poderá dizer. Talvez, da próxima vez, seja mais sensata e prudente, e não se entregue tanto.

— Não consigo entendê-lo, papai. Lionel fez o que fez, me rejeitou, me humilhou, me desprezou, e o senhor fala como se a culpada fosse eu!

— Minha filha, não há culpados no amor. Aliás, não há culpados na vida. Todos temos a nossa cota de participação nesse torvelinho que é viver. E não pense que estou defendendo Lionel e acusando você. Não é nada disso. Mas consigo compreender a atitude de Lionel, assim como compreendo a sua reação e a sua dor.

— Não compreende não. Você acha que eu não tenho direito de sofrer.

— Sofrer? Sim, você tem o direito de sofrer, se é isso o que quer. Mas acredite-me, Betsy, existem outros caminhos bem mais fáceis do que a dor.

— Que caminhos? Por acaso quer que eu finja que não estou me sentindo rejeitada, abandonada, traída?

— Não. O primeiro passo para se evitar o sofrimento é aceitar tudo aquilo que sentimos. Acho que você deve assumir todos esses sentimentos, vivenciá-los na intensidade que julgar necessária e depois transformá-los. Quando sua alma se sentir saturada de tanto sofrimento, estará pronta para jogar fora o que já não lhe serve mais e abrir espaço em seu coração para receber novas experiências. E aí você poderá viver um novo amor sem mágoas, ressentimentos ou medos.

Betsy encarava o pai com profunda admiração. Suas palavras eram muito bonitas, mas ela não sabia se acreditava nelas. Era muito fácil prescrever remédios para o sofrimento alheio. Muito fácil falar quando a dor não era sua.

No fundo, no fundo, Betsy optara por se colocar na posição de vítima. Só assim poderia acusar Lionel pelo sua frustração, eximindo-se de se sentir responsável pelos seus próprios fracassos. O desconhecimento de seus atos pretéritos, aliado à imensa falta de fé, não permitiram que ela perdoasse Lionel e buscasse novos caminhos de felicidade, e Betsy acabou por se tornar a *vítima* perfeita para os ataques do invisível.

Rupert percebeu isso no mesmo instante. Com tantas portas abertas, estava certo de que, em breve, conseguiria arrastar Vivian de volta ao seu castelo. Quando isso acontecesse, ele tomaria o cuidado para que ela não tivesse nenhuma chance de contato com o lado da luz, e ela passaria a ser exclusividade dele.

E Betsy tinha todas as armas para que eles a pudessem atacar. Ciúmes, falta de discernimento, de equilíbrio e de fé, fraqueza de propósitos, orgulho e, acima de tudo, um forte desejo de vingança que, apesar de ainda desconhecido, estava bem latente em seu coração. Bastaria a Rupert despertá-lo.

Quando Betsy apareceu na casa de Vivian, ela já sabia do que se tratava. Sabia que Lionel havia rompido com ela. Ele prometera. Ela entrou chorosa, apertando as mãos nervosamente e sentou-se no sofá. Francis estava entretido ao piano, ensaiando para um concerto dali a dois dias, e nem notou a sua chegada. Apenas Vivian foi recebê-la.

— Betsy, que surpresa! — falou, fingindo de nada saber. — O que há com você? Está pálida. Sente-se mal?

— Oh! Vivian, você nem sabe o que aconteceu. Foi horrível!

— O quê?

Betsy contou-lhe o que havia acontecido entre ela e Lionel, e Vivian fingiu surpresa.

— Ele fez isso? Como pôde?

— Pois é, Vivian. Meu pai diz que os poetas são assim mesmo, mas não posso acreditar. Você é assim, Vivian?

— Bem, não...

— Pois é. Casou-se com Francis. É feliz com ele, não é?

— Sim...

— E não vá me dizer que é só porque você é mulher.

— Não, Betsy, não tem nada a ver uma coisa com outra.

— Vivian, vim aqui porque gostaria de lhe perguntar uma coisa.

— O que é?

— Você conhece Lionel, não é mesmo?

— Eu?

— Sim. Edwin Ferguson, quero dizer. São amigos, não são? Eu sei que são. Meu irmão me disse.

— Betsy, aonde quer chegar?

— Ah! Vivian, por favor, ajude-me! Faça Edwin Ferguson me ajudar!

Vivian quedou mortificada. Era só o que lhe faltava, Betsy pedir para que intercedesse por ela. E justo junto a seu amante!

— Betsy, acalme-se. O que Edwin poderia fazer?

— Não sei. Conversar com Lionel, convencê-lo a me querer de volta.

— Isso é que não — pensou Vivian, mas acabou por dizer: — Você está descontrolada e não sabe o que diz. Não tenho intimidade com Lionel para isso.

— Tem sim. Meu irmão me disse que estão sempre juntos. Por favor, Vivian, não me negue isso. Não posso viver sem Lionel.

— Seu irmão está enganado. E, ainda que fôssemos íntimos, não posso mandar em seu coração.

— Você não quer me ajudar. Por que não quer me ajudar, Vivian? Também pensa como papai?

— Não sei o que seu pai pensa e não estou me recusando a ajudar. Apenas acho que não dará nenhum resultado.

— Mas você tem que tentar. Por favor, diga que, ao menos, irá tentar.

Percebendo o descontrole da cunhada, Vivian achou melhor tentar acalmá-la. Não convinha que ela se exaltasse daquela maneira. Contudo, não podia fazer o que ela lhe pedia. É claro que falaria com Lionel sobre aquilo e diria a Betsy que não conseguira nada. Mas ela ficaria insistindo e acabaria por descobrir alguma coisa.

Naquele momento, porém, o mais importante era acalmá-la, e Vivian tornou em tom de compreensão e boa vontade:

— Está bem, Betsy, verei o que posso fazer. Mas não estou lhe prometendo nada.

Agradecida, Betsy segurou a mão da cunhada e beijou-a repetidas vezes, molhando-a com suas lágrimas. Embora Vivian se sentisse condoída de sua dor, não poderia se arriscar por ela. Se Betsy descobrisse alguma coisa, ela e Lionel estariam perdidos. Pior, Edwin Ferguson estaria liquidado. E isso era tudo o que não poderia permitir. Estava em jogo, não apenas um personagem fictício, criado para viver uma ilusão, mas a própria dignidade da mulher, Vivian. Se a sua farsa viesse à tona, Vivian seria execrada, escarnecida, ridicularizada. Só de pensar nisso, ela se arrepiou toda. Tinha pavor de ser apontada como um bufão e não serviria de carniça para os abutres devorarem. Nem que antes tivesse que se matar.

capítulo 25

O café Paris estava movimentado naquele dia. Charles Dickens, famoso escritor, havia aparecido por lá para uma taça de vinho, e muitos jovens escritores acorreram para vê-lo e falar com ele. Era uma celebridade, e ninguém queria perder a oportunidade de vê-lo de perto.

Quando Vivian e Lionel chegaram, o senhor Dickens havia acabado de sair. Vendo aquela agitação toda, Vivian perguntou curiosa:

— O que foi que houve?

— Vocês não sabem? — indignou-se Simon.

Eles menearam a cabeça, e foi Aaron quem respondeu:

— O senhor Charles Dickens esteve aqui.

— É mesmo? — retrucou Lionel surpreso. — Ora, Edwin, que pena que perdemos a oportunidade de conhecê-lo pessoalmente.

— Realmente — concordou Vivian decepcionada. — Teria sido uma aproximação valorosa.

— Bem, não adianta lamentar o que passou — filosofou William.

— Onde é que estiveram? — perguntou Simon, com uma pontada de malícia na voz.

— Por aí... — respondeu Vivian vagamente.

Simon olhou para Aaron e deu um risinho maroto, que Lionel e Vivian perceberam, mas preferiram não dizer nada. Não convinha que se expusessem. E depois, não se importavam. Sabiam que eram um homem e uma mulher, e isso lhes bastava. A opinião dos outros não lhes interessava, ainda mais porque era totalmente equivocada. Lionel e Vivian estavam tão apaixonados que pensavam em jamais se separar, e Lionel não precisaria defender sua masculinidade em prol de mulheres com as quais nunca manteria nenhum tipo de relação.

Desde que descobrira a verdadeira identidade de Edwin Ferguson, Lionel e Vivian quase não se separavam mais. Sempre que possível, estavam juntos, e Vivian, muitas vezes, o auxiliava com suas matérias para o jornal, só para poderem ficar mais tempo juntos. Francis, por sua vez, deixara definitivamente de comparecer ao café Paris, e todos imaginaram que eles haviam brigado.

Simon, no entanto, representava um perigo quase palpável para a felicidade de Vivian e Lionel. A cada dia que passava, deixava-se corroer pela inveja e ia permitindo que em seu coração fosse disseminado o veneno de sua própria incapacidade. Simon sempre fora um escritor medíocre, para não dizer ruim, e seus contos não alcançaram a projeção que ele desejava. Na verdade, nem lorde Charles se interessara por ele, e foi só por intermédio de uma editora de quinta categoria que conseguiu publicar seus livros.

De todos os rapazes, era o mais inexpressivo e quase morreu de ódio ao ver o promissor Edwin Ferguson admitido em seu grupo. O sucesso de Edwin o incomodava sobremaneira, alimentando nele uma inveja desenfreada e incontrolável. Ao invés de tentar melhorar, se aprimorar, ia se envenenando cada vez mais, buscando diminuir e desmerecer o sucesso de Edwin, na tentativa de se fazer notar. Na verdade, invejava-o exatamente porque reconhecia em si a incapacidade de construir algo de bom e tentava encobrir sua falta de valor desvalorizando o trabalho de Edwin.

Alheios a tudo isso, Vivian e Lionel pensavam que Simon era apenas sarcástico e não invejoso. Para não alimentar esse sarcasmo e tentando mudar de assunto, Lionel retrucou:

— E Lucan? Não veio hoje?

— Lucan saiu atrás do senhor Dickens. Quer um autógrafo.

A conversa girou em torno do senhor Dickens e de sua obra fabulosa, até que Lucan apareceu e se juntou a eles.

— Vejam! — exclamou, exibindo um volume autografado. — Corri à livraria mais próxima e comprei um exemplar de *Conto de Natal*. Ainda bem que consegui voltar a tempo de conseguir um autógrafo.

Todos riram e ficaram a elogiar a determinação e a rapidez de Lucan. Dizia-se apaixonado por Charles Dickens e procurava copiar o seu estilo em seus contos.

Mais tarde, Vivian e Lionel pediram licença para se retirar.

— Já vão? — indagou William. — Por quê? Ainda é cedo, fiquem mais um pouco.

— Lamento, rapazes, mas já é tarde — desculpou-se Lionel.

— É isso mesmo, William — considerou Simon com malícia. — Eles estão cansados e precisam dormir.

William encarou Lionel como que a desculpar-se pelo tom maldoso de Simon, mas Lionel fingiu não perceber. Fez um aceno com a mão e saiu, seguido de Vivian, que espumava de raiva.

— Por que não os deixa em paz? — sugeriu William, logo que eles desapareceram pela porta do café.

— É isso mesmo, Simon — concordou Lucan. — Por que tem que ser tão sarcástico?

— Ora, meus amigos — objetou Simon —, será que não percebem o que está acontecendo bem debaixo de nossos narizes?

— E o que é que está acontecendo? — redargüiu William.

— Não sabem? Não desconfiam? — ninguém disse nada, e ele mesmo respondeu: — Pois estou certo de que nossos amigos estão tendo um... romance.

— Não devia falar essas coisas — censurou Aaron. — Você não viu nada.

— Não preciso ver o que já está mais do que na cara. Lionel e Edwin são amantes, se é que se pode chamar assim essa aberração.

— Simon! — esbravejou William. — Será que não pode ter mais respeito?

— Ora, ora, se não temos aqui um defensor da sodomia.

— Ninguém disso isso, Simon — objetou Aaron. — Mas Lionel e Edwin são nossos amigos. Não devemos nos intrometer em sua vida.

E depois, se quer mesmo saber, acho que não há nada entre eles. São só amigos.

— Diria que amigos bastante íntimos — ironizou Simon.

— Pare com isso, Simon — era a vez de Lucan. — Você pode estar cometendo uma grave injustiça.

— Injustiça? Ora, meus caros, eu falo apenas do que vejo. Será que não repararam que aqueles dois agora vivem grudados? E por onde será que anda Francis? Por que não aparece mais?

— Francis tem esposa.

— E não tinha antes? Tinha. Mas antes, havia um bom motivo para aparecer. Só que agora o motivo dele se tornou o motivo de outro.

E soltou estrondosa gargalhada. Os outros, pouco à vontade, já estavam começando a se irritar com aquilo. É claro que não gostavam nem aprovavam a pederastia. Mas não tinham nada com a vida de Lionel e Edwin, e preferiam fingir que não percebiam o que estava se passando. Era melhor do que acusá-los e perder sua amizade.

A caminho de casa, Vivian ia furiosa, sentada na carruagem ao lado de Lionel.

— Odeio aquele Simon. Sempre com comentários maldosos.

— Tive vontade de matá-lo e quase morri por não poder lhe acertar um murro. Chego a estar com o estômago doendo. No entanto, creio que ele não sabe de nada.

— Por isso mesmo é que deveria ficar calado. Ainda vai acabar nos arranjando problemas.

Lionel puxou-a para si e calou a sua boca com um beijo ardoroso e prolongado, sussurrando em seguida:

— Eu a amo, Vivian. Nada mais importa.

Chegaram à porta do sobrado, e Lionel foi o primeiro a descer. Abriu a porta e olhou de um lado e de outro, vendo se havia algum conhecido. Como não houvesse ninguém, fez um sinal para Vivian, que abriu a porta do carro e saltou, entrando apressadamente na casa de Lionel.

Depois que se amaram, Vivian, abraçada a ele, falou em tom de amargura:

— Lionel, há um assunto que gostaria de conversar com você.

— Hum? O que é, meu bem?

— É sobre Betsy.

— Betsy? Já rompi meu namoro com ela.

— Sei disso, e esse é exatamente o problema. Betsy está apaixonada por você.

Ele suspirou e puxou uma baforada de seu charuto, vendo a fumaça se diluindo no ar.

— E daí, Vivian? O que posso fazer? Não vá me dizer que quer que eu reate com ela.

— Não, isso não. Embora até ache que poderia nos servir de fachada, isso pode acabar nos complicando. Betsy é uma moça sensível e possessiva, e logo perceberia a sua indiferença.

— O que devo fazer, então?

— Não sei. E é por isso que estou lhe contando. Ela me pediu para falar com você.

— O quê? Essa é boa.

— Ela pensa que somos amigos, Edwin e você, quero dizer. Acha que Edwin poderá convencê-lo a voltar para ela.

— Isso é loucura, Vivian. Gostei de Betsy, ela é uma moça adorável. Mas já passou. Não sinto mais nada por ela.

— Ainda bem, ou então, eu é que morreria de ciúmes.

— Bobinha — acrescentou num gracejo. — Então não sabe que meu coração só pertence a você?

— E seu corpo? Pertence só a mim também?

— É claro, querida. Não ando me deitando com mais ninguém. Ao contrário de você.

— Lionel, por favor, sabe que sou casada. Não posso evitar.

— Eu sei. E compreendo. Embora não me agrade nada.

— Não mude de assunto, Lionel. Estamos falando de Betsy e não de Francis.

— Mas não há nada que eu possa fazer.

— Eu sei. Mas o que direi a ela?

— Não sei. Invente uma desculpa qualquer. Diga que falou comigo e que eu já estou apaixonado por outra.

— Apaixonado por outra? É, pode ser uma boa idéia. Talvez assim ela se convença de que você não a ama e desista de você. E eu também tentarei convencê-la a esquecer você.

— Faça isso, Vivian, e tenho certeza de que conseguirá.

A seu lado, Decius ria de satisfação. Convencer Betsy a esquecer Lionel? Jamais. Ele não permitiria. Vivian não sabia, mas aquela idéia era mesmo excelente. Ao contrário do que ela imaginava, aquela história só serviria para estimular ainda mais o ciúme de Betsy. Ele ficaria a seu lado e cuidaria para que ela não se deixasse convencer. Trataria de instigá-la ao máximo, até que ela descobrisse o nome da nova paixão de Lionel.

Vendo que Lionel começava a acariciar Vivian, Decius aproximou-se do leito, já sentindo o desejo crescer dentro dele. Apesar de não gostar de vê-la nos braços de Lionel, ele também era um ótimo instrumento. Preparou-se para colar-se a ele quando a entrada súbita de Rupert o deteve.

— Rupert! O que faz aqui?

— Vim ver como estão as coisas — e, olhando para o casal, continuou: — Pelo visto, vão muito bem.

Notando o ar de cobiça com que Rupert olhava para sua Althea, tentou fazer com que ele se afastasse.

— Olhe, Rupert, depois conversamos. Não quero perder essa chance de sentir o corpo de minha Althea.

— Sua? Nossa, Althea, Decius, não se esqueça. E agora, chegue para lá. É minha vez de aproveitar.

Decius mordeu os lábios com tanta força que chegou a sentir um gosto amargo de sangue na boca. Ele já não tinha mais sangue mas, naquele momento, seus pensamentos plasmaram a corrente sanguínea, e era como se ele sentisse mesmo o sangue ferver dentro das veias, subindo-lhe às faces e enchendo-o de ódio.

Vendo Rupert colado ao corpo de Lionel, acompanhando-o em tudo o que fazia, seu rosto contraído pelo prazer, teve vontade de partir para cima dele e arrancá-lo dali. Afinal, Althea era sua esposa. Ele era obrigado a aceitar os seus amantes porque eram eles que lhe serviam de instrumento. Era através do seu corpo, da sua carne, que Decius podia sentir toda a sensação do sexo, como se encarnado estivesse. Mas Rupert, não. Era um espírito feito ele e podia utilizar-se de qualquer outra. Por que fora escolher justo sua Althea?

Ele virou o rosto, enojado, e pensou em partir. No entanto, um estranho magnetismo o mantinha preso ali, e ele continuou a olhar aquela cena até que Rupert se desse por satisfeito e parasse de manipular os amantes, que em breve também se saciaram. Tudo terminado, ajeitou as roupas, deu uma risada diabólica e, batendo nas costas de Decius, declarou:

— Nada mal, hein meu caro? — Decius não respondeu, e Rupert ameaçou: — Cuidado com o que pensa, meu amigo. Gosto de você, mas posso muito bem deixar de gostar. E sabe o que acontece com os meus desafetos, não sabe? Quer virar forma ovóide?

— Por que sempre se utiliza dessa ameaça, Rupert? — revidou ele, tentando conter a raiva.

— Porque é a maior desgraça para um espírito. Perder a forma, a vontade e a consciência. Ser manipulado como um fantoche, direcionado feito um cordeirinho, usado como se fosse uma máquina. Não se engane, meu caro, porque não teria o menor constrangimento em fazer isso com você. Posso muito bem aniquilá-lo e ainda colocá-lo aqui, grudado em Althea para sugar-lhe as energias sem nem se dar conta do que está fazendo. Então? Quer me servir como se fosse uma droga?

— Não — respondeu submisso, olhos baixos para não revelar o ódio crescente.

— Então deixe de bobagens. Althea é tão minha quanto sua. Deixe de ser ciumento e pare de sentir raiva de mim. Isso não vai levá-lo a nada.

Apesar de furioso, Decius não podia dizer nada. Não tinha força contra Rupert. Ele era forte e poderoso, e podia muito bem levá-lo à segunda morte só com a força do seu pensamento. Ele deu uma última olhada em Althea, adormecida nos braços de Lionel, e partiu ao lado de Rupert. Não tinha mais o que fazer ali.

capítulo 26

— Isso não pode ser verdade! — esbravejava Betsy, totalmente fora de si. — Ele está mentindo. É mentira! Mentira!

— Por favor, Betsy, acalme-se — falou Vivian. — Desespero não leva a nada.

— Ele não pode estar falando sério, Vivian.

— Mas está. Ele me disse. E não tem motivo nenhum para mentir para mim. Não sabe que sou sua cunhada e não imagina que queira ajudá-la. Perguntei-lhe sobre você como quem não quer nada, e ele foi logo falando que já não pensa mais em você. Gostou de você num momento, mas isso já passou. Seu coração agora pertence a outra. Eu ainda insisti, dizendo que a conhecia vagamente, mas ele nem quis me ouvir. A tal moça apareceu e ele se foi com ela.

— Quem é ela, Vivian? Por favor, diga-me.

— Não a conheço. Só a vi uma vez. Não sei o seu nome nem onde mora — Betsy começou a chorar, e Vivian a abraçou, alisando seus cabelos. — Não chore, Betsy, ele não merece. Você é jovem e bonita, não faltará quem a queira.

Elas estavam sentadas em um banco do jardim da casa de Vivian quando Francis apareceu. Estava ensaiando para um concerto e fizera uma pausa para descansar quando ouvira a voz da irmã vinda do jardim. Ao vê-la chorando nos braços de Vivian, indagou alarmado:

— O que foi que aconteceu?

Vivian não queria que ele soubesse o que estava acontecendo e tentou despachá-lo de volta para dentro, mas Betsy se adiantou.

Desvencilhou-se do abraço da cunhada, correu para o irmão e atirou-se em seus braços.

— Oh! Francis, você não sabe o que aconteceu. Lionel me deixou...

— Eu sei, Betsy — falou ele com doçura, acariciando sua cabeça. — Mas não chore. Ele não merece você.

— Ele tem outra, Francis! Deixou-me por causa de outra!

— Quem lhe disse isso, querida?

— Vivian! Ele contou... a Edwin...

Francis encarou a mulher por cima do ombro de Betsy e sentiu um misto de pena e ódio ardendo em seu coração.

— Não chore, Betsy. Você vai arranjar outro namorado, rico e muito mais bonito do que Lionel.

— Não quero outro, Francis. Quero Lionel. Ele não podia fazer isso comigo, não podia!

— Isso passa, você vai ver. Diz isso agora, porque está com raiva. Mas logo, logo, conhece outro rapaz e se interessa por ele. E vai até rir desse desespero tolo.

— Foi o que disse a ela, Francis — concordou Vivian. — Mas Betsy não se conforma.

Com profundo desgosto, Francis não deu resposta à mulher. Puxou Betsy pela mão e entrou com ela para a sala. Tocou a sineta e deu ordens para que lhe trouxessem um chá calmante.

— Papai e mamãe sabem o que está acontecendo? — tornou Francis.

— Sabem. Mamãe quer me levar numa viagem, e papai diz que logo passará.

— Acho que uma viagem seria uma ótima idéia. Aliás, por que não vamos todos?

— Todos? Aonde?

— A Plymouth. Podemos nos hospedar em casa de lorde George. Tenho certeza de que nos faria muito bem.

Betsy pensou durante alguns minutos. Sentia-se arrasada, sem ânimo para nada, mas a companhia do irmão e da cunhada era a única coisa que poderia ajudá-la a esquecer Lionel. Depois de um tempo, ela deu um longo suspiro e concordou:

— Acho que tem razão, Francis. Talvez seja mesmo uma boa idéia.

— É uma excelente idéia!

— O que é uma excelente idéia? — quis saber Vivian, que acabava de entrar.

— Ah! Vivian — Betsy correu ao seu encontro. — Francis teve uma ótima idéia. Vamos todos a Plymouth passar uns dias. Não é maravilhoso? Veremos Glenna, e você também visitará seus pais. E eu terei uma chance de me recuperar dessa desilusão.

Vivian deu um sorriso amarelo e fitou Francis com raiva. Aquela idéia não lhe parecia nada boa, e ela revidou:

— É uma ótima idéia, Betsy. Pena que não poderei acompanhá-los.

— Não? Por quê?

— Estou terminando um romance...

— Ora, querida, mas o que é isso? — objetou Francis. — Você pode terminá-lo em Plymouth. Tenho certeza de que o ar do mar lhe trará muito boas inspirações. E depois, far-lhe-á muito bem sair em roupas de mulher, para variar.

Não querendo fazer uma cena na frente da cunhada, Vivian pediu licença e foi para seu quarto, e ainda escutou as últimas palavras de Betsy, que dizia animada:

— Vou agora mesmo falar com papai...

Depois que ela se foi, Francis dirigiu-se ao quarto. Encontrou Vivian sentada à penteadeira, prendendo os cabelos para colocar a peruca.

— Vai sair?

Ela o olhou pelo espelho e respondeu com desdém:

— Vou.

— Aonde vai?

— Isso não é da sua conta.

Ele sentou-se na poltrona e ficou olhando-a se vestir. Ela tirou o vestido, a combinação, as anáguas e foi para o armário. Escolheu um terninho cinza, vestiu-o, ajeitou a gravata, apanhou a cartola e dirigiu-se para a porta.

— Vivian... — chamou Francis, e ela se virou. — Sabe que a amo, não é mesmo?

Ela sentiu uma pontada de tristeza e respondeu com voz amarga:

— Sei sim, Francis, e lamento.

Abriu a porta e saiu. Francis deixou-se ficar sobre a poltrona. Estava angustiado, amargurado, sem saber o que fazer. Sabia que Vivian estava mantendo um romance secreto com Lionel. Ela nem fazia questão de esconder. Ele sabia, mas não podia tomar nenhuma atitude. Aceitaria tudo, desde que ela não o deixasse. Não podia viver sem ela.

No entanto, roía-se de ciúme. Era um homem, não um rato, e tinha sangue correndo nas veias. Só de imaginar sua Vivian nos braços de outro homem, sentia calafrios. Por isso, procurava não pensar. Se pensasse, enlouqueceria. E quando Betsy lhe contara que a mãe estava pensando em levá-la numa viagem, foi que a idéia lhe ocorreu. Ele sabia que Vivian havia sofrido muito em Plymouth, mas era lá que estava Glenna. Glenna era sua amiga e poderia ajudar. Partilharia com ela o seu sofrimento, e ela daria um jeito de chamar Vivian à razão. Sim, se havia alguém a quem Vivian escutaria, esse alguém era Glenna.

Mas em Plymouth havia Jules. Não seria ele um perigo também? Será que Vivian não correria o risco de reviver tudo o que sentira com ele? Francis ouvira falar que Jules quase não parava mais na Inglaterra. Parece que se estabelecera em Viena, casado com uma condessa austríaca. Seria verdade? De qualquer sorte, precisava arriscar. O que ele não podia era ficar de braços cruzados, perdendo sua mulher para outro.

Na rua, Vivian caminhava pensativa. Já fazia tanto tempo que se vestia de homem que nem se sentia mais à vontade em roupas de mulher. Só vestia saias em casa e, nas poucas vezes em que tornara a sair de vestido, sentira-se estranha e deslocada. Acostumara-se ao roçar das calças entre as coxas e apreciava aquela sensação de liberdade, livre das pesadas anáguas que lhe dificultavam o caminhar.

Mas gostava de ser mulher. Gostava de seu corpo feminino e do contato masculino. Ser homem, para ela, não significava uma escolha de sexo. Era a liberdade. Para Vivian, só os homens podiam ser realmente livres. Não fosse a sociedade tão preconceituosa, ela não se veria obrigada a travestir-se para conseguir o que queria. Poderia escrever, publicar seus livros e apresentar-se com seu nome e suas saias. Mas não. Os homens eram uns tolos, pensando que só a eles pertenciam a inteligência e o direito de ser livres.

Não fosse tanta intransigência, nem precisaria ter se casado com Francis. Terminaria seu romance com Jules e esperaria até que conhecesse Lionel. Mas não. Precisara se casar para manter a honra e a reputação. Naquela sociedade hipócrita, os homens a rejeitariam só por lhe faltar o título de virgem. Quanta besteira! Os homens se envolviam nos mais sórdidos romances e ninguém falava nada. Mas ela, só porque se entregara a um único homem antes do casamento, estava arriscada a passar o resto dos dias ou na solidão, ou no meretrício.

Mas Glenna lhe dissera que seria melhor casar-se. No fundo, Glenna estava certa. No mundo em que viviam, que opções tinha uma mulher de ser feliz? Glenna... quanta saudade sentia da amiga. Nas cartas que lhe escrevia, ela sempre falava sobre sua vida e seu romance com Lionel. Embora Glenna não aprovasse aquele comportamento, era sua amiga e a respeitava muito, e nunca escrevera uma linha sequer de recriminação. Dizia-lhe apenas para refletir sobre suas atitudes e tomar cuidado. O amor era maravilhoso, mas poderia também ser bastante traiçoeiro quando misturado ao ciúme, ao apego e à paixão desmedida.

Chegou à porta da casa de Lionel e tocou a sineta, rezando para que ele estivesse em casa. Esperou alguns instantes, até que escutou sua voz vinda do alto:

— Quem é?

Ela se afastou da porta e olhou para cima. Lionel deu um sorriso de satisfação e desceu as escadas correndo, fazendo-a entrar e beijando-a repetidas vezes na boca, nas bochechas, nos olhos.

— Vivian, que surpresa vê-la aqui a essa hora. Aconteceu alguma coisa? Mas não fale. Suba primeiro. Tenho algo a lhe mostrar.

Ele saiu puxando-a pela mão escada acima, e ela deixou-se conduzir sem dizer nada. Já na sala de seu pequenino sobrado, ele foi até a escrivaninha e apanhou uma folha de papel, estendendo-a para ela e falando com excitação:

— Acabei de escrever. Para você.

Vivian apanhou o papel com um sorriso e começou a ler:

Ainda guardo nos olhos
O teu rosto de há poucos instantes
Teu olhar febril
De dúvida
Tua fala delirante
E eu hesitante
Diante da insinuação sutil
Perdida em teu olhar
Perdida em meu olhar
Teus olhos de encontro à noite
Cintilantes como a noite sobre o mar
Teus olhos que me fazem pensar
Na tua boca
Nas tuas mãos
No teu corpo...

Quando terminou de ler, seus olhos estavam marejados, e ela aproximou-se dele e beijou-o ardorosamente nos lábios, sussurrando com paixão:

— Como eu o amo, Lionel. Já não posso mais viver sem você.

Ele a ergueu no colo e a levou para a cama, onde se amaram intensamente. Depois que terminaram, ele acendeu um charuto e começou a falar:

— Notou que estou passando aos versos livres? Acho que a literatura deveria avançar um pouco mais. Chega de formalismos, da predominância da forma sobre o conteúdo. Rimas, métrica, penso que tudo isso deve ser abolido. O que importa é o sentido, o significado, não a estética. Não acha, Vivian?

Vivian olhou para ele com uma certa tristeza no olhar, e ele parou de falar.

— Lionel, vim aqui porque preciso falar com você urgentemente.

Só então foi que ele se deu conta de que estavam no meio da manhã, hora em que a visita de Vivian não era nada habitual.

— O que foi, querida, aconteceu alguma coisa?

— Não, mas vai acontecer. Francis quer viajar para Plymouth.

— E você vai?

— Não quero, mas não vejo alternativa. Convidou Betsy para nos acompanhar. Ela estava desesperada, mas a idéia da viagem a animou. Sabe como é, Betsy é jovem e supera com mais facilidade os reveses da vida.

— Mas Vivian, não quero que você vá. Não posso ficar sem você nem um dia sequer.

— Eu sei. Tampouco eu gostaria de deixá-lo. Mas temo o que possa acontecer se me recusar.

— Acha que Francis faria alguma coisa?

— Não falo tanto por Francis, mas por Betsy.

— Betsy? Por quê? O que ela poderia fazer contra nós?

— Não sei, Lionel, mas é uma sensação esquisita. Algo que não sei definir.

— Mas você acabou de dizer que ela já está superando.

— É o que parece. Mas não sei. Algo dentro de mim me diz para tomar cuidado.

Na verdade, algo dentro de Vivian lhe dizia para terminar aquele romance tresloucado com Lionel. Era Joseph, que conseguira, finalmente, acessar a sua mente. Meio adormecida e com os pensamentos voltados para Glenna, o coração de Vivian se abriu num sentimento mais puro, o que facilitou a entrada de Joseph. Ele fez uma limpeza em sua aura e tentava desesperadamente alertá-la sobre o perigo que estava correndo.

— Vivian — dizia ele ao seu ouvido. — Cuidado com o que está fazendo. Você está enveredando por um caminho de espinhos que a levará a um vale de sombras. Modifique-se. Ainda é tempo de consertar o que fez. Acabe com esse romance e volte para seu marido. É difícil, eu sei, mas você deve renunciar. Você assumiu o compromisso de entender-se com Francis e vencer os seus impulsos sexuais. Lute contra si mesma.

Mentalmente, Vivian respondeu, embora não soubesse que respondia às sugestões do espírito:

— Amo Lionel. Não posso deixá-lo.

— Lionel é seu cúmplice de muitas vidas. Encontrar-se-ão em outras. Mas nessa, devem exercitar o amor fraterno. É para o bem dos dois.

Nesse momento, Lionel teve uma indescritível sensação de perda, como se Vivian fosse abandoná-lo para sempre. Pensando tratar-se da saudade que sentiria se ela viajasse, estreitou-a de encontro ao peito e falou com paixão:

— Não me deixe, Vivian. Por favor, não me deixe nunca.

No mesmo instante, ela despertou daquela madorna e perdeu o contato com Joseph, voltando para Lionel sua atenção e beijando-o sofregamente. Vendo que eles estavam prestes a iniciar um novo ato de amor, Joseph saiu entristecido. Não conseguira. Por mais que se esforçasse, não conseguia ajudar Vivian.

— Não se atormente — falou Lawrence, que acabara de chegar. — Nada acontece sem que seja para o nosso bem.

Joseph não respondeu. Apanhou a mão que Lawrence lhe estendia e partiu com ele.

Quando Vivian entrou no quarto, Francis terminara de escrever uma carta e preparava-se para selar o envelope.

— Escrevendo uma carta? — indagou Vivian, mais para ter o que dizer do que propriamente interessada no destinatário.

— Escrevi a seus pais contando de nossa chegada. Pretendo partir em dois dias.

— Já? Por que tão cedo?

— E por que não? Não tenho compromissos que me prendam aqui nos próximos dias.

— Nenhum recital?

— Nada. Podemos partir com tranqüilidade.

Vivian percorreu o quarto e parou ao lado dele, segurando-lhe a mão com ensaiada ternura e acrescentando:

— Francis, não posso ir agora. Meu livro...

— Seu livro, você pode terminar em Plymouth. Já lhe disse que o ar do mar lhe fará bem.

— Mas, e os meus amigos? Sentirão a minha falta. O que devo dizer?

Francis mordeu os lábios e desviou os olhos de seu rosto. Sabia que os amigos resumiam-se apenas a Lionel.

— Diga-lhes que vai viajar.

Ela soltou a sua mão e tornou com raiva:

— Não quero ir, Francis. Edwin Ferguson não pode se afastar no momento.

— Edwin Ferguson vai ter que esperar. Vivian tem compromissos com seu marido.

— Não tenho compromisso algum. Você quer que eu vá só para me afastar daqui.

— Ouça, Vivian — Francis tentou um tom mais conciliador —, quero viajar por causa de Betsy. Não vê o quanto ela está sofrendo?

— Pois vá sozinho com ela. Por que precisam de mim?

— O que acha que meu pai dirá quando você não nos acompanhar? Quer despertar-lhe a atenção?

Aquilo fê-la pensar. Era um argumento poderoso. Até então, lorde Charles nem desconfiava de seu envolvimento com Lionel. O que faria se descobrisse? Por mais que gostasse dela e de Lionel, Francis era seu filho, e era óbvio que ele ficaria a seu lado. Se isso acontecesse, Edwin Ferguson correria grande perigo.

— E depois — prosseguiu Francis —, convidei sua irmã para nos acompanhar. Faz tempo que você não a vê, e pensei que apreciaria a sua companhia. Estou certo?

Sim. Fazia já um bom tempo que não via Lucy. Desde que começara aquela farsa, poucas vezes estivera em companhia da irmã.

Vivian inspirou profundamente o ar fresco da noite e sentou-se desanimada. Sabia que não tinha argumentos contra Francis. Ele planejara tudo direitinho. Convidara até a irmã. Se ela não os acompanhasse, Lucy ficaria desconfiada.

Tentando conter a raiva e a frustração, ela murmurou:

— Está bem, Francis, farei do seu jeito. Vou acompanhá-los.

— Ótimo. Pois comece a se preparar e esqueça as calças e as casacas. Você terá os dias e as noites livres para ser quem realmente é: Vivian Lester e não Edwin Ferguson.

Na tarde seguinte, ela se vestiu para sair mais cedo, com a desculpa de que gostaria de se despedir dos amigos. Afinal, se ela desaparecesse, todos estranhariam e poderiam começar a fazer perguntas. Embora contrariado, Francis não se queixou. Mais aquele dia e eles estariam livres da influência de Lionel. Vivian não sabia, mas ele não tencionava voltar. Pretendia se estabelecer definitivamente em Plymouth. Procuraria uma mansão de seu agrado e para lá se mudaria com a mulher e a irmã. Mais tarde, participaria o pai de sua decisão e pediria permissão para que Betsy fosse morar com eles por uns tempos. Quanto à Vivian, na hora certa veria como lhe contar.

Vivian chegou ao café Paris antes de todo mundo. O lugar estava ainda vazio, e ela se sentou, esperando pelos rapazes. Não demorou muito e eles começaram a aparecer. Lionel, como sempre, foi o último a chegar, e apenas Lucan não aparecera.

— E Lucan? — indagou ela.

— Lucan virá mais tarde ou não virá — respondeu William. — O pai faz aniversário hoje.

— Pena... O que vou dizer, gostaria de dizer a todos. Mas, peço que transmitam o meu recado a Lucan.

Ao olhar para ela, Lionel já sabia o que tinha a dizer.

— Então? — fez Simon. — Do que se trata.

Ela os olhou com ar dramático e anunciou:

— Meus amigos, vim me despedir...

— Despedir-se? — indignou-se Aaron. — Por quê? Vai embora?

— Preciso viajar por uns tempos.

— Para onde vai? — quis saber William.

Ela titubeou. Não seria conveniente revelar-lhes o seu destino. Eles poderiam pedir-lhe o endereço e, o que era pior, ter a infeliz idéia de visitá-la.

— Bem, não vou a nenhum lugar fixo. Pretendo excursionar pela Europa.

— Por quê? — indagou Aaron. — Não está feliz aqui?

— Não é isso. É que preciso de umas férias. Há quantos anos nos conhecemos?

— Hum... — considerou William — deixe ver. Creio que uns cinco ou seis anos.

— Pois então? Preciso viajar um pouco, espairecer, distrair-me.

— Pretende demorar-se muito?

— Não sei, Aaron, talvez. Alguns meses, suponho.

— Lionel vai acompanhá-lo? — perguntou Simon, sarcástico.

— Não, não vou — respondeu Lionel, de má vontade. — Embora isso me desse muito prazer.

Os rapazes abaixaram os olhos, confusos e envergonhados. Será que Lionel estava perdendo o pudor?

— Bem, amigos — tornou Vivian —, já está tudo arranjado.

— Quando parte?

— Amanhã de manhã.

— Mas já? — indignou-se Lionel. — Tão cedo?

Ela o encarou com profunda tristeza e respondeu:

— Sim...

— Muito bem — interveio William. — Vamos fazer um brinde, então.

Chamaram o garçom e pediram champanhe. Depois que o garçom os serviu, ergueram as mãos e estalaram as taças, e Aaron declarou:

— À saúde e à felicidade de Edwin Ferguson!

— E que ele faça uma boa viagem e volte logo ao nosso convívio — acrescentou William.

Vivian saiu mais cedo do que o habitual, com a desculpa de que precisava ultimar alguns preparativos.

— Vou acompanhá-lo — falou Lionel, levantando-se e saindo atrás dela.

Já na rua, seguiram lado a lado até a próxima esquina, onde pretendiam chamar uma carruagem de aluguel. No caminho, Lionel ia dizendo:

— Vivian, não sei se poderei agüentar sem você.

— Não pude fazer nada, querido. Ou concordava, ou Edwin Ferguson correria grande perigo. E não posso colocá-lo em risco.

— Eu sei. E nem quero isso. Mas vou sentir saudades suas.

— Podemos nos corresponder.

— Como? Alguém pode descobrir as minhas cartas. Já imaginou?

— Você pode usar um nome falso.

— Nome falso? — ele fez uma careta de dúvida e acrescentou: — Parece uma boa idéia.

— Que tal Molly Brown? Posso dizer que é uma amiga.

— Molly Brown... Está bem — segurou a sua mão e sussurrou: — Só Deus sabe o que poderei fazer para suportar a sua ausência.

— Não vá arranjar outra.

— Nenhuma outra poderá preencher o vazio que você irá deixar.

— Olhe lá, hein! Não vá afogar as mágoas no colo de Susan.

Ele riu gostosamente e puxou-a para si. Haviam alcançado a esquina, onde tomariam a carruagem, e pararam, Vivian presa nos braços de Lionel.

— Lionel, cuidado, aqui não. Alguém pode ver.

— Não há ninguém aqui...

Mal terminou de falar e já a estava beijando. Apesar do medo de serem vistos, Vivian não pôde resistir e correspondeu ao beijo com ardor. A noite estava escura e não havia ninguém por ali. As janelas das casas estavam fechadas, as luzes apagadas e o nevoeiro começava a se espalhar pelas ruas. Quem poderia ver?

Do outro lado da esquina, um jovem se aproximava. Vinha apressado, pensando em juntar-se aos amigos e aproveitar os últimos minutos de prosa. A festa em casa de seu pai ainda não acabara, mas Lucan arranjou uma desculpa para sair.

Quando chegou à esquina, do outro lado, parou assombrado. Eram ou não eram dois homens que se beijavam no meio da rua, como se fossem dois enamorados? Assustado, pensou em retroceder, mas algo em seus pensamentos fez com que se dirigisse para lá.

Sem que percebesse, um espírito se acercara dele. Era um dos soldados de Decius, posto de guarda ao lado de Vivian com a incumbência de se aproveitar de qualquer situação que pudesse prejudicá-la. Era preciso destruir a felicidade de Vivian para depois levá-la de volta ao mundo das sombras, e as ordens do espírito eram de que não deixasse passar nenhuma oportunidade de atingi-la. Ainda mais se pudesse atingir também a Lionel.

A princípio, Lucan ainda hesitou. Embora parecessem mesmo dois homens, não tinha certeza. A cerração agora baixara com mais intensidade, tornando difícil distinguir as pessoas. E depois, ele não tinha nada com aquilo. Estava até envergonhado. Dois homens se beijando no meio da rua era uma situação inusitada e totalmente imprópria. Se a guarda visse, os levaria presos por desacato ao pudor.

Ainda em dúvida, foi andando para trás, pronto para dar meia-volta, quando o espírito soprou ao seu ouvido:

— Vá lá, seu tonto. Então não vê que são seus amigos, Lionel e Edwin, que estão ali?

Ele estacou horrorizado. Um pensamento atroz lhe ocorrera. Será que eram Lionel e Edwin que estavam ali? Afinal, estavam próximos do café Paris, e todos já andavam suspeitando daqueles dois. Mas seria possível? Eles não se atreveriam a tanto.

— Vá ver, imbecil — continuava o espírito.

Ainda paralisado, Lucan não sabia o que fazer. Queria rodar nos calcanhares e sair correndo dali. Mas a curiosidade foi maior. Seriam mesmo seus amigos? Não, com certeza, era apenas um engano. Deviam ser dois maricas que marcaram de se encontrar bem longe de casa. Sim, era isso. Contudo, precisava ter certeza. Lucan tomou uma decisão. Daria uma olhada discreta nos dois e seguiria adiante. Estava certo de que não eram seus amigos e acabaria logo com aquela dúvida.

Ele colocou o primeiro pé na rua e começou a avançar, rumo à esquina do outro lado. Já estava no meio da rua quando a visibilidade se tornou mais fácil, e parou atônito. O par havia acabado o beijo e se separara, e o mais alto alisava a cabeça do mais baixo. Ficou horrorizado. Sob à luz fraca do lampião, reconheceu os vultos de Edwin e Lionel. Eram eles mesmos, tinha certeza agora.

Pensou em fugir. Estava tão aterrorizado que não podia permitir que eles soubessem que fora cúmplice de sua vergonha. Sem tirar os olhos dos dois, foi andando para trás, mas o movimento que fizera, embora lento, foi o suficiente para atrair a atenção de Lionel e Vivian, que se voltaram para ele ao mesmo tempo.

Sem saber o que fazer, Lucan pensou em fugir. Não queria participar daquilo, não queria ter visto o que viu. Vivian e Lionel, por sua vez, olhavam para ele aterrados, tentando imaginar até onde Lucan conseguiria ter visto no meio daquela névoa.

— Lucan — chamou Lionel — É você? Aproxime-se.

A passos hesitantes, Lucan chegou perto deles.

— Ouça, Lionel — foi logo se desculpando —, estou indo ao café Paris...

— Lucan — continuou Lionel —, você nos viu, não foi?

— Quem, eu? Vi... claro que vi. Vi vocês aqui parados... O que estão fazendo? Esperando a carruagem...?

— Não é o que você está pensando, Lucan...

— Não estou pensando nada, não vi nada, não quero saber de nada. E agora, se me dão licença, quero aproveitar ainda os últimos minutos antes que fechem o café.

Ele se despediu com um aceno e partiu. Vivian, que até então não dissera nada, encarou Lionel e indagou desanimada:

— Acha que ele viu algo?

— Não sei. Mas se viu, logo, logo ficaremos sabendo.

Uma carruagem chegou e eles a pararam, seguindo direto para a casa de Lionel. Lucan, por sua vez, chegou ao café Paris pálido feito cera. Não sabia o que dizer. Se contasse aos amigos o que vira, estaria colocando em risco a reputação e a segurança, tanto de Lionel, quanto de Edwin. E, por ora, melhor seria não dizer nada.

capítulo 27

Conforme o combinado, Vivian partiu para Plymouth em companhia de Betsy e de Lucy. Hamilton, por compromissos no parlamento, não pôde acompanhá-los.

Quando chegaram à casa de lorde George, foram recebidos com alegria e animação. Christine beijou as filhas como se estivesse cumprindo uma obrigação, cumprimentou Francis e Betsy formalmente e indicou-lhes os seus aposentos.

O quarto de Vivian estava praticamente como no dia em que o deixara. Só a cama havia sido mudada. Ao invés da cama de solteiro, uma outra, grande e bonita, de casal, ocupava o seu lugar.

Estavam todos cansados da viagem e foram repousar. No dia seguinte, Vivian tencionava ir visitar Glenna logo cedo. Morria de saudades da amiga e ansiava por abraçá-la.

Glenna recebeu-a de braços abertos e com emoção.

— Minha querida Vivian! — exclamou com lágrimas nos olhos. — Há quanto tempo! Pensei que nunca mais fosse tornar a vê-la.

Vivian abraçou-a com ternura. Só naquele momento percebera o quanto sentira sua falta.

— Ah! Glenna, quanta saudade!

— Por que não veio me visitar antes?

— Eu bem que gostaria, mas não pude. Meus compromissos, você sabe.

Glenna sorriu e levou-a para o terraço, sentando-se com ela a uma mesa perto da amurada, de onde podiam avistar todo o jardim.

— Pensei em visitá-la várias vezes, mas tive medo de incomodá-la.

— Glenna, que absurdo! Desde quando você me incomoda? Você é minha melhor amiga. Sua presença será sempre bem-vinda.

— Obrigada, querida. Fico feliz em saber que ainda aprecia e preza minha amizade. Mas agora conte-me: como está indo sua vida em Londres? E o tal de Lionel?

— Já leu alguma coisa dele?

— Já sim. É um bom poeta, não posso negar, embora eu ainda prefira os temas bucólicos às grandes paixões.

— E dos meus romances? Você gosta?

— Ainda estou tentando me acostumar... Seus romances procuram exaltar o que vai por detrás da alma humana, e isso é muito perigoso.

— Algumas pessoas me julgam um tanto quanto exagerada e chocante.

— As pessoas têm medo de ouvir as verdades sobre si mesmas.

A criada apareceu, trazendo uma bandeja com chá e alguns biscoitinhos. Vivian esperou até que ela terminasse de servi-las e indagou:

— E como vão as coisas por aqui, Glenna? O que há de novo?

— O que poderia haver de novo em Plymouth? Nada. Tudo está como sempre esteve.

— É incrível. Faz mais de dez anos que parti e tudo continua na mesma.

— Para você ver. Plymouth é bem diferente de Londres, minha querida, embora tenha seu encanto.

— É verdade. Mas hoje não sei se me acostumaria a viver aqui novamente.

— Sim. Quem sai daqui, dificilmente quer voltar.

Vivian fez uma pausa, sorveu um gole do chá e apanhou um biscoitinho, indagando com fingida naturalidade:

— E padre Tobias? Tem tido notícias dele?

Glenna sorriu com amargura. Sabia que ela iria perguntar por padre Tobias e respondeu sem entusiasmo:

— Sabe, Vivian, padre Tobias voltou há alguns anos...

— Voltou? Como assim? Ele está aqui?

— Está.

— Meu Deus, Glenna, por que não me contou? Em todas as suas cartas, não me escreveu uma linha sobre ele.

— Não podia, Vivian. Ele me pediu.

— E por que está me contando agora?

— Ora, porque você descobriria de qualquer jeito.

— E como ele está?

Glenna deu de ombros.

— Bem. Não mudou muito.

— Pergunta por mim?

— Raramente. Tem medo de que esteja magoada com ele.

Vivian desviou o olhar para o horizonte e seus olhos encheram-se de lágrimas. Há muito não pensava em padre Tobias. Desde que se envolvera com Lionel.

— Ainda o ama?

— Não tenho certeza. Confesso que já não penso mais nele como antes. Acho que Lionel me fez esquecê-lo.

— Está segura de seus sentimentos? Quer vê-lo?

Ela estremeceu. Será que deveria?

— Ele também deve ter ficado magoado comigo.

— Um pouco. Mas padre Tobias é um homem bom e não guarda raiva de ninguém. Penso que vocês deveriam se encontrar. Colocar as mágoas em dia, acertar as coisas. Não é bom guardar ressentimentos.

— Entendo, Glenna, mas não sei se terei coragem.

— Você é quem sabe. Não quero forçá-la a nada.

— Ele sabe que vim?

— Sabe. Logo que seu pai mandou me avisar, contei a ele.

— E...?

— Nada. Ficou pensativo, a princípio, mas não demonstrou nenhuma contrariedade. Creio que ele também deve querer conversar com você.

Vivian silenciou. Encontrar padre Tobias seria uma prova de

fogo. Por mais que achasse que não o amava mais, não estava muito segura. E se toda aquela louca paixão voltasse ao vê-lo?

Tentando desviar os pensamentos, indagou:

— E Jules?

— Casou-se.

— É mesmo?

— Sim. Com uma condessa austríaca. Não sabia?

— Ouvi algo a respeito. E não tem aparecido?

— Não. Mudou-se definitivamente para Viena e nunca mais apareceu por aqui. Pelo que sei, vai a Londres algumas vezes. Nunca o viu por lá?

— Não. Faz tempo que não freqüento a sociedade. Vou a uma festa ou outra, mas prefiro meu grupo de amigos.

— Realmente, devem ser bem mais interessantes.

— São sim...

— E Francis? Como está?

— Não muito bem. Desde que me envolvi com Lionel, ele se modificou.

— O que você esperava? Ele está arrasado.

— Ele lhe falou alguma coisa?

— Sim. Tem me contado de suas angústias em suas cartas.

— Aquele Francis...

— Francis também é meu amigo, Vivian. Gosto muito dele. Quando sugeri que se casassem, pensei que pudessem ser felizes.

— Não se culpe, Glenna.

— Não estou me culpando. Vocês tinham tudo para ser felizes, mas...

— Mas conheci Lionel e me apaixonei. O que posso fazer, Glenna? Ninguém pode mandar no coração.

— Não, não pode. Isso é obra do destino. Mas fiquei triste. Gosto dos dois e queria que fossem felizes — Vivian não respondeu, e Glenna mudou de assunto: — Gostaria de dar uma festa para celebrar a sua chegada. O que me diz?

— Se você quer, não me oporei. E creio que Francis também não.

— Ótimo. Irei mais tarde à sua casa levar-lhes o convite. Quero ver Francis também. Lucy e Betsy estão bem?

— Betsy ainda não conseguiu esquecer Lionel e está sofrendo muito.

— Pobre Betsy...

— Em parte, é por causa dela que estamos aqui. Francis pensa que os ares de Plymouth a ajudarão a esquecer.

— Ou a abaterão mais. Aqui não há muita distração para uma moça acostumada à agitação de Londres.

As duas continuaram conversando por muito tempo. Só no final da tarde foi que Vivian se decidiu a partir, e Glenna a acompanhou. Tencionava rever os outros e fazer o convite formal para a festa. Daria uma bonita festa, e Vivian e padre Tobias teriam enfim a oportunidade de resolverem seus ressentimentos recíprocos. Eles mereciam isso.

No dia da festa, Vivian estava nervosa e inquieta. Não sabia qual seria sua reação diante de padre Tobias nem a dele quando a visse. Francis notou-lhe o nervosismo, mas nada sabia sobre o padre e pensou que ela estivesse aflita pela falta que sentia de Lionel.

Apenas Lucy conhecia seus motivos. A irmã sabia de toda a sua história com padre Tobias e, percebendo-lhe o nervosismo, procurou tranqüilizá-la.

— Acalme-se, Vivian. Não há motivo para tanta aflição.

— Será, Lucy? Não estou bem certa.

— Quer que seu marido desconfie?

— Lucy, tenho medo. Se tivesse que me confrontar com Jules, tudo seria mais tranqüilo. Fui eu que rompi o noivado, e meus sentimentos são mais seguros para com ele. Mas padre Tobias! E se tudo aquilo voltar?

— Não vai voltar, Vivian, tenho certeza.

— Como pode saber?

— Não sei. É uma intuição. Agora venha. Já está na hora, e você não quer ser a última a chegar à festa em sua homenagem, não é mesmo?

Vivian entrou deslumbrante no salão da casa de Glenna, de braços dados com o marido, seguida pelos pais, pela irmã e pela cunhada. A festa estava muito animada, e ela logo se envolveu com a música e a dança. Padre Tobias, até então, não aparecera, e ela não se atrevia a perguntar a Glenna se ele viria ou não.

De repente, viu quando Glenna pediu licença e se afastou de um grupo de convidados, partindo sorridente para a porta do salão. Seguindo-lhe os passos, viu quando ela estendeu os braços para o recém-chegado, e padre Tobias apertou-lhe as mãos com profundo respeito. Seu coração disparou. Era agora!

Ela estava conversando com alguns convidados, fingindo que não os via, quando Glenna se aproximou, trazendo padre Tobias pelo braço. Ele cumprimentou formalmente os convidados e demorou-se um pouco nos olhos de Vivian. Também ele, naquele momento, sentia estranha emoção. Não era a emoção do amor perdido, mas da confiança traída por ambas as partes.

Durante a primeira hora de sua chegada, perderam-se em falar do trivial. Até que a oportunidade se fez. Os amigos foram dançar no centro do salão, e quando Francis estendeu o braço, convidando Vivian para a valsa, ela respondeu com cortesia:

— Agora não, Francis. Gostaria de matar um pouco mais a saudade de padre Tobias. Por que não dança com Betsy?

Francis não estranhou aquele pedido. Sabia que Vivian gostava muito do padre, embora nem de longe desconfiasse da louca paixão que outrora nutrira por ele. De braços dados com a irmã, Francis se afastou para o meio do salão, e Lucy, querendo deixá-los a sós, partiu à procura do pai.

Depois que eles se afastaram, Vivian o encarou e começou a dizer:

— Padre Tobias, eu... sinto muito.

— Não, Vivian. Quem sente muito sou eu. Deixei-me levar pelo medo e pela covardia e traí, não apenas você, mas a minha própria fé.

— Mas fui eu que provoquei...

— Nada justifica o que fiz. Iludi você, fiz com que acreditasse em um amor que nunca existiu, só para convencê-la a fazer o aborto. Matei um inocente só para manter intacto o meu segredo.

— Não sabe o quanto me culpei por haver revelado o seu segredo.

— O meu segredo já não importa mais tanto assim. Jules não soube respeitá-lo.

— Oh! padre Tobias, tudo por minha culpa.

— Não, minha criança, você não foi culpada. Eu fui. Quando você disse que me amava, ao invés de a repelir, eu deveria tê-la tratado com mais consideração. Se tivesse conversado com você, dado-lhe assistência, esclarecido o seu coraçãozinho, nada disso teria acontecido.

— Não sei, padre Tobias. O que senti por você foi muito forte.

— Ainda sente o mesmo?

Ela o encarou em dúvida.

— Creio que não. Confesso que, quando o vi, senti uma forte emoção. Porém, mais proveniente da saudade do que propriamente do amor. Não nego que o amei um dia. Amei-o e muito. Jamais poderei negar isso. Você talvez tenha sido o meu maior amor. Mas hoje esse sentimento não é mais o mesmo. É estranho, mas sinto como se ainda o amasse, mas não o desejasse. Acha que isso é possível?

— É claro que sim. Esse é o verdadeiro amor, que independe da paixão ou do desejo.

Ela o fitou com olhos úmidos, transbordantes de emoção. Padre Tobias a havia magoado e ela sofrera muito, mas não lhe guardava mágoa ou rancor. Ao contrário, sentia que ela fora a única culpada por tudo o que lhe acontecera. Por que tivera que revelar o seu segredo? Não fosse sua imprudência, Jules jamais o teria pressionado ou ameaçado. E ele não seria obrigado a mentir e enganá-la na tentativa de se preservar. Como deve ter sofrido! Ele era um homem íntegro, e abalar sua integridade deveria ter lhe causado imensa dor.

Padre Tobias, por sua vez, amargara sozinho sua dor no desterro. Exilado em Aberdeen, longe da família e dos amigos, passara longo período remoendo sua culpa. Por mais que soubesse que Vivian havia revelado seu segredo, não podia perdoar-se pelo que fizera. O erro de um jamais deveria justificar o erro de outro, ainda mais se o primeiro a errar fosse uma jovem sonhadora e ingênua de seu rebanho. Sentira-se um monstro, cafajeste, abominável... Iludira uma inocente e matara outro, por medo de ser descoberto. E para quê? Para que Jules, mais tarde, acabasse por fazer insinuações mordazes a seu respeito. Não. Não a odiava nem a acusava de nada. Ele sim, sentia dever-lhe algo que jamais poderia pagar. Devia-lhe a vida, a sua vida e a de seu filho.

Passados alguns instantes, Vivian enxugou as lágrimas e mudou de assunto:

— Posso confessar-lhe uma coisa? — ele assentiu. — Hoje estou apaixonada por outro homem.

— Não é o seu marido?

— Não. Glenna não lhe contou?

— Não. Glenna pouco fala a seu respeito.

— Melhor assim.

— E quem é esse homem por quem você se apaixonou?

— Lionel Campbell. Conhece?

— O poeta? Já ouvi falar. Creio que foi Glenna quem me mostrou algumas de suas poesias. Mas Vivian, e o seu marido?

Ela deu de ombros e acrescentou:

— Gosto dele. Mas não é como Lionel.

— Vivian, minha filha, quando é que vai criar juízo? Seu marido é um homem bom. Não conheço esse Lionel, mas não acha que está se arriscando a perder um homem digno por uma aventura?

— Oh! Lionel não é uma aventura. É o meu amor.

Padre Tobias suspirou desanimado e acrescentou:

— Você é quem sabe...

Ela chegou o rosto mais para perto do dele e, olhando ao redor, sussurrou:

— Também tenho um segredo, padre Tobias.

— É mesmo? E qual é?

— Já ouviu falar em Edwin Ferguson?

— Não vá me dizer que também tem um caso com ele!

— Não, não, padre Tobias. Edwin Ferguson sou eu!

— O quê?! Mas como? O que quer dizer?

Vivian soltou uma gostosa gargalhada e contou a ele tudo o que se passara com ela. Pensara que Glenna lhe havia contado mas, como pedira segredo, a amiga não falara nada. Há muito aprendera que segredos compartilhados não são segredos.

À medida que ia falando, Vivian sentia uma grande turbulência dentro do peito. Era um sentimento estranho, um misto de saudade e paixão, e ela se sobressaltou. Será que todo aquele amor estava voltando? Mas não. Vivian sentia que tinha por ele uma enorme admiração. Contudo, ao pensar em Lionel, qualquer coisa que pudesse sentir por padre Tobias perdia a importância. Se colocasse os dois numa balança, seu coração a faria pender para o lado de Lionel.

Enquanto Vivian e padre Tobias conversavam, Francis foi procurar Glenna. Ela estava distraída, dando ordens à criadagem, quando ele se aproximou.

— Deseja alguma coisa, Francis? — indagou Glenna, toda solícita.

— Sim. Gostaria de falar com você.

Glenna acabou de dar as ordens e se retirou em sua companhia, indo para um canto mais afastado do salão.

— Aconteceu alguma coisa?

— Sim. Você sabe.

— É sobre Vivian? — ele assentiu. — O que há, Francis?

— Ah! Glenna, não sei o quanto mais poderei suportar. Ela me trai descaradamente com aquele poeta, e eu preciso fingir que não percebo nada.

— Por que precisa fingir?

— Por quê? Porque não posso me arriscar a perdê-la. Não sei mais o que fazer, Glenna.

— Está indo contra a sua natureza, Francis. É isso o que está lhe fazendo mal. Não seria melhor falar abertamente?

— Se fizer isso, poderei perdê-la.

— E acha que posso ajudá-lo?

— Sim. Você é amiga dela. Pode tentar fazer com que dê ouvidos à razão.

— Não sei se poderei fazer isso, Francis. Não sei se tenho esse direito.

— Mas você precisa me ajudar!

— Ajudo-o no que for preciso. Mas não me peça para intervir. Isso não dá certo.

Francis passou a mão pelos cabelos, suspirando desalentado. Passando os olhos pelo salão, encontrou Vivian sentada numa poltrona, tendo ao lado padre Tobias. Pela feição de seu rosto, podia perceber a grande afinidade que havia entre eles.

— Vivian gosta muito de padre Tobias, não é mesmo?

— No que está pensando? — retrucou Glenna horrorizada. — Isso não, Francis. Nem pense em pedir ajuda a padre Tobias.

— Mas Glenna, ele tem muita influência sobre ela. Pode-se notar.

— Não, Francis, não. Você não sabe o que está dizendo. Padre Tobias jamais irá concordar em fazer uma coisa dessas. Não faça isso com ele, por favor. Sou eu que lhe peço.

Ele abaixou os olhos e soltou doloroso suspiro, desabafando quase em desespero:

— Não sei mais o que fazer, Glenna. Temo perder Vivian.

— É tão sério assim?

— Você sabe que é. Ela está apaixonada por Lionel como nunca a vi antes apaixonada por ninguém. Nem por aquele cafajeste do Jules.

— Francis, seja sensato. Se ama Vivian de verdade, não seria melhor deixá-la ir?

— Não, isso nunca! Jamais poderei abrir mão de minha mulher! E depois, o que seria dela? Ficaria mal-vista, malfalada, perderia o respeito e a dignidade. Não quero isso para ela.

— Por que não a deixa escolher o seu próprio destino?

— Está enganada com Vivian, Glenna. Duvido que ela queira se separar de mim. Precisa de meu pai para continuar mantendo sua farsa. Ninguém, além de minha família e de você, sabe de Edwin Ferguson. Vivian não quer perdê-lo. Seria sua ruína como escritora.

— Será? Será que Edwin Ferguson já não se tornou um nome respeitável entre os literatos?

— Pode até ser. Mas quando descobrirem que Edwin é apenas uma mulher, perderá todo o seu prestígio. Você vai ver. Ninguém mais vai querer publicar os seus livros.

— Mas por que alguém tem que descobrir, Francis? Não me diga que irá contar.

Ele ficou em dúvida. Não queria fazer isso com ela e nem sabia se teria coragem. Mas era uma possibilidade.

— Sem meu pai para apoiá-la, quem a representará junto aos editores?

— Ela mesma.

— Os editores não irão correr o risco de perder a credibilidade junto ao público.

Glenna quedou pensativa. Sabia que ele tinha razão. Por mais que Vivian fosse boa no que fazia, precisava de alguém que a representasse e a encobrisse. E ela não estava bem certa se Lionel poderia fazê-lo. Se Vivian abandonasse o marido para viver com ele, os dois não seriam vistos com bons olhos, e seu nome bem seria capaz de cair na obscuridade. Em breve, ninguém nunca mais ouviria falar em Edwin Ferguson, e as novas gerações jamais o conheceriam.

Contudo, os sentimentos de Vivian eram um fato. Ela amava Lionel, mas não podia abrir mão de Francis. Precisava dele. Temia-o. Ele era o único que poderia desvendar o seu segredo e levá-la à destruição.

No final da festa, Vivian estava satisfeita. O resultado fora melhor do que o esperado. Ela e padre Tobias haviam se entendido e se perdoado mutuamente, e Vivian ficou pensando que era muito fácil perdoar a quem se amava. E quanto ao padre? Por certo que não sentia o mesmo por ela. Mas os seus sentimentos estavam além de sua compreensão.

capítulo 28

Fazia mais de quatro meses que estavam em Plymouth, e nada de Francis resolver voltar. Durante aquele tempo, Vivian escrevera algumas cartas para Lionel, que ele respondia com o nome de Molly Brown. Francis, embora desconfiado, não dizia nada e fingia acreditar que ela recebia as cartas de uma amiga. Amiga essa da qual nunca ouvira falar.

— Quem é essa tal de Molly Brown? — perguntou Betsy certa vez.

Havia recebido a carta que o mensageiro acabara de entregar e fora levá-la ao quarto da cunhada.

— Uma amiga — respondeu Vivian vagamente. — Você não conhece.

Apesar de achar aquilo muito estranho, Betsy não insistiu. Nunca ouvira falar em nenhuma Molly Brown. De onde surgira essa amiga desconhecida? Enfim, não era problema seu, e ela não deu maior importância ao fato.

Ela havia acabado de ler a carta quando Francis entrou. Seus olhos, ainda marejados, sonhavam com o dia em que estaria de novo nos braços de Lionel. Vendo o marido parado atrás dela, Vivian dobrou a carta e, segurando-a na mão, perguntou:

— Francis, quando é que vamos voltar? Não posso ficar tanto tempo ausente de casa. Já terminei o livro e preciso mostrá-lo a seu pai.

Ele a encarou com profundo desgosto. Já descobrira a casa

perfeita para eles e estava quase fechando negócio. Havia apenas algumas burocracias a decidir, coisas de inventário, mas logo tudo estaria resolvido.

— Não sei, Vivian — respondeu ele, sem encará-la. — Não me decidi ainda. Por quê? Não gosta daqui?

— Não é isso. É que tenho minha vida em Londres. Negócios, compromissos...

— Compromissos? Sei...

— Francis, por favor, essas férias já estão se prolongando demais. Precisamos voltar. Todos já devem estar sentindo a minha falta, ou melhor, a falta de Edwin.

— Edwin pode esperar.

— Mas esperar o quê? O que mais temos a fazer aqui? E você? Também não tem seus compromissos? Seus concertos? Recitais? O que há com você, Francis? Não se interessa mais pela sua música?

Ainda sem encará-la e sentindo-se acuado por tanta insistência, Francis acabou por confessar:

— Lamento pelo que vou lhe dizer, Vivian, mas não vamos voltar...

— Como é que é? O que está querendo dizer?

— Exatamente o que você ouviu. Não vamos voltar.

— Você enlouqueceu? Pretende viver aqui?

— Sim. Já estou até vendo uma casa para morarmos. Você vai gostar Vivian. É ampla, arejada, com imensos jardins. Só falta terminarem o inventário...

— Cale-se, Francis, não diga mais nada! Você só pode estar louco! Como pôde pensar que eu concordaria com uma barbaridade dessas?

— Sinto, Vivian, mas você não tem escolha. É minha esposa.

— E daí? Não sou obrigada a tolerar os seus desmandos. Não vou ficar aqui e pronto. Se você deseja ficar, se estabelecer, o problema é seu. Volto para Londres sozinha.

— Ah! é? E vai viver de quê?

— Da renda dos meus livros. Ganho o suficiente para isso.

— Você não, Vivian, Edwin Ferguson. Você não tem nada.

Ela hesitou, sentindo um frio percorrer-lhe a espinha, e tornou incrédula:

— Você não seria capaz...

— De quê? De contar ao mundo quem é Edwin Ferguson? Não, Vivian, não é isso o que quero. E nem é preciso. Podemos muito bem viver aqui, e você pode continuar escrevendo seus romances como sempre fez. Quando terminar, eu mesmo irei a Londres entregá-los a meu pai.

— Você está louco, Francis. As pessoas já conhecem Edwin. Irão perguntar por que sumiu.

— Meu pai dirá que viajou, e as pessoas logo o esquecerão.

— E a sua família? E Betsy?

— Betsy também não tem motivo nenhum para voltar.

— Ela já sabe disso?

— Ainda não. Mas estou certo de que me apoiará. Sofreu uma grande desilusão amorosa e não há nada que a prenda em Londres. Quanto mais distante de Lionel, melhor. Mais rápido o esquecerá.

Vivian espumava de raiva. Se Francis pensava que ela iria se sujeitar àquela arbitrariedade, estava muito enganado. No fundo, o que queria mesmo era afastá-la de Lionel.

— Está muito enganado se pensa que vou ficar aqui. Amanhã mesmo volto para Londres. Com ou sem você.

— Vai me deixar?

— Se você me obrigar...

— Eu não faria isso se fosse você. Não tenho mais medo de suas ameaças. Quer me abandonar? Pois que vá. Mas lembre-se de que a vida de Edwin Ferguson está em minhas mãos.

Francis estava blefando. Jamais poderia viver sem ela. Se ela insistisse em voltar, ele acabaria cedendo e continuaria a manter o seu segredo. Mas precisava arriscar, fazer alguma coisa para tentar salvar o seu casamento.

Vivian, mal crendo no que acabara de escutar, estacou indignada e revidou entre dentes:

— Vai me ameaçar? Não disse que não pretendia contar nada a ninguém?

— A princípio, não. Se você fizer o que quero, ninguém nunca irá conhecer a real identidade de Edwin. Mas se você me contrariar...

Não suportando mais aquelas ameaças, Vivian aproximou-se de Francis e, dando vazão ao ódio que a consumia, estalou-lhe sonora bofetada no rosto, rugindo colérica:

— Você é um monstro, Francis! E eu o odeio por isso! Pois fique sabendo que, se me obrigar a ficar, jamais voltará a me tocar como mulher! Vai se arrepender!

— Quase já não a toco ultimamente, Vivian. Você tem me evitado...

— Pois vou evitá-lo ainda mais! Eu juro, Francis, nunca mais dormirei com você.

Intimamente, Francis se regozijava. Apesar de suas palavras ásperas e duras, ele estava satisfeito. Conseguira sobrepor-se a ela. Embora o medo que ele sentia de perdê-la fosse maior do que o que ela sentia de perder Edwin, ele conseguira fazer com que ela acreditasse no contrário. Se ela insistisse, ele voltaria atrás. Mas ela estava apavorada. Não podia arriscar a sobrevivência de Edwin.

Olhando para ela com ar de triunfo, acrescentou:

— Não faz mal, Vivian. Isso vai passar. Eu a amo e posso esperar. Entendo sua raiva, é natural. Você gosta de Londres e dos seus amigos escritores. Mas vai arranjar com o que se distrair por aqui também.

Ela não respondeu. Furiosa, atirou sobre a escrivaninha a carta que ainda segurava na mão e saiu do quarto, batendo a porta com estrondo. Desceu a escada às pressas e saiu desabalada, quase esbarrando na mãe, que vinha chegando do jardim.

— Vai sair? — perguntou Christine.

Sem responder, Vivian saiu às pressas. Mandou que preparassem a carruagem e partiu rumo à casa de Glenna. Quando a amiga a recebeu, percebendo-lhe o ar de fúria, indagou surpresa:

— Vivian! Meu Deus, o que foi que aconteceu?

Vivian atirou-se em seus braços e começou a chorar. Glenna conduziu-a para a poltrona, fez com que se sentasse e acariciou-lhe os cabelos, tentando acalmá-la e fazer com que lhe contasse o que havia acontecido. Esperou até que ela esvaziasse o pranto, e foi só depois que Vivian lhe contou tudo o que havia se passado. Estava indignada, ferida, humilhada. Como Francis podia tratá-la daquele jeito?

— Sabe, Vivian, não creio que Francis esteja falando sério.

— Como não? Ele me pareceu bem convencido.

— Não devia estar lhe falando isso, Vivian, porque Francis também é meu amigo, e gosto dele tanto quanto gosto de você. Mas sei que ele não terá coragem de deixá-la partir. Se você insistir, irá acompanhá-la.

— Como pode saber? Ele lhe disse alguma coisa?

— E nem precisa. Francis a ama muito e não se arriscará a perdê-la. Ele está blefando.

— Tem certeza?

— Tenho.

— E o que acha que devo fazer?

— Espere um pouco e finja que nada está acontecendo. Depois apronte as malas e diga que quer voltar. Ele irá acompanhá-la, tenho certeza.

— Mas ele já está procurando uma casa para nós!

Glenna ergueu as sobrancelhas, surpresa. Ele estava agindo rápido.

— Que casa? Você sabe?

— Não. Só sei que está esperando resolver uns problemas de inventário, não sei bem.

— Ele disse isso?

— Sim.

— Então, só pode ser a mansão dos Walker. O velho barão morreu e a família pretende se mudar para Cambridge.

— Acha que pode atrasar essa venda?

— Não, Vivian, isso não seria direito. Prometo ajudá-la a voltar para Londres, se é o que quer. Mas não me peça para interferir dessa forma. Não quero que Francis me acuse de estar compactuando com a sua traição. E se quer mesmo saber, Vivian, acho que devia terminar tudo com esse Lionel...

— O quê?

— Não pense que quero me intrometer em sua vida. Você sabe que isso não é do meu feitio. Mas fui eu quem aproximou vocês e lembro-me de que lhe pedi para que não o desrespeitasse. Lembra-se, Vivian?

— Sim, Glenna, mas não pude evitar. Não planejei apaixonar-me por Lionel e não estou feliz por fazer Francis sofrer. Por favor, Glenna, não se zangue comigo.

Glenna suspirou e abraçou a amiga.

— Não estou zangada, Vivian. E não pense também que tenha algo contra Lionel, porque não tenho. Sequer o conheço e não duvido de que seja um bom moço. Mas não me peça para apoiá-la nessa traição. Seria como se eu também estivesse traindo Francis, e isso não posso fazer.

Depois disso, Vivian voltou para casa. Apesar de tudo, estava mais tranqüila e confiante. Glenna lhe dissera que Francis estava blefando e ela acreditara. Mas agora ele é que iria ver. Esperaria mais um pouco e o surpreenderia. Voltaria para Londres e não haveria nada que ele pudesse fazer para impedi-la. Quanto ao seu romance com Lionel, Glenna que a perdoasse, mas não havia nada que pudesse fazer.

O dia seguinte era domingo, e Vivian estava no jardim tomando um refresco em companhia da irmã e dos pais.

— Onde está Francis? — indagou lorde George. — Ainda não o vi hoje.

— Está praticando ao piano.

— E Betsy? — tornou ele. — Menina adorável.

— Acho que está no quarto escrevendo a seus pais. Está com saudades.

— É natural — acrescentou Lucy. — Tanto tempo fora...

— Será que se casa logo? — indagou Christine com um brilho de ironia nos olhos.

— Não sei, mamãe — respondeu Vivian. — Por que o interesse?

— Bem, penso que lady Margaret e lorde Charles, assim como nós, devem estar ansiosos por um neto.

Vivian e Lucy a encararam ao mesmo tempo, e George, sem perceber-lhe o tom maldoso, tornou de forma inocente:

— É mesmo. Vocês duas estão casadas há tanto tempo...

— ... casadas há tanto tempo e jamais nos deram um neto — cortou Christine secamente. — Lucy, na certa, já não poderá mais. Está ficando velha.

Lucy pensou em responder, mas a tristeza a foi dominando, e seus olhos começaram a encher-se de lágrimas.

— Mamãe! — censurou Vivian. — Por que tem que ser tão desagradável?

— É isso mesmo — concordou George. — Lucy não é tão velha assim. Está com trinta e seis anos, ainda pode ser mãe. E Vivian é mais nova, não tem nada que a impeça.

— Mas Lucy não consegue segurar nenhuma gravidez — cortou Christine com azedume.

— E quanto a Vivian? — tornou George. — Por que ainda não engravidou? Será que isso é algum problema de família? Afinal, duas irmãs com a mesma dificuldade...

— Não sei, papai — declarou Vivian com tristeza.

A conversa tomara um rumo desagradável, e Lucy sugeriu à irmã:

— Por que não vamos cavalgar, Vivian? Está uma bonita manhã.

— Excelente idéia.

As duas pediram licença e subiram para se trocar, vestindo roupas de montaria. Lucy tivera uma idéia brilhante. Já não agüentavam mais a conversa insuportável da mãe.

Em seu quarto, Vivian acabara de se vestir e se preparava para sair quando ouviu batidas na porta. Já pronta, abriu a porta e deu de cara com a cunhada. Atrás dela, invisível aos olhos dos encarnados, um dos soldados de Decius a seguia sem que ela percebesse.

— Vai sair? — perguntou Betsy.

— Vou sim, querida, vou cavalgar. Por que não vem conosco? Está um bonito dia.

— Agora não posso. Estou escrevendo uma carta a meu pai e foi por isso que vim procurá-la. Será que não tem aí um pouco de tinta que possa me ceder? A minha acabou...

— Claro, meu bem. Em cima da escrivaninha. Pegue o que quiser.

Vivian beijou-a no rosto e passou por ela, indo ao encontro de Lucy, que a esperava ao pé da escada.

— Betsy não quer vir?

— Não. Está escrevendo uma carta. Venha, vamos logo.

Betsy acenou para elas da porta do quarto e entrou, dirigindo-se para a escrivaninha. Havia alguns livros, papéis espalhados e uma pena, pousada sobre um maço de folhas brancas, mas nada de tinta.

— Olhe debaixo daquele papel ali — disse o espírito, apontando para o que parecia ser uma carta.

Intuitivamente, Betsy ergueu a folha de papel e encontrou o que procurava. Apanhou o pote de tinta e pousou o papel sobre a mesa, preparando-se para sair. Mais que depressa, o espírito aproximou-se dela e jogou-lhe na mente a imagem da folha de papel em que Lionel lhe escrevera o poema de amor que tantas vezes lera e relera. Betsy parou confusa. Aquele papel parecia uma carta, e aquela carta estava escrita com uma caligrafia muito familiar.

Ainda em dúvida, Betsy deu dois passos em direção à porta e parou novamente.

— Sim — confirmou o espírito. — Você conhece aquela letra. Não lhe parece a caligrafia de Lionel?

Ela conhecia aquela caligrafia. Parecia a letra de Lionel. Mas como era possível? Será que Vivian lhe dera o endereço onde Edwin se hospedaria em Plymouth?

— Deixe de ser boba — continuou o espírito. — Vá lá e pegue o papel. Certifique-se.

Não conseguindo conter a curiosidade, ela voltou para a escrivaninha, apanhou a carta e começou a ler:

Querida Vivian,

Essa espera me atormenta e me consome. Passo os dias a pensar em teus olhos, não durmo à noite imaginando-me perdido em teus beijos. Por que te demoras tanto? Por que me torturas assim? Não sabes que te amo e que não posso mais prescindir de tua presença?

Transtornada, Betsy deixou cair o pote sobre a escrivaninha, entornando a tinta sobre o papel. A carta não estava assinada, e nem era preciso. Ela havia lido tantas vezes aquela poesia que era impossível não lhe reconhecer a caligrafia. Não tinha a menor dúvida. Era dele sim. E depois, fazia sentido. Lionel e Vivian eram muito amigos. Na certa, apaixonara-se por ele e lhe contara a verdade. E Francis? Será que sabia?

— Se não sabe, precisa saber — era a voz do espírito, que não perdia uma oportunidade.

Roída pelo ciúme e pelo despeito, Betsy amassou o papel na mão e saiu furiosa ao encontro do irmão. Francis estava entretido ao piano e não viu quando ela chegou. Estava triste, amargurado, e a música era a única coisa capaz de aquietar o seu coração.

Betsy entrou na sala feito um furacão, dirigiu-se para o piano e estendeu a mão na frente dele, exclamando furiosa:

— Leia!

Sem saber do que se tratava, Francis parou de tocar e olhou para ela com ar interrogativo.

— O que houve, Betsy? Parece transtornada.

— Leia, Francis, e veja por você mesmo.

Francis apanhou o papel e começou a ler. Nem precisava ler tudo. Já sabia do que se tratava. Fechou os olhos e sentiu o sangue ferver.

— Onde encontrou isto? — perguntou com raiva.

— No quarto de sua mulher. No seu quarto! Sabe de quem é? — ele assentiu. — E não vai fazer nada a respeito?

Francis levantou-se bruscamente e correu para a janela.

— O que quer que eu faça?

— Não sei, Francis. Mas você é homem. Precisa tomar uma atitude.

— Que atitude devo tomar, Betsy? Expulsá-la de minha casa? Não posso fazer isso.

— Há quanto tempo sabe disso, Francis?

— Há bastante tempo — respondeu entre dentes.

— E nunca fez nada!

— E daí? Não é problema seu!

— E quanto a mim? Não importo nada para você? Ou o meu sofrimento não é problema seu? Agora entendo tudo. Foi por isso que ele me deixou, não foi?

— Não sei, Betsy. Talvez...

— E você consentiu? Francis, isso é uma indignidade! Você tem que tomar uma atitude. Não pode se sujeitar a ser humilhado por um sujeitinho feito Lionel.

— Já disse que isso não é problema seu!

— Como pôde, Francis? Ah! mas isso não vai ficar assim!

— O que pretende fazer? — retrucou preocupado.

— Desmascará-la. O que mais?

Francis agora perdera todo o tom de raiva e arrogância de que vinha se utilizando e quase desesperou. Não podia permitir que ela fizesse isso, ou seria a sua ruína. Angustiado, suplicou:

— Não faça isso, Betsy, por favor, eu lhe peço.

— Quer protegê-la?

— Quero proteger-me a mim mesmo. Eu a amo.

— Não pode amar uma mulher dessas.

— Mas eu a amo, Betsy. Por favor, não diga nada. Você não tem o direito.

— Mas Francis, isso não pode continuar assim. Ela o está enganando!

— Você não tem nada com isso.

— Ela me tomou Lionel!

— É só com isso que se importa, não é mesmo? Com Lionel!

— E você, não se importa?

— É claro que me importo. Mas não posso me arriscar a perder Vivian.

— E vai se calar?

— Vivian é minha esposa, e só eu posso decidir o que fazer. Amo você, Betsy, mas se a magoar, nunca mais tornarei a lhe dirigir a palavra.

Francis, apesar do tom agressivo que usava com a irmã, logo passou da raiva ao medo, do medo ao descontrole, do descontrole ao desespero. Subitamente, prorrompeu num pranto angustiado e agarrou-se a ela. Betsy, tomada pela surpresa, sentiu muita pena dele, mas o espírito a seu lado não lhe dava tréguas.

— Não seja tonta você também! — instigou. — Esse idiota

precisa tomar uma atitude. Não permita que ele seja usado e humilhado por aquela vagabunda!

Sentindo o ódio crescer dentro de si, Betsy estava pronta para exigir do irmão uma atitude digna. Vivian era uma ordinária e não merecia o amor que ele lhe devotava. Contudo, ao vê-lo ali, agarrado à sua cintura, chorando e soluçando feito uma criança, o amor filial falou mais alto, e o espírito não conseguiu, ao menos naquele momento, alcançar o coração de Betsy que, condoída da dor do irmão, acabou por dizer:

— Acalme-se, Francis, por favor. Não fique assim tão transtornado. Se é tão importante para você, não direi nada, ao menos por enquanto. E agora levante-se. Quer que alguém o veja assim?

Francis se levantou e enxugou as lágrimas, e o espírito, revoltado, chegou a desferir um tapa na face de Betsy, que nada sentiu além de um leve e passageiro mal-estar.

Francis pensou que ela tinha razão. Se o vissem naquele estado, começariam a fazer perguntas e ele poderia se comprometer.

— Onde ela está? — perguntou aflito.

— Saiu a cavalo com Lucy.

— Melhor assim. Não quero que perceba nada.

Mas, quando Vivian chegou, notou que algo não ia bem. Francis estava agressivo e arredio, e Betsy quase não falava com ela. Sequer a olhava nos olhos. Durante alguns minutos, ela ficou sem saber o que pensar.

Subiu ao seu quarto e sentou-se na cama. Foi só quando olhou para a escrivaninha que se lembrou. A carta! Deixara-a jogada sobre a escrivaninha quando, no dia anterior, furiosa, saíra batendo a porta. A discussão com Francis tirara-a do sério, e ela atirara a carta sem nem pensar, esquecendo-se dela por completo.

Apavorada, levantou-se e começou a remexer papéis, livros e tudo o mais que se encontrava ali. A carta havia sumido! A tinta, espalhada sobre a alvura do papel, dava mostras de que havia sido entornada num momento de confusão. Betsy a encontrara. Só podia ser isso. Ao entrar para procurar a tinta, achara a carta sobre a escrivaninha e a lera. E agora? O que iria fazer?

Enquanto isso, Joseph, amigo espiritual de Vivian, procurava seu mentor, Lawrence, para algumas orientações.

— Não sei mais o que fazer — disse ele, sentando-se em agradável banco no jardim da casa que Lawrence habitava. — Não consigo mais alcançar Vivian.

— Ela se fechou aos nossos conselhos, meu amigo. Está tão envolvida em suas paixões que se fez surda à voz de seu próprio coração.

— E Francis, que era uma ponte para o nosso contato, também não se lembra mais de Deus. E agora, Vivian está decaindo, Lawrence. Vivian não percebe, mas está se entregando nas mãos de Rupert e de seu séquito de sombras. E sem que eu possa fazer nada.

— Infelizmente, Joseph, não nos é dado intervir na vida dos encarnados.

— Eu sei. E nem quero isso. Vivian deve compreender e vencer suas dificuldades sozinha. Mas eu prometi ajudar. Não posso permanecer inerte enquanto ela se afunda em suas próprias ilusões.

— Entendo o que quer dizer. Mas Vivian, antes de partir daqui, já conhecia os perigos a que estava entregue. Você mesmo a alertou.

— Mas ela não se lembra. Nesse momento, por mais que eu tente, ela não me dá ouvidos. Tenho orado muito por ela daqui, mas pouco penetro em seu coração.

— Pouco é sempre melhor do que nada. No estado em que ela está, não o ouve porque não quer. Seu espírito conhece as responsabilidades assumidas, mas não quer renunciar aos próprios prazeres. Contudo, uma prece jamais é perdida. Aquele a quem a endereçamos pode até não a querer, mas ela permanece impressa no Universo, à espera de que seu destinatário dê permissão para que ela possa agir.

— Não sei. Temo que Vivian não mereça nossas orações.

— Todos somos merecedores da oração. Não há alma no mundo que não seja digna de uma prece, e os seus resultados benéficos podem ser sentidos por qualquer um, mesmo nas cavernas mais profundas e escuras do umbral. Basta que o espírito se abra para isso. Deus é bondade infinita, meu amigo, e colocou ao nosso alcance um remédio infalível contra os males e o sofrimento. O que acontece é que, na maioria das vezes, desconhecemos ou não acreditamos em seu poder. Isso se chama falta de fé.

— Tem razão, Lawrence, perdoe-me. É que estou um pouco triste. Queria tanto ajudar Vivian!

— Pois continue a rezar por ela.

— Será que você não poderia me ajudar a encontrá-la?

— Quer ir ao seu encontro?

— Não sei se seria conveniente. As hordas de Decius poderiam atrapalhar. O ambiente ao seu redor está tão impregnado de vibrações mais densas que não sei se conseguiria penetrá-lo. Confesso que, para mim, seria um pouco penoso abaixar o meu padrão vibratório até o nível daqueles espíritos.

Percebendo a tristeza no olhar de Joseph, Lawrence resolveu ajudar.

— Gostaria que mandasse os lanceiros para limpar o ambiente?

O rosto de Joseph se iluminou, e ele retrucou:

— Faria isso?

— Se você desejar.

— Não seria melhor trazê-la até aqui?

— Como quiser.

— Obrigado, Lawrence. Nem sei como agradecer.

— Não agradeça. Ajude-a e estará ajudando a todos nós.

Na noite seguinte, quando Vivian entrou no quarto para se deitar, não foi acompanhada por nenhum dos espíritos do exército de Decius. Dois lanceiros postaram-se à sua porta, barrando-lhes a entrada. Depois que Vivian passou, eles cruzaram as lanças e os espíritos ficaram do lado de fora, olhando-os com ar desconfiado.

— O que está acontecendo aqui? — atreveu-se um deles a perguntar.

Os lanceiros não responderam, mas havia tanta imponência em seu olhar e em seu porte, que ninguém se arriscou a dizer mais nada. Os espíritos viraram-lhes as costas e sumiram pela parede, correndo para contar a novidade a Decius.

Do lado de dentro do quarto, dois outros soldados aguardavam. Quando Vivian entrou, Francis já estava dormindo, seu espírito pairando apenas alguns centímetros acima do corpo. Os soldados lançaram sobre ele um fluido reparador, e Francis caiu num sono ainda mais profundo, e ele sequer percebeu a presença dos espíritos de luz.

Depois que Vivian se deitou, logo adormeceu. Nem sabia por que estava com tanto sono. Havia apanhado um livro, mas adormeceu assim de terminar de ler a segunda frase. Assim que fechou os olhos, seu espírito se desprendeu, e ela deu de cara com os dois espíritos, parados a seu lado com ar sereno e decidido.

— Quem são vocês? — indagou curiosa.

— Somos amigos — respondeu um deles, estendendo-lhe a mão. — Venha conosco.

Vivian não disse nada. Deu a mão ao espírito e seguiu com ele. Rapidamente, viu-se transportada para um jardim imenso, recendendo a delicioso aroma de rosas. Acima de sua cabeça, as estrelas pareciam multiplicadas e muito mais brilhantes.

Os espíritos indicaram-lhe uma espécie de caramanchão, onde ela se sentou e fechou os olhos. Pouco depois, Joseph apareceu. Ao vê-lo, Vivian o reconheceu imediatamente. Sempre o reconhecia quando liberta pelo sono.

— Vovô! — exclamou, abraçando-o com ternura. — Quanta saudade!

— Sim, Vivian, também sinto sua falta. Contudo, estou mais perto de você do que você de mim.

— Como assim?

Ele inspirou aquele ar refrescante e benéfico, e retrucou:

— Sabe, Vivian, não consigo mais ir até você. Para falar-lhe, tive que pedir a intervenção de meus superiores. Só através dos *batedores* que lutam a nosso favor foi que consegui trazê-la até aqui.

— Batedores? Refere-se aos espíritos que foram me buscar?

— Eles mesmos. São valorosos ajudantes do nosso trabalho espiritual. São espíritos que ainda têm muito que aprender mas que, conhecedores já do caminho da verdadeira felicidade, dispõem-se a nos atender nas tarefas mais árduas.

— E por que me trouxe aqui?

— Novamente, para alertá-la, Vivian. Você está se distanciando muito de seus compromissos.

— Sinto se o decepciono, vovô.

— Você não me decepciona. Mas está traindo a si mesma.

— Você já sabia que isso iria acontecer, não é mesmo?

— Nós aqui sempre sabemos o que é possível acontecer, em função dos projetos traçados na vida espiritual. Mas o livre-arbítrio dos encarnados pode desvirtuar os compromissos para outros rumos. Pode até torná-los melhores.

Vivian abaixou os olhos que, imediatamente, se encheram de lágrimas.

— Sou fraca, vovô. Estou ainda muito presa a Lionel. Não posso abrir mão dele.

— Não me refiro apenas a Lionel. Você optou por vencer seus próprios instintos, mas se apaixonou por Tobias, entregou-se a Jules por desejo, casou-se com Francis e agora o trai com Lionel. Não se lembra de que seu compromisso, nessa vida, era apenas com Francis? E que os outros são apenas provas que você mesma escolheu encontrar em seu caminho, para vencê-las e conquistar a sua própria liberdade?

— Amo Lionel, vovô. Não é apenas paixão.

— Sei que ama. No entanto, devem ambos vencer-se a si próprios e restituir a Francis o que lhe tomaram.

— Não lhe tomamos nada.

— Não é verdade, Vivian. Você sabe que usou Francis para conseguir o que queria. Ele passou séculos guardando essa mágoa. De você e de Lionel. Quer desperdiçar a chance de se reconciliar com ele?

Vivian começou a chorar e desabafou:

— Não, vovô. Gostaria muito de poder me reconciliar com Francis, mas já não posso mais viver sem Lionel.

— Sei disso. Mas você está enganando seu marido, enganando-se a si própria. O que pensa da traição? Acha que é correto enganar Francis, entregar-se a outro homem, mentir?

— O que posso fazer? Se Francis me abandonar, estarei perdida. Jamais poderei voltar a ser Edwin Ferguson.

— Mas será mais digno. Você veio para se entender com Francis, para aprender a amá-lo. Mas, se de todo não consegue, a honestidade é sempre a melhor solução. Seja sincera com ele, exponha seus sentimentos.

— Ele não vai entender nem aceitar. Vai me destruir.

— Se você estiver protegida pela honestidade, achará um meio de se reerguer. Faça o que é certo, e a retidão de conduta lhe dará forças para enfrentar todas as adversidades. Mas não engane mais, não minta, não se utilize de artifícios para conseguir o que quer.

— Você fala como se eu fosse uma criminosa, como se Francis fosse um coitadinho.

— Em absoluto. Francis também tem o seu quinhão de lutas e de dificuldades. Mas o erro de um não pode justificar nem incentivar o erro de outro.

Vivian não disse nada. Sabia que ele tinha razão, mas não podia evitar. Embora tivesse conhecimento de suas necessidades, era-lhe difícil e penoso renunciar a Lionel e a Edwin.

Terminada a entrevista, os soldados a conduziram de volta ao corpo, e Vivian passou o resto da noite tranqüila e serena. Ao despertar, tinha apenas vaga lembrança do sonho. Lembrava-se de um senhor já meio idoso, que a chamava e lhe dizia coisas sobre compromissos, verdades e renúncia. No entanto, não compreendia bem o que aquilo significava, ou melhor, não queria compreender. E, de volta ao orbe, o alerta espiritual lhe pareceu tão distante que mal se lembrava dele. Ainda que sua consciência a avisasse, achou melhor para o corpo desconsiderar as promessas do espírito.

capítulo 29

Sentado ao piano da casa dos sogros, Francis tocava de olhos fechados, deixando-se embalar pela cadência e sonoridade das notas. Estava desgostoso, ainda mais agora, que Betsy descobrira toda a verdade. Mas não podia fazer o que ela queria. Não podia viver sem Vivian e sabia que estava em suas mãos.

Ela entrou na sala de música e sentou-se em uma cadeira, atrás do banco em que ele estava sentado. Pacientemente aguardou até que ele terminasse, e foi só então que o chamou:

— Francis...

Ele se voltou bruscamente.

— O que quer?

— Vim comunicá-lo de que já estou pronta para partir.

— Partir? Para onde vai?

— De volta a Londres.

— Creio que não entendeu bem o que eu lhe disse...

— Não, Francis, creio que você é que não me entendeu. Vou voltar, quer você queira, quer não. Já estou de malas prontas. Vim apenas lhe perguntar se vai seguir comigo ou se pretende demorar-se ainda um pouco mais aqui.

— Vivian, você não pode. Estou comprando uma casa para nós.

— Ótimo! Assim teremos onde ficar quando voltarmos a Plymouth... em visita.

Ele mordeu os lábios e retrucou com raiva:

— Faça isso, e Edwin...

— Basta, Francis! — cortou ela rispidamente. — Não estou interessada em suas ameaças. Quer me delatar? Faça-o. Mas depois, assuma as conseqüências pelo que fez.

Furiosa, Vivian voltou-lhe as costas e saiu porta afora. Estava lançada a sorte. Se ele a acompanhasse, muito bem. Se não, estaria perdida.

Do lado de fora, a mãe e o pai a aguardavam com uma certa ansiedade no olhar. Lucy fora procurá-los, comunicando-lhes sua partida.

— O que há com você, Vivian? — indagou Christine espantada. — Vai-se embora assim, tão de repente?

— É preciso, mamãe. Tenho compromissos em Londres.

— Que compromissos?

O pai e a mãe até hoje não sabiam que ela havia se lançado como escritora. Ainda mais que se travestia de homem para enganar todo mundo, fazendo-se passar por quem sabia que não era. Mas ela não podia lhes dizer nada agora. Se antes eles não aprovavam uma mulher escritora, agora mesmo é que a condenariam.

Buscando uma resposta tola para dar, Vivian acabou por dizer:

— Compromissos sociais, mamãe, aos quais não posso faltar.

Ouvindo a voz da cunhada, Betsy acabou por se aproximar. Quando decidira partir, Vivian fora ao seu quarto comunicar sua decisão. Betsy não disse nada. Em silêncio, aprontou as malas e colocou-se à espera. Não descuidaria dela um minuto sequer.

— Onde está Francis? — perguntou Betsy.

— No salão de música. Ainda não decidiu se me acompanha ou não.

— Engano seu, minha cara — objetou Francis, que acabara de aparecer. — Espere até que apronte minhas malas. É claro que as acompanharei.

Francis foi para o quarto sem dizer mais nada, e George ainda tentou ponderar:

— Minha filha, por que sair assim às pressas? Até parece que está fugindo de algo. Não vai se despedir de seus amigos? De Glenna, de padre Tobias?

— Já me despedi deles.

— Não entendo — continuou Christine. — Alguma coisa deve ter acontecido. Aborreceu-se com alguém? Lucy, sabe de alguma coisa que nós não sabemos?

— Não sei de nada, mamãe. Só o que sei é que Vivian quis partir, e eu me decidi a acompanhá-la.

Apenas Betsy não dizia nada. Limitava-se a olhá-la com desdém e ironia. Compromissos... pois sim. Ela sabia bem quais eram os compromissos de Vivian. A cama de Lionel, seus beijos, seu pecado.

No quarto, Francis arrumou as malas remoendo a raiva e a frustração. Vivian vencera mais uma vez. Precisava reconhecer que ela era muito mais corajosa do que ele. Talvez soubesse o quão dependente dela ele era. Isso deveria lhe dar uma confiança e uma certeza de que ele jamais a abandonaria e, muito menos, cumpriria a promessa de revelar seu segredo.

Terminadas as malas, sentou-se à escrivaninha e escreveu uma carta aos Walker, desistindo da compra da mansão. De que adiantaria? Se Vivian não queria ficar, não perderia tempo e dinheiro com coisas inúteis.

No final da tarde, partiram para Londres. Os quatro iam em silêncio, pensativos, cada qual imerso em seus próprios pensamentos. Apenas Lucy não sabia o que estava acontecendo. Em dado momento, virou-se para Vivian e perguntou:

— O que há com você, Vivian? Aliás, o que há com vocês todos? Por que estão tão calados?

— Pergunte à sua irmãzinha — respondeu Betsy com sarcasmo.

Lucy fitou a irmã com ar de espanto, e Vivian encarou a cunhada com ódio. Agora tinha certeza. Betsy sabia de tudo e não perderia a oportunidade de atormentá-la. Mas era melhor não responder. No dia seguinte, iria à casa da irmã e lhe confidenciaria seu segredo. Era melhor que soubesse por ela do que por terceiros.

Chegando em Londres, Francis deixou Betsy em casa e depois Lucy, cuja casa ficava perto da sua. Em seguida, rumaram para a sua própria mansão, Vivian sem dizer uma palavra. Quando chegaram, deu ordens aos criados para que levassem sua bagagem para o quarto e se recolheu, só reaparecendo no dia seguinte. Não estava com vontade de conversar.

Assim que o dia raiou, Vivian abriu os olhos. Passara a noite inteira a pensar em Lionel. Por onde andaria? Será que a estaria traindo? Não, claro que não. Ela sabia que Lionel lhe era fiel.

Levantou-se da cama apressada e correu a se vestir, não com suas habituais roupas masculinas, mas com suas próprias roupas. Antes precisava falar com Lucy. Não podia mais lhe esconder nada.

Lucy recebeu a notícia com mágoa e indignação.

— Vivian! Por que não me contou antes?

— Porque não pude. Não queria comprometê-la.

— Mas sou sua irmã. Deveria ter confiado em mim.

— Confio. Mas tive medo de que você não me compreendesse.

— Como pôde pensar uma coisa dessas? Logo de mim, sua irmã e amiga! E depois, a idéia de pedir a ajuda de lorde Charles foi minha.

— Eu sei, Lucy...

— Confesso que acho uma loucura você se vestir de homem e andar por aí com um bando de boêmios. Mas não a iria recriminar. O que me espanta de verdade é ver você de caso com esse poeta... como é mesmo o nome dele?

— Lionel.

— Pois é, Lionel. Isso não está certo, Vivian. Ele deve ser apenas um aventureiro.

— Está enganada a respeito de Lionel. Ele é um homem maravilhoso.

— Que seja. Mas você é casada. Quer viver feito eu, carregada de culpas pelo resto da vida?

— Quem foi que disse que me sinto culpada? Amo Lionel e ele me ama. Gosto de Francis, mas ele serve mais aos meus interesses do que aos meus sentimentos.

— Vivian, que horror!

— Perdoe-me, Lucy, mas essa é a verdade e não posso ocultá-la. Não de você.

Lucy escondeu o rosto entre as mãos e suspirou desalentada. Temia pela irmã, temia o que pudesse lhe acontecer. Sabia que, se alguém descobrisse, ela estaria perdida. Os pais lhe virariam as costas e Hamilton também não aceitaria.

— Vivian, pense bem. E se alguém descobrir? E se seu marido a abandonar?

— Nesse caso, irei viver com Lionel e tentar a sorte sozinha.

— Mas como? Com que dinheiro? Pelo visto, Lionel não tem onde cair morto.

— Eu sei... E até confesso que isso me assusta um pouco.

— Pois então? Pense bem. Você já teve essa idéia antes, quando pensava em largar tudo para ter um filho, não se lembra? — ela assentiu. — Pois imagine novamente, o que seria de você sem luxo e sem conforto? Será que conseguiria trabalhar para viver?

— Posso viver dos meus livros.

— E se isso não der certo? Se os editores e seus próprios amigos a abandonarem? O que será de você?

— Não sei, Lucy, e não quero pensar nisso agora. Isso não vai acontecer. Tenho Francis em minhas mãos.

— Pode até ser. Mas, e Betsy? E se ela tiver mesmo descoberto tudo? Vocês foram muito imprudentes, trocando correspondências feito dois namorados. E logo na casa de nossos pais, bem debaixo do nariz de seu marido. Onde está com a cabeça, Vivian? Será que não pensa?

— Pare, Lucy, já chega.

— Perdoe-me, Vivian. Não quero brigar com você. É que me preocupo.

— Eu sei, Lucy, mas não preciso de sua preocupação. Preciso de sua amizade.

— Isso você já tem, Vivian, e sabe disso. Haja o que houver, pode contar com o meu apoio.

Vivian saiu dali um pouco mais confiante. Embora soubesse que Lucy pouco poderia fazer para ajudá-la, saber de sua amizade lhe dava uma certa segurança. Se a verdade viesse à tona, Hamilton não deixaria que Lucy a ajudasse, mas ela não poderia permitir que a irmã soubesse de tudo por intermédio de terceiros.

Depois que deixou Lucy, Vivian voltou para casa para se trocar. Já não agüentava mais de saudades de Lionel. Precisava vê-lo o quanto antes, ou então morreria.

Ao entrar, Francis não estava, e ela foi informada pela criada de que ele se encontrava na casa de seus pais. Melhor assim, pensou. Ao menos não teria o trabalho de arranjar uma desculpa idiota para lhe dar.

Cerca de uma hora depois, Vivian batia à porta do sobrado de Lionel.

— Não há ninguém aí, moço — disse uma voz, vinda da confeitaria ao lado.

Vivian virou o rosto na direção da voz e avistou um rapazinho, de seus treze ou quatorze anos, parado na porta com um pedaço de bolo na mão.

— Sabe aonde foi o senhor Campbell?

— Está trabalhando.

— No jornal?

— Não. Na universidade. Arranjou um emprego de professor.

Vivian quedou abismada. Emprego de professor? Que novidade era aquela? Percebendo o espanto no rosto de Vivian, ou Edwin, o rapaz esclareceu:

— Bem, moço, foi o que ouvi dizer. Ouvi o senhor Spencer, dono da confeitaria, dizer que agora o senhor Campbell não atrasaria mais as contas. Sabe como é, ele só paga quando tem dinheiro. Pede fiado e o senhor Spencer vende. Tem pena. E depois, ele sempre acaba pagando. Atrasa, mas paga. Só que, às vezes, demora um bocado...

— Está bem, menino — cortou ela impaciente. — Sabe a que horas volta?

— Lá pelas seis.

Vivian consultou o relógio de parede da confeitaria. Faltava ainda muito tempo. O que faria até lá? Melhor seria ir para casa e voltar depois. De nada adiantaria ficar ali esperando.

Desiludida, deu meia-volta e chamou uma carruagem de aluguel, mandando que rumasse para a sua casa. Contudo, não se sentia com ânimo de encarar Francis. Ele faria perguntas cujas respostas já conhecia, e ela estava ficando cansada daquela farsa do casamento. Mudou de idéia e deu o endereço do café Paris, mas também não havia ninguém ali. Ainda era muito cedo para que os rapazes aparecessem. Vendo que não tinha mesmo o que fazer, decidiu voltar para casa.

Assim que entrou, foi logo interpelada por Francis:

— Onde esteve?

— Fui ver Lucy.

— Vestida desse jeito? Por quê?

— Não. Fui vê-la mais cedo, você não estava. Depois, troquei de roupa e fui ao café Paris. Mas não havia ninguém por lá.

— Que pena...

— É sim. E agora, Francis, se me der licença, vou almoçar. Estou com fome.

— Não vai me esperar?

— Já é tarde. Você ainda não comeu?

— Não. Estava esperando-a.

Vivian se surpreendeu. Já passava das duas, e Francis não costumava esperar passar muito do meio-dia para se alimentar. Não contendo a indignação, perguntou:

— Por quê?

— Porque não queria almoçar sozinho. É extremamente maçante e desagradável. Por que não manda servir?

Vivian foi se trocar e voltou em seguida. Tocou a sineta e a criada apareceu, e ela deu ordens para que servisse. Depois, sentou-se à mesa em companhia de Francis e começou a comer, tentando disfarçar a curiosidade e a surpresa. Terminada a refeição, Francis passou o guardanapo sobre os lábios, levantou-se da cadeira e, acercando-se de Vivian, pousou-lhe um beijo suave na boca, que ela recebeu com frieza.

— Aconteceu alguma coisa? — perguntou.

— Por quê? Será que não posso mais beijar minha mulher?

Ela não disse nada. Levantou-se vagarosamente, passou a mão de leve sobre o seu rosto e concluiu:

— Estou cansada. Vou repousar um pouco.

Francis mordeu os lábios e não respondeu. Pensou em acompanhá-la, mas ela o receberia com aquela frieza, e ele acabaria por se sentir ainda mais frustrado e rejeitado. Não adiantava. Por mais que se esforçasse, sabia que não conseguiria trazê-la de volta. Vivian estava perdida, e não havia nada que pudesse fazer.

Por volta das cinco horas, Vivian se levantou, tornou a vestir-se e saiu. Francis, entretido ao piano, não a ouvira descer, e ela saiu sem ser percebida. Pouco depois, a carruagem parou novamente em frente ao sobrado de Lionel. Pelas janelas abertas, percebeu que ele já havia voltado, e ela bateu com força. Segundos depois, ele apareceu na janela. Nem precisou perguntar quem era. Vivian, parada na beira da calçada, olhava para cima com um sorriso a iluminar-lhe o rosto.

Rapidamente, Lionel desceu as escadas e abriu a porta, levantando Vivian no colo e entrando com ela. Beijou-a apaixonadamente e repetidas vezes, e ela retribuiu aos seus beijos com ardor. Tão diferente de Francis! Lionel levou-a para cima e atirou-a sobre o leito. Estavam com tanta saudade que nem conseguiam falar. Só depois que terminaram de se amar foi que ele perguntou:

— Quando foi que chegou?

— Ontem.

— Por que não me avisou?

— Pelo visto, não sou a única a fazer coisas sem avisar.

Ele sorriu e apertou sua bochecha, retrucando com jovialidade:

— Refere-se ao meu emprego de professor? Como é que soube?

— Um passarinho me contou... Estou brincando. É que estive aqui hoje cedo e um rapazinho me disse.

— Era para ser surpresa. Por isso não falei nada em minhas cartas. Há cerca de um mês recebi o convite para lecionar literatura inglesa na universidade. Não é uma maravilha?

— Como conseguiu, Lionel? Quero dizer, com a sua reputação de estouvado, pensei que ninguém mais quisesse tê-lo por perto.

— Sabe que também não entendi? Só o que sei é que recebi uma carta formal do reitor, fazendo-me o convite. Não pude recusar.

— E não se interessou em saber por que foi contratado?

— Não. Por quê? Deveria? Pensei que fosse pelos meus fartos conhecimentos em literatura.

— Sim, claro — concordou Vivian desconcertada. — Não me referia a isso. Mas é que um convite desses, assim tão de repente... Já conhecia alguém na universidade?

— Não. Mas por que o espanto, Vivian? Por acaso não sou um bom poeta? Alguém deve ter lido meus versos e gostado. Escreveu ao editor, pedindo o meu endereço, e pronto.

— Sim, claro, só pode ter sido isso mesmo.

Lionel colou seus lábios aos dela novamente, e o assunto ficou esquecido. Mas Vivian ficara desconfiada. Não sabia por que, mas algo em seu íntimo lhe dizia que havia muito mais do que uma simples admiração por detrás daquela história.

Em casa, Francis se roía. Sabia que, àquela altura, Vivian já se havia encontrado com Lionel. À tarde, quando voltara frustrada, tinha certeza de que ela não o havia encontrado em casa. Ele estava na universidade, lecionando literatura inglesa, emprego que conseguira através de sua influência. Já prevendo que talvez não conseguisse retê-la em Plymouth, Francis cuidara de escrever ao reitor recomendando o nome de Lionel em troca de alguns favores.

Francis, em seu desespero e sua ingenuidade, tencionava ocupar as horas livres de Lionel, para que ele e Vivian não tivessem mais tanto tempo de se ver. Conhecia a rotina do corpo docente da universidade. Era um trabalho puxado e desgastante, e ele teria que perder muito tempo preparando aulas, elaborando e corrigindo provas. Aos poucos, seus encontros com Vivian iriam diminuindo de intensidade, e o tempo que ele dedicava a ela, teria que dedicar a suas novas responsabilidades. E ele conhecia Vivian. Em breve estaria furiosa, e seu gênio irascível acabaria por separá-la de Lionel. Afinal, o salário era bom, e era um emprego decente e de expressão. Ele teria que seguir uma conduta irrepreensível, ou o reitor não o manteria mais em seus quadros. E Lionel não poderia se deixar envolver em um romance obscuro com uma senhora casada, da mais alta sociedade londrina. Muito menos com um escritor efeminado feito Edwin.

Subitamente, a campainha da porta soou e ele teve um sobressalto. Será que Vivian já estaria de volta? Mas não. Era Betsy, que vinha mal-humorada e de cenho franzido, acompanhada de seu costumeiro obsessor.

— Boa noite, Betsy. O que faz aqui sozinha a essas horas?

— Passei apenas para saber como vão as coisas. Sua mulher está?

— Vivian? Não. Saiu.

— Saiu? E você diz isso assim tão despreocupadamente?

Francis começou a se zangar e respondeu de má vontade:

— Sim. Por quê?

— Ora, Francis, será que não imagina onde ela está?

— Betsy, não recomece! Não estou aqui para ouvir os seus sermões.

— Não são sermões. Mas você é um homem digno, correto. Por que expor o seu nome assim dessa forma? Vai esperar até que essa ordinária atire o nome de nossa família na lama?

— Não fale assim de Vivian, Betsy! Não lhe dou esse direito.

— E o que é direito? Ela traí-lo com o homem a quem eu amava? Será que você não tem brios?

Francis já estava furioso. Não gostava que interferissem em seus assuntos e não aceitava a opinião de ninguém.

— Pare, Betsy! Não me atormente com esse assunto — revidou irado, já prestes a explodir. — Estou tomando minhas providências.

— Que providências? Está preparando um flagrante?

— Que absurdo, Betsy! Aí sim é que estaria me expondo ao escárnio da sociedade. Meus métodos são outros, bem mais inteligentes e discretos.

— Que métodos? Do que está falando?

— De nada, Betsy. No tempo certo você ficará sabendo.

Quanto mais Francis se recusava a dar-lhe ouvidos, mais Betsy se indignava, e mais o espírito se aproveitava para influenciá-la e instigá-la. Mal contendo a indignação e a revolta, Betsy aproximou-se dele e, dedo em riste, disparou:

— Francis Lester, não vou permitir que se rebaixe tanto assim. Você precisa tomar uma atitude. Se não quer desmascará-la em público, não o faça. Entendo seus motivos e concordo com eles. Mas acabe com a farsa de Edwin Ferguson.

— Já lhe disse, Betsy, deixe isso comigo e não se intrometa.

— Mas você precisa tomar uma atitude!

— Basta, Betsy, não me apoquente mais! Lionel e Vivian irão se separar, você vai ver. Mas à minha maneira!

— Isso não é o bastante. Você precisa fazê-los sofrer e passar por tudo o que estamos passando.

— Por que, Betsy? Quer se vingar de Lionel através de meu sofrimento?

Betsy recuou. No fundo, ele tinha razão. Ela estava se aproveitando da dor de Francis para vingar a sua frustração. Num momento em que deveria dar-lhe apoio, só o que fazia era recriminá-lo e pressioná-lo. E depois, Vivian sempre fora sua amiga. Será que tinha o direito de descontar nela a dor da rejeição? Não seria melhor esquecer e até tentar conversar com ela, não para acusá-la, mas para chamá-la à razão?

— É claro que não, sua idiota — respondeu, furioso, o obsessor. — O que quer? Que ela ria de você? Que escarneça do seu sofrimento? Pois é isso o que ela está fazendo nesse exato momento. Rindo de você. *Pobre Betsy, que se apaixonou pelo meu amante!* É isso o que quer para você? Continuar sendo escarnecida pelas costas?

Vivian, nem de longe fazia uma coisa dessas. Lamentava profundamente a infelicidade da cunhada e desejava que ela fosse feliz. Fora um infortúnio ela ter-se apaixonado pelo homem a quem amava.

Betsy, porém, cada vez mais roída pelo ciúme e pelo despeito, fechou os ouvidos à voz da razão e calou o alerta da consciência, optando por se entregar aos conselhos nefastos do obsessor. E o espírito, cada vez mais, incutia em seus pensamentos o desejo de se vingar de Vivian. A qualquer preço.

capítulo 30

Ao ver Vivian, ou melhor Edwin Ferguson, entrar sorridente no café Paris, Lucan olhou discretamente para William e abaixou os olhos. Desde que presenciara aquele episódio na esquina, compartilhara-o com William. Os dois eram os únicos a saber do estranho caso entre Edwin e Lionel, e não contaram a mais ninguém.

— Muito boa noite! — cumprimentou Vivian jovialmente, puxando uma cadeira e juntando-se ao grupo.

— Edwin! — exclamou Aaron. — Que surpresa vê-lo, meu amigo. Pensávamos que nunca mais voltaria.

— Ora, o que é isso? Não posso mais viver longe de Londres.

— É um prazer tê-lo de volta.

— Obrigado. E vocês? — indagou, dirigindo-se a Lucan e William. — Não dizem nada? Também não estão felizes em me ver?

Lucan cutucou William discretamente, e este respondeu:

— É claro, Edwin. Seja bem-vindo.

— Obrigado. E Simon?

— Ainda não chegou — respondeu Aaron.

Vivian fez sinal para o garçom e pediu uma caneca de vinho. Estava fazendo frio, e ela precisava se aquecer. O garçom a atendeu prontamente, e ela pôs-se a bebericar o vinho, enquanto lhes dava vagas notícias de sua viagem. A uma pausa, Lucan questionou:

— Não vai perguntar por Lionel também?

Sentindo um estranho tom naquelas palavras, Vivian pousou

lentamente a caneca sobre a mesa e, tentando parecer natural, retrucou:

— Não. Já sei que ele está lecionando na universidade.

— Já? Quem lhe contou?

— Ele mesmo. Encontrei-o ao acaso hoje cedo, e ele me disse.

— Ah! Pensei que tivesse ido à sua casa.

Vivian fuzilou-o com o olhar. Lucan os havia visto juntos, e nunca tiveram a oportunidade de esclarecer tudo. Seria por isso que estava sendo tão irônico?

— Bem, Edwin — cortou William, tentando desfazer o mal-estar —, por que não nos fala sobre seu último livro? Já saiu?

— Ainda não. Levei-o hoje de manhã ao editor.

— Vai à festa de lorde Herbert este mês? — indagou Aaron.

— Vou sim. Já estava sentindo falta de suas reuniões mensais.

A conversa mudou de rumo, mas Vivian ficou intrigada. Havia algo na voz e no olhar de Lucan que a fazia temê-lo. Ele estava muito sarcástico, e William parecia tentar justificar tudo o que ele dizia. Aqueles dois estavam muito esquisitos, e era preciso conversar com Lucan rapidamente. Será que havia contado alguma coisa a alguém? A William, talvez.

Simon chegou e juntou-se a eles, e só muito mais tarde foi que Lionel apareceu.

— Puxa, Lionel — protestou Vivian —, por que demorou tanto?

Lionel olhou-a com ternura e sentiu vontade de beijá-la ali mesmo. Contudo, precisava disfarçar. Piscando um olho para ela, respondeu:

— Estava trabalhando, meu caro. De uma hora para outra, o diretor me pediu um favor.

— Que favor?

— Pediu-me para ajudá-lo numa pesquisa sobre Shakespeare. Quer que o auxilie todas as noites, até que conclua a pesquisa. Não pude recusar.

Embora contrariada, Vivian não disse nada. Aquilo só serviria para atrapalhá-los. Lionel passava fora todas as tardes, e só se viam à noite. Mas agora, com esse compromisso, a que horas se encontrariam? De madrugada?

Lionel ficou com os amigos apenas alguns minutos. Não queria perder um segundo sequer longe de sua Vivian. Desculpando-se com o cansaço, pediu licença e se retirou. Vivian, cinco minutos depois, saiu também, indo encontrá-lo na esquina, onde tomaram uma carruagem para a casa de Lionel.

No café Paris, Simon comentava:

— Estranhos, esses dois. Lionel acabou de chegar e já se foi. E Edwin, que passou longo tempo fora, nem esperou para segui-lo. Será que estão com algum segredinho?

Tentando disfarçar, William retrucou de bom humor:

— Vai ver que foram à casa de madame Ninon.

— Será? — tornou Aaron.

— Por que não vamos até lá também? — sugeriu Lucan. — Faz tempo que não aparecemos. Assim poderemos comemorar a volta de Edwin em grande estilo.

William olhou para ele com ar de reprovação. O que dera em Lucan? Então não desconfiava para onde eles haviam ido? Era quase certo que não estavam na casa de madame Ninon.

— Excelente idéia! — concordou Aaron, que de nada sabia.

— Não, amigos, obrigado — escusou-se William. — Também estou cansado e amanhã terei um dia cheio. Fica para uma outra vez.

— Ah! William, que pena — lamentou Aaron. — Seria divertido.

— Por que não vamos só nós três, então? — disse Simon. — Será divertido mesmo assim. Então? O que me dizem?

— Por mim, tudo bem — concordou Aaron.

— E quanto a você, Lucan?

Sentindo o rosto arder sob o olhar fulminante de William, Lucan tentou recuar e tratou logo de arranjar uma desculpa:

— Não, obrigado. Creio que também vou para casa.

— Ora essa, mas foi você mesmo que sugeriu...

— É que me lembrei de que amanhã preciso me levantar cedo.

— Está bem — disse Aaron. — Vocês é que sabem.

Depois que William e Lucan se retiraram, Simon e Aaron ainda permaneceram mais algum tempo no café Paris. Não estavam com sono e não precisavam acordar cedo. Quando o café fechou, por volta da meia-noite, Simon, segurando o braço do amigo, indagou:

— Ei, Aaron, por que não aproveitamos para ir à casa de madame Ninon? Ainda há tempo.

— Hum... pode ser. Mas talvez não encontremos mais Lionel e Edwin por lá.

— Não faz mal. Faremos a nossa própria diversão.

Na casa de madame Ninon, foram informados de que Lionel e Edwin não haviam aparecido ali. Aliás, à exceção daquele piquenique no campo, ninguém nunca mais havia visto o tal de Edwin. Não era freguês da casa e jamais colocara os pés ali.

— Estranho — comentou Simon. — Onde será que podem ter ido?

Aaron não lhe deu resposta. Já havia sido fisgado por uma morena e não prestava atenção a mais nada do que Simon dizia. Este, por sua vez, em breve se interessou por uma ruiva, e os dois passaram a noite em casa de madame Ninon, sem nem se lembrar mais da existência de Edwin e Lionel.

William, por sua vez, ao sair do café Paris, tomou o braço de Lucan e foi caminhando com ele pela rua.

— O que deu em você? — repreendeu William. — Quer que os outros desconfiem, é?

— Desculpe-me, William, mas não pude agüentar. Ver aqueles dois inventarem aquelas desculpas esfarrapadas só para poderem cair nos braços um do outro. É repugnante!

— Pode até ser, Lucan. Mas nós não temos nada com isso. É a vida deles.

— Mas eles são nossos amigos. E não me agrada saber que meus amigos andam se deitando feito dois amantes.

— Lucan, não seja preconceituoso. Nós somos homens de letras, devíamos estar à frente de nosso tempo.

— E estou. Posso aceitar o amor livre, fora do matrimônio, a independência das mulheres, igualdade de direitos, libertação dos negros nas Américas, tudo isso. Mas pederastia, não! É revoltante! É contra as leis de Deus!

— O que você sabe sobre Deus? Nada. Portanto, não use o seu

nome para justificar o seu preconceito. Lionel e Edwin são boas pessoas e são nossos amigos. Não devemos julgá-los pelo que fazem entre quatro paredes. Isso é problema deles.

— Por que os defende tanto, William? Por acaso também compartilha dessas preferências?

— Eu? Não. Mas não creio que devamos marginalizá-los só porque escolheram um caminho diferente.

— Chama isso de diferente? Eu chamo de aberração.

— Lucan, você está sendo dramático e intransigente. Vai dizer que a companhia deles não lhe agrada?

— Bom, agradar, agrada. Mas não posso concordar com o que estão fazendo. Ainda por cima, pensam que somos idiotas e que podem nos enganar. Não é direito.

— Nós não temos nada com a vida deles, nem eles com a nossa. Portanto, não nos devem satisfações.

Lucan ficou pensativo. Chegaram à pensão onde viviam e entraram, subindo as escadas em silêncio. Parados na porta do quarto de William, o outro ainda argumentou:

— Não sei não, meu amigo. Isso ainda pode acabar mal.

— Tem razão. Se você continuar agindo dessa forma, logo, logo, alguém vai desconfiar. Ainda mais Simon, que é feito uma pedra quando se fala em preconceitos. Sabe como ele é, todo metido a ditar regras de conduta. Se souber de uma coisa dessas, vai ser o fim de Lionel e Edwin. E é isso o que quer? Destruir a vida deles?

— Você sabe que não.

— Então, pense bem antes de dizer qualquer coisa. Você hoje foi muito infeliz em suas observações. Se Simon e Aaron forem à casa de madame Ninon, ficarão sabendo que Lionel e Edwin não apareceram por lá e poderão ficar desconfiados.

— Mas William, alguém tem que fazer alguma coisa!

William refletiu por alguns instantes, até que considerou:

— Nisso você tem razão. Alguém precisa alertá-los. Pode deixar que eu mesmo farei isso, se não se importar.

— Você vai falar com eles? Vai ter essa coragem?

— Vou. Por quê? Não tenho nada a esconder.

— Mas eles vão saber que fui eu que contei.

— E daí?

— Sentirei vergonha por eles.

— Ora, Lucan, francamente! Poupe-me de suas idiotices. Eles sabem que você os viu. Vou apenas conversar com eles para que se cuidem. Não quero que se vejam em nenhuma situação embaraçosa.

William deu boa noite a Lucan e foi para o seu quarto. Mas Lucan não conseguia dormir. Desde que os vira juntos no café Paris, sentira uma estranha sensação de desagrado. Era como se a figura dos dois lhe causasse nojo, asco, repulsa. Olhando para eles, sentia-os sujos, pestilentos. Era um horror, mas era o que o envolvimento deles lhe causava.

Na verdade, desde que Vivian entrou no café Paris, acompanhada de um dos soldados de Decius, o espírito viu em Lucan uma *vítima* em potencial para as suas investidas. Não só Lucan, mas também Simon. Ambos eram preconceituosos e, por mais que Lucan tentasse disfarçar, não aceitava o que considerava uma vergonha ao sexo forte. Simon, além de preconceituoso, guardava grande carga de inveja mal trabalhada, uma combinação perfeita para a influência do invisível.

Imediatamente, o espírito se conectou ao mundo das trevas, e Decius apareceu, rodeado de seus asseclas. Colocado a par da situação, avaliou bem as possibilidades e decretou:

— Muito bem. Quero sentinelas junto a esses dois idiotas aqui — apontou para Lucan e Simon —, além dos outros dois que já estão ao lado de Betsy e de Francis. Precisamos atacar de todos os lados.

— E quanto a Althea?

— De Althea, cuido eu pessoalmente. De hoje em diante, ninguém mais a acompanha. Só eu. Pelo andar da carruagem, estou certo de que, logo, logo, conseguiremos destruí-la. Depois, para o suicídio, é apenas um passo.

— Será?

— É claro, idiota. Eu estarei a seu lado para convencê-la.

Soltando sua gargalhada fúnebre, Decius deu as costas a seus soldados e sumiu, e cada qual seguiu direto para seu posto. Um acompanhou Lucan, outro levou Simon à casa de madame Ninon. E Decius foi atrás de sua Althea. Precisava desesperadamente de seu corpo, de seus fluidos, de sua vida.

Vivian chegou tarde naquela noite. Passara quase a madrugada inteira em companhia de Lionel e só voltara quase ao amanhecer. Quando entrou, Francis já estava acordado. Na verdade, mal conseguira dormir. Ele esperava que a *nova pesquisa* do diretor cuidasse de entreter Lionel por um bom tempo, e fora mesmo o que acontecera.

Na verdade, o reitor da universidade recebera generosa contribuição para umas obras de melhoria na biblioteca. Em troca, contratara Lionel e tratara de encomendar ao diretor da faculdade de letras uma pesquisa muito séria e complexa, sugerindo-lhe que pedisse o auxílio do novo professor de literatura inglesa, profundo conhecedor da vida e da obra de Shakespeare.

Com isso, Francis tencionava ocupar ainda mais o tempo de Lionel, para que não tivesse um minuto sequer disponível para gastar com Vivian. Só não contava que ela fosse ficar com ele até altas horas.

Vendo-a entrar e tirar as calças, ele ergueu o corpo na cama e começou a interrogá-la:

— Isso são horas, Vivian? Onde esteve? Com quem?

Calmamente, ela vestiu a camisola e deitou-se ao lado dele, respondendo secamente:

— Estive por aí com meus amigos e não vi a hora passar.

— Vivian, isso não fica bem para uma mulher casada.

Ela o encarou e soltou uma gargalhada irônica.

— Edwin não é uma mulher, meu caro, e muito menos casada.

— Você não é Edwin, é Vivian. Já se esqueceu? Edwin é apenas uma fantasia.

— Uma fantasia que é bem real aos olhos do mundo.

Francis não suportou mais. Num momento de fraqueza e angústia extremada, afundou o rosto entre as mãos e começou a chorar. Sabia que a estava perdendo.

— Oh! Vivian, Vivian! Eu a amo tanto! Por que faz isso comigo? Por que me faz sofrer? Só o que queria era amá-la e fazê-la feliz!

Ele chorava descontrolado, e Vivian se comoveu. No fundo, no fundo, gostava dele. Gostava dele como um amigo ou um irmão, não como marido ou amante. Vendo o seu descontrole, ela achegou-se mais a ele e apanhou as suas mãos, beijando-as com ternura. Naquele momento, sentiu tanta pena dele que seus sentidos falaram mais alto, e seu corpo se aqueceu com a presença dele a seu lado. Vivian começou a beijá-lo e acariciá-lo, e Francis, na mesma hora, puxou-a para si e amou-a com uma paixão há muito represada.

Quando terminou, estava exausto. A noite maldormida, a emoção dos últimos minutos, a angustiada espera de tê-la novamente em seus braços, tudo isso fez com que Francis se sentisse bem e acolhido, e ele adormeceu em seu colo.

Vivian não conseguiu mais dormir. Em silêncio, ficou ali, vendo o dia clarear, sentindo sobre o peito a cabeça de Francis, escutando-lhe a respiração pesada e descompassada. Ela sentia muita pena dele, mas não havia nada que pudesse fazer. Nada além de entregar-se a ele como sempre fizera. Sim, era isso. Vivian cuidaria de amá-lo mais vezes. Assim, além de levar-lhe algum consolo, ainda acalmaria a sua ira, e talvez ele parasse de importuná-la.

Pensando nisso, ela alisou os seus cabelos e sorriu. Como não pensara nisso antes? Não adiantava enfrentar Francis nem desafiá-lo. Ele ficava furioso, mas não tomava nenhuma atitude mesmo. Contudo, pressionava-a cada vez mais, e isso poderia acabar causando-lhe problemas. Melhor seria tratá-lo bem, acompanhá-lo a alguns recitais, conversar com ele com cordialidade e brandura. E, principalmente, entregar-se a ele com ardor. Isso o manteria calmo feito um cordeirinho.

Ainda mais agora, que Lionel estava trabalhando e eles quase não teriam mais tempo para si. Com o tempo do amante tomado, Vivian teria as tardes livres para dedicar-se a Francis e, à noite, entregar-se-ia aos braços de Lionel. E quando o marido perguntasse, daria sempre a mesma desculpa: estava por aí, com os amigos, e não vira a hora passar.

capítulo 31

Quando Lionel terminava de se preparar para ir trabalhar, a campainha da porta soou, e ele foi atender da janela. Ao ver William parado na calçada com ar grave, sobressaltou-se e correu a abrir-lhe a porta.

— William, meu amigo! Que agradável surpresa. Não o esperava aqui a essas horas.

— Preciso falar com você.

— Então venha, entre.

Lionel chegou para o lado, dando-lhe passagem, e William entrou. Ainda no hall, hesitou um pouco, mas acabou subindo. Afinal, estava ali para conversar com Lionel e não perderia a oportunidade.

— Importa-se que conversemos em meu quarto? — indagou Lionel de forma inocente. — Estou terminando de me aprontar.

Ainda hesitante, seguiu-o até o quarto, e Lionel parou em frente ao espelho, ajeitando a gravata. William passou os olhos pelo quarto e, avistando a cama desfeita, os lençóis revolvidos, virou o rosto, fazendo uma imperceptível careta de nojo. Tudo indicava que duas pessoas estiveram dormindo ali.

— A noitada foi boa, não foi? — observou com um certo sarcasmo.

Lionel soltou a gravata e olhou para ele pelo espelho.

— O que quer dizer?

Apontando para os lençóis, William prosseguiu:

— Vejo que não dormiu sozinho.

Meio sem saber o que responder, Lionel achou melhor não mentir por completo. Estava claro que alguém passara a noite com ele, mas inventaria uma mentira qualquer.

— É verdade, meu amigo. Dormi acompanhado. E muito bem acompanhado, por sinal.

— É mesmo? De quem?

Ainda olhando-o com desconfiança, Lionel retrucou, tentando imprimir à voz um tom casual:

— Meu caro William, essa é uma pergunta muito pessoal e indiscreta.

— Estou certo que sim. Ainda mais em determinadas circunstâncias.

— Que circunstâncias? — tornou Lionel perplexo, soltando de vez a gravata e virando-se para encará-lo. — O que está querendo dizer?

William suspirou e, chegando bem perto dele, declarou:

— Lionel, nós somos amigos e nos conhecemos há muito tempo, não é? Por isso é que me senti na obrigação de alertá-lo — antes que Lionel pudesse dizer alguma coisa, ele disparou: — Seu envolvimento com Edwin já não é mais nenhum segredo. Vocês foram vistos juntos, beijando-se feito dois amantes!

Lionel desabou na cama, pálido feito cera, e passou a mão pela testa, enxugando o suor que, apesar do frio, começara a escorrer. Fora Lucan, com certeza. Só podia ser. Pensou em negar, dizer que estava enganado, mas não adiantaria. Lucan, provavelmente, vira quando eles se beijaram e contara a William. Na ocasião, ainda haviam ficado em dúvida, mas agora estava certo de que ele realmente os surpreendera.

William, sem dar-lhe trégua, continuava a acusá-lo:

— Vocês foram muito imprudentes! Beijarem-se na rua... e perto do café Paris! Era querer demais. Francamente, Lionel, não esperava isso de você. Sempre o considerei um homem de bem, másculo, viril. De Edwin, não digo nada. Desde que o conhecemos, ele tem aquele jeito efeminado. E depois, seu antigo caso com Francis já era comentado. Mas ninguém nunca viu nada, e Francis só freqüentava o nosso grupo por causa dele. Mas você? Você não. É um dos nossos!

Lionel queria falar, mas William não lhe dava chance.

— William...

— Não quero que pense que estou zangado, não é nada disso. Gosto de você e gosto de Edwin, e quero que saiba que sou seu amigo, mas não posso concordar com o que estão fazendo. Deveriam ao menos ser mais discretos.

— William, por favor, ouça-me...

— E agora não sei o que fazer. Estou tentando controlar a situação, mas está ficando difícil. Temo não poder segurar isso por muito tempo.

— Mas William, não é nada disso...

— E se essa história se espalhar? O que é que vai ser de vocês? Você já não é bem-visto pelos editores por causa desse seu gênio que, aliás, tem até andado melhor...

Vendo que não conseguia se fazer ouvir, Lionel deu um salto da cama e esbravejou:

— William, pelo amor de Deus, quer calar essa boca e me ouvir?

Assustado, William calou-se e arriou o corpo na poltrona, dizendo confuso:

— Céus, Lionel, não precisa gritar.

— Desculpe-me, William, mas é o único jeito de fazer-me ouvir.

— Ouvir o quê? Que está arrependido? Que houve algum engano? Não, Lionel, não houve engano algum. Lucan os viu, falou com vocês. Ele viu e me contou. Ainda bem que me contou. Já imaginou se tivesse falado com Simon? Aí é que vocês estariam perdidos...

Balançando a cabeça, Lionel chegou bem perto dele, colocou as mãos sobre seus ombros e tornou a gritar:

— Fique quieto, William, e escute-me! Não é nada disso...

— Como pode tentar ainda me enganar? Então não vi o jeito como se olham? Aquilo é olhar de amantes. E de amantes apaixonados...

— William, cale a boca!

— Vocês não podem continuar assim...

— Cale a boca, William!

— Alguém vai descobrir. E os comentários vão ser um só. Lionel Campbell e Edwin Ferguson, amantes! Dois homens...

— Edwin não é homem, William! É uma mulher! Edwin Ferguson é uma mulher!

William susteve no ar suas últimas palavras. Teria entendido direito?

— O que foi que disse?

— Disse que Edwin Ferguson é uma mulher.

Durante alguns minutos, William permaneceu encarando Lionel, tentando fazer com que as palavras do amigo fizessem algum sentido.

— Está querendo brincar comigo?

— Não, William, nunca falei mais sério em toda a minha vida. Edwin Ferguson não existe. Quem existe é Vivian. Vivian Lester...

— Vivian Lester? Lester, Lester... onde foi que já ouvi esse nome?

— Lorde Charles, meu amigo. Lorde Charles Lester, duque de Phineas, e seu filho, Francis Lester.

— Francis Lester? Mas o quê...? Como pode...? Lionel, pelo amor de Deus, o que é que está acontecendo?

Lionel sentou-se diante de William e contou-lhe tudo. Edwin Ferguson nada mais era do que um personagem criado por Vivian Lester para viver seu papel de escritor. Vivian era esposa de Francis, por quem ele se apaixonara perdidamente e com quem mantinha intenso romance.

Ao final da narrativa, William encarou o amigo sem saber o que dizer. Aquela história era surpreendente e fascinante, porém, extremamente perigosa. Havia muitas pessoas que se deleitariam com aquele mexerico. E se aquela história viesse à tona, aí mesmo é que ambos estariam perdidos.

— Você sabe como as pessoas vêem as mulheres escritoras — considerou William ainda abismado, tentando se acostumar à nova situação.

— Eu sei. E é por isso que ninguém pode saber a verdade sobre Edwin. Ninguém.

— Temos um problema, Lionel. E Lucan? Foi ele quem os viu.

— É verdade...

— Precisamos contar a ele.

— No dia em que ele nos viu, tentamos contar-lhe tudo. Mas Lucan não quis escutar. Estava chocado e se afastou correndo. Depois, Vivian foi viajar, e a história acabou caindo no esquecimento.

— Pois não devia. Lucan ainda está chocado e não aceita.

— E se ele contar a mais alguém?

— É isso o que temo. Ele está indignado. Prometeu-me não dizer nada, mas não sei o quanto conseguirá se segurar. Talvez seja melhor colocá-lo a par de tudo e pedir-lhe segredo. Será mais fácil para ele, sabendo que vocês não são dados à pederastia.

— Está bem, William, faça isso. Mas peça-lhe, ou melhor, implore a ele que guarde silêncio. Enquanto isso, cuidarei de avisar Vivian. Ela precisa saber o que está acontecendo.

Vivian não gostou nada de saber que mais duas pessoas compartilhavam de seu segredo. Lembrava-se do que Glenna sempre dizia: *um segredo compartilhado não é segredo*, e seu coração disparou. E se ela tivesse razão? E se, cedo ou tarde, aquilo se espalhasse? Ela seria escarnecida, humilhada, execrada. Será que poderia suportar?

— Não se preocupe, Vivian — confortou Lionel. — Isso não vai acontecer. Mas, se acontecer, eu estarei ao seu lado. Prometo que jamais a abandonarei.

Vivian apertou-se a ele e começou a chorar. Por mais que tentasse, Lionel não conseguia consolá-la. Algo em seu íntimo lhe dizia que aquela história ainda ia acabar mal, e ela e Lionel se veriam atirados aos leões, sentindo na carne toda a fúria do preconceito de uma sociedade mesquinha e hipócrita.

Francis, em casa, olhava pensativo pela janela. Seu plano de afastar Lionel de Vivian fracassara. Ela nem se importava mais em chegar tarde à casa. Voltava sempre de madrugada, com a mesma desculpa de que estava com os amigos e não vira a hora passar. Mas ele sabia que ela estava mentindo. Sabia que passava as noites naquele sobrado fétido que Lionel chamava de casa.

No entanto, tinha que reconhecer que ela estava mais carinhosa e atenciosa com ele. Faziam as refeições sempre juntos, ela o acompanhava a diversos concertos e até algumas festas. Fazia-lhe companhia durante seus ensaios e sempre elogiava sua música. Conversava com ele, ria de suas histórias e contava sobre seus romances. Muitas vezes, no meio da tarde, surpreendia-o com carícias ousadas e provocantes, e eles passaram a se amar quase que diariamente, na sala, no jardim, no quarto, onde estivessem. Aquilo dava um tom de aventura ao seu casamento, e Francis logo começou a pensar se não seria melhor conter a revolta e fechar os olhos para o romance de Vivian e conservá-la a seu lado. Podia não estar inteiramente satisfeito, mas estava feliz.

Betsy percebera a mudança no irmão. De repente, ele passara a sorrir mais e evitava a sua companhia. Quase não ia mais à sua casa, e quando ela ia visitá-los, tratava-a com cordialidade e distanciamento. Vivian, por outro lado, era sempre gentil e fria. Sabia que a cunhada sabia de seu envolvimento com Lionel e não pretendia confrontá-la. Vivian passava as tardes em casa e só saía à noite, não dando a Betsy a oportunidade de estar a sós com o irmão.

Certa noite, Betsy apareceu logo após o jantar, quando Vivian se preparava para sair, e ela comentou com ironia:

— Edwin Ferguson vai entrar em ação?

— Sim, meu bem — respondeu ela com displicência. — Já está na hora.

Deu-lhe um beijo frio na testa, beijou o marido na boca e saiu.

— Não sei como agüenta isso — disse Betsy entre dentes.

— Betsy, por favor, não comece. Não vê que estou feliz?

— Como pode estar feliz se sua mulher o trai descaradamente? Eu, no seu lugar, estaria espumando de ódio.

— Você não está no meu lugar, Betsy. Queria era estar no lugar dela.

Betsy levantou-se horrorizada.

— Como se atreve a falar comigo, sua irmã, desse jeito?! Pois fique sabendo que jamais me passaria pela cabeça ocupar o lugar de uma... de uma... ordinária, vagabunda, meretriz!

— Saia daqui! — esbravejou Francis, apontando para a porta da rua. — Não lhe dou o direito de falar de minha esposa desse jeito!

Betsy recuou. O espírito a seu lado lhe dizia para ter calma. Não convinha desentender-se com o irmão. Ele era um espírito um tanto rebelde, apesar de sensível, e não admitia que ninguém ofendesse Vivian, ainda que tivesse razão.

Usando um tom mais conciliador, ela murmurou:

— Desculpe-me, Francis, não queria ofendê-lo. Mas é que me revolta ver a forma como ela o trata.

— Engana-se, minha irmã. Vivian tem me tratado muito bem.

— Como, se ela o trai?

— Isso não vem ao caso. O que importa é que estou feliz.

— Francis, não entendo você...

— Não entende porque não sabe o que é amor.

— Isso não é amor, é passividade, é humilhação.

— Que seja. Mas estou feliz assim e quero continuar. E você não tem o direito de vir aqui me torturar.

— Está certo, Francis, você é quem sabe. Perdoe-me. Só quero o seu bem.

Francis se aproximou dela e, segurando-lhe as mãos, aconselhou:

— Você é uma jovem bonita e inteligente, Betsy. Podia ter o homem que quisesse. Por que não esquece Lionel e Vivian e se concentra em arranjar um marido? Alguém que a ame, que seja bom para você...

Ela mordeu os lábios e olhou bem fundo em seus olhos, sussurrando desanimada:

— Não posso, Francis, não posso.

Desvencilhando-se dele, apanhou a capa e saiu.

Chegando ao café Paris, Vivian sentou-se e pediu sua costumeira caneca de vinho. O frio estava aumentando e não tardaria a começar a nevar.

— Nossa! — queixou-se ela, esfregando as mãos para esquentá-las. — Que frio!

— Teremos neve mais cedo este ano — observou Aaron.

— É sim.

Naquela noite, Lionel chegou mais cedo. A mulher do diretor sentira-se mal e ele fora obrigado a ir para casa, e Lionel correra ao café Paris, certo de que Vivian já estaria ali. Logo que ele entrou, Lucan foi o primeiro a vê-lo e exclamou:

— Veja, Viv... Edwin! Lionel chegou.

Lucan quase dissera: Vivian! Ela teve vontade de matá-lo, mas achou melhor não dizer nada. Notou o olhar de desagrado e repreensão de William e sentiu-se mais segura. Sabia que podia confiar nele. Mas em Lucan, não. Ele era um idiota e acabaria por colocar tudo a perder.

Lionel sentou-se com eles, pediu a bebida e puseram-se a conversar. Aaron não notara a quase indiscrição de Lucan, mas Simon percebera algo de estranho no ar. Por que Lucan se agitara tanto quando Lionel chegou? E por que aquela excitação quando o mostrou a Edwin? Alguma coisa estava muito errada ali.

Desconfiado, Simon passou a reparar nos amigos. Edwin tinha mesmo um jeito meio afetado, e todo mundo já se acostumara. Mas Lionel, não. Aqueles dois andavam sempre juntos, o que era bastante esquisito. Embora todo mundo já desconfiasse, ninguém dizia nada. Reparando melhor, havia algo de diferente na forma como se olhavam. Sempre que seus olhos se cruzavam, havia neles um brilho especial, um brilho de paixão. Além disso, Lionel procurava pretextos para encostar o braço ou a mão em Edwin, que abaixava a cabeça e sorria de forma imperceptível.

Com o passar dos dias, Simon começou a tomar conta de todos os seus movimentos. Eles sempre davam um jeito de se olhar e se tocar discretamente, sem que ninguém percebesse. Ademais, saíam sempre juntos. Aonde será que iam todas as noites? À casa de madame Ninon é que não era. Simon já estivera lá várias vezes e, em todas, ninguém nunca os vira.

Mesmo nas reuniões em casa de lorde Herbert, os dois andavam estranhos. Edwin chegava um pouco mais cedo do que Lionel, retido em sua nova pesquisa na universidade, e ficava ansioso, até que este aparecesse. Depois, procuravam ficar sempre juntos, nas mesmas rodas, ou então se procuravam constantemente com o olhar, nas poucas vezes em que ficavam em lugares distintos.

Efetivamente, algo de muito errado estava acontecendo com aqueles dois. E, fosse o que fosse, Lucan sabia. Pelo jeito como falara, estava claro que ele sabia de alguma coisa. À medida que o tempo passava, Simon se roía cada vez mais de curiosidade. Será que aqueles dois estavam mesmo se prestando à sodomia? Era bem possível. Edwin aparecera por ali com aquele tal de Francis, filho de lorde Charles. Depois que ele sumira, Edwin sempre estava com Lionel. Era bem provável que tivesse trocado de amante.

Chegou a pensar em segui-los, mas teve medo de ser descoberto. À noite, os cascos de um cavalo ou as rodas de uma carruagem seriam perfeitamente audíveis. Não. Precisava encontrar outra solução. Podia espreitá-los em casa. Não sabia onde Edwin morava, mas conhecia o sobrado de Lionel.

Inspirado pelo espírito obsessor, que para ali fora atraído pelos seus pensamentos pouco edificantes, Simon resolveu agir. Esperou que Lionel chegasse ao café Paris e, cinco minutos depois, pediu licença para se retirar, pretextando um encontro. Chamou uma carruagem e deu o endereço da casa de Lionel.

Parado em frente ao sobrado, decidiu que precisava se esconder. Atravessou a rua e ocultou-se nas sombras. A rua era pouco iluminada, e as brumas lhe facilitariam a vigília. Não tardou muito, e Lionel apareceu. Vinha acompanhado de outro homem. Pela distância e pouca luz, não podia divisar-lhes os rostos, mas sabia que era Edwin quem o acompanhava. Pelo porte, pela estatura, pelos gestos delicados e sutis, só podia ser Edwin.

Simon sentiu o ódio crescer dentro de si. Então aquele protegido de lorde Charles, que ele nem julgava assim tão bom escritor, resolvera corromper o idiota do Lionel. Era de se esperar. Lionel era um poeta cretino e imoral, e ele não entendia como alguém podia gostar de alguma coisa que escrevesse. Considerava os dois escritores medíocres, mas haviam conseguido alguma expressão. E eram dois efeminados. Enquanto ele, um homem de verdade, não tinha seu valor reconhecido por ninguém. Mas Lionel e Edwin iam ver só. Ele trataria de revelar ao mundo quem eram e, aí sim, saberiam lhe dar o devido valor.

Na manhã seguinte, bem cedo, Simon foi bater à porta do quarto de Lucan. O rapaz veio atender ainda meio sonolento, e Simon empurrou a porta, entrando mais que depressa. Não queria que William o visse ali.

— Simon! — surpreendeu-se Lucan. — O que foi que aconteceu?

— Preciso falar-lhe.

— Mas a essa hora? Ainda é cedo.

— O assunto é urgente. Não pode esperar.

Lucan deitou-se na cama e se cobriu todo, escondendo a cabeça sob o travesseiro e murmurando:

— Agora não, Simon, por favor.

— Tem que ser agora, Lucan!

— Ah! Simon, estou com tanto sono...

Furioso, Simon puxou as cobertas e começou a sacudir o corpo de Lucan, falando com impaciência:

— Levante-se, Lucan, vamos! O assunto é urgente!

Vendo que Simon não ia desistir, Lucan sentou-se na cama, bocejou e, olhando sonolento para ele, concordou:

— Está certo, Simon, o que foi?

Simon sentou-se ao lado dele na cama e, tomando coragem, começou a falar:

— Sabe quem eu vi ontem?

— Não. Quem?

— Lionel e Edwin.

— E daí? Também os vi no café Paris.

— No café Paris não, idiota. Vi-os na casa de Lionel, depois que saíram.

Lucan coçou o queixo. Não estava gostando nada daquela conversa. Se William descobrisse, ia ficar furioso. Ele pensou em desconversar, mas os sentinelas de Decius, sempre a postos para qualquer eventualidade, não lhes davam trégua. Afinal, as coisas estavam tomando o rumo que eles pretendiam.

— Simon, deixe isso para lá — arriscou timidamente.

— Não, não. Você não entende. Desconfio que esses dois estão tendo um caso. Não estão?

— Eu é que vou saber?

— Você sabe, Lucan. Não venha mentir para mim. Tenho certeza de que sabe de tudo.

Lucan suspirou desanimado. E agora? Contava ou não contava? Ele conhecia Simon e sabia o quanto ele abominava as relações entre homens.

— Posso confiar em você, Simon?

— É claro que sim. Não somos amigos?

— Você tem que me jurar que não vai dizer nada. Vamos, jure.

— Está bem, eu juro. E agora conte-me. Os dois estão ou não de sem-vergonhice?

— Não.

— Não? Como assim? Vai querer me enganar que eles não se deitam juntos?

— Não, não vou enganá-lo. Mas não é o que você pensa.

Detalhadamente, Lucan contou a Simon o que ouvira de William, e ele ficou profundamente indignado.

— O quê? Uma mulher?

— Sim, Simon, uma mulher. Como vê, não há motivo algum para preocupação. E agora, vá embora, por favor. Preciso voltar a dormir.

Sem dizer mais nada, Simon saiu e Lucan voltou a dormir. Aquela notícia era uma bomba e serviria muito bem a seus propósitos. Bastava esperar o momento certo de agir e desmascararia os dois. Lionel e Edwin... Edwin? Não, Vivian. Vivian seria humilhada e ninguém mais iria querer saber de Edwin Ferguson. E aí, talvez ele tivesse uma chance. Ficaria conhecido, e as pessoas, curiosas para conhecer os seus contos. Essa seria a chance de que precisava para mostrar o seu valor.

Fora Aaron, não pretendia dizer nada a ninguém. Mas não sabia até quando aquele segredo permaneceria intacto.

O obsessor, que a tudo assistia esfuziante de contentamento, chegou mais para perto de Simon e soprou, sem que ele escutasse:

— Até quando Decius quiser, meu caro, até quando Decius quiser.

capítulo 32

Sentado em uma poltrona do quarto de Lionel, Decius aguardava até que Rupert chegasse. Andava preocupado com as coisas e queria ver com seus próprios olhos como estava indo o desenrolar dos acontecimentos. Quando chegou, Vivian dormia tranqüilamente nos braços do amante, e Rupert não pôde conter um comentário maldoso:

— Então, Decius, a farra de hoje foi boa, hein?

Decius não respondeu e virou o rosto, enojado. Fazia já algum tempo que não se satisfazia mais em sugar as energias sexuais de Vivian. Desde que Rupert passara a se aproveitar dela também, aquilo perdera a graça. Afinal, queria Althea de volta para ele, não propriamente por vingança, mas porque ainda a amava.

Amor... Aquela palavra soou estranha aos seus pensamentos. Rupert lhe dissera certa vez que precisavam fugir do amor. Que o amor seria a única arma capaz de paralisar as suas investidas. Mas será que o que sentia por Althea era mesmo amor? Seria ainda possível amá-la depois de tudo?

Subitamente, a voz de Rupert arrancou-o de seus devaneios:

— O que está acontecendo, Decius? Não me ouve?

Decius olhou para ele um tanto quanto assustado. Será que ouvira seus pensamentos? Tentando não se delatar, respondeu com voz firme:

— Estou ouvindo, Rupert. O que quer?

— Acho que está chegando a hora de trazermos Althea de volta para o nosso lado. Esteja atento.

— Não se preocupe. Estarei.

— Ótimo. Aqueles dois idiotas, mais aquela tola da Betsy, estão servindo bem aos nossos propósitos, não acha?

— Estão sim.

— Por isso, fique alerta. Quando a bomba estourar, parta com tudo para cima de Althea. Ela tem que se suicidar. Só assim poderemos nos dar por satisfeitos.

Rupert preparou-se para sair. Ao passar rente a Decius, porém, percebeu alguma coisa diferente em sua aura. No meio daquela nuvem cinza, parecia-lhe haver visto um rasgo de luminosidade, bem pequenininho e hesitante. Ao mesmo tempo, os olhos de Decius começavam a perder aquela coloração vermelha que era sua característica. Ele já não via mais as coisas com tanta raiva como antes.

Durante alguns segundos, Rupert permaneceu a estudá-lo. Sabia que ele estava a um passo de o abandonar. Mais um pouco e se convenceria a passar para o lado de lá. Pensou em ameaçá-lo, mas tinha medo. Decius era quase tão poderoso quanto ele, e não seria fácil intimidá-lo. Além disso, dera-lhe um exército para comandar, um exército que, provavelmente, lhe seria fiel.

Melhor seria não provocá-lo. Olhando dele para Althea, percebeu que, em seu coração, havia uma chama que luzia por ela. Aquilo era extremamente perigoso. Decius a amava sem saber. Podia não ser um amor sublime, mas era um sentimento forte o suficiente para que ele o enfrentasse para defendê-la.

Fitando-o com um misto de revolta e medo, Rupert finalizou:

— Não se preocupe, Decius. Em breve terá sua Althea de volta. E ela será só sua. Eu prometo.

Decius sorriu timidamente, e Rupert foi embora. Agora era só esperar.

Como que percebendo que algo estava acontecendo, Vivian acordou assustada. Parecia-lhe haver sonhado com dois vultos sinistros que a chamavam por um nome diferente, mas não se recordava qual.

— É outro daqueles sonhos malucos — pensou em voz alta.

A seu lado, Lionel gemeu e sussurrou:

— Hum... o que foi que disse, meu bem?

— Nada não, querido. Durma. Preciso ir.

Vivian beijou-o de leve na boca, levantou-se e se vestiu. Passava das quatro horas da madrugada. Estava nevando, mas ela queria chegar à casa antes que o dia amanhecesse.

Logo que entrou, encontrou Betsy adormecida no sofá, e Francis, a seu lado, roncava com uma taça de vinho apoiada no braço da poltrona. O que teria acontecido ali? O que estariam aqueles dois comemorando? Passou por eles em silêncio, sem fazer barulho, mas Francis, talvez sentindo a sua presença, abriu os olhos e perguntou:

— Vivian, é você?

Ela parou onde estava, levou o dedo aos lábios, em sinal de silêncio, e respondeu bem baixinho:

— Sim, Francis, sou eu.

Ele esfregou os olhos e se levantou para acompanhá-la até o quarto. Antes, porém, deu uma olhada na irmã, que dormia profundamente, toda torta no sofá. Gentilmente, ergueu suas pernas e as acomodou sobre as almofadas. Reavivou o fogo na lareira e saiu, sem nem perceber que Betsy, olhos semicerrados, fingia dormir para não lhes despertar a atenção.

Quando entrou em seu quarto, Vivian já se despira e se preparava para dormir. Ela se deitou na cama, olhou para ele e, bocejando, acrescentou:

— Boa noite, Francis.

Em silêncio, Francis deitou-se a seu lado. Seu corpo ardia por ela. Sabia que ela estivera com o amante, entregando-se a ele, dando a ele o amor que deveria ser seu. Aquilo encheu-o de raiva e desejo, e ele começou a acariciá-la. Já meio adormecida, Vivian sobressaltou-se com suas carícias e falou sonolenta:

— Agora não, Francis, estou cansada.

— Você é minha mulher, Vivian. Eu a quero...

— Amanhã, querido, está bem? Hoje estou com sono. Já é tarde.

— Por favor, Vivian, preciso de você.

— Não, Francis, não posso. Estou cansada. Vá dormir. Amanhã conversaremos.

Vivian virou-se para o outro lado, voltando-lhe as costas e fechando os olhos, e Francis escondeu o rosto nos travesseiros, sufocando a raiva e a frustração que o acometiam. Se não a amasse tanto, tê-la-ia matado ali mesmo. Ela e aquele ordinário do Lionel. Quem pensavam que ele era? Um covarde? Não. Sua única covardia era o medo de perder Vivian. Não fosse por isso, já teria lavado sua honra com o sangue daqueles dois, mas a vida sem Vivian seria pior do que dividi-la com Lionel. Acalmada a ira, Francis suspirou e acabou adormecendo.

Do lado de fora, Betsy mordia os lábios, coberta de ódio e revolta. O irmão era mesmo um idiota. Onde já se viu? Tolerar aquele insulto de forma tão passiva? Francis era um poltrão e parecia não se importar com o adultério da mulher. Mas ela não podia suportar. Precisava fazer alguma coisa para acabar com aquela pouca vergonha.

Vivian era uma mulher cruel. Roubara-lhe o noivo, traía seu irmão descaradamente. Não merecia o seu amor nem a sua amizade. Merecia ser desmascarada e abandonada. Era preciso fazer com que Lionel a abandonasse. Só assim despertaria daquele feitiço e voltaria para seus braços.

Naquele momento, porém, não havia o que fazer. Escutara a conversa de Francis e de Vivian, mas não podia intervir. Francis pensava que ela estaria dormindo e não perceberia nada. Pois sim! Vira perfeitamente quando Vivian entrara. Apenas fingira que não vira.

Em silêncio, voltou para a sala e tornou a deitar-se no sofá. O dia já estava quase clareando, mas ela não conseguiria mais dormir. Chegara pouco depois da hora do jantar e não pudera voltar para casa, tomada de surpresa pela nevasca que caíra impiedosa.

Francis estava sozinho, lendo um livro na sala, e ficou um pouco contrariado ao vê-la. Fora ali para atormentá-lo, cobrar-lhe uma atitude. Mas Francis não queria ouvi-la. Ainda se lembrava do que lhe dissera:

— Não se meta, Betsy. Pelo bem de todos nós, não se meta.

— Mas Francis, isso não pode continuar assim. As pessoas já

estão começando a desconfiar. Nos bailes, nas recepções, todos perguntam por ela.

— Pois não deviam. Ninguém deveria se meter em nossas vidas.

— Não é assim que nossa sociedade funciona. Até papai já anda desconfiado.

— Desconfiado? De quê? Ele sabe que Vivian vai ao café Paris.

— Assim como sabe que ela e Lionel não se largam. Ele me disse que os dois sempre são vistos juntos e que algumas pessoas já estão começando a falar.

— As pessoas falam demais. E agora, Betsy, por favor, se preza minha amizade, não toque mais nesse assunto. Vivian é problema meu, não seu.

Betsy suspirou e mudou de assunto. Não queria pressionar demais, ou o irmão poderia se zangar com ela. No entanto, tivera uma idéia. Iria surpreender Vivian junto a seu grupo de amigos. Iria ao café Paris e lhes faria uma surpresa.

No domingo seguinte, por volta das dez horas, Betsy apanhou a capa, calçou as luvas e preparou-se para sair.

— Aonde vai? — indagou a mãe surpresa.

— Vou à casa de Francis.

— Não acha que já está um pouco tarde?

— E daí, mamãe? Por acaso não posso visitar meu irmão a hora que quiser?

— Não é isso... Está certo, querida, pode ir.

Betsy jogou a capa sobre os ombros, puxou o capuz e saiu. A neve havia dado uma trégua, e a carruagem já se encontrava na porta, esperando-a. O cocheiro abriu a portinhola e ela entrou.

— Aonde vamos, senhorita? — perguntou ele, de forma respeitosa.

— Sabe onde fica o café Paris?

O cocheiro fez uma cara de espanto e respondeu:

— Sei, senhorita, mas...

— Mas o quê?

— Bem, a senhorita me perdoe, mas é que o café Paris, a essas horas, não é freqüentado por mulheres. É um lugar de artistas boêmios...

Sem prestar atenção a suas palavras, Betsy ordenou:

— Leve-me até lá.

O cocheiro abanou a cabeça e tomou o seu lugar, colocando os cavalos em movimento. Ao chegaram ao café Paris, ela deu ordens para que o cocheiro passasse defronte a ele bem devagar. Queria ver onde Vivian estava. O cocheiro obedeceu, e Betsy olhou para dentro, tentando descobrir que mesa ela ocupava.

Sentiu uma raiva surda ao vê-la sentada ao lado de Lionel, juntamente com outros rapazes. Ao todo, eram seis. Riam e conversavam animadamente, Vivian fumando e bebendo como se fosse um deles. Aquilo era um disparate!

Betsy deu ordens para que o cocheiro parasse na outra esquina, e ele obedeceu. Ainda hesitante, abriu a porta e saiu. Será que não estaria comprometendo sua reputação, indo até ali? Mas Vivian e Lionel estavam lá dentro, rindo e se divertindo, enquanto ela e o irmão eram obrigados a suportar injustificável traição.

Quando entrou no café Paris, todos os olhares se voltaram para ela. Não era comum uma mulher entrar ali àquelas horas, ainda mais uma beldade feito ela. Simon, que estava de frente para a porta, vendo-a soltou um assobio e exclamou:

— Ora vejam só! Quem é a beldade?

Vivian e Lionel se voltaram e estacaram abismados. O que Betsy estaria fazendo ali? Será que enlouquecera? Ou resolvera desmascará-los diante de todo mundo? No mesmo instante, Lionel se levantou e aproximou-se dela, segurando-a pelo braço e indagando com voz que não ocultava a contrariedade:

— O que faz aqui, Betsy? Por acaso enlouqueceu?

— Vim conhecer o famoso café Paris.

— Isso aqui não é lugar para mocinhas. Vamos embora.

— Não mesmo!

Disse isso encarando-o bem fundo nos olhos. Depois, puxou o braço e dirigiu-se para a mesa, olhando diretamente para Vivian.

— Senhor Ferguson! — cumprimentou. — Como vai?

Quase engasgando, Vivian pigarreou e retrucou:

— Vou bem, senhorita Lester.

— Vocês se conhecem? — tornou Lucan abismado.

— Sim. Betsy é filha do conde de Phineas.

— Não me diga! — fez Simon, interessado.

O quase noivado de Betsy e Lionel não era segredo para ninguém, e ele, parado atrás dela, acrescentou:

— Creio que seu pai não sabe que está aqui.

— Há muitas coisas que meu pai não sabe, não é mesmo, Lionel?

Betsy encarava Vivian com raiva. Estava pronta para desmascará-la ali mesmo. Não agüentava mais aquela farsa e fora para isso que viera. Para mostrar ao mundo quem realmente era Edwin Ferguson. Mas Vivian, apesar de constrangida e amedrontada, sustentou-lhe o olhar e considerou:

— Pense bem antes de tomar qualquer atitude impensada, senhorita Lester. Pode se arrepender depois.

Betsy estremeceu. Será que tinha coragem para aquilo? Se destruísse Edwin Ferguson, não estaria destruindo também sua amizade com o irmão e a chance de reconciliação com Lionel? Francis jamais a perdoaria, e Lionel, provavelmente, passaria a odiá-la. Talvez até se aproximasse mais de Vivian, e ela é quem acabaria mal.

Os rapazes mal respiravam. Tinham medo até de se mexer. O segredo de Vivian já não era mais segredo para eles, embora Vivian pensasse que fosse. Até então, não sabia que Simon o havia descoberto e já havia contado tudo a Aaron.

Antes que Betsy pudesse dizer qualquer outra coisa, Simon adiantou-se e, puxando-a pelo braço, saiu com ela para fora. Betsy deixou-se conduzir. Seus olhos estavam cheios de lágrimas e ela começou a enfraquecer. Pensou que iria desmaiar, mas Simon susteve-a nos braços e alcançou a calçada, sob o olhar assustado de Vivian e Lionel. Este ainda pensou em segui-los, mas William segurou-o pelo pulso e disse:

— Deixe-os. É melhor que Simon tome conta dela. Ela ficará bem, não se preocupe.

A contragosto, Lionel tornou a se sentar e olhou para Vivian, que abaixou os olhos e não disse nada. Pediu outra caneca de vinho e ficou a beber em silêncio, compartilhando com os olhares de Vivian a angústia que lhe invadia o coração. O que estaria acontecendo?

Na rua, Betsy seguia amparada por Simon, que indagou, procurando demonstrar preocupação:

— Veio só?

Betsy apontou para o lugar onde a carruagem a esperava, e Simon a levou para lá. Entrou com ela e deu ordem ao cocheiro para que a levasse para casa. Logo que a carruagem começou a andar, Betsy escondeu o rosto entre as mãos e começou a chorar. Simon, entre penalizado e exultante, inquiriu:

— Você o ama, não é mesmo? Ama Lionel Campbell, não ama? — Betsy não parava de chorar, e ele continuou: — Pois é, senhorita, sei que deve ser duro perdê-lo nessas... circunstâncias.

Betsy enxugou as lágrimas e olhou para ele com espanto.

— Que circunstâncias?

— Ora, senhorita, posso ser franco? — ela assentiu. — Todos sabemos que Edwin foi lançado por seu pai, duque de Phineas. Não estou certo?

— Sim. Mas o que isso tem a ver com o fato de eu estar apaixonada por Lionel?

— Senhorita, por favor! Já sei de tudo. Lionel tem um caso com... Edwin. É por isso que está triste, não é?

Ela hesitou. Será que ele conhecia toda a verdade? Era bem provável que não. Se pensava que Edwin era um efeminado, deveria estar horrorizado com sua conduta e a de Lionel. Bem-feito. Talvez fosse até melhor deixar que pensasse assim. Ela podia até espalhar esse boato. Que Lionel a deixara por amor de outro homem. Seria um escândalo ainda maior, e Vivian acabaria vendo-se obrigada a contar toda a verdade.

— Acha que eles são... — Betsy não conseguiu completar a frase.

— Pederastas? Não sei. Diga-me a senhorita.

— Há pouco me disse que já sabia de tudo. Afirmou que eles tinham um caso.

— É verdade. No entanto, se me permite dizer, estou a par da real situação de Edwin.

— Como assim?

— A senhorita é irmã de Francis Lester, não é mesmo? — ela balançou a cabeça. — Então, duvido que não saiba que Edwin é a sua cunhada.

Betsy levou a mão à boca, horrorizada. Como é que ele descobrira?

— Não se preocupe — tornou ele em tom tranqüilizador. — Não pretendo dizer nada. No entanto, me pareceu que essa não era a sua intenção.

— Como assim?

— Bem, senhorita Lester, quando apareceu no café Paris, pareceu-me que tinha algo a dizer. E algo bem importante.

Betsy estava confusa. Aquele homem a estava deixando atordoada. Simon, com certeza, mais experiente e ladino, tentava envolver Betsy para conquistar-lhe a confiança.

Sem que soubessem, havia mais alguém entre eles. Dois dos soldados de Decius, atraídos pelas vibrações de inveja e despeito que emanavam de ambos, aproximaram-se e puseram-se a incutir-lhes pensamentos de ódio e vingança, que muito bem se casavam com seus sentimentos naquele instante.

— Bem, senhor...

— Watt. Mas pode me chamar de Simon.

— Muito bem senhor Watt... Simon. Tinha mesmo algo a dizer. Mas mudei de idéia.

— É? Por quê?

— Isso não importa agora.

Simon segurou-lhe as mãozinhas entre as suas e disse com emoção:

— Betsy, posso chamá-la assim, não posso? — ela assentiu. — Entendo como se sente. Ser traída pela cunhada, abandonada pelo noivo. Deve estar doendo muito, não é mesmo?

Ela titubeou, mas acabou concordando.

— É. É sim.

— E por isso, pensou em desmascarar sua cunhada, não foi?

Ela hesitou novamente. Aquele homem parecia ler-lhe os pensamentos. Pensou se não seria melhor despedi-lo. Mas simpatizara com ele e, além do mais, já não podia mais voltar atrás em sua atitude impensada.

— Senhor Watt...

— Simon.

— Simon, não estou entendendo. Aonde quer chegar?

— Vou ser muito franco com você, Betsy. Quando soube o que aqueles dois fizeram, fiquei indignado.

— Foi mesmo?

— Sim. Afinal, estão enganando todo mundo. Isso não é direito. E depois, tem o seu irmão. Eu o conheci e sei o quanto deve estar sofrendo com tudo isso — vendo a sua hesitação, Simon açucarou ainda mais a voz e prosseguiu: — Não precisa ter medo, Betsy. Não vou contar nada a ninguém.

Não suportando mais a angústia há tanto represada, Betsy desatou a chorar convulsivamente. O interesse de Simon a comovera. Era a primeira pessoa que a entendia. Francis não lhe dava ouvidos, e ela não podia compartilhar com os pais o seu sofrimento.

— Ah! Simon, não sabe o que tenho sofrido. Vivian trai meu irmão descaradamente, e ele finge que não vê. Francis se faz de desentendido. E quando vou falar com ele, me recrimina e fica zangado comigo.

— Sei como é. Seu irmão é apaixonado pela esposa.

— Mas isso não pode continuar assim. Ela é malvada, cruel. Sabia que eu estava apaixonada por Lionel, e ele por mim. Mas ofereceu-se para ele e o tomou de mim. Como pôde? Minha cunhada, a quem considerava como irmã!

— A vida é assim, Betsy...

— Não, não. Vivian foi muito cruel. Aposto como ficou com inveja porque Lionel me amava. Mas eu sou uma moça direita e já ouvi falar que os homens gostam de mulheres despojadas. Por isso se sentiu atraído por Vivian. Ela não presta, não tem vergonha! Por isso quis desmascará-la. Isso não pode continuar assim. Todos pensam que Edwin Ferguson é um escritor respeitável, mas não é. Seus livros nem são tão bons assim. Já ouvi muitos dizerem que são exagerados. E os de Lionel, então? Pornografia pura. É o que dizem.

Simon mordeu os lábios. Ao menos alguém comentava os livros

de Edwin e Lionel. Quanto aos dele, só o que conseguira fora publicá-los por uma editora pequena e sem muitos recursos, que fazia brochuras com papel de quinta categoria, sem qualquer trabalho artístico. Tinha dificuldade até de colocá-los à venda.

— Gostaria de acabar com isso, não é verdade? — tornou Simon, roendo-se de inveja.

— Sim. Daria tudo para colocar Vivian em seu devido lugar. Ela é mulher, e o lugar da mulher é ao lado do marido. Não entre livros e homens, fumando e bebendo como se fosse um deles!

— Também penso assim, Betsy. Por isso, quero ajudá-la.

— Fala sério?

— Falo. Vamos acabar de uma vez por todas com essa farsa.

— Mas como? Vai contar a todos?

— Não. Faremos melhor. Quinta-feira próxima, na costumeira reunião mensal de lorde Herbert. Toda a sociedade literária estará presente, inclusive Vivian. No entanto, há um problema.

— Que problema?

— Lionel. Ele irá tentar impedir, com certeza.

— Ele não precisa saber.

— Não, não precisa. E é por isso que você vai me ajudar.

— Ajudá-lo? Como?

— Detenha-o. Impeça-o de chegar.

— Como farei isso, Simon?

— Peça para falar com ele. Lionel é um sentimental e vai atendê-la.

— Mas, e se Vivian não deixar?

— Ela não ficará sabendo. Eles costumam chegar separados. Normalmente, Vivian chega primeiro, e Lionel chega bem depois. Coisas da universidade onde leciona.

— Se é assim, por que precisa de mim?

— Não podemos nos arriscar, não é mesmo? Não queremos que Lionel chegue e estrague tudo.

Betsy pensou durante alguns minutos. Aquilo iria matar o irmão, mas ela precisava pensar em si. Francis que a desculpasse, mas precisava trazer Lionel de volta. A qualquer custo. E depois, não seria ela a contar tudo, mas Simon. Francis não poderia acusá-la de nada.

capítulo 33

Quando a quinta-feira chegou, Betsy acordou ansiosa. Mal conseguira comer durante o dia todo, só pensando no momento em que Vivian seria desmascarada na frente de todo mundo.

A seu lado, o espírito obsessor ria sozinho. Decius ficara muito satisfeito com a notícia e pretendia estar presente quando tudo acontecesse. Não perderia aquilo por nada.

Na hora de sempre, Vivian vestiu-se para sair. Francis, já acostumado às reuniões em casa de lorde Herbert, até que as apreciava. Ao menos sabia que Vivian não estaria nos braços de Lionel.

Às oito horas em ponto, dirigiu-se para lá. Sabia que Lionel só chegaria por volta das dez, quando encerrado o trabalho na faculdade, e ela o esperaria como sempre. Conversaria com os amigos, com o sogro, até que Lionel chegasse. Então, ficariam um pouco mais e depois sairiam. Primeiro ela, depois ele, e iriam para a casa de Lionel. Vivian mal podia esperar para estar sozinha com ele.

Na reunião, nada de anormal. As pessoas de sempre, a mesma conversa, tudo igual. Vivian chegou e foi juntar-se aos amigos, servindo-se de uma taça de vinho e acendendo um charuto. Habituara-se a fumar e gostava do cheiro e do sabor da fumaça queimando em sua garganta.

Enquanto isso, Betsy se dirigia para a porta da universidade, a fim de esperar que Lionel saísse. O pai não estava e a mãe se recolhera cedo. Assim, não tivera problemas para sair. Chegou por volta das nove horas e pôs-se a esperar. Não tardou muito, e Lionel apareceu.

Ao vê-lo, todo encolhido embaixo do sobretudo, seu coração se enterneceu. Será que o que estava fazendo era o certo?

Ele se aproximou da carruagem, e Betsy desceu, parando bem à sua frente e afastando o capuz do rosto.

— Betsy! — exclamou ele, confuso. — O que está fazendo aqui?

Seguindo a orientação de Simon, ela começou a chorar. Precisava fazer tudo direitinho. Se o ameaçasse ou insultasse, ele lhe viraria as costas e não lhe daria ouvidos. Era preciso fazer com que ele se comovesse e se apiedasse dela. Só assim conseguiria prendê-lo.

— Lionel — tornou ela com voz chorosa —, perdoe-me. Sei que não devia vir, mas não pude mais agüentar. Precisava falar com você.

Vendo a sua dor e a sua fragilidade, Lionel, na mesma hora, se condoeu. Betsy era ainda uma menina e não tinha culpa se ele não a amava. Mas não podia destratá-la. Ela não merecia. Estava sofrendo, e ele precisava ajudá-la. Ouviria o que tinha a dizer e tentaria fazer com que ela entendesse que não a amava. Nem precisava tocar no nome de Vivian. Apenas lhe diria de seus próprios sentimentos com relação a ela. Iria doer, mas seria melhor do que enganá-la. Aos poucos, a dor se acalmaria e ela esqueceria. Era jovem, inteligente, linda. Não tardaria a conhecer outro rapaz.

Ele a apanhou pelo braço e entrou com ela na carruagem. Estava começando a nevar novamente. Acomodados nas poltronas macias, Lionel cerrou as janelas e olhou para ela, que continuava com os olhos úmidos, acusando o enorme sofrimento que a acometia.

— Muito bem — falou ele. — Cá estamos. Do que se trata?

— Será que não podemos conversar em um lugar mais calmo?

Lionel ergueu as sobrancelhas, confuso.

— Que lugar mais calmo? Já é tarde.

— Podemos ir à sua casa.

— Ficou louca, Betsy? O que as pessoas iriam dizer?

— Por favor, Lionel, é importante.

Ele consultou o relógio de bolso. Faltavam quinze minutos para as dez. Tinha pouco tempo.

— Betsy — ponderou —, você é uma moça solteira, e eu, um

homem que vive sozinho. Não acha que está pondo em risco a sua reputação, indo à minha casa desacompanhada?

— Não me importo, Lionel. Confio em sua discrição. Ninguém precisa saber.

Ele deu de ombros e concordou, dando a direção ao cocheiro. No caminho, iam em silêncio. Betsy não dizia nada, e ele também não sabia o que dizer. Quando chegaram, ele abriu a porta e a convidou a entrar.

— Não repare — desculpou-se ele. — A casa está meio bagunçada. Coisas de homem solteiro, sabe como é.

Ela deu um sorriso sem graça e entrou. Realmente, a casa estava uma bagunça, mas ela preferiu não dizer nada. Lionel indicou-lhe uma poltrona e ela se sentou, e ele puxou uma cadeira, sentando-se defronte a ela.

Ela olhou em seus olhos para, em seguida, desviar o olhar. Estava prestes a destruir a sua felicidade e não podia encará-lo.

— Bem, Lionel, o motivo que me trouxe aqui é que não posso mais suportar...

Calou-se, a voz embargada, e Lionel retrucou com ternura:

— O quê, Betsy? O que não pode mais suportar?

Ela inspirou fundo, tentando ganhar confiança, e continuou:

— Sabe que o amo...

— Betsy...

— Por favor, Lionel, deixe-me terminar. Só então diga o que pensa.

— Está bem...

— Você sabe o quanto o amo, não é mesmo? E sabe o quanto venho sofrendo com essa nossa separação. Mas isso não pode continuar assim, Lionel. Vivian é uma ilusão... — ele deu um salto da cadeira, mas ela prosseguiu, sem lhe dar chance de revidar: — Pensou que não sabia? Ora, Lionel, todos sabem. Até Francis. Mas não se importe, não estou zangada com isso e não foi para falar de Vivian que vim até aqui.

— Betsy, por favor, pare com essa conversa. Isso não vai levar a nada.

Ela se levantou da cadeira e, acercando-se dele, pegou-lhe a mão e levou-a aos lábios. Imediatamente, ele a puxou e virou-lhe as costas, enquanto ela continuava seu desabafo:

— Não sabe o quanto tenho sofrido, Lionel. Se antes não disse nada, foi porque me faltou coragem. Mas agora, creio que as coisas já estão no limite do insustentável. Não posso mais, Lionel, não posso! Eu o amo! Por favor, volte para mim!

— O que me pede é impossível.

— Por quê? Por causa de Vivian?

— Não, Betsy, porque não a amo. Mesmo que não amasse Vivian, não ficaria com você.

— Como não? Então já se esqueceu de nossos beijos? Esqueceu-se dos versos de amor que me escreveu?

— Betsy, isso foi passado.

— Mas eu não esqueci. Será que estava mentindo, Lionel? Será que não foi sincero em suas palavras?

— Não é isso, Betsy. Fui sincero, mas isso foi em outro tempo. Aquele sentimento acabou.

— Se acabou, é porque nunca existiu.

— Se quer pensar assim, pense. De nada adiantará tentar convencê-la do contrário. Foi você quem me procurou, dizendo que tinha algo importante a me dizer. No entanto, só o que fez até agora foi me acusar.

— Eu o amo, Lionel! Será que não entende?

— Entendo. Assim como você deveria entender que eu não a amo.

— Tudo por causa de Vivian...

— Vivian não tem nada a ver com isso, já disse.

Ela começou a chorar descontrolada e atirou-se a seus pés, implorando:

— Não me deixe, Lionel, por favor! Faço o que você quiser. Quer que seja sua mulher? Pois bem. Serei sua.

Começou a desabotoar a blusa, enquanto as lágrimas deslizavam pelo seu rosto. Estava mesmo disposta a entregar-se a ele. Seria até melhor. Assim, ver-se-ia obrigado a casar-se com ela.

Lionel, porém, coberto de horror, segurou-a pelos pulsos e, sacudindo-a, começou a esbravejar:

— O que está fazendo, Betsy? Ficou louca? O que quer fazer? Destruir-se?

— Por favor, Lionel, eu lhe imploro! Fique comigo. Serei sua mulher, sua amante. Farei o que você quiser. Diga-me o que Vivian faz que o agrada, e eu farei melhor.

Encarando-a cheio de indignação, Lionel retrucou com profundo desprezo:

— Você nunca será igual a ela.

Betsy, transfigurada pelo ódio, ainda presa pelas mãos vigorosas de Lionel, pôs-se a vociferar:

— Ah! é? Pois não vai tê-la, Lionel, jamais! Hoje mesmo terminam seus dias de descaramento!

— O que quer dizer? — tornou ele atônito.

— Vivian não vai mais ser sua, Lionel. Não depois do que vai acontecer hoje!

— O que vai acontecer hoje? Vamos, Betsy, responda!

Fuzilando de ódio, ela disparou:

— Edwin Ferguson morre esta noite, Lionel. Com ele, toda a reputação de Vivian Lester. Chegou a hora do mundo conhecer quem é Edwin e o que é Vivian!

De repente, Lionel compreendeu tudo. Fora por isso que ela o levara ali. Para atrasá-lo. Alguém, na certa, iria desmascarar Vivian na reunião de lorde Herbert. Coberto de horror, Lionel empurrou Betsy sobre o sofá e saiu correndo. Precisava evitar aquela desgraça. Precisava tirar Vivian de lá!

Consultou o relógio. Passava das onze horas. Será que chegaria a tempo? Se alguma coisa acontecesse a Vivian, jamais poderia se perdoar.

Enquanto esperava por Lionel, Vivian distraía-se com a conversa dos rapazes. Mas já estava ficando cansada e não via a hora de poder encontrar-se com ele.

Parada junto à lareira, rodeada de escritores, Vivian, ou melhor, Edwin, ouvia os comentários sobre o seu novo livro:

— Dizem que é amoral — falou lorde Herbert num gracejo.

— Ora, lorde Herbert — protestou Vivian —, o povo é que

ainda não está pronto para o realismo. Não há nada de amoral no livro.

— É verdade — concordou lorde Charles. — As pessoas é que são muito preconceituosas. Não aceitam aquilo que elas mesmas fazem.

— Sim — aquiesceu William. — Só que procuram esconder.

— O fato de esconderem não as isenta do ato — prosseguiu Vivian. — Ou do pensamento. Muitos pensam, têm vontade de fazer, mas lhes falta coragem.

— Vejo que Edwin é bastante liberal — observou Simon.

— De fato. Acho que as pessoas deveriam ser livres para fazer aquilo de que gostam.

— Ser pederastas, por exemplo.

Todos o encararam surpresos, e Vivian, percebendo algo estranho em suas palavras, acabou por responder:

— Até isso, Simon. Penso que as pessoas deveriam ter o direito de fazer suas próprias escolhas sexuais também.

— Meu caro Edwin! — rebateu lorde Herbert horrorizado. — Creio que já está indo longe demais. Pederastia é antinatural e imoral.

— Isso é uma questão de ponto de vista. O que é natural para o senhor?

— Natural é um homem unir-se a uma mulher, não a outro homem.

— Pois eu acho que natural são duas pessoas se amarem sem barreiras ou preconceitos, seja de raça, de cor ou de sexo.

Todos estavam escandalizados. Edwin estava indo longe demais. Impaciente, Vivian olhou o relógio na parede. Onze horas. Era tarde. Não tardaria, e Lionel chegaria para salvá-la daquela situação constrangedora.

— Talvez Edwin diga isso para justificar, digamos, o seu comportamento — declarou Simon com sarcasmo.

— O que quer dizer? — revidou ela, fulminando-o com o olhar.

— Quero dizer, meu caro Edwin, que já não pode mais esconder o que é, ou melhor, o que não é.

— O que está tentando nos dizer, Simon? — indagou lorde Herbert.

— Estou tentando dizer que Edwin não é, verdadeiramente, homem.

— Isso é um insulto! — berrou Vivian. — Não admito que me afronte assim dessa maneira!

— Ora, Edwin, por que não conta a todos? Por que não revela seu envolvimento com Lionel?

— Cale-se, Simon, eu o proíbo de falar desse jeito!

— Simon — censurou William —, está indo longe demais.

— Será? Penso que Edwin é que foi longe demais. Ou será que deveria dizer Vivian?

Vivian cobriu a boca com as mãos, aturdida com o que acabara de ouvir. Simon já conhecia a verdade. Apavorada, ainda tentou disfarçar:

— Ficou louco, Simon? De onde tirou essa idéia? Meu nome é Edwin...

— Pare de fingir, Vivian! Você é uma farsa! Não existe nenhum Edwin. Quem existe é Vivian! Vivian Lester, mulher de Francis Lester, nora de lorde Charles Lester, nosso mecenas, duque de Phineas!

— Simon — tornou Vivian com voz súplice. — Por favor, contenha-se.

Ao lado de Simon, Decius não dava trégua. Ele mesmo se encarregara da execução daquele plano. Essa era a hora de acabar com Vivian, e ele seria o único a investir contra ela, instigando o ódio de seus inimigos. Inspirado por Decius, Simon continuava a gritar:

— É verdade! Foi tudo uma farsa. Edwin Ferguson foi criação de lorde Charles, para que pudesse lançar mais uma de suas protegidas. Só que foi longe demais e vestiu a própria nora de homem para nos enganar!

Descontrolado, partiu para cima de Vivian e rasgou-lhe o colete e a camisa, expondo-lhe os seios e gritando:

— Vejam! Ainda não acreditam em mim?

Foi um alvoroço geral. Todo mundo falava e gritava ao mesmo tempo, e Vivian tentou fugir. Mas ninguém lhe dava chance. Estavam acusando-a e apontando o dedo para ela, rindo dela, debochando. Aquela revelação despertou nas pessoas os mais variados sentimentos. Alguns, penalizados, balançavam a cabeça e a olhavam como se ela fosse uma aberração. Outros, com raiva, acusavam-na de descarada e sem-vergonha, enquanto a maioria escarnecia dela, chamando-a de mulherzinha ridícula e atrevida.

Aquilo era uma ousadia, um absurdo! Onde já se viu tamanha afronta? Fazer-se passar por homem só para enganá-los! Utilizar-se de suas reuniões para conseguir seus objetivos indignos. Aproveitar-se de sua boa-fé só para poder livremente entregar-se a outro homem, ocultando sua condição de mulher casada.

Vivian queria dizer que não era nada daquilo. Que só se vestira de homem porque queria ser escritora. Não queria enganar ninguém. Queria ser como eles. Apaixonara-se por Lionel por acaso. Não planejara nada. Não se utilizara de nenhum subterfúgio para enganar o marido sem levantar suspeitas. Mas não conseguia. Ninguém lhe dava chance de falar nem de fugir.

No meio da multidão, percebeu o olhar úmido de lorde Charles, que a olhava penalizado, sem dizer nada. Queria acabar com aquilo, mas não se atrevia. Tinha medo da reação dos outros. Além disso, havia ainda o filho. Por mais que gostasse de Vivian, não podia compactuar com sua traição. Ajudara-a a se vestir de homem para se tornar escritora, não adúltera. Ela estava traindo Francis, e ele não ficaria contra o filho para dar-lhe apoio.

Tampouco os amigos se atreviam a intervir em seu favor. Lucan, acovardado, encolheu-se a um canto e não disse nada, e Aaron chegou a incentivar a atitude de Simon. William até que tentou interferir, mas a pressão dos outros acabou por paralisá-lo, e ele retrocedeu, assistindo a tudo como um aterrado espectador.

— Sua cadela! — berrava um.

— Criaturinha desprezível e ridícula! — vociferava outro.

— Não se enxerga? — dizia um terceiro.

— Coloque-se no seu lugar! — acrescentava ainda um outro.

Do outro lado, Decius exultava. Em alguns momentos, chegou a sentir pena dela. Mas conseguira o que queria, e isso era tudo o que importava. Ver o sofrimento e a humilhação de Vivian significava o começo de sua vitória, o resultado de anos e anos de trabalho duro a seu lado. Mais um pouco e ela não resistiria. Tiraria a própria vida e voltaria a ser sua.

Vivian, tentando ocultar os seios sob a camisa rasgada, buscou a porta da rua para fugir. Estava arrasada, chorando convulsivamente e só pensava em sair correndo dali. Mas as pessoas não lhe davam oportunidade. Desesperada, pensou em Lionel. Onde é que estaria? Por que se demorava tanto? Já passava das onze! Será que não aparecera porque estava de acordo com tudo aquilo?

Sem ter para onde fugir, Vivian arriou no chão e tapou os ouvidos com as mãos, deixando novamente os seios à mostra, o que provocou risadas e apupos dos presentes, que riam e apontavam para ela. Nesse momento, Lionel entrou. Vendo-a caída no chão, humilhada, ferida, sentiu imensa raiva crescer dentro dele. Imediatamente, correu para ela, afastando os homens de seu caminho. Simon tentou impedi-lo, mas ele desferiu-lhe violento soco no queixo, e ele cambaleou e caiu.

Os demais, assustados com a reação de Lionel, se calaram, enquanto Simon apertava o queixo, sentindo na boca o gosto do sangue que começava a escorrer. Lionel tirou o casaco e envolveu Vivian, erguendo-a e abraçando-a com ternura. Ela, arrasada, deixou-se conduzir por ele, sem coragem de encarar ninguém.

Lionel, rosto erguido e confiante, amparou Vivian e levou-a para a saída, deixando que ela ocultasse as faces em seu peito e chorasse. Chegando à porta, virou-se para os demais e, olhos fuzilando de ódio, rugiu:

— Vocês são todos uns hipócritas, cruéis e mesquinhos, e se há alguém aqui que deveria se envergonhar de alguma coisa são vocês, que se aproveitam da fraqueza alheia para ocultar e se redimir de suas própria torpezas.

Virou as costas e saiu, com Vivian agarrada ao seu peito, chorando em desespero. Estava humilhada, triste, arrasada. Calmamente, ele a conduziu até a carruagem e fez com que entrasse, entrando atrás dela. Acomodou-a no banco e recostou sua cabeça em seu ombro, beijando-lhe os cabelos com doçura. Ela, completamente aturdida, ainda balbuciou:

— Oh! Lionel, foi horrível! Eles foram cruéis, me humilharam, riram de mim! Fizeram de mim motivo de escárnio.

— Psiu! Minha querida, está tudo bem. Eu estou aqui. Está tudo bem agora. Eles não podem mais feri-la.

Agarrada a ele, Vivian chorou como nunca antes havia chorado. No entanto, sentia-se segura. Sentia que Lionel a amava e, fosse qual fosse o motivo por que se atrasara, não estava compactuando com aquela barbaridade. Ele a amava, e isso era tudo o que importava.

capítulo 34

Em casa de Lionel, Vivian desabou na cama, muda e apática. Estava tão transtornada que sequer encontrou forças para se despir. Pacientemente, Lionel tirou-lhe os sapatos, as calças, a camisa e ajeitou-a entre os travesseiros, cobrindo-a com uma grossa manta de lã. Em seguida, foi até a lareira e a acendeu. O frio aumentava cada vez mais, e ele não queria que ela adoecesse.

Naquele momento, Vivian sentiu o quanto amava Lionel. Ele era mais do que um amante. Era seu amigo, seu companheiro, seu cúmplice. Olhando para ele, voltou a chorar, e ele sentou-se na cama, pousando-lhe a cabeça sobre seu colo. Sem dizer nada, ficou ali, alisando seus cabelos até que ela adormecesse.

No dia seguinte, quando Vivian despertou, foi como se sua cabeça houvesse sido atingida por uma bala de canhão. Depois de concatenar as idéias, recordando os últimos episódios da noite passada, sentiu-se mais forte e segura para tocar no assunto. Lionel havia lhe preparado uma xícara de café forte e fumegante, e ela tomou com gosto. Sentado na cama ao lado dela, ele segurou a sua mão, endereçou-lhe um sorriso de encorajamento e perguntou:

— Sente-se melhor?

Ela sorriu agradecida e abraçou-o emocionada, perguntando com voz rouca e trêmula:

— Lionel, o que foi que aconteceu? Como foi que isso pôde acontecer?

— Não sei, Vivian. Talvez tenha sido o destino.

— Conversa! Não acredito nisso. Simon sabia de tudo a meu respeito. Lucan deve ter-lhe contado tudo. Aquele invejoso...

— Simon? Foi ele quem a desmascarou?

— Sim. Oh! Lionel, nunca me senti tão humilhada em toda a minha vida. Sozinha ali, no meio daqueles homens que se diziam meus amigos.

— São todos uns hipócritas, Vivian. No fundo, sentem inveja de você, do seu sucesso. Acho que não puderam suportar o fato de que uma mulher é melhor do que todos eles juntos.

— Onde é que você estava, Lionel? Por que não estava lá para impedir que isso acontecesse?

— Vivian... — suspirou ele, beijando-a sofregamente — perdoe-me. Jamais poderia imaginar que uma coisa dessas fosse acontecer. Se soubesse, jamais teria permitido que você fosse àquela casa.

— Mas por que demorou tanto? Eu o esperei, mas você não veio...

Lionel respirou fundo e olhou para ela. Não sabia se devia contar sobre Betsy, mas não podia deixar que ela pensasse que ele a havia abandonado.

— Fui procurado por Betsy.

— O quê? Por Betsy? Para quê? O que ela queria?

— Creio que só queria me reter, para que eu não pudesse impedir aquela barbaridade.

— Mas como, Lionel? Como Betsy conseguiu retardá-lo?

Embora a contragosto, Lionel contou-lhe tudo o que havia se passado. Que Betsy fora procurá-lo na universidade, dizendo ter algo urgente para lhe falar. E depois, pedira que ele a levasse à sua casa, tentando seduzi-lo. Como ele recusasse, acabou por deixar escapar a cilada que haviam armado para Vivian. Ele a largou e correu para a casa de lorde Herbert. Só que chegou tarde demais.

Vivian sentiu toda a força do ódio explodir dentro dela.

— Aquela ordinária, falsa, cretina! Como se atreveu? E você, Lionel, por que se deixou levar pelas suas mentiras? Será que não estava gostando?

Apesar de levemente desconfiada, Lionel beijou-a com tanto carinho, acariciou-a com tanta ternura, estreitou-a com tanto amor, que ela não teve dúvidas sobre seus sentimentos. Isso só fez com que a raiva de Betsy aumentasse ainda mais.

— Deixe Betsy para lá — objetou Lionel. — Ela é uma pobre coitada que não merece nossa atenção.

— Mas Lionel, ela me traiu! Estragou a minha vida, a nossa vida!

— Não, Vivian. Podemos recomeçar sozinhos. Apenas nós dois. Tenho meu emprego na universidade e até que não estou ganhando mal. Tenho também a renda dos meus livros, e você tem a dos seus. Pode não ser muito, mas será o suficiente para nos mantermos. Não posso lhe prometer uma vida de luxos, mas ao menos não morreremos de fome nem de frio.

Vivian encarou-o com desgosto. Aquilo não fazia parte de seus planos. Não gostava da pobreza e não estava acostumada com ela. Mas amava Lionel e não se separaria mais dele por nada. Uma vida de privações a seu lado era melhor do que uma vida de abastança sem o seu amor.

— Será que a notícia já se espalhou? — tornou ela com as feições sérias.

— Talvez, Vivian, não sei. Mas sabe como o povo adora mexericos. Ainda mais desse gênero. Seu sogro é uma pessoa importante, Vivian, assim como Francis. Nos últimos anos, tornou-se um pianista conceituado.

— Francis... o que estará pensando disso tudo?

— Não deve estar nada satisfeito. Afinal, ele ainda a ama...

Na verdade, Francis estava arrasado. Ele acordou cedo e estranhou a ausência de Vivian a seu lado. Será que não voltara para casa naquela noite? O que teria acontecido? Achou melhor não se preocupar. Vivian era uma mulher imprevisível e podia ter adormecido na casa de Lionel. Aquele pensamento encheu-o de ciúmes. Não estava direito. Já suportava suas saídas. Será que agora também tinha que tolerar que dormisse fora?

Em silêncio, Francis desceu para tomar café. Assim que se sentou à mesa, a porta da sala se abriu e o pai entrou furioso, colocando um jornal bem à sua frente.

— Papai! — exclamou Francis assustado. — O que significa isso?

— Leia, Francis!

Aturdido, Francis apanhou o jornal e começou a ler. Tratava-se de uma nota no final da primeira página, dando notícias de um escândalo envolvendo o nome do famoso duque de Phineas, conhecido mecenas londrino. A nota falava sobre sua nora, que há anos se travestia de homem para se fazer passar pelo escritor Edwin Ferguson. Na verdade, Edwin Ferguson não existia, mas sim Vivian Lester, mulher do não menos conhecido Francis Lester, conceituado músico inglês. Dizia-se ainda que a senhora Lester aproveitara-se daquele recurso sórdido para enganar o marido e o sogro, valendo-se de sua aparência de *homem* para ficar perto de seus amantes sem levantar suspeitas. A senhora Lester mantinha sigiloso romance com um poeta de pouca expressão, Lionel Campbell, o que, inclusive, chamara a atenção dos amigos, que chegaram a pensar tratar-se de um caso de pederastia...

Francis nem conseguiu terminar de ler. Levantou-se da cadeira abismado e encarou o pai em lágrimas, balbuciando com raiva:

— Mas o que... do que se trata...

— Trata-se de sua mulher, Francis! — explodiu lorde Charles. — É de Vivian que estão falando. E de você. Não percebe? Seu nome está nos jornais, Francis. Seu nome e o meu, enxovalhados pelas loucuras de sua mulher. Nunca pensei! Gostava de Vivian como se fosse minha filha. Jamais poderia imaginar que ela nos estivesse traindo.

— Aquela ordinária! — retrucou com fingido ódio. — Eu devia imaginar que isso ia acabar acontecendo.

— Você sabia, Francis.

Vendo-se apanhado em sua conivência e com medo do que o pai poderia pensar, Francis ainda tentou mentir.

— Não, eu...

— Sabia sim. Sua irmã me contou. Como pôde, meu filho?

Francis estava envergonhado, sem saber que desculpa dar, até que acabou por desabafar:

— Eu a amo, papai. Fiz de tudo para afastá-la de Lionel, mas não consegui.

— Mas isso não está direito. E agora? O que será de nossa família?

— Está preocupado com a repercussão social?

— Por certo. Mas não é só isso. Preocupo-me mais com você.

Sentindo-se derrotado, Francis deixou cair os braços ao longo do corpo e sussurrou:

— Eu a amo...

Penalizado, lorde Charles abraçou o filho e considerou:

— Por que não me procurou, meu filho? Eu teria dado um jeito.

— Não pude, papai. Estava envergonhado...

— E agora, Francis, o que será de você?

Sentindo a raiva crescer dentro dele, cansado de tantas humilhações, Francis achou que já era hora de dar um basta em tudo aquilo. Iria abandoná-la, mas daria um jeito para que sua vida com Lionel fosse um inferno. Depois que ela estivesse bem humilhada, e ele a abandonasse também, pensaria em trazê-la de volta. Antes não. Antes, precisava dar um jeito para que Lionel sumisse de vez de seu caminho.

Primeiro tentara dar-lhe boas oportunidades na vida, para ver se perdia o interesse por sua Vivian. Agora trataria de tirá-las, para ver se Vivian é quem se desinteressaria dele. Tinha esperanças de que, vendo-se na pobreza e na solidão, ela lhe pedisse para voltar. Ele faria uma cena, passar-lhe-ia um sermão, humilhá-la-ia um pouco mais e, por fim, a aceitaria de volta. Depois, se mudariam para Plymouth, onde terminariam seus dias em paz e longe dos mexericos de Londres.

— Não se preocupe, papai — acrescentou ele, com um estranho brilho no olhar —, Vivian terá o que merece.

Percebendo um certo tom mordaz em sua voz, lorde Charles tornou preocupado:

— Olhe lá o que vai fazer, hein, meu filho? Não vá cometer nenhuma loucura.

— Loucura? Não, papai, não pretendo cometer nenhuma loucura.

— E o que vai fazer?

— Vou destruí-la e trazê-la de volta. Com a sua ajuda...

Lorde Charles não respondeu, mas sentiu que o filho estava tramando alguma coisa. Em seu íntimo, pensava que não valeria a pena trazê-la de volta. O melhor que Francis tinha a fazer era abandoná-la e cuidar da vida. Com o tempo o escândalo cairia no esquecimento e as pessoas acabariam se envolvendo com outros assuntos. Mas Francis não conseguia esquecer e contava com a ajuda do pai para trazer Vivian de volta aos seus braços.

capítulo 35

Lionel só foi trabalhar na segunda-feira. Mandou um mensageiro com o recado de que estava doente e não poderia ir. Como nunca antes havia faltado, pensou que não haveria problema. Naquele momento, Vivian precisava mais dele.

Vivian, por sua vez, não aparecera em casa desde então. Sabia que Francis já deveria estar a par de tudo, mas não tinha coragem de encará-lo. Ele deveria estar sofrendo muito, e isso a incomodava. Apesar de tudo, ele sempre fora um bom marido e a tratara muito bem. Como agora assumir que o envergonhara?

Ela jamais pensaria em voltar a viver com ele. Não depois do que acontecera. No entanto, precisava ir à sua casa, ao menos para apanhar suas coisas. Lionel lhe comprara um vestido barato, mas não seria suficiente. Tinha roupas, jóias, sapatos, coisas das quais não podia prescindir.

Quando bateu à porta de sua residência, um criado veio atender. Ao vê-la, já instruído por Francis, mandou que aguardasse e correu a chamar o patrão. Ela estranhou o fato de não poder entrar, mas não disse nada. Francis deveria estar com raiva e, na certa, queria evitar encontrá-la.

Pouco depois, ele mesmo apareceu, e ela se sentiu imensamente constrangida, sem saber o que dizer. Ele ficou a encará-la por alguns minutos, sentindo um turbilhão de emoções dentro do peito. No fundo, queria correr para ela e abraçá-la, dizer-lhe que a perdoava e que tudo faria para que ela esquecesse aquele episódio nefasto. Mas não podia passar por cima de seu orgulho ferido. Não poderia aceitá-la de volta sem que ela implorasse por isso.

— O que quer, Vivian? — perguntou ele com uma voz que denotava raiva e tristeza.

— Francis, por favor, não fique bravo comigo.

— Não estou bravo com você, Vivian. Eu a desprezo. Você é vil, repulsiva...

— Francis, não vim aqui para ser insultada. Eu errei, peço desculpas, mas não vou permitir que você me ofenda.

— Errou? Chama de erro a sua vergonha? — ele começou a esbravejar, chamando a atenção de alguns transeuntes, que passavam naquele momento. — O que me fez foi nojento, Vivian! Como pôde?

— Francis, por favor, está todo mundo olhando.

— E daí? Que olhem! Não lhes devo nada. Você é quem deve muito à sociedade!

Ela olhou para a calçada, onde havia duas senhoras paradas, olhando para ela com ar de recriminação. Na certa, já sabiam o que havia acontecido. A notícia saíra nos jornais, e todos por ali conheciam Francis. Vivian sentiu vontade de sair correndo, de fugir, de se ocultar para sempre do mundo, mas precisava reagir.

— Francis, não quero discutir com você. Vim aqui para pegar minhas coisas. Você não tem o direito de me negá-las. São meus pertences, coisas que trouxe comigo de Plymouth.

Francis deu uma olhada para dentro de casa e estalou os dedos, e logo os criados apareceram, trazendo diversas malas e baús. Um a um, foram passando por Vivian e colocaram a bagagem na calçada.

— Leve o que é seu, Vivian. Não quero mais nada que me lembre de você nesta casa.

Francis virou-lhe as costas e bateu a porta. Quando entrou, encostou-se na porta e começou a chorar. Sentia raiva de Vivian, raiva de si mesmo. Queria perdoá-la, mas não podia.

Aturdida, Vivian foi para junto de suas coisas e sentou-se sobre uma das malas, pensando no que fazer. Precisava chamar uma carruagem de aluguel, mas tinha medo de sair dali e alguém roubar sua bagagem. Pelo número de volumes ali espalhados, Francis deveria ter mandado reunir tudo o que era seu. Melhor assim. Poupar-lhe-ia o trabalho de ter que voltar.

Precisava sair dali o quanto antes. As pessoas que passavam já a estavam olhando. Podia mandar chamar Lucy. Ela morava perto e não se recusaria a ajudar. Mas Hamilton, com certeza, não gostaria. Como membro do parlamento, ele era muito austero e conservador. Não permitiria que Lucy a ajudasse e, se ela insistisse, poderiam até acabar brigando. E ela não queria levar transtornos para a irmã. E depois, quem estaria disposto a atendê-la? Provavelmente ninguém. Nem Ivy, sua camareira, aparecera. Na certa, estava com medo de perder o emprego.

Vivian ficou durante meia hora sentada sobre a mala, sem saber o que fazer, até que uma carruagem parou defronte a uma casa um pouco mais abaixo, do outro lado da rua. Era a sua salvação. Ela esperou até que os passageiros descessem e fez sinal para o cocheiro. O homem parou a carruagem a seu lado e desceu para ajudá-la com a bagagem. Havia muita coisa, e algumas malas tiveram que ser colocadas no banco, junto de Vivian. Depois que ela se acomodou, o cocheiro indagou:

— Para onde, madame? A estação de trem?

Vivian deu-lhe o endereço, e ele não disse nada. Pensou que ela estaria indo viajar, mas se enganara. Colocou os animais em movimento, e em breve, estavam parando à porta da casa de Lionel.

— Quer que a ajude a subir? — indagou o homem, olhando para o alto da escada.

— Por favor.

Ele apanhou as malas e foi subindo, enquanto ela permanecia embaixo, tomando conta da carruagem. Não queria ser roubada. Pouco depois, Lionel veio correndo, descendo os degraus de par em par. Ela levou um tremendo susto ao vê-lo. Pensava que ele estaria na universidade e foi logo indagando:

— O que faz em casa a essa hora?

Ele não respondeu de imediato. Deu-lhe um beijo amoroso e apanhou algumas malas, subindo com elas. Em pouco tempo, já estava tudo descarregado. Lionel pagou o cocheiro e fechou a porta. Quando se viram a sós, sentados na pequena sala do sobrado, Lionel segurou as mãos de Vivian, suspirou profundamente e anunciou:

— Vivian, fui despedido...

— Você o quê?

— Fui despedido. Quando cheguei, o reitor já me aguardava com uma carta nas mãos. Pagou-me o salário dos dias e me mandou embora.

Confusa, Vivian começou a balbuciar:

— Mas... mas... por quê? Por que, Lionel? Você sempre foi um bom professor.

— Ele disse que foi por causa dos dias que faltei. Mas sei que não foi. Eu estava indo bem, ajudando na pesquisa sobre Shakespeare e, de repente, só porque faltei dois dias, sou despedido. Se apenas me descontassem, não diria nada. Acharia até justo. Mas despedir-me? Não acha uma punição severa demais para uma falta tão pequena?

Ela pensou durante alguns segundos. Ele tinha razão. Desde que começara a trabalhar na universidade, Lionel se dedicava integralmente, e até seu gênio havia melhorado. Já não discutia mais à toa nem saía falando tudo o que lhe viesse à cabeça. Estava aprendendo a selecionar mais as suas palavras e não ofendia mais ninguém. Por que então o dispensaram?

— Acha que foi por causa do escândalo? — tornou Vivian.

— Só pode ser. A notícia saiu nos jornais. Lorde Charles é conhecido, e talvez o reitor não quisesse se indispor com ele.

— Será?

— É o mais provável. Ele não me disse nada, nem tocou no assunto, mas achei muito estranho. E o diretor da faculdade de letras sequer apareceu para se despedir. Fora isso, notei que algumas pessoas cochichavam enquanto eu passava. Só pode ser por causa disso.

Vivian ocultou o rosto nas mãos e começou a chorar.

— Oh! Lionel, estraguei a sua vida. Não posso ficar aqui com você. Preciso partir.

— Não, Vivian, não! Precisamos ficar juntos. Tenho a impressão de que isso é apenas o começo, mas não podemos nos separar. Nosso amor nos dará forças para enfrentarmos a tudo e a todos. Mas, se nos separarmos, estaremos vencidos por eles, por aqueles que nos humilharam e tentam nos prejudicar. Você já fez o mais difícil. Deixou Francis e veio morar comigo. Não me deixe agora também. Eu preciso de você!

Comovida, Vivian abraçou-se a ele, apertando-o de encontro ao peito. Ele estava certo. Amavam-se muito, e o amor lhes daria forças para suportar as vicissitudes. Houvesse o que houvesse, precisavam ficar juntos.

— Tem razão, Lionel. Perdoe-me. Mas é que fiquei tão confusa...

— Pois não fique. Eu estou aqui e a protegerei sempre. Darei um jeito de nos sustentarmos. Você vai ver. Temos a renda dos nossos livros. Arranjarei outro emprego. Vai dar tudo certo.

Lionel não sabia o quanto estava enganado. Perder o emprego na universidade fora apenas o começo. Da mesma forma como Francis intercedera para que o reitor contratasse Lionel, interviera para que o despedisse, e assim foi feito. Apesar de ser um bom professor, o reitor não teve outra saída. As contribuições de Francis eram extremamente generosas, e ele não podia contrariá-lo, sob pena de perder os subsídios.

A influência de lorde Charles, por sua vez, também logo se fez sentir. Se Vivian não fosse casada com seu filho, ele poderia até relevar o ocorrido e ainda daria um jeito de transformar aquela história em algo a favor de ambos. Ressaltaria a coragem e o heroísmo de Vivian e colocaria em evidência a questão do injustificável preconceito contra a inteligência da mulher.

Mas sua traição doera-lhe muito, e Francis exigira que ele fizesse algo a respeito. Por mais que não lhe agradasse, não podia recusar ajuda ao filho. Assim, embora a contragosto, fez como ele lhe pediu.

Em pouco tempo, as edições dos livros de Vivian e de Lionel se esgotaram. Edwin Ferguson e Lionel Campbell, logo após o escândalo, passaram a ser muito procurados nas livrarias. Todos queriam ler os livros do escritor que era uma mulher e de seu amante. Porém, à medida que as edições se iam esgotando, não iam sendo renovadas.

Apesar dos esforços dos editores de ambos, a influência de lorde Charles foi maior, e ninguém se atreveu a editar novos exemplares. Os editores ainda tentaram convencê-lo, afirmando que o momento era propício, pois o escândalo só fizera aumentar a procura pelos dois escritores. Mas lorde Charles, pressionado por Francis, foi irredutível: ou faziam o que ele queria, ou perderiam seu apoio. Embora contrariados, ninguém queria perder um apoio tão valoroso. Afinal, quando as coisas iam mal, era lorde Charles quem os socorria, e era-lhes impossível prescindir de seu apoio.

Lionel tentou editar seus livros e os de Vivian por editoras menos conhecidas. Tentou arranjar emprego em escolas, jornais e até livrarias. Ofereceu-se até como preceptor em algumas residências mais abastadas, mas foi recusado por todas. Ninguém na sociedade se atrevia a empregá-lo. Uns, com medo da reação de lorde Charles e de Francis. Outros, por amizade aos Lester, outros ainda por preconceito mesmo.

Frustradas suas investidas no campo literário, Lionel partiu para outras áreas. Era culto, e sua cultura deveria servir para alguma coisa. Tentou algumas casas bancárias, escritórios de advocacia e até lojas de artigos masculinos. Nada. Em todos os lugares freqüentados pela boa sociedade londrina, os nomes Lionel Campbell e Vivian Lester não eram bem-vindos.

Acabou sendo aceito em uma taverna num bairro pobre de Londres. Ao menos ali, a influência de lorde Charles não se fazia sentir. Alguns haviam ouvido falar no escândalo, mas a classe operária não se importava muito com essas coisas. Tinham que se preocupar em encher a barriga, e os mexericos da elite serviam para, no máximo, diverti-los e entretê-los. Mas a realidade da aristocracia era muito distante da sua, e ninguém se deixava atingir por suas futilidades.

Com a diminuição do salário, seu padrão de vida começou a cair. Aos pouquinhos, as jóias e as roupas de Vivian foram sendo vendidas para pagar o aluguel do sobrado. Podia não ser de luxo, mas era um lugar limpo, situado em uma rua decente e bem freqüentada. Com o salário de Lionel, compravam comida e lenha para o fogo.

Durante cerca de um ano, conseguiram sobreviver nessas circunstâncias. No entanto, quando já não tinham mais o que vender, o salário de Lionel não foi suficiente para pagar o aluguel, e tiveram que entregar o sobrado. Mudaram-se para um cortiço perto da taverna onde Lionel trabalhava. Era o único lugar que seu dinheiro podia pagar.

Foi um período nebuloso para Vivian, muito mais do que para Lionel. Acostumada a uma vida de luxo e de conforto, estranhou sobremaneira sua nova condição. No princípio, não se adaptou. Apesar de haver trocado as vestes luxuosas por vestidos simples e sem ornamentos, Vivian continuava a agir como se ainda fosse uma dama da sociedade. Por mais provações que passasse, não perdia seus gestos e suas maneiras aristocráticas, mantendo ainda a altivez própria das mulheres de sua posição social. Sem saber bem como proceder, depois que Lionel saía para trabalhar, costumava perambular pelas ruas, andando sem destino, buscando ruas distintas e lojas elegantes.

Certa vez, parou em frente a uma casa de modas, apreciando alguns vestidos expostos na vitrine. Era uma loja chique, no centro de Londres, freqüentada por mulheres ricas e elegantes e, por uns instantes, esqueceu-se de que já não pertencia mais àquele círculo de pessoas. Habituada a entrar nos lugares sem ser interpelada, abriu a porta da loja e entrou. Foi caminhando, admirando os vestidos em exposição, até que parou perto de um balcão onde algumas blusas de seda estavam penduradas, à mostra.

Vivian parou e estendeu as mãos, sentindo a maciez da seda em seus dedos. Há quanto tempo não vestia algo assim! Estava tão distraída que nem percebeu a chegada de dois policiais que, mais que depressa, seguraram-na pelos pulsos. Assustada, começou a se debater e a gritar:

— O que significa isso? Soltem-me!

A dona da loja, preocupada com a presença daquela mulher mal vestida e despenteada, pensou tratar-se de uma pedinte ou ladra, e tratou logo de chamar a guarda.

— Larguem-me, seus brutos! — continuava Vivian. — Isso é um insulto!

Ao invés de a largar, os policiais seguiram com ela até o escritório atrás da loja, onde a proprietária os aguardava.

— Aqui está ela, madame — falou um dos guardas.

— Como se atrevem a me tratar desse jeito? — berrava Vivian. — Vão se arrepender!

— Quieta, mulher! — vociferou o outro guarda, apertando seu pulso.

Com o susto, Vivian calou-se e olhou para a mulher à sua frente, só então entendendo o que estava se passando. A mulher pensara que ela fora ali para roubá-la! Aquilo era uma afronta, um disparate. Já ia abrir a boca para protestar quando a voz da mulher se fez ouvir pela sala, fria qual uma geleira:

— O que veio fazer em minha loja? Roubar-me?

Completamente indignada, Vivian elevou a voz e respondeu de mau humor:

— Roubá-la? Eu? Imagine. Não preciso roubar ninguém, senhora. Estava apenas olhando.

— Olhando? — ironizou o guarda. — Para quê? O que pensava comprar?

Ela tentou puxar os pulsos, que eles não paravam de apertar, e retrucou com desdém:

— Nada. Não ia comprar nada.

— Por que veio aqui? — continuou o guarda.

— Já disse, para olhar. Estava passando pela rua, vi a vitrine e resolvi entrar.

Em meio às risadas dos policiais, a voz da mulher soou novamente:

— Revistem-na, por favor. Vamos acabar logo com isso.

Um dos guardas soltou o seu braço, e o outro puxou ambos para trás, imobilizando-os, enquanto o outro a apalpava, em busca de algo que ela pudesse estar escondendo. Vivian sentiu-se tão humilhada que teve vontade de gritar e correr. Mas não podia. As mãos do policial eram fortes e torciam seus braços, machucando-a e impedindo-a de se mover.

— Ela não tem nada, madame — concluiu o policial.

— Ótimo. Ainda bem que chegaram a tempo de impedir que ela furtasse algo.

Não podendo mais se conter, Vivian olhou para a mulher com ódio e revidou:

— Escute aqui, dona, não sou ladra, e não há nada nessa sua loja de porcos que me interesse!

A mulher, horrorizada com as palavras de Vivian, acercou-se

dela e desferiu-lhe forte bofetada, e ela, atônita, começou a espernear, tentando soltar-se do jugo dos guardas para agredi-la.

— Sua cadela, ordinária! Vou dar-lhe a lição que merece! Soltem-me, seus covardes!

A mulher virou-lhe as costas e ordenou friamente:

— Levem-na daqui. Está espantando minhas clientes.

Os guardas saíram arrastando Vivian pela porta dos fundos. Não queriam passar pelo meio da loja novamente, ou as freguesas poderiam ir embora e não voltar. Alcançaram a calçada, mas não a largavam. Segurando-a, cada qual de um lado, foram-na conduzindo rua abaixo, em direção ao comissariado de polícia.

— Soltem-me! Soltem-me! — continuava ela a gritar. — Não fiz nada!

Coberta de vergonha, Vivian foi sendo arrastada pela rua, sob o olhar horrorizado e reprovador dos transeuntes. O chefe da guarda encarou-a com desprezo. Mais uma daquelas vagabundas que não queriam trabalhar e viviam a incomodar as pessoas de bem. Quando os policiais terminaram o seu relatório, o chefe de polícia olhou para ela com nojo e decretou:

— Ponham-na na cela e deixem-na lá até amanhã. Vai ensiná-la a ter bons modos.

Vivian foi levada até a cela e atirada sobre um catre, juntamente com mais duas outras moças. Ela se encolheu sobre o catre, afundou o rosto entre os joelhos e começou a chorar. As mulheres a olharam sem interesse e continuaram ali sentadas, fitando o vazio.

No dia seguinte, pela manhã, levou uma advertência do chefe da guarda e foi mandada embora, com o conselho de nunca mais aparecer por aquelas bandas.

— Ponha-se no seu lugar — disse o chefe. — Lugar de vadia é nos becos, não em lojas de luxo.

Vivian saiu dali ferida e humilhada, a cabeça baixa, tentando esconder a revolta e a indignação. Por que fizeram isso com ela? Por que a haviam tratado daquele jeito? Era porque era pobre agora? Só podia ser. Era pobre, mas era honesta. Não roubaria ninguém.

A caminho de casa, Vivian ia pensando em quantas vezes se

deparara com situações semelhantes àquela. Várias vezes presenciara pessoas sendo humilhadas, ofendidas, xingadas, só porque não tinham dinheiro nem posição. Nunca se importara com isso. Os sentimentos dos mais pobres e humildes nunca lhe despertaram a atenção, e ela jamais se dera conta do quanto eles deviam sentir-se humilhados, feridos, com raiva... Só agora conseguia se colocar no lugar deles e entender.

Quando entrou em casa, Lionel estava desesperado, andando de um lado para outro e esfregando as mãos.

— Vivian! — exclamou, correndo para ela e abraçando-a. — Meu Deus, onde esteve? Quase morri de preocupação.

Ela escondeu o rosto em seu peito e deu livre curso às lágrimas. Lionel levou-a para a cama e fê-la sentar-se, colocando sua cabeça em seu colo. Durante muito tempo, ficou ali fazendo-lhe carinho, até que ela se acalmasse e contasse tudo. Ao final da narrativa, Lionel ergueu o seu rosto e olhou-a penalizado.

— Minha pobre Vivian — lamentou. — O que foi que fiz a você?

Ela não respondeu. Agarrou-se ainda mais a ele e recomeçou a chorar. Queria fugir dali com ele, ir para algum lugar onde ninguém os conhecesse e onde pudessem viver a sua vida em paz. Lionel ainda sugeriu que ela procurasse os pais, Lucy ou Glenna, mas Vivian recusou. Não queria estragar o casamento de Lucy, e Glenna não aprovava o que fizera. Quanto aos pais, recusar-se-iam até a recebê-la.

Custou um pouco até que Vivian se convencesse de que já não era mais Vivian Lester ou Vivian Stilwell. Agora era apenas *Vivian*, a mulher extravagante que morava rua acima, com ares de grande dama, andando de nariz em pé como se fosse uma princesa. Qual princesa, qual nada. Vivian era apenas uma dentre as muitas mulheres que enxameavam as ruas pobres e sujas de Londres. Até que era bonita, reconheciam, e tinha uma certa nobreza no porte. Mas aquilo era tudo fachada. Vivian nada mais era do que uma pobretona feito eles, que nem tinha onde cair morta.

Só depois de muito tempo foi que se convenceu. Vendo que as pessoas riam dela quando lhes falava com ar de superioridade, que a ignoravam ou enxotavam de algum estabelecimento mais requintado, que sequer respondiam quando perguntava o preço de alguma mercadoria mais cara, acabou por acreditar. Sentindo-se vexada, humilhada, deixou de freqüentar as ruas e só saía quando era necessário. Em pouco tempo, tornou-se amedrontada e arredia, sempre receosa de que alguém fosse gritar com ela, recriminá-la ou humilhá-la diante de todos.

Porque não podia mais suportar, refugiou-se no álcool, tentando afogar sua dor.

capítulo 36

Em todo esse período, ninguém os fora procurar. Francis só ficava sabendo do que acontecia a Vivian por intermédio de alguns espiões que contratara para que o informassem sobre seu paradeiro. Glenna queria muito saber onde ela estava, mas Francis lhe dissera que Vivian não queria vê-la nem a ninguém. Como Vivian jamais a procurou, Glenna acabou por se convencer e ficou à espera do dia em que ela voltaria a procurá-la. Lucy, por sua vez, foi expressamente proibida pelo marido de procurar a irmã, e ela se resignou, movida ainda pela culpa de havê-lo traído um dia. Nem os pais quiseram saber dela, envergonhados com a sua atitude.

Betsy, ao saber das condições em que eles viviam, arrependeu-se do que fizera. Não era isso o que pretendia. Queria desmascarar Vivian para que o irmão a deixasse e Lionel voltasse para ela. Como fora tola! Os dois agora estavam mais unidos do que nunca, praticamente passando fome, e tudo por culpa sua.

Angustiada, foi procurar Francis.

— De que adianta agora o seu arrependimento? — indagou ele, com um certo tom de raiva. — Devia ter pensado nisso antes de fazer o que fez.

— Não fiz nada, Francis. Não fui eu que contei. Fui apenas falar com Lionel...

— O que pensa que sou, Betsy? Algum idiota? Você e aquele Simon estavam combinados. Não estavam?

Sem saber como mentir, ela desviou os olhos dos dele e respondeu com voz sumida, carregada de desgosto:

— Não pensei que isso fosse acontecer...

— E o que esperava? Que eles saíssem bem dessa história? Que ficassem juntos e felizes? Ora, Betsy, como pôde ser tão ingênua?

— Por que não faz nada, Francis? Por que não interfere e a ajuda?

— Eu? Não, minha cara, não posso. Tenho minha dignidade. Vá você ajudá-la.

Betsy saiu da casa de Francis pensativa e pesarosa. Estava muito arrependida. Não queria prejudicar ninguém. Precisava fazer algo para ajudá-los, mas o quê? Tomou uma decisão. Iria procurar Vivian em sua casa. Falaria com ela e tentaria ajudar.

No dia seguinte, Betsy vestiu-se discretamente e mandou que preparassem a carruagem. Ao ouvir o local aonde queria ir, o cocheiro estranhou e ainda tentou questionar:

— Tem certeza de que é esse o lugar, senhorita Lester? É um bairro pobre e malcheiroso. Não há nenhum engano?

— É esse mesmo. Não há engano algum. E agora vamos.

Quando Betsy chegou à porta do cortiço onde Vivian morava, fez uma careta de repulsa e quase pediu para voltar. O lugar era horrível. Era uma casa bem pequenina, geminada a outra, e a outra, e a outra. Todas iguaizinhas, com paredes sujas e descascadas, algumas peças de roupa penduradas nas janelas. Em frente, algo que poderia ser um jardim, mas que acabara se transformando em depósito de quinquilharias e sujeira.

Betsy engoliu a repulsa, saltou da carruagem e bateu palmas. Os que passavam e a viam não escondiam um ar de admiração. Era a primeira vez que uma dama visitava o seu bairro. O cocheiro, atento a todos os movimentos da senhorita, desceu e colocou-se atrás dela para poder defendê-la caso alguém resolvesse atacá-la.

Em poucos minutos, a porta se abriu. Ao ver Vivian ali parada, a pele sem brilho, os cabelos secos e embaraçados, vestido roto, Betsy sentiu vontade de chorar. Vivian olhou para ela, e seus olhos fuzilaram de ódio.

— O que quer? — rosnou entre dentes. — Veio rir de minha desgraça?

Ela parecia meio bêbada, mas Betsy não fez nenhum comentário. Tentando um tom amável, começou a dizer:

— Vivian, estou aqui para ajudá-la...

— Ajudar-me? Ora, Betsy, não se importe com isso. Você já me ajudou bastante. Não fosse você, Lionel e eu jamais teríamos vindo parar aqui.

— Vivian, não seja sarcástica. Estou lhe oferecendo ajuda.

Betsy abriu a bolsa e tirou um saquinho de moedas, estendendo-o para Vivian. O ódio que sentiu foi tão grande que ela deu um tapa na mão da cunhada, fazendo com que as moedas se espalhassem pelo chão.

— Pegue o seu dinheiro e suma daqui! — vociferou, transtornada pelo ódio. — Não preciso de sua piedade, sua cadela!

Voltando para dentro, bateu a porta na sua cara. Betsy começou a chorar e rodou nos calcanhares, sendo amparada pelo cocheiro, que assistira a tudo assustado. Seria mesmo lady Vivian?

Amargurada, Betsy voltou para casa. Estava arrasada, ainda mais arrependida do que fizera. O estado de Vivian era lastimável, e era tudo culpa sua. Precisava fazer alguma coisa para ajudá-la. A ela e a Lionel. Mas o quê? Vivian não queria vê-la, e ela não se arriscaria a ir ali de novo.

Quando Lionel chegou da taverna, encontrou Vivian atirada sobre a cama, ressonando. Desde que se mudaram, dera para beber. Pensava que só assim esqueceria suas mágoas. Ao abrir a porta, notou as moedas espalhadas pelo chão e as recolheu, confuso e admirado. O que será que Vivian fizera para conseguir aquele dinheiro?

— Vivian — chamou com ternura. — Acorde, Vivian, o que foi que houve aqui?

Ela abriu os olhos, aturdida, esfregou-os e encarou Lionel, aos poucos recobrando a consciência do que acontecera. Ele estava sentado ao lado dela, segurando nas mãos as moedas que Betsy levara.

— Ah! isso? — indagou, apontando com o queixo para o dinheiro. — Foi a Betsy.

— Betsy? Como assim? Ela esteve aqui?

— Esteve. Disse que queria ajudar. Mas é claro que recusei. Não queremos nada daquela ordinária, não é?

Lionel quedou pensativo. Não estavam em condição de recusar ajuda.

— Não devia ter feito isso, Vivian.

— Como não? Acha que eu iria aceitar o dinheiro daquela cadela? Nunca! Depois do que ela nos fez!?

— Não é bem assim, Vivian. Ela pode estar arrependida.

— Arrependida? Duvido. E mesmo que esteja, eu não a perdôo.

— Não devia falar assim.

— Lionel, como pode perdoá-la? Logo você, que foi traído, enganado por ela.

— Só acho que orgulho agora não adianta nada. Nós precisamos de ajuda. Você não deveria recusar.

— Você está contra mim! Está contra mim e a favor dela!

— Não é nada disso, Vivian...

— Não é mesmo. Mas você tem uma chance de sair dessa vida, Lionel. Se quiser, Betsy o aceita de volta. Até se casa com você. Ela ainda o ama. Por que outro motivo viria até aqui? Ajudar-me... pois sim. Ela queria era ver você. Está louca para tê-lo de volta.

— Pare com isso, Vivian.

— Você vai, Lionel? Vai atrás dela? Vai deixar-me? Oh! Lionel, por favor, não... Não me deixe. Eu não poderia suportar!

Ela começou a chorar descontrolada, e Lionel estreitou-a contra o peito, acariciando sua cabeça e sussurrando:

— Chi! Minha querida, não é nada disso. Eu a amo. Não vou deixá-la. Haja o que houver, não vou deixá-la. Acredite em mim.

Ela se acalmou e adormeceu novamente. Nos dias que se seguiram, Lionel não tocou mais no nome de Betsy, mas apanhou o dinheiro que ela deixou e usou-o nas despesas. Vivian também não disse nada. As coisas poderiam ser um pouco melhores se ela trabalhasse. Mas o que faria? Não sabia fazer nada. Só escrever. Mas não havia ninguém por ali que estivesse interessado em seus poemas ou romances.

Foi então que teve uma idéia. Ainda era jovem, bonita. Podia arranjar algum dinheiro fácil com os idiotas que rondavam por ali.

Não seria muito, mas ajudaria. E o que diria a Lionel? Inventaria uma desculpa. Diria que esmolara. Ele não poderia duvidar.

Lionel saía para trabalhar por volta de meio-dia e só voltava à meia-noite, quando a taverna fechava. Era tempo mais do que suficiente para dedicar-se a seu novo *trabalho*.

Nos primeiros dias, até que funcionou. Embora contrariado, Lionel acreditou na versão de que ela havia esmolado e conseguido aquele dinheiro. Mas aquilo não era certo. Ele estava trabalhando e ganhava o suficiente para se manterem. Se ela quisesse arrumar um emprego, ele não se oporia. Mas não achava certo pedir esmolas. Era humilhante demais.

Aos poucos, porém, o dinheiro foi aumentando, e Lionel começou a desconfiar. Aquilo era demais para uma esmola. Certa tarde, saiu para o trabalho e ficou na esquina, à espreita. Há muito estava desconfiado de que Vivian andava se prostituindo para arranjar dinheiro. Avisara o dono da taverna que precisaria faltar no dia seguinte e fora espreitar.

Pouco depois, Vivian saiu, e ele foi atrás. Ela entrou por uma rua, desceu por outra, até parar na entrada de uma espécie de beco, por onde passavam estivadores e marujos. Não tardou muito e alguém se interessou. O homem parou a seu lado e disse alguma coisa para ela. Vivian riu e falou algo de volta, e Lionel pensou que deveria ser o preço. O homem deu uma gargalhada e beijou-a na boca, apertando suas nádegas e esfregando-se em seu corpo.

Lionel teve vontade de vomitar e não resistiu. De onde estava, deu um salto à frente dos dois, puxou o homem pelo colarinho e desferiu-lhe violento murro no queixo. O homem cambaleou e tombou para trás, sacudindo a cabeça, aturdido, tentando entender o que estava se passando. Transtornado, Lionel agarrou Vivian pelo punho e, virando-se para o homem, vociferou:

— Isso é para você aprender a não se meter com a mulher dos outros!

Deixou-o confuso, caído na rua, e saiu arrastando Vivian, que não parava de chorar. Ela nem resistiu. Seguiu-o passivamente, sem dizer nada, até que chegaram à casa. Lionel abriu a porta e empurrou-a para dentro, e Vivian pensou que ele a mandaria embora. Ao invés disso, ele a sentou na cama e, ajoelhando-se a seu lado, afundou a cabeça em seu colo e pôs-se a chorar.

— Ah! Vivian, Vivian, perdoe-me. Isso tudo é culpa minha. Eu a tirei de seu luxo, seu conforto, para enfurná-la aqui nesse lugar fétido e horroroso. Mas eu a amo, Vivian, eu a amo!

Emocionada, Vivian apertou a sua cabeça e beijou-a repetidas vezes, dizendo entre lágrimas:

— Não, Lionel, eu é que tenho que lhe pedir perdão. Não posso suportar viver sem dinheiro, não posso! Sou fraca, não agüento mais.

— Eu sei — ele enxugou as lágrimas com as costas das mãos e continuou: — Por isso é que prefiro deixá-la ir. Se quiser voltar para seu marido, não me oporei, não direi nada. Amo-a profundamente e sofrerei muito mais vendo-a se acabando em meus braços do que ao lado de um homem que a ama e a tratará bem.

Ela chorava de emoção. Como era bom o seu Lionel! Como o amava! Odiava aquela pobreza, mas não poderia viver sem ele. Se voltasse para Francis, ainda que ele a quisesse de volta, jamais poderia ser feliz. Jamais poderia deixá-lo naquela miséria e ser feliz ao lado de Francis, ainda que coberta de luxo.

Além disso, teria que pedir a Francis que a ajudasse. Teria que implorar, rastejar a seus pés, humilhar-se diante de toda a sociedade. Mas ela não podia. Tinha também a sua dignidade e o seu orgulho, e preferia morrer a ter que pedir algo a ele ou a qualquer outra pessoa.

— Não, Lionel — respondeu com doçura. — Não posso deixá-lo. Por mais que esteja sofrendo com toda essa miséria, sofrerei muito mais se me separar de você.

Ele suspirou e a apertou contra o peito.

— Ah! Vivian, então prometa que nunca mais vai fazer isso. Nunca mais vai se entregar a outro homem em troca de dinheiro. Por favor, prometa.

— Está certo, meu querido, eu prometo. Pode confiar em mim. Nunca mais venderei meu corpo. Por dinheiro algum.

Lionel respirou aliviado. Não sentira ciúmes ao vê-la aos beijos com outro homem, porque sabia que ela não fazia aquilo por amor. Sentira revolta e indignação. Sentira raiva de si mesmo por não poder proporcionar-lhe tudo aquilo a que estava acostumada. Sentira raiva porque ela fora obrigada a descer tão baixo só para manter o seu amor.

No lado das sombras, Rupert exultava. Estava chegando o momento em que ela passaria de novo para o lado deles. Quanto mais as coisas davam errado, mais eles se felicitavam. Não fora nada difícil ajudar a destruir Lionel. As pessoas eram fracas, e ele se alimentava de suas fraquezas.

Vendo Lionel e Vivian se amando, perguntou a Decius, que se encontrava sentado numa cadeira, os cotovelos apoiados sobre as pernas apoiando o queixo:

— Não vai aproveitar?

Ele olhou para Rupert com desdém e respondeu lacônico:

— Não.

Rupert ainda pensou em tirar proveito, ele mesmo, da situação. Os dois se amavam loucamente, como sempre, e ele foi se enchendo de desejo. No entanto, percebendo o ar de desagrado de Decius, preferiu resistir. Decius poderia não gostar, e ele precisava agradá-lo. Chegou mais perto do espírito, deu-lhe um tapinha nas costas e falou meio sem jeito:

— Não se preocupe, meu amigo. Em breve ela será sua novamente.

Deu-lhe as costas e saiu, e Decius ficou pensando: será que era isso mesmo o que queria? Será que valeria a pena Althea se suicidar só para que pudesse tê-la novamente? Afinal, ela amava Lionel, não a ele. Há muitas vidas amava Lionel, e ele sabia disso. Mesmo quando se casara com ele, casara-se porque Lionel era seu irmão.

Angustiado, Decius abaixou a cabeça e começou a chorar. Não via mais sentido em nada daquilo. Althea sempre fora uma moça alegre, inteligente, bonita. Althea? Não, não era mais Althea quem estava ali. Agora era Vivian. Althea ficara no passado, Vivian era o presente. Ambas eram a mesma pessoa, mas eram muito diferentes. Apesar das loucuras que fazia, Althea estava modificada. Era orgulhosa, arrogante, sensual como sempre fora. Mas algo se modificara dentro dela. Não possuía mais a crueldade e o egoísmo que carregara durante tantos anos.

Ele se lembrava bem de sua última encarnação. Já fazia tanto tempo! Há quantos séculos não estava ali, preso ao jugo de Rupert, feliz com o seu poder? Mas que poder? Era um poder ilusório, que nada tinha de felicidade. Quem pode ser feliz estando preso? Ele não era livre para ir aonde quisesse. Rupert o vigiava e não permitiria que se afastasse. Mas como seria o lado da luz? Se era tão ruim, por que perdiam tantos espíritos que acabavam por implorar a ajuda de Deus?

Sua última encarnação... Fora no início do século XVII. Há mais de duzentos anos. Era muita coisa. Althea era linda, filha de um sábio druida que habitava as terras da Escócia e morrera juntamente com a mulher num incêndio em sua casa, provocado por um relâmpago. As pessoas da aldeia em que viviam correram para ajudar, mas só conseguiram salvar as crianças, Althea e seu irmão Ralph, hoje reencarnado como Lionel.

Althea e Ralph foram então criados pelo avô. Joseph cuidara deles com muita dedicação e carinho, e também os iniciara nos mistérios druidas, recomendando-lhes que só utilizassem seus conhecimentos na prática do bem e da caridade. Depois que ele morreu, os irmãos passaram a viver sozinhos em sua pequena cabana, com os poucos recursos que o avô lhes deixara, que logo se esgotaram.

Ralph e Althea eram muito apegados um ao outro, e viviam uma relação turbulenta e possessiva, carregada de ciúmes e cobranças. Não raras eram as vezes em que se amavam, e o medo de serem descobertos fez com que Ralph tivesse uma idéia para que pudessem sair daquela aldeia. Algumas pessoas já estavam desconfiadas e os olhavam com ar recriminador, e eles temiam por suas vidas.

Ralph sugeriu então a Althea que se aproximasse de Nigel, ou Francis. Ele era um jovem aldeão, dono de uma pequena porção de terra, suficiente para lhe assegurar uma vida tranqüila, embora sem luxos. Desde pequeno, Nigel fora apaixonado por Althea, e não foi difícil seduzi-lo e convencê-lo a vender sua propriedade para que pudessem partir dali e iniciar uma nova vida, longe das línguas maledicentes.

Nigel vendeu tudo o que tinha. Pegou o dinheiro e foi para a casa de Althea. No dia seguinte, partiriam e se casariam longe dali. Mas, quando Nigel despertou, não encontrou ninguém. Nem Althea, nem Ralph. Eles haviam fugido juntos, no meio da noite, levando todo o seu dinheiro. Até a casa deles havia sido vendida, e Nigel teve que deixá-la quando o novo proprietário veio reclamar a sua posse. Nigel acabou na miséria. Teve que recomeçar do nada, mas nunca conseguiu se recuperar e acabou morrendo de desgosto.

Longe dali, Althea e Ralph procuravam um meio de enriquecer, mas sem despertar a atenção, com medo de serem acusados de bruxos e perseguidos. Um dia, ela soube de uma criança enferma que médico nenhum conseguia curar e ofereceu-se para ajudar. O caso era simples, apenas uma alergia, e a menina logo ficou boa.

Com isso, a fama de Althea se espalhou, e ela logo começou a ser procurada para todo tipo de trabalho. Fazia qualquer coisa que lhe desse dinheiro. Curava pessoas, atraía amores, destruía inimigos, matava parentes ricos. Tudo em troca de dinheiro. Nem sempre conseguia. Havia casos em que a vítima era pessoa boa, honesta, caridosa, e os seus trabalhos não faziam efeito. Essas pessoas estavam sempre protegidas por espíritos iluminados, e Althea sabia reconhecê-los e evitar-lhes a presença. Quando isso acontecia, devolvia o dinheiro e dizia que não podia ajudar.

Um dia, foi procurada por um jovem viúvo, preocupado com a filha, que estava enferma. Os médicos já haviam tentado de tudo, sem sucesso. O homem era muito rico e ofereceu-lhe muito dinheiro para ajudar. Althea aceitou. Seguiu Decius e logo foi apresentada à sua filha, Severn. O caso de Severn era até bem simples. Ela sofria de bronquite e logo foi curada, com a ajuda de algumas ervas e de um grosso caldo de rã.

Decius, além de profundamente agradecido, apaixonou-se por Althea e pediu-a em casamento. Foi só assim que ela se separou de Ralph, para não chamar a atenção do marido, mas não o abandonou, e o irmão a visitava regularmente. Nessas ocasiões, ela lhe dava dinheiro e roupas, e Ralph nunca precisou trabalhar para viver.

Rica, Althea despiu-se de todo tipo de preocupação. Era uma mulher orgulhosa e dissimulada, além de extremamente cruel e sensual. Naquela época, costumava se deitar com qualquer pessoa, homem ou mulher, por quem se sentisse atraída e logo passou a ter muitos amantes. Aproveitando-se das constantes ausências de Decius, Althea levava para seu leito serviçais, soldados, viajantes, qualquer um. Depois, recompensava-os regiamente e os mandava embora, ameaçando-os com a morte caso dissessem alguma coisa.

Decius era um homem muito poderoso e estava envolvido em guerras e batalhas com seus inimigos. Por isso, vivia em campanha com seus soldados, sempre ausente, em acampamentos militares, o que facilitou o interesse de Althea pela jovem Severn. Utilizando-se de seus conhecimentos, Althea fez novo pacto com os espíritos das trevas, que lhe facilitaram o acesso ao leito da enteada.

O pai a mantinha sob vigilância cerrada, e ela nunca conhecera um homem. Nada sabia sobre amor ou sexo. Por isso, quando Althea a seduziu, não estranhou. Aquele era o primeiro contato que tinha com o sexo e, a cada dia, Severn se apaixonava mais e mais por ela. Mas Althea não a amava. Gostava de se deitar com ela, seu corpo lhe dava imenso prazer.

Um dia, Decius percebeu que havia algo errado entre elas. Althea penteava os cabelos de Severn no jardim e, pensando que não havia ninguém por perto, deu-lhe um beijo rápido e discreto na boca. Mas Decius vira. Estava na janela de seu quarto e vira. Aquilo deixou-o intrigado. Poderia ter sido um beijo inocente, mas havia algo no jeito de Althea que lhe chamou a atenção.

Desconfiado, resolveu investigar. Uma noite, deu a desculpa de que ia sair e ficou à espreita. Quando Althea saiu para o quarto de Severn, ele foi atrás. Parou diante da porta, esperou alguns minutos e entrou. Não havia dúvida. Althea e Severn estavam nuas, envolvidas nos braços uma da outra.

Mal contendo a indignação, Decius partiu para cima delas e arrancou Althea do leito. Os dois discutiram, e Decius começou a bater nela e, quanto mais batia, mais ela o ofendia, até que ele, não conseguindo mais se conter, colocou as mãos em volta de seu pescoço e apertou, e Althea morreu, para desespero de Severn.

Embora indignado com a traição da mulher e da filha, Decius não fez nada contra Severn. Ao contrário, sentiu-se culpado. Ele a mantivera presa durante todos aqueles anos, com medo de que ela se perdesse nas mãos de algum espertalhão. E, sem querer, atirara-a nos braços de sua própria mulher. Para compensá-la e fazer com que ela se esquecesse de tudo aquilo, Decius tratou de arranjar-lhe um marido rico e poderoso. Ela ainda era virgem e ninguém nunca precisaria ficar sabendo do que acontecera. Severn, embora contrariada, casou-se para não desgostar o pai.

Pensando em Severn, Decius se entristeceu mais ainda. Severn, agora Glenna, era a única pessoa a quem eles não tinham acesso. Embora ele se indignasse com seu lesbianismo assumido, não a teria assediado, ainda que isso fosse possível. Por vezes, chegara mesmo a pensar em agredi-la, só para atingir Vivian. Mas Glenna era uma pessoa boa e equilibrada, e nunca dera acesso aos espíritos das trevas.

Decius, de uma maneira estranha, amava Glenna como se ama uma filha e sentia-se ainda responsável por tudo quanto lhe acontecia. Era um sentimento esquisito, camuflado, que ninguém, a não ser Rupert, conhecia. Desde que passara a habitar o mundo das sombras, carregara consigo enorme ódio de Vivian e profunda culpa com relação a Glenna, e fez a Rupert um único pedido em troca de seus serviços: que Glenna jamais fosse perturbada.

Decius sentiu um vazio imenso dentro do peito e olhou para Vivian, agora adormecida nos braços de Lionel, que acariciava seus cabelos. Já passara por tantas coisas! Será que já não era hora de deixá-la em paz?

Com lágrimas nos olhos, pensou em Joseph. Ele queria voltar ao mundo carnal só para ajudar os netos, principalmente Vivian. E ele impedira. Será que Joseph o odiava? Na certa que sim...

— Não, Decius, não odeio você.

Decius ouviu essa voz e levantou a cabeça. Parado bem à sua frente, envolto em uma luz branca e calmante, Joseph o olhava com um sorriso no rosto. Assustado, Decius se levantou e colocou a mão na espada, soltando-a em seguida.

— O que faz aqui?

— Seu coração me chamou.

Decius pensou em fugir, mas não conseguiu. Suas pernas estavam paralisadas, e ele, atirando-se aos pés de Joseph, agarrou os seus joelhos e começou a chorar. Joseph, com carinho, apenas alisava os seus cabelos, sem dizer nada, até que ele se acalmasse. Decius enxugou as lágrimas, ergueu o corpo e encarou o espírito de luz.

— Não sou digno de sua presença — observou envergonhado.

— Todos somos dignos da bondade de Deus, meu filho.

Decius olhou para ele em dúvida e considerou:

— Será que está acontecendo comigo? Será que é assim que os espíritos abandonam as trevas? É tão simples assim?

— Você é um homem inteligente, Decius, embora ainda bastante ignorante das verdades da alma. Está confuso, e isso é natural. Todavia, para abandonar as trevas, basta desejar a luz, e ela se acenderá em seu coração. Não percebe?

Joseph apontou para o peito de Decius, e ele abriu a boca, abismado. Na altura de seu coração, uma luz bem fraquinha começava a luzir.

— Mas o que significa isso? — indagou atônito.

— Significa que você já está pronto para deixar essa vida de sombras e tristezas. Não percebe o quanto é infeliz?

Era verdade. Durante todos aqueles séculos, quando foi que se sentira tão bem quanto agora? Mas por que sentia aquilo?

— É a paz, meu filho — respondeu Joseph, lendo seus pensamentos.

— Paz? Há muito tempo não sei o que é isso.

— Mas sua alma pôde reconhecê-la. Não a deseja?

Ele pensou durante alguns minutos e respondeu:

— Sim. É só o que desejo. Hoje posso perceber isso. De que me adiantou tanta revolta? Fiz de Althea, ou melhor, de Vivian, uma obsessão, e para quê? Para trazê-la de volta para mim. E agora que estou prestes a conseguir isso, não sei se é o que quero. Estranhamente, a idéia de acorrentá-la a meu lado já não me traz nenhuma satisfação. Antes, me causa tristeza.

— Então, por que não me acompanha?

— E Rupert?

— Não precisa ter medo de Rupert. Ele nada pode contra aqueles que enchem o seu coração de luz. Ele nada poderá contra você e já sabe disso. Rupert tem medo de que você abra os olhos para as verdades de Deus e o abandone.

Decius começou a chorar e acrescentou:

— Não posso. Não posso abandoná-lo agora. Se o fizer, não sei o que será de Vivian. Preciso estar a seu lado para protegê-la.

— Faça isso. Aproveite a oportunidade e reveja seus atos. Por que é que provocou tantos males na vida de Vivian?

— Para destruí-la.

— Com que propósito?

— Com o propósito de trazê-la de volta para o nosso lado. Rupert tem planos para ela.

— Pois impeça.

— Como?

— Você tem força. Use-a.

— Temo que Rupert seja mais poderoso do que eu.

— É ilusão. Rupert tem medo de você porque sabe que se você quiser enfrentá-lo, ele não poderá vencê-lo. Você tem um exército. Transforme-o em soldados a serviço do bem. Assim como você. Só terão a ganhar.

— Será que conseguirei?

— Experimente. Muitos de seus homens são espíritos que, como você, só esperam uma oportunidade para abandonar o astral inferior. Ajude-os também. Você é o chefe deles. Se disser que sairá, muitos irão segui-lo.

Decius ficou pensativo. Desembainhou a espada que trazia presa à cintura e fixou-lhe a lâmina brilhante.

— Deverei usar armas? — indagou.

— Use as armas que entender adequadas e à medida que julgar necessárias.

— E depois?

— Depois, irá me seguir.

— E se eu não quiser?

Joseph sorriu complacente e finalizou:

— Vai querer.

Em seguida, esvaneceu-se no ar e partiu.

capítulo 37

Era véspera de Natal, e a neve dera uma trégua a Londres, deixando apenas um tapete branco a encobrir as ruas. Naquele clima de festividades, a taverna onde Lionel trabalhava fechou mais cedo. A clientela era mesmo rara por ali naquele dia. Todos preferiam estar em casa, junto da família, ainda que para dividir suas misérias.

Lionel saiu satisfeito. Teria tempo de comprar um pato para a ceia e um presente para Vivian. Havia economizado o ano inteiro para aquela ocasião, e o presente teria que ser algo muito especial. Pensou em algo que pudesse animá-la e, passando em frente a uma loja de animais, decidiu-se. Dar-lhe-ia algo que lhe fizesse companhia enquanto ele estivesse trabalhando. Escolheu um cãozinho coker-spaniel castanho, de apenas um mês, mandou que colocassem um laço de fita azul e saiu com ele. Em seguida, parou no aviário, escolheu um pato pequeno e magrinho, porque era mais barato. Esperou até que o matassem e o embrulhassem, e foi embora.

Ao abrir a porta de casa, notou um cheiro forte e acre no ar. Inspirou profundamente e procurou por Vivian. Ela não estava na sala, e ele correu até a cozinha. Lá estava ela, com uma garrafa de *whisky* na frente e uma caneca fumegante na mão, levando aos lábios o chá de cheiro forte. De olhos cerrados, nem percebeu a presença de Lionel e pôs-se a bebericar o chá.

Lionel não conseguiu se mover. Ficou parado onde estava, segurando nas mãos o pato e o cachorrinho, vendo o que iria acontecer. Ela sorveu o líquido com vontade e esticou o corpo para trás na cadeira, sorrindo extasiada. Ficou assim durante alguns instantes, até que tateou sobre a mesa e apanhou a garrafa de *whisky*, abrindo os olhos e voltando o corpo para a frente. Levantou a garrafa e susteve-a no ar. Lionel estava ali parado, olhando para ela com ar embasbacado.

— Vivian... — balbuciou. — O que está fazendo?

Ao invés de responder, ela saltou da cadeira e correu para o canto da cozinha, encostando-se na parede, olhos vermelhos e vidrados, sem dizer nada. Lionel colocou o cachorro no chão e dirigiu-se para a mesa, onde pousou o pato e apanhou a garrafa de *whisky*, virando-a na mão. Estava quase vazia. Em seguida, ergueu a caneca e cheirou seu conteúdo, virando o rosto com uma careta de nojo.

— O que é isso? — indagou perplexo. — Vamos, Vivian, responda-me, o que é isso?

Com voz hesitante, ela respondeu num sussurro:

— Haxixe...

Ele ficou abismado. Apanhou a caneca e atirou-a longe, e o chá se espalhou pelo chão da cozinha, impregnando o ambiente com seu odor acre.

— Onde arranjou isto? — ela não respondeu. — Fiz-lhe uma pergunta, Vivian, onde arranjou isto?

Com medo, acabou por confessar:

— Com o turco lá da esquina.

— O quê? Mas como? Com que dinheiro?

Lionel percebeu o inevitável. Vivian se entregava a ele em troca de haxixe.

— Há quanto tempo está se drogando?

De olhos baixos, pregados no chão, ela respondeu com voz sumida:

— Há bastante tempo.

— Vivian...

— O que você queria, Lionel? Como enfrentar essa miséria sem algo que me faça ao menos esquecer? O haxixe é bom, traz alegria, felicidade, relaxa os músculos e os nervos. Por que está tão zangado?

— E se deita com o turco para conseguir isso? Não adianta mentir, Vivian, porque sei que não tem dinheiro.

Ela abaixou os olhos novamente e não respondeu. Lionel ficou enlouquecido. Saiu pela porta apressado e foi correndo rua abaixo, em direção à loja do turco. Entrou sem bater.

— Já vamos fechar — queixou-se o turco, que vinha com a chave na mão.

Lionel não lhe deu tempo de alcançar a porta. Sequer lhe deu chance de falar. Segurou o homem pelo colarinho e, olhos nos olhos, bradou entre dentes:

— Se tornar a dar haxixe a Vivian, eu mesmo virei aqui para matá-lo, seu turco nojento! Está ouvindo?

O turco, assustado, sem saber o que fazer, tentava desvencilhar-se dele, mas as mãos de Lionel o prendiam vigorosamente. Ele estava tão apavorado que nem ousava falar. Aquele homem parecia enlouquecido, e ele não duvidava de que seria capaz de matá-lo. Enojado, Lionel cuspiu-lhe no rosto e atirou-o sobre o balcão, saindo feito um furacão.

Na volta para casa, foi se acalmando. Vivian estava se perdendo, e ele não conseguia fazer nada para impedir. Pensou se não seria melhor deixá-la. Levá-la de volta para Francis e implorar para que ele a aceitasse. Mas isso a colocaria contra ele, e Lionel não poderia suportar se ela passasse a desprezá-lo.

Perdido em seus pensamentos, chegou à casa. Vivian estava sentada no chão perto da porta da cozinha, acariciando o cãozinho, que dormia em seu colo. Quando a viu ali, tão frágil, tão insegura, seu coração se enterneceu. Vivian era moça sensível e delicada, e devia estar sofrendo muito com toda aquela miséria.

Ele parou na porta e olhou para ela com os olhos cheios de lágrimas. Vendo-o, ela o fitou com olhos úmidos e perguntou, fazendo referência ao animal:

— É para mim?

Lionel aproximou-se dela e a ergueu, estreitando-a nos braços o mais que pôde. Como a amava! Tentando conter o pranto, respondeu amável:

— Sim, querida, é para você. É seu presente de Natal. Gostou?

— Hum, hum. É lindo!

— Como vai chamá-lo?

— Hum... deixe ver... que tal Sean?

— Sean? Está bem. Como você quiser.

— Então está decidido. Vai se chamar Sean.

Lionel abraçou-a novamente, indo com ela para a cozinha.

— O que temos para a ceia?

Ela abaixou os olhos, envergonhada. Não havia preparado nada. Não sabia cozinhar. O que eles costumavam comer eram pratos improvisados de farinha, feijão, lentilhas, ovos e coisas que não davam trabalho de preparar. Percebendo-lhe a tristeza, Lionel correu para a mesa e apanhou o pacote onde o pato estava embrulhado. Levantou-o diante de seus olhos e exclamou:

— Surpresa! Teremos pato para a ceia!

O próprio Lionel preparou o jantar. Depenou o pato, temperou-o e colocou-o para assar. Vivian tinha nojo de tripas e penas, e nem chegou na cozinha. Mas, no final, a ceia ficou uma beleza. Ele pegou duas velas e colocou-as sobre a mesa, e ambos sentaram e comeram, sentindo-se felizes por se amarem tanto.

Terminada a ceia, quando já estavam prontos para dormir, Lionel segurou as mãos de Vivian e falou com voz grave:

— Vivian, você tem que reagir. Não pode continuar assim. Vai acabar se matando. É isso o que quer? Morrer nesta pocilga? — ela balançou a cabeça, em dúvida. — Pois eu não quero que você morra. Por que não tenta se distrair com alguma coisa?

Ela deu de ombros e o fitou.

— Distrair-me com o quê?

— Bem, você agora tem o Sean. Vai ter que cuidar dele. Por favor, Vivian, cuide dele por mim, por nós. Não se entregue assim desse jeito. Pense em mim. Não me ama?

— Você sabe que sim.

— Então? Quer que eu sofra também?

— Nã... não...

— Também não quero mais sofrer. Não quero vê-la sofrer. Andei até pensando...

— O quê?

— Andei pensando se não seria melhor você voltar para Francis.

Ela ergueu o tronco, horrorizada, e respondeu com voz gélida:

— Se quer se livrar de mim, não precisa desse artifício.

— Não é isso. Você sabe que não gostaria de perdê-la. Mas me dói muito mais vê-la nesse estado.

— Não se preocupe com isso, Lionel. Darei um jeito. Você vai ver.

Dois dias depois, quando Lionel saiu para trabalhar, Vivian tomou uma resolução. Ele tinha razão. Ela precisava fazer alguma coisa. Estava se acabando, entregando-se à bebida e ao haxixe. Chegara a se prostituir para conseguir dinheiro e a droga. Era preciso dar um basta naquela situação.

Iria engolir o orgulho e pedir ajuda. Primeiro pensou em Lucy, mas tinha medo de estragar seu casamento com Hamilton.

Betsy e lorde Charles, nem pensar. Eles eram culpados por ela estar naquela situação. Os pais, distantes em Plymouth, não a ajudariam. A mãe, na certa se recusaria. Era muito vaidosa e fútil, e jamais a perdoaria. O pai, então, tinha horror a mulheres que se lançavam no mundo artístico. Devia estar envergonhado e não iria querer nem falar com ela.

Havia Glenna, mas ela lhe dissera que não aprovava seu caso com Lionel, e Vivian não se sentia à vontade para procurá-la. Glenna era amiga de Francis também e, na certa, ficaria do lado dele.

Engolindo o orgulho, vestiu a melhor roupa que possuía e partiu para a casa de Francis. Rebaixar-se-ia se preciso fosse e lhe pediria algum dinheiro. Pedir-lhe-ia perdão, imploraria a sua ajuda. Faria com que ele se apiedasse dela e lhe oferecesse ajuda. Aquilo seria um salto sobre seu orgulho, mas ela não estava em posição de ser orgulhosa. Mais tarde, quando tudo melhorasse, pagar-lhe-ia o favor.

A neve voltara a cair fininha, e ela foi andando até a casa de Francis. Não podia se dar ao luxo de tomar uma carruagem. A casa era muito distante da sua, e ela demorou quase duas horas para chegar. Cansada e ofegante, abriu o portão da casa que um dia fora sua e tocou a sineta. Um empregado veio atender. Era novo ali e não a conhecia. Pensando que fosse alguma pedinte, bateu a porta na sua cara, dizendo que não davam esmolas. Ela tocou novamente e começou a gritar:

— Francis! Francis!

Ao ouvir o seu nome, o coração de Francis disparou. Estava sentado na sala quando a campainha soou e escutou o criado despachar a mendiga. Ele se levantou para chamar a atenção do serviçal. Sentira pena da mulher, na rua passando fome, ainda mais com aquele tempo, e ele iria dar-lhe ordens para que levasse a moça para os fundos e lhe desse de comer. Foi quando ouviu chamar o seu nome.

Imediatamente, reconheceu a voz de Vivian e correu para a porta. Era ela mesma. Estava mais magra, pálida, os cabelos em desalinho, o vestido velho e surrado. Quando viu o seu estado, quase a tomou nos braços e a levou para dentro. Se ela estava ali, era porque estava arrependida e iria pedir-lhe para voltar.

Emocionado, ele segurou-lhe a mão e sussurrou:

— Vivian...

No mesmo instante, Vivian atirou-se a seus pés e começou a chorar e a implorar:

— Oh! Francis, por favor, ajude-nos! Sei que o magoei e o feri, mas não foi por querer. Gosto de você, Francis, e não queria que as coisas acontecessem assim. Mas foi mais forte do que eu, não pude evitar. E agora... agora estamos na miséria. Mal temos o que comer. Você sempre foi um homem bom e piedoso. Não pode estar com tanta raiva de mim ao ponto de me deixar morrer à míngua. Ajude-nos, Francis. Prometo que, quando nos recuperarmos, pagaremos tudo. Você vai ver. Mas por favor, ajude-nos. Dê-nos uma chance de, ao menos, sobreviver!

Francis ficou aturdido. Pelas suas palavras, Vivian não fora ali pedir-lhe para voltar. Fora ali pedir sua ajuda. Para ela e para Lionel!

— Vivian... não posso. Se quer a minha ajuda, abandone Lionel e volte para casa. Aqui é o seu lugar. Você é minha esposa, e eu a receberei de volta. Partiremos daqui. Iremos para onde você quiser, e eu vou fazê-la esquecer tudo por que passou. Mas tem que deixar Lionel. Se não o fizer, não conte com a minha ajuda.

Ela recuou horrorizada. Ele não podia estar falando sério. Não podia ser tão insensível.

— Por Deus, Francis, não me peça isso! Não posso viver sem Lionel...

Francis engoliu em seco e revidou:

— Então, Vivian, sinto muito. Volte para o buraco de onde saiu e enterre sua vida ao lado daquele homem que não a merece.

— Você não sabe o que está dizendo, Francis. Sei que agi errado com você, mas será que já esqueceu tudo o que vivemos juntos? Não se lembra, Francis? Não se lembra de nossas noites de amor, do carinho que lhe dei?

— Isso tudo é passado, Vivian. Você mesma disse que não pode viver sem Lionel. Pois se é assim, de nada valeu tudo o que vivemos. Você nunca me amou e, se não estiver disposta a me amar agora, nada terá de mim.

— O que quer, Francis? Humilhar-me? Quer que eu implore? Pois estou implorando. Ajude-nos!

— Não, Vivian. Ajudarei você. Mas Lionel, não. Por que o faria? Foi graças a ele que a perdi.

— Não, Francis, está errado. Lionel nada teve a ver com isso. Você me perdeu porque eu não o amava. Não do jeito que você esperava.

Francis estava comovido e confuso. Seu coração lhe dizia para ajudar. Ainda que ela não voltasse para ele, seu impulso era o de ajudar, a ela e a Lionel. De que adiantaria tê-la sem amor? Melhor seria que ela estivesse bem, ainda que ao lado de outro, mas bem e feliz, ainda mais com o seu auxílio. Poderia se orgulhar disso para o resto da vida.

Mas o amor-próprio falou mais alto. Ele queria ajudar, mas queria que ela deixasse Lionel e pedisse para voltar, queria que ela se tornasse dependente dele e se submetesse à sua vontade. Mas Vivian não faria isso. Era orgulhosa também e não o amava.

— Sinto muito, Vivian — sussurrou.

Não precisava dizer mais nada. Frustrada e com raiva, Vivian deu-lhe as costas e voltou para casa. Francis ainda pensou em ir atrás dela, mas achou melhor não. Ela era teimosa, mas acabaria cedendo. Mais alguns meses de fome e humilhação, e ela não resistiria. Voltaria para casa e para sua vida.

capítulo

final

Cada vez mais, Vivian estava desiludida. A vida já não valia mais a pena. Para que viver? De que adiantava sua vida? Era um estorvo para Lionel. Se ele estivesse sozinho, poderia se arranjar melhor. Mas tinha que trabalhar para sustentar-se e a ela, que não sabia fazer nada para ajudar. Sim, pensou, ele estaria melhor sem ela.

Enquanto isso, Lucy se roía. Não sabia por que, mas não parava de pensar em Vivian. Desde que tudo acontecera, nunca mais tivera notícias suas. Pensou em procurá-la, mas o marido a proibiu, e ela obedeceu. Não sabia onde a irmã morava, mas algo em seu coração lhe dizia que precisava vê-la; que ela, após tantos anos, precisava mais do que nunca da sua ajuda.

As horas iam passando e a sensação, aumentando. Joseph, sabendo o que se passava em casa de Vivian, correra ao encontro de Lucy, tentando obter sua ajuda. Seguindo a inspiração do espírito protetor, Lucy sentiu vontade de sair para ver se conseguia tirar aquela opressão de seu peito. Apanhou a capa, chamou a carruagem e foi fazer compras. Vira um chapéu novo de que gostara, e comprá-lo a ajudaria a parar de pensar.

Ao entrar na loja, dirigiu-se ao balcão e fez o pedido à atendente. A seu lado, uma moça escolhia uma estola, e ela soltou uma exclamação quando a viu:

— Betsy!

Betsy voltou-se para ela assustada. Reconhecendo Lucy, ficou parada, sem saber o que fazer, mas Lucy a abraçou esperançosa, animada com aquela feliz *coincidência* que colocara a outra em seu caminho.

— Há quanto tempo não a vejo, Betsy. Por onde tem andado?

— Não tenho saído muito...

— Por que não veio me visitar?

Espantada com a forma como Lucy a tratava, Betsy respondeu:

— Depois de tudo o que aconteceu, do que eu fiz... Não tive coragem.

A moça da loja chegou com o modelo que ela pedira, mas Lucy não estava mais interessada no chapéu. Deu uma desculpa à atendente e saiu puxando Betsy. Ela deixou sobre o balcão a estola que estava vendo e a seguiu. Do lado de fora, Lucy segurou-lhe os ombros e, olhando-a fixamente, indagou:

— Betsy, por favor, preciso que me diga. Você sabe onde está Vivian?

Betsy estava profundamente envergonhada e retrucou:

— Não posso mais procurá-la. Ela não quer me ver. Está com raiva de mim.

— Ouça, Betsy, sei que é difícil, mas não pense nisso agora. Você precisa me ajudar.

— Ajudá-la? Como?

— Dizendo-me onde ela está.

— Você não está zangada comigo, Lucy?

— Zangada? Não, não estou. Penso até que foi Deus quem a colocou em meu caminho hoje.

— É? Por quê?

— Porque eu estava desassossegada, pensando em uma forma de encontrar Vivian, e aí você apareceu. Não é estranho?

— Sim... é... Mas foi coincidência.

— Uma feliz coincidência. Mas você precisa me dizer. Sabe onde ela está?

— Por que me pergunta isso agora, depois de tanto tempo? Já faz alguns anos que ela sumiu.

— Não sei dizer. Desde que ela desapareceu, nunca mais tive notícias suas. Mas hoje, não sei por que, meu coração amanheceu apertado. Sinto que ela precisa de mim. Por isso é que preciso saber onde ela está. Você sabe?

Betsy inspirou profundamente e contou-lhe tudo o que acontecera naquela vez em que a procurara. Estava arrependida do que fizera e só o que queria era ajudar.

— Então você tem que me dizer onde ela está. Sabe onde é?

Betsy fez que sim com a cabeça, entrou novamente na loja e pediu um pedaço de papel e uma pena. Escreveu o endereço e deu a Lucy.

— O que pretende fazer? — perguntou Betsy.

— Vou até lá.

— Agora?

— Nesse minuto.

Ela entrou correndo na carruagem, deu o endereço ao cocheiro e mandou que ele rumasse para lá o mais depressa possível. Sabia que Hamilton não iria aprovar, mas não se importava. Sua irmã precisava de ajuda, e ela iria ajudar.

Do lado do astral, Rupert e Decius acompanhavam todos os pensamentos de Vivian.

— É agora — disse Rupert. — O momento é propício. Ela já pensa em morrer. Vamos induzi-la ao suicídio. Vamos! O que está esperando?

Vendo que Decius não se mexia, Rupert aproximou-se de Vivian e soprou-lhe ao ouvido:

— É isso mesmo, sua tonta. Para que viver? A morte é bem melhor do que essa vida que está levando. Se é que se pode chamar isso de vida.

Vivian recebia esses pensamentos como se fossem seus, o que fez aumentar ainda mais a sua vontade de morrer.

— Por que não acaba logo com tudo? — continuava ele. — Liberte Lionel. Ele está sofrendo por sua causa.

Amargurada, Vivian começou a chorar. Não queria mais viver. A morte era melhor do que aquilo. Sem dúvida, aquilo não era vida. Nem para ela, nem para Lionel.

— Isso mesmo. Mate-se, vamos. Seja corajosa. Apanhe a faca e acabe logo com tudo.

Desesperada, Vivian levantou-se e foi apanhar a faca no armário. Sentou-se novamente e ficou a olhar para ela. Era uma faca velha, a lâmina fosca, porém, afiada. Angustiada, encostou-a no pulso e sentiu a frieza do metal.

— Muito bem! — estimulava Rupert. — Agora aperte. Vamos, aperte-a e corte os pulsos. Vai terminar logo, você vai ver. Nem vai sentir nada.

Vivian olhava para a faca sobre seu pulso e hesitava. Em dado momento, apertou-a de encontro à carne, mas teve medo e afrouxou. Não tinha coragem para aquilo.

— Vamos! — gritava Rupert. — Agora, vamos!

Quando Vivian encostou novamente a faca no pulso, Decius não pôde mais se conter. Desembainhando a espada, cruzou-a na frente de Rupert e gritou:

— Não! Não, Rupert, você não vai levá-la! Deixe-a em paz! — e, virando-se para Vivian, clamou: — Você não quer morrer, Vivian! Solte essa faca!

Rompida a sintonia entre a encarnada e o espírito, Vivian afastou novamente a faca e começou a chorar descontrolada.

— O que deu em você? — vociferou Rupert, fuzilando de ódio. — Atreve-se a enfrentar-me?

— Suma, Rupert! — respondeu Decius entre dentes. — Vivian não lhe pertence!

— Vivian? É Althea quem está ali, não Vivian!

— Não importa o nome que lhe dê, Rupert. Você não vai levá-la. Antes, terá que me enfrentar!

Rupert desembainhou sua espada também, e travou-se furiosa luta entre os dois espíritos. Os dois eram praticamente iguais em força e habilidade, e ora parecia que Rupert ia vencer, ora era Decius quem levava a melhor. Até que, em dado momento, Decius derrubou Rupert no chão e encostou a espada em seu pescoço, indagando em tom ameaçador:

— E agora, Rupert? Quem é que vai experimentar a segunda morte?

— Não se iluda, seu tolo — rosnou Rupert —, meus soldados estão aí fora, e você não escapará.

— Seus soldados não podem mais do que os meus.

Enquanto Rupert e Decius lutavam pela posse de Vivian, a carruagem de Lucy estacionou do lado de fora. Do outro lado da rua, os soldados de Rupert, que aguardavam ordens, vendo-a descer, partiram ao seu encontro. Sabiam que ela fora levada até ali para tentar impedir o suicídio e precisavam evitar que chegasse a tempo, fazendo-a cair, escorregar, sentir-se mal, qualquer coisa.

Logo que Lucy desceu, os soldados de Decius se colocaram lado a lado, formando um corredor até a porta da entrada da casa de Vivian. Sem nem perceber, Lucy deu o primeiro passo e, quando passou, os dois primeiros soldados da fila cruzaram suas lanças atrás dela, barrando a passagem dos comandados de Rupert, que não puderam avançar. À medida que Lucy ia caminhando, mais e mais lanças iam se cruzando a suas costas, de forma que, quando ela alcançou a porta, havia uma espécie de barreira espiritual impedindo que os soldados de Rupert avançassem.

Lucy chegou à porta e bateu. Nesse momento, Decius, ainda com a ponta da espada encostada no pescoço de Rupert, suspendeu a arma e ordenou:

— Saia daqui! Você não tem mais poder contra mim ou contra Vivian.

Embora furioso, Rupert reconhecia a derrota. Sabia que não tinha chances de vencer Decius naquele momento. Levantou-se praguejando, deu uma última olhada em Vivian e sumiu, espumando de ódio.

Como ninguém atendesse, Lucy empurrou a porta e entrou. Não conhecia o lugar, mas nem reparou na bagunça e na sujeira. Instintivamente, dirigiu-se para a cozinha e encontrou Vivian olhando fixo para a faca apoiada no pulso. Lucy levou um tremendo susto e gritou, correndo para a irmã:

— Vivian! Não faça isso!

Imediatamente, acercou-se dela e arrancou-lhe a faca das mãos. Vivian voltou o rosto para a irmã e desatou a chorar. Parecia-lhe estar na presença de um anjo.

— Lucy! É você mesma? Oh! Lucy, Lucy! — chorava, agarrada à sua cintura.

Lucy, emocionada, chorava também e abraçou-a com ternura. A seu lado, Joseph sorria satisfeito e, mais atrás, Decius olhava com ar comovido. Voltando-se para ele, Joseph declarou:

— Muito bem, Decius. Não disse que conseguiria? — ele estava emocionado demais para falar, e Joseph prosseguiu: — Então? Não se sente feliz? Hoje obrou a serviço do bem.

— Sim... — murmurou ele, a voz embargada. — Consegui. Pensei que não fosse capaz, mas consegui.

— Você e seus soldados agiram muito bem.

— Meus soldados... como estão?

— Não se preocupe com eles. Estão bem. Os que quiseram partir já foram recebidos pelos espíritos encarregados de os orientar.

— E quanto a Rupert?

— Não se preocupe com ele também. Rupert ainda cultiva o ódio e o orgulho em seu coração. Mas dia chegará em que, como você, também pedirá a nossa ajuda.

— Vivian está livre dele agora?

— Praticamente. Daqui para a frente, duvido que ele consiga assediá-la novamente com tanta intensidade. Lucy vai ajudá-la a reencontrar a paz e o equilíbrio.

Decius deixou cair algumas lágrimas emocionadas e indagou:

— E você? Por que veio?

— Estou aqui para levá-lo comigo. Não quer ir?

Joseph estendeu a mão para ele, e Decius segurou-a. Prontos para volitar, Joseph olhou para Vivian e Lucy, que choravam abraçadas, e finalizou:

— Agradeçamos ao Criador pela vitória da luz. Hoje o mundo das sombras sofreu importante derrota, e dia chegará em que toda a treva será inundada pela luminosidade de Deus.

Feliz, Decius fechou os olhos e se deixou conduzir. Não precisava mais de Rupert nem de um exército para comandar. Só o que queria era adormecer tranqüilo e encontrar a paz.

Quando Lionel abriu a porta de casa naquela noite, sentiu um cheirinho gostoso no ar e entrou espantado. Já passava da meia-noite, e Vivian costumava estar dormindo quando ele chegava. Naquela noite, porém, ela parecia estar acordada. A casa estava toda limpa e arrumada. No fogão, uma panela fumegava, e ele viu que a mesa estava posta, com pão, queijo, algumas frutas e um bolo de amêndoas, além de flores em um jarro de vidro.

A cozinha estava vazia, e quando ele se virou para procurar Vivian, ela veio de dentro do quarto, limpa, penteada e usando um vestido novo. Saltando em suas pernas, Sean, o cãozinho, seguia-a latindo, pêlo lustroso e perfumado.

— Mas o que... — começou ele a gaguejar.

Vivian não lhe deu tempo de continuar. Atirou-se em seus braços e beijou-o com ternura e suavidade. Ele retribuiu o beijo rapidamente e, em seguida, segurou-a pelos braços e indagou preocupado:

— Vivian, o que significa isso? De onde vieram todas essas coisas?

Ela sorriu, passou a mão no seu queixo e retrucou calmamente:

— Não se preocupe, Lionel, não é o que está pensando. Não fiz nada de errado.

— Mas como conseguiu isso?

— Foi um anjo quem trouxe. Um anjo amigo e muito querido.

— Um anjo? Ora, Vivian, pare de brincadeiras. Quem lhe deu tudo isso?

— Não imagina? — ele balançou a cabeça. — Foi Lucy.

— Lucy? Ela esteve aqui?

— Esteve.

— Quando?

— Hoje cedo. E chegou bem na hora. Por pouco não cometo uma loucura.

— Loucura? Como assim?

Vivian contou-lhe do desespero que quase a levara ao ato extremo de se matar, e Lionel se assustou.

— Vivian! Ia ter coragem de fazer isso? Ia me deixar?

— Não pense mais nisso, Lionel. Já passou. Foi uma bobagem.

Acho que nem teria coragem. Mas Lucy chegou bem na hora e encheu-me de esperanças. Confortou-me e saiu, dizendo que ia fazer algumas compras para mim. Pediu-me para acompanhá-la, mas não pude. Tive medo de ser expulsa ou destratada novamente. Mas ela saiu e voltou pouco depois, trazendo tudo isso que você está vendo. Então arrumei a casa e até arrisquei-me a fazer um guisado. Você sabe que não sou muito boa na cozinha, mas resolvi experimentar. Está cheiroso, não está? — ele assentiu, maravilhado com a alegria dela. — Ah! e me deu também esse vestido. É lindo, não é? Pena que ficou um pouco largo. Acho que emagreci muito.

Lionel abraçou-a com carinho, bendizendo Lucy, a quem nem conhecia pessoalmente. Lucy conseguira tirar Vivian daquele estado de apatia em que se atirara, e ela até voltara a sorrir.

Na casa de Lucy, as coisas não estavam tão bem assim. Desde que ela descobrira o paradeiro da irmã, estava disposta a não mais deixá-la. Cometera um grave erro não tentando saber dela, mas agora iria repará-lo. Hamilton que a perdoasse. Mas não estava direito abandonar a irmã à própria sorte.

— Vivian escolheu o destino dela — repreendeu Hamilton. — Não temos nada com isso.

— Temos sim. Vivian é minha irmã e vou ajudá-la, quer você queira, quer não.

— Eu a proíbo, Lucy.

— Não proíbe, não. Não vou abandonar minha irmã, ainda que para isso tenha que me indispor com você.

— Se seu pai souber disso, não vai gostar nada.

— Meu pai é um monstro. Onde já se viu recusar ajuda à filha só porque ela resolveu ser escritora?

— Ela nos envergonhou a todos.

— Não a mim.

— Lucy, pense bem. O que os outros vão dizer?

— Não estou interessada no que os outros vão dizer. Só o que me interessa é o bem-estar de minha irmã. Por favor, Hamilton, entenda...

Hamilton ficou pensativo. Por mais que desaprovasse o que Vivian fizera, traindo a todos e juntando-se àquele poetazinho barato, reconhecia que, para Lucy, deveria ser difícil abandonar a irmã. Elas sempre foram muito ligadas, e Lucy andava triste, cabisbaixa, ansiosa por notícias de Vivian.

— Está bem Lucy — concordou ele, por fim. — Faça como quiser. Só o que peço é que não a traga para cá.

Lucy beijou o marido, feliz. No fundo, era um bom homem. Apenas contaminado pelos preconceitos que eram de toda a sociedade. Pior eram os pais. O pai, logo que soube, disse que não tinha mais filha e tratou logo de renegá-la. A mãe, furiosa, também não quis mais saber dela, afirmando que nunca mais tornaria a encará-la enquanto vivesse.

Apesar dos protestos de Lionel, Lucy tirou-os do cortiço em que viviam e alugou um sobrado para eles. Não era grande nem de luxo, mas era decente e confortável, com uma pequena lareira para aquecê-los no inverno. Convenceu Hamilton a interceder por Lionel, e ele conseguiu um emprego de escriturário no banco de Londres. O salário não era muito, mas melhor do que o que recebia na taverna. Dava, ao menos, para as despesas.

Aos poucos, Vivian foi melhorando. Sofria com os efeitos do álcool e das drogas, mas ia tentando se libertar. Reconhecia que era difícil livrar-se do vício, principalmente do haxixe. Apesar da dependência ser apenas psíquica e não física, era-lhe difícil abandonar o hábito, e a supressão dos chás, por vezes, causava-lhe imensa ansiedade e nervosismo. Lionel, porém, foi incisivo: ela estava proibida de ingerir ou cheirar haxixe dali para a frente, e Lucy ficou encarregada de vigiá-la quanto a isso.

Lionel saía para trabalhar de manhã e ela, estimulada por Lucy, começou a se interessar pela casa. Limpava, arrumava, cozinhava, cuidava de Sean e saía com ele para passear. O cachorro era seu amigo inseparável, e Vivian apegou-se a ele como se apega a uma criança.

Certa tarde, ela acabara de arrumar a casa quando bateram à porta. Estava certa de que encontraria a irmã mas, ao abrir, qual não foi a sua surpresa ao dar de cara com Glenna. Vivian ficou parada, olhando-a, sentindo a emoção dominar o seu peito. Glenna abriu os braços para ela, e Vivian correu para eles, aninhando-se feito uma garotinha.

— Glenna, Glenna! — balbuciava em lágrimas. — Como senti a sua falta!

— Por que não me procurou?

Ela soltou-se do abraço da amiga e levou-a para dentro. Lucy vinha mais atrás e as acompanhou em silêncio. Vivian a acomodou e sentou-se na poltrona, e Sean saltou em seu colo, como sempre fazia. Glenna acariciou o cãozinho, fitou Vivian e sorriu, enquanto Vivian dizia:

— Não sabe o quanto desejei vê-la, Glenna. Mas não tive coragem.

— Por quê? Não sou sua amiga?

— Tive medo de que me virasse as costas. Afinal, é amiga de Francis e nunca aprovou Lionel.

— Mas jamais a teria abandonado! — retrucou Glenna magoada. — Eu a teria ajudado. A você e a ele. Jamais teria permitido que passasse pelo que passou. Não devia ter sido tão orgulhosa. Teria evitado muitos sofrimentos.

— Nem a mim ela procurou — queixou-se Lucy. — Deus sabe o quanto quis encontrá-la.

— Até hoje não sei como me achou — observou Vivian.

— Quer mesmo saber?

— Hum, hum.

— Pois então, vou lhe dizer. Foi Betsy.

— Betsy?

— Sim. Encontrei-a por acaso numa casa de modas, e ela me disse. Está muito arrependida do que fez.

— Deve estar mesmo. Não conseguiu o que queria...

— Não fale assim, Vivian — censurou Lucy. — Betsy estava apaixonada por Lionel.

— E isso é motivo para me destruir?

— Mas ela está arrependida, já disse.

— Muito bonito. E o que quer que eu faça? Que a perdoe?

— Sim.

— Jamais. O que ela fez não tem perdão. Jamais poderei perdoá-la e a Francis.

Glenna olhou discretamente para Lucy, que se calou. Vivian havia passado um mau pedaço, e elas não podiam culpá-la.

— Por que não volta comigo para Plymouth? — perguntou Glenna.

Vivian permaneceu algum tempo calada. A idéia até que era tentadora.

— Não sei se poderia...

— É claro que poderia. Não seja orgulhosa novamente, Vivian.

— Meu pai não vai me aceitar, e minha mãe nem vai querer me ver.

— Você pode viver comigo.

— Obrigada, Glenna, mas Francis pode não gostar.

— Francis é tão meu amigo quanto você. E depois, nunca lhe neguei ajuda por causa dele.

— Mas foi o que pensei...

— Tirou isso de sua cabeça, de seu orgulho.

Ela suspirou e acrescentou:

— Talvez tenha razão. Contudo, também não poderia deixar Lionel.

— Leve-o com você.

— Não sei se concordará. Não vai aceitar viver às suas custas.

— E quem disse que ele vai viver às minhas custas? Arranjar-lhe-ei um emprego.

— Um emprego? De quê?

— Não sei. Veremos. De professor, quem sabe?

— Acha que alguém confiaria seus filhos nas mãos de um professor com a sua reputação?

— Talvez. Se eu o recomendar...

Lionel chegou do trabalho e juntou-se a elas. Foi apresentado a Glenna, a quem não conhecia, e logo simpatizou com ela. Colocado a par da situação, quedou pensativo. Faria tudo que Vivian quisesse. Só o que queria era vê-la feliz.

Um mês depois, Vivian se despedia de Lucy, partindo com Glenna, Lionel e seu inseparável cãozinho para Plymouth.

Sozinho na sala de sua mansão, Francis chorava. Soubera, por intermédio de Betsy, da partida de Vivian. Como se arrependia de não a ter ajudado. Agora sabia que ela jamais lhe pertencera e que jamais seria sua. Vivian não o amava, e só o que ele podia fazer era conformar-se e viver sem ela.

A porta da sala se abriu e Betsy apareceu. Vinha pálida, triste, sentida. Aproximou-se do irmão, sentou-se a seu lado e, beijando-lhe a mão, considerou:

— Francis, meu irmão, você tem que sair desse abatimento.

Ele olhou para ela com pesar e respondeu, olhos vermelhos de tanto chorar.

— Eu a perdi, Betsy. Perdi minha Vivian! O que será de mim agora?

— Sei que é difícil, Francis, mas você tem que continuar a viver.

— Ela veio me procurar, Betsy. E eu a mandei embora. Queria que ela implorasse para voltar, que dependesse de mim. Mas Vivian jamais pedirá nada a ninguém nem dependerá de ninguém. Devia têla ajudado. Devia...

— Isso não importa agora, Francis. Ela se foi. Não há mais o que fazer.

— Aquele Lionel é o culpado. Por que a tirou de mim?

Francis chorava descontrolado, e Betsy abraçou-o com força. Sentia-se culpada por tudo aquilo. Mas só fizera o que fizera porque queria Lionel de volta para ela.

— Não foi Lionel, Francis, fui eu. Foi minha culpa.

— Não, Betsy, não foi. Se ela não tivesse se apaixonado por Lionel, nada disso teria acontecido.

— Será? Simon me parecia bem decidido a destruí-la.

— Simon... aquele cachorro! O que lucrou com isso? Nada. Continua sendo o que sempre foi. Um joão-ninguém, um escritorzinho medíocre e sem expressão. Jamais será como Vivian.

— Tem tido notícias dele?

— Sim. Papai me disse que continua escrevendo contos sem qualquer valor literário. Mas não se encontra mais com os rapazes. Eles não se reúnem mais no café Paris.

— Foi muito triste o que aconteceu.

— Sim. Cada qual seguiu o seu rumo, e ninguém se importa. Nem eu me importei.

— Não se culpe, Francis.

— Agora terei que viver com essa culpa. Perdi Vivian para sempre, e não há nada no mundo que a traga de volta para mim.

Betsy abaixou os olhos e chorou. Também ela estava triste e arrependida. Mas ao menos soubera que Lucy conseguira ajudar a cunhada. Desde o dia em que haviam se encontrado casualmente, Betsy sempre procurava Lucy para saber notícias de Vivian. Fora assim que soubera de sua partida para Plymouth. E só o que podia fazer agora era desejar que Vivian e Lionel estivessem bem.

Apesar das promessas, Glenna não conseguiu arranjar uma colocação para Lionel. As pessoas, dessa vez pressionadas por lorde George, olhavam-no com desconfiança e desprezo. Foi preciso que Glenna fosse à casa dele para tentar chamá-lo à razão.

— O que pensa que está fazendo, George? — indignou-se. — Vivian é sua filha. Deveria ser o primeiro a ajudá-la.

— Não tenho que ajudar ninguém, Glenna. E você também não deveria se meter nessa história. Pode acabar mal.

— Por quê? Ela não me fez nada.

— George tem razão — intercedeu Christine. — Ela nos envergonhou a todos. Eu, de minha parte, nunca mais quero vê-la.

— Sim. Ainda mais porque se atreveu a trazer para cá aquele vagabundo com quem se amasiou.

— Não é bem assim, George. Lionel é um poeta. E eles se amam.

— Isso não é amor — recriminou Christine. — É sem-vergonhice.

— Vocês não podem ser tão insensíveis. Ela é sua filha.

— Não tenho mais filha, Glenna. Eu a reneguei.

— Vai deixá-la desamparada?

— Foi ela mesma quem se desamparou. Do meu dinheiro, não vai ver nem a cor.

Glenna saiu dali entristecida. Sabia que eles eram preconceituosos, mas esperava sensibilizá-los com a situação de

Vivian. Afinal, era sua filha. Mas eles não estavam preocupados com ela. Só se preocupavam com as aparências.

Quando ela entrou em casa, Lionel foi logo perguntando:

— E então, Glenna, conseguiu alguma coisa?

Ela o fitou com pesar e, colocando a mão sobre seu ombro, desculpou-se:

— Lamento, Lionel, eles não querem ceder.

— Devíamos ter ficado em Londres — ponderou Lionel. — Ao menos lá eu tinha um emprego.

— Não desanime, Lionel. Sei que vou conseguir arranjar algo para você.

Foi só quando padre Tobias chegou de uma viagem à Irlanda que as coisas começaram a melhorar. Ele estava fora há bastante tempo e ficou muito feliz ao saber que Vivian havia voltado. Ela, por sua vez, ao abraçá-lo, sentiu que seu coração se enternecia. Apesar do tempo e dos reveses, ainda o amava. Não como amava Lionel. Era um amor diferente, mas era amor, tinha certeza.

A irmandade de São Nicolau, escola católica só para meninos, era freqüentada pela mais alta elite de Plymouth, e foi ali que padre Tobias conseguiu uma colocação para Lionel. O diretor ainda relutou um pouco, mas padre Tobias usou de todo o seu poder de persuasão para convencê-lo.

— Faça uma experiência — dissera. — O rapaz é muito bom professor. Não vai se arrepender.

Realmente, os conhecimentos de Lionel em literatura inglesa impressionaram muito o diretor, e ele acabou sendo contratado. Apesar do rigor excessivo, Lionel manteve uma conduta discreta e comedida, o que agradou sobremaneira o diretor.

O Natal se aproximava novamente, e Lionel, no caminho para casa, ia pensando em toda a sua vida e na de Vivian, em tudo o que haviam passado apenas por se amarem. Ela se drogara e se prostituíra, mas agora estava livre. Não se arrependia. Ela era sua luz, seu destino, sua vida. Ainda que deixasse esta vida, ela continuaria sendo a sua vida. Estava feliz como nunca estivera e, apesar de nenhum dos dois nunca mais ter publicado nada, continuavam escrevendo poemas e trocando versos de amor.

Naquele ano, teriam uma ceia diferente. Iriam comemorar o Natal a três: Lionel, Vivian e Glenna, além do cãozinho Sean, que passara a ser parte da família. Padre Tobias fora visitar a família em Oxford e não poderia comparecer, mas deixara-lhes lembranças e votos de um Natal repleto de paz e de amor.

Lucy lhe escrevera uma carta saudosa, e Vivian ficou feliz em saber que ela estava vivendo bem ao lado do marido. Os pais já haviam chegado a Londres. Decepcionados com ela, foram passar o Natal em companhia de Lucy e do genro. Apesar da mágoa, Vivian decidiu que não iria deixar que nada estragasse o primeiro Natal de alegria que passava em muitos anos.

A ceia transcorreu alegre e harmoniosa, apesar do frio e da neve, que Vivian adorava. Aconchegados diante da lareira, os três trocavam presentes.

— E este aqui — disse Glenna, estendendo para Vivian uma caixinha de veludo azul — é para vocês dois. Espero que gostem.

Vivian apanhou a caixa com um sorriso e abriu devagar. Ao ver o seu conteúdo, fitou Glenna com os olhos úmidos e retrucou emocionada:

— Glenna! São lindas!

Lionel puxou a caixinha de sua mão e olhou. Dentro, um par de alianças de ouro luziu à luz das chamas. Legalmente, Vivian continuava ainda casada com Francis, o que impedia seu casamento com Lionel.

— Para simbolizar a aliança de seus corações. O casamento mais perfeito não é o que une pela lei dos homens, mas o que sela a união pelo reencontro do amor.

— Oh! Glenna, obrigada! — exclamou Vivian, levantando-se e abraçando a amiga.

Lionel apanhou uma das alianças e a colocou no dedo de Vivian. Ficou perfeita! Em seguida, Vivian apanhou a outra e pôs no anelar de Lionel, e os dois se beijaram emocionados. Vendo-os, Glenna sorriu de satisfação. Houve um tempo em que amara Vivian e chegara a pensar que estava apaixonada por ela. Mas hoje sabia que a paixão se extinguira, e o que ficara fora somente o amor, livre das amarras do desejo e do ardor. Pensou em dizer alguma coisa, mas não pôde. A voz embargada pela emoção conseguiu apenas pronunciar:

— Como é bom vê-los se amar...

Não pôde continuar, e Lionel levantou-se para apanhar as taças, dizendo também emocionado:

— Vamos brindar!

Serviu-os de champanhe e os três se levantaram, postando-se diante da lareira e sentindo o seu calor.

— Ao amor — falou Lionel.

— À liberdade — completou Vivian.

— À vida — finalizou Glenna.

Estalaram as taças e sentiram, no retinir do cristal, que a força do amor, da liberdade e da vida era um elo poderoso que os faria amigos para sempre. Depois, pousaram as taças sobre a mesa e se abraçaram, sentindo que nada mais os poderia destruir ou separar. Haviam conquistado a paz.

e depois do final?

Glenna não tinha herdeiros. Por isso, quando morreu, deixou toda a sua fortuna para Vivian, que se viu proprietária de um patrimônio considerável, consistente de diversos imóveis, obras de arte, jóias, títulos e dinheiro. O marido de Glenna fora um homem muito rico, e ela, uma mulher comedida, apesar de viver cercada de luxo e riquezas.

A despeito disso, Lionel continuou trabalhando na irmandade de São Nicolau. Gostava de lecionar e era irrequieto demais para ficar em casa sem fazer nada, ainda mais vivendo do dinheiro da mulher. Vivian sentiu muito a morte de Glenna e jamais pensou que poderia prantear a perda de alguém como o fizera pela amiga.

Os pais de Vivian, embora voltassem a falar com ela, tratavam-na com frieza e distanciamento, e ela se sentia muito triste por não poder contar com a sua amizade. Não precisava do dinheiro deles. Glenna deixara-a muito bem. Mas gostaria de se reconciliar com eles para que pudessem viver em paz.

Apenas Lucy a visitava. Todas as vezes em que ia a Plymouth, passava em sua casa, passeava com ela e se distraíam. Lucy dava-lhe notícias de Francis e de Betsy, de lorde Charles e de lady Margaret, de William e dos demais rapazes. Apesar de profundamente consternados com o que acontecera a Vivian e Lionel, nenhum deles tornara a procurá-los, mais por vergonha devido à sua covardia, do que por falta de interesse. Apenas de Simon, não dava notícias. Os rapazes haviam rompido com ele e raramente se falavam.

Lucy sabia por Betsy que lorde Charles continuava a patrocinar jovens escritores, homens ou mulheres, mas tomava o cuidado de não permitir que outras moças quisessem seguir os passos de Edwin Ferguson. As reuniões em casa de lorde Herbert continuavam acontecendo todo mês, mas lorde Charles já não ia com tanta freqüência. Sentia-se envergonhado com o triste episódio que se desenrolara ali.

Padre Tobias aparecia de vez em quando. Sempre que ele vinha, Vivian sentia-se feliz e confortada, como se estivesse diante de um amigo muito querido, de quem não guardava mágoa ou rancor pelo que lhe fizera. Já haviam passado sua cota de sofrimento e não tinham mais cobranças a fazer. Padre Tobias gostava de Lionel, e os dois haviam se tornado bons amigos, perdendo horas a fio em animadas conversas sobre política e literatura.

Sempre que ia a Londres, padre Tobias encontrava Francis e Betsy. Após a morte de seus pais, Betsy passou a viver com o irmão, até que se casou, mas nunca fora feliz. Francis, por sua vez, lamentou muito a perda da mulher. Roía-se de remorso e sentiu vontade de procurá-la, mas tinha medo de que ela o rejeitasse. Ao pensar no marido e na cunhada, Vivian se entristecia. Sentia vontade de perdoá-los, mas seu orgulho não permitia. Por mais que desejasse passar por cima daquilo tudo, seu amor-próprio lhe dizia que não deveria esquecer tamanha ofensa, e Vivian calava a voz do coração para dar ouvidos ao rigor da razão.

Pouco tempo depois, padre Tobias também desencarnou. Já estava idoso, passava dos setenta anos, e seu coração não agüentou. Numa noite fria de inverno, teve um ataque cardíaco e morreu, e Vivian chorava desconsolada, amparada por Lionel e por Lucy, que viera para o enterro.

Durante cerca de quinze anos, Vivian e Lionel continuaram vivendo na mansão que pertencera a Glenna. Até que Lionel também veio a desencarnar, e ela sentiu-se extremamente só. Há muito, seu cãozinho Sean também havia morrido, e não havia ninguém mais com quem partilhar suas alegrias e tristezas. Todos a quem amava haviam morrido, inclusive a irmã, que partira havia poucos meses, deixando-a para morrer sozinha em Plymouth.

Contava então cinqüenta e sete anos, guardando ainda no rosto traços de uma beleza clássica e exuberante. Mas não sentia mais gosto por sua vida. Estava cansada da Inglaterra. Cansara-se do país que lhe dera tantas alegrias e tantas tristezas, e decidiu que não queria mais viver ali. Fora feliz ao lado de Lionel e de Glenna, mas agora que ambos já haviam partido, era hora de ela ir embora também.

Tomou uma resolução. Vendeu todas as suas propriedades, fez as malas e partiu para Londres. De lá, iria para a França, onde ninguém a conhecia, e então seguiria para a América. Diziam que o Novo Mundo era cheio de oportunidades, e era lá que gostaria de terminar os seus dias, longe das lembranças, mágoas e tristezas de Londres.

Não havia mais de quem se despedir, e foi para a França. Desembarcou como Vivian Stilwell e, uma semana depois, ao tomar o navio para a América, apresentou-se como Edwin Ferguson. Não queria mais parecer mulher. Se antes gostava de sua condição feminina, agora tinha certeza de que ela fora a causa de toda a sua desdita. Não fosse mulher, teria tido o direito de viver a sua vida sem ter que sofrer a crueldade e a injustiça do preconceito. Vivian pensou que jamais permitiria que a humilhassem novamente, e ser homem, naquele momento, garantir-lhe-ia a liberdade e o respeito. Ademais, suas lembranças mais felizes não eram de Vivian Stilwell ou Vivian Lester, mas de Edwin Ferguson.

Já estava subindo a rampa de acesso ao navio quando ouviu uma voz familiar. Virou-se e viu um homem, acompanhado do que ela supunha serem sua mulher e seus filhos. Seis, no total. Imediatamente reconheceu Jules. Ele estava mais gordo, meio calvo, os cabelos brancos. Estranhamente, não sentiu nenhuma emoção. Seus olhos, por um momento se cruzaram, mas Jules não se deteve neles mais do que um segundo. Não conhecia aquele homem e nem se lembrava mais de Vivian.

Ela virou-lhe as costas e continuou a subir a rampa, e ele permaneceu onde estava, acenando para um rapaz que se encontrava a bordo do navio, debruçado na amurada. O rapaz o chamava de pai, e ela sorriu. Eram bem parecidos.

Quando o navio zarpou, Vivian deu uma última olhada em Jules e sentiu estranha emoção. Não era amor, não era saudade, não era dor. Era uma sensação de alívio, a certeza de que deixava para trás todo um passado de dissabores e frustrações. Agora teria que pensar no futuro. Estava a caminho da América, e a América era o futuro. A Europa, o passado. Um passado que não queria mais recordar.

Vivian chegou a Nova York em um dia calmo e tranqüilo de primavera. O sol estava morno, e ela foi direto para um hotel. Tomou informações e, no dia seguinte, dirigiu-se para a casa bancária mais respeitada da cidade. Apresentou-se como Edwin Ferguson, transformou libras em dólares e comprou uma bonita e espaçosa propriedade, cercada de árvores e de um muro alto, porém discreta e sem ostentação. Não queria chamar a atenção de ninguém.

Decorou-a com gosto e tornou-a confortável. Estava acostumada ao luxo e ao conforto, e transformou sua casa em seu refúgio particular, onde passava horas e horas lendo e escrevendo versos e contos que guardava numa pasta de couro. Jamais permitiria que alguém mais conhecesse o seu talento. Tinha agora dois segredos. Edwin Ferguson era mulher, e aquela mulher era escritora. Mas ninguém jamais descobriria.

Não tinha empregados, à exceção de um jardineiro, que vinha uma vez por mês para aparar a grama e podar as árvores. Tinha todo o tempo livre e poderia cuidar da casa pessoalmente. Não queria ter que se ocultar dentro de sua própria casa, e uma empregada em breve descobriria seu disfarce, e ela tremia só de pensar que poderia ter que passar por tudo aquilo novamente. Mas não precisava. Para todos os efeitos, era apenas um homem, já meio idoso, que vivia só, sem chamar a atenção de ninguém. Ela chegou a cortar os cabelos bem curtinhos e abandonou o bigode postiço que antes usava. Lembrou-se do quanto devia ter parecido ridículo, um homem de bigode e seios à mostra.

Quando o inverno chegou, Vivian sentiu mais do que nunca a solidão. Sempre gostara da neve, mas agora lhe parecia que o frio se tornara ainda mais intenso. Não tinha com quem compartilhar o calor, mas tudo era preferível à solidão em sua própria terra.

Era véspera de Natal novamente, e muitas lembranças lhe afloraram à mente. Sentia saudades de Lionel, de Glenna, de padre Tobias, de Lucy e até de Sean. Precisava arranjar outro cachorrinho, pensou. Ele iria lhe fazer companhia.

Seguindo um impulso inexplicável, Vivian resolveu sair. Não sabia nem por que, mas sentiu vontade de ver o movimento de Natal e fazer algumas compras. Vivian gostava de fazer compras e divertia-se comprando livros e coisas para a casa.

A neve havia parado de cair, e ela apanhou o sobretudo de peles, calçou as luvas, colocou o chapéu e saiu. Ia andando pela rua, distraída, apreciando as lojas enfeitadas, as guirlandas nas portas das casas, os sinos das igrejas que começavam a badalar. Ao cruzar uma esquina, seu coração se apertou.

Do outro lado da calçada, um homem alto, forte, segurava um menino pela gola do casaco e o empurrava para a rua. O menino caiu no chão, e o homem, furioso, apontou o dedo para ele e esbravejou:

— Seu vermezinho nojento. Nunca mais volte aqui, está ouvindo? Vamos, desapareça! Saia daqui!

O menino levantou-se apressado e saiu correndo. Imediatamente, os olhos de Vivian se encheram de lágrimas. Sentiu vontade de matar aquele sujeito. Atravessou a rua e aproximou-se da loja onde o homem acabara de entrar, espiando pela vitrine. O homem, espumando, gesticulava e falava com uma mulher, apontando para a prateleira de pães, e Vivian deduziu que o menino deveria ter furtado algum.

Sentiu algo diferente em seu coração. Uma emoção que não sabia definir. Na mesma hora, levantou a cabeça, tentando segurar as lágrimas, e olhou de um lado para outro. Nada. O menino havia desaparecido. Mais que depressa, saiu à sua procura. Precisava encontrá-lo. Ele não devia estar longe. De fato. Todo encolhido junto à porta de um armazém fechado, ele tiritava de frio, tentando se proteger debaixo de um casaquinho fino e roto.

Cuidadosamente, Vivian se aproximou. Quando o menino a viu, fez menção de se levantar e correr, mas ela estendeu a mão para a frente e disse com ternura:

— Chi! Tenha calma, menino, não vou lhe fazer mal.

— O que quer? — indagou desconfiado.

Olhando para ele, os olhos de Vivian tornaram a encher-se de lágrimas. Era um menino franzino, de uns sete ou oito anos no máximo, magro e pálido.

— Onde estão seus pais?

— Pais? Não tenho pais, não senhor.

— E onde vive?

Ele deu de ombros, fez um muxoxo e apontou com o queixo para a rua, respondendo de forma displicente:

— Por aí.

— Sozinho?

— É. Às vezes durmo na porta da casa paroquial. Tem uma área coberta grande lá. Mas hoje tem missa, e o sacristão não me deixou ficar.

— Mas não tem ninguém olhando por você?

O menino começou a se inquietar. Quem era aquele homem que lhe fazia tantas perguntas?

— Ouça, moço, não tenho nada para dizer ao senhor, não. Quem é o senhor? O que quer de mim? Não fiz nada.

Vivian podia ler o temor em seus olhos. Sabia bem o que era aquilo. Ele já devia estar acostumado a ser escorraçado e humilhado, e devia pensar que ela era alguma espécie de policial que ali fora para prendê-lo pelo furto na loja.

Tentando tranqüilizá-lo, Vivian respondeu:

— Não tenha medo. Sei que não fez nada e não estou aqui para prendê-lo.

— Não? E o que quer?

— Ajudá-lo.

— Ajudar-me? Por quê?

— Porque tenho muito dinheiro e vivo sozinho. Você também vive só, mas não tem dinheiro algum. Não acha que seríamos uma boa companhia um para o outro?

O menino fitou-a com uma pontinha de esperança no olhar. Não sabia por que, mas sentia que podia confiar naquele *homem*.

— Não estou entendendo. Por que um homem rico feito o senhor ia querer justo a companhia de um menino largado feito eu?

— É justamente por isso que quero a sua companhia. Acho que teremos muito o que aprender um com o outro. Então? O que me diz? Não quer me acompanhar? Não está com fome? Pense bem. É a sua última chance. Se não quiser, vou-me embora.

Como o menino não respondesse, Vivian suspirou, ergueu os ombros e finalizou:

— É pena.

Virou as costas e começou a caminhar de volta. O menino, durante alguns segundos, ficou vendo-a se afastar. Quando ela já estava quase dobrando a esquina, resolveu. Não tinha mesmo nada a perder. Se morresse, não haveria ninguém que chorasse por ele. Os pais já estavam mortos mesmo, e ele vivia da caridade alheia. Melhor seria tentar uma aventura do que ficar ali, sentindo frio no meio daquela neve toda.

Levantou-se apressado, limpou as calças e saiu correndo atrás de Vivian, gritando:

— Ei, cavalheiro! Espere!

Vivian virou-se para ele e sorriu. Ele chegou perto dela, esfregou as mãos e ficou à espera de que ela dissesse alguma coisa, e ela indagou:

— Como se chama?

— Andrew, senhor.

— Muito bem, Andrew. De hoje em diante, seremos amigos. E, por isso, você pode me chamar apenas de Edwin.

De mãos dadas, Vivian partiu com Andrew e o recebeu como um filho. Desde aquele dia, ele passou a ser sua alegria, seu alento, sua esperança. Andrew era seu amigo e companheiro, e era o único a conhecer sua identidade. Soube amá-la e admirá-la como sua verdadeira mãe e sabia como ninguém compreendê-la e contornar o seu gênio explosivo.

Vivian deu-lhe instrução e ele se formou médico, cuidando pessoalmente de sua saúde. Andrew era um menino afável e generoso, e ela o amou como o filho que não tivera, criando-o com liberdade e responsabilidade. Levava-o para passear, enchia-o de doces e brinquedos, estimulava suas amizades. Andrew cresceu uma criança feliz e amorosa, e Vivian sentiu-se recompensada com o seu amor.

Anos mais tarde, quando ela morreu, já bastante idosa, Andrew era a única pessoa presente ao seu sepultamento. Cuidou sozinho do funeral e não permitiu que ninguém tocasse seu corpo. Atendendo a um pedido da mãe, ele mesmo a vestiu para o enterro, e ninguém nunca ficou sabendo de sua real identidade.

Depois que o caixão baixou à sepultura, Andrew, que segurava na mão uma rosa branca, atirou-a sobre a urna e, lágrimas nos olhos, murmurou:

— Descanse em paz, mamãe. E que Deus a receba de braços abertos, cuidando das tantas feridas que você abriu em sua alma... — calou-se emocionado.

Do lado do astral, Vivian, conscientemente, não escutou. Fora recolhida pelas mãos amigas de Lawrence, mentor espiritual encarregado de buscá-la, e repousava em um hospital no espaço, cercada por Lionel, Glenna, padre Tobias e Lucy.

Mas Lawrence, presente ao enterro, ouviu as últimas palavras de Andrew para aquela que fora a única mãe que conhecera e, aproximando-se dele, pousou-lhe um beijo carinhoso na face e anunciou:

— Não se preocupe, Joseph. Ela será bem cuidada por nós.

E Andrew, que também era Joseph, sentindo a presença do espírito amigo, ajoelhou-se na grama úmida de chuva e chorou...

fim

Sucessos de ZIBIA GASPARETTO

Crônicas e romances mediúnicos.
Mais de sete milhões de exemplares vendidos.
Há mais de dez anos Zibia Gasparetto vem se mantendo na lista dos mais vendidos, sendo reconhecida como uma das autoras nacionais que mais vende livros.

Crônicas: Silveira Sampaio

- PARE DE SOFRER
- O MUNDO EM QUE EU VIVO
- BATE-PAPO COM O ALÉM

Crônicas: Zibia Gasparetto

- CONVERSANDO CONTIGO!

Autores diversos

- PEDAÇOS DO COTIDIANO
- VOLTAS QUE A VIDA DÁ

Romances: Lucius

- O AMOR VENCEU
- O AMOR VENCEU *(em edição ilustrada)*
- O MORRO DAS ILUSÕES
- ENTRE O AMOR E A GUERRA
- O MATUTO
- O FIO DO DESTINO
- LAÇOS ETERNOS
- ESPINHOS DO TEMPO
- ESMERALDA
- QUANDO A VIDA ESCOLHE
- SOMOS TODOS INOCENTES
- PELAS PORTAS DO CORAÇÃO
- A VERDADE DE CADA UM
- SEM MEDO DE VIVER
- O ADVOGADO DE DEUS
- QUANDO CHEGA A HORA
- NINGUÉM É DE NINGUÉM
- QUANDO É PRECISO VOLTAR
- TUDO TEM SEU PREÇO
- TUDO VALEU A PENA
- UM AMOR DE VERDADE
- NADA É POR ACASO
- O AMANHÃ A DEUS PERTENCE

Sucessos de LUIZ ANTONIO GASPARETTO

Estes livros irão mudar sua vida!
Dentro de uma visão espiritualista moderna, estes livros irão ensiná-lo a produzir um padrão de vida superior ao que você tem, atraindo prosperidade, paz interior e aprendendo acima de tudo como é fácil ser feliz.

- ATITUDE
- FAÇA DAR CERTO
- SE LIGUE EM VOCÊ *(adulto)*
- SE LIGUE EM VOCÊ - nº1 *(infantil)*
- SE LIGUE EM VOCÊ - nº 2 *(infantil)*
- SE LIGUE EM VOCÊ - nº 3 *(infantil)*
- A VAIDADE DA LOLITA *(infantil)*
- ESSENCIAL *(livro de bolso com frases para auto-ajuda)*
- GASPARETTO *(biografia mediúnica)*

- PROSPERIDADE PROFISSIONAL
- CONSERTO PARA UMA ALMA SÓ *(poesias metafísicas)*
- PARA VIVER SEM SOFRER

- CALUNGA - Um dedinho de prosa
- CALUNGA - Tudo pelo melhor
- CALUNGA - Fique com a luz...

- série AMPLITUDE:

1- Você está onde se põe

2- Você é seu carro

3- A vida lhe trata como você se trata

4- A coragem de se ver

OUTROS AUTORES

Conheça nossos lançamentos que oferecem a você as chaves para abrir as portas do sucesso, em todas as fases de sua vida.

LOUSANNE DE LUCCA:

- ALFABETIZAÇÃO AFETIVA

MARIA APARECIDA MARTINS:

- PRIMEIRA LIÇÃO - "Uma cartilha metafísica"
- CONEXÃO - "Uma nova visão da mediunidade"
- MEDIUNIDADE e AUTO-ESTIMA

VALCAPELLI:

- AMOR SEM CRISE

VALCAPELLI e GASPARETTO:

- METAFÍSICA DA SAÚDE:

vol.1: sistemas respiratório e digestivo

vol.2: sistemas circulatório, urinário e reprodutor

vol.3: sistemas endócrino *(incluindo obesidade)* e muscular

MECO SIMÕES G. FILHO:

- EURICO um urso de sorte (infantil)
- A AVENTURA MALUCA DO PAPAI NOEL

E DO COELHO DA PÁSCOA (infantil)

MAURÍCIO DE CASTRO (pelo espírito Hermes):

- O AMOR NÃO PODE ESPERAR

RICKY MEDEIROS:

- A PASSAGEM
- QUANDO ELE VOLTAR
- PELO AMOR OU PELA DOR...
- VAI AMANHECER OUTRA VEZ
- DIANTE DO ESPELHO

MARCELO CEZAR (ditado por Marco Aurélio):

- A VIDA SEMPRE VENCE
- SÓ DEUS SABE
- NADA É COMO PARECE
- NUNCA ESTAMOS SÓS
- MEDO DE AMAR
- VOCÊ FAZ O AMANHÃ
- O PREÇO DA PAZ

MÔNICA DE CASTRO (ditado por Leonel):

- UMA HISTÓRIA DE ONTEM
- SENTINDO NA PRÓPRIA PELE
- COM O AMOR NÃO SE BRINCA
- ATÉ QUE A VIDA OS SEPARE
- O PREÇO DE SER DIFERENTE
- GRETA
- SEGREDOS DA ALMA
- GISELLE - A amante do inquisidor

LEONARDO RÁSICA:

- FANTASMAS DO TEMPO - Eles voltaram para contar
- LUZES DO PASSADO

MÁRCIO FIORILLO (ditado por Madalena):

- EM NOME DA LEI

LUIZ ANTONIO GASPARETTO EM CD:

Aprenda a lidar melhor com as suas emoções, para conquistar um maior domínio interior.

- Prosperidade
- Confrontando a desilusão
- Confrontando a solidão
- Confrontando as críticas
- Confrontando a depressão
- Prece da Solução *(pelo espírito Calunga)*

• série VIAGEM INTERIOR *(nº 1, nº 2 e nº 3)*:

Através de exercícios de meditação mergulhe dentro de você e descubra a força da sua essência espiritual e da sabedoria. Experimente e verá como você pode desfrutar de saúde, paz e felicidade desde já.

• série REALIZAÇÃO:

Com uma abordagem voltada aos espiritualistas independentes, eis aqui um projeto de *16 cds* para você melhorar.

Encontros com o Poder Espiritual para práticas espirituais da prosperidade.

Nesta coleção você aprenderá práticas de consagração, dedicação, técnicas de orações científicas, conceitos novos de força espiritual, conhecimento das leis do destino, práticas de ativar o poder pessoal e práticas de otimização mental.

• série VIDA AFETIVA:

1- Sexo e espiritualidade
2- Jogos neuróticos a dois
3- O que falta pra dar certo
4- Paz a dois

• série LUZES:
Coletânea de 8 cds, nos volumes 1 e 2.

Através de curso ministrado no Espaço Vida e Consciência, pela mediunidade de Gasparetto, os espíritos desencarnados que formam no mundo astral o grupo dos Mensageiros da Luz, nos revelaram os poderes e mistérios da Luz Astral, propondo exercícios para todos aqueles que querem trabalhar pela própria evolução e a melhoria do planeta.

Nesta coletânea trazemos aulas captadas ao vivo, para que você também possa juntar-se às fileiras dos que sabem que o mundo precisa de mais luz.

• série ESPÍRITO *(composto de 12 cds)*:

1- espírito do trabalho
2- espírito do dinheiro
3- espírito do amor
4- espírito da arte
5- espírito da vida
6- espírito da paz
7- espírito da natureza
8- espírito da juventude
9- espírito da família
10- espírito do sexo
11- espírito da saúde
12- espírito da beleza

A realidade tem muitas camadas, porém mais profunda é aquela que gera a existência das outras. Nós a chamamos de **Espírito**. Sendo o centro de cada um de nós, é pois o guia de nossos destinos rumo à realização.

Eleve-se, aprofunde-se e acorde para o seu espírito.

• série PALESTRA:

1- Meu amigo, o dinheiro
2- Seja sempre o vencedor
3- Abrindo caminhos
4- Força espiritual

ESPAÇO VIDA & CONSCIÊNCIA

É um centro de cultura e desenvolvimento da espiritualidade independente.

Acreditamos que temos muito a estudar para compreender de forma mais clara os mistérios da eternidade.

A Vida parece infinitamente sábia em nos dotar de inteligência para sobreviver com felicidade, e me parece a única saída para o sofrimento humano.

Nosso espaço se dedica inteiramente ao conhecimento filosófico e experimental das Leis da Vida, principalmente aquelas que conduzem os nossos destinos.

Acreditamos que somos realmente esta imensa força vital e eterna que anima a tudo, e não queremos ficar parados nos velhos padrões religiosos que pouco ou nada acrescentaram ao progresso da humanidade.

Assim mudamos nossa atitude para uma posição mais cientificamente metodológica e resolvemos reinvestigar os velhos temas com uma nova cabeça.

O resultado é de fato surpreendente, ousado, instigador e prático.

É necessário querer estar à frente do seu tempo para possuí-lo.

Maiores informações:
Rua Salvador Simões, 444 • Ipiranga • São Paulo • SP
CEP 04276-000 • Fone Fax: (11) 5063-2150
E-mail: espaco@vidaeconsciencia.com.br
Site: www.vidaeconsciencia.com.br

Luiz Antonio Gasparetto

INFORMAÇÕES E VENDAS:

Rua Agostinho Gomes, 2312
Ipiranga • CEP 04206-001
São Paulo • SP • Brasil
Fone / Fax: (11) 6161-2739 / 6161-2670
E-mail: editora@vidaeconsciencia.com.br
Site: www.vidaeconsciencia.com.br